21世纪
高职高专规划教材

市场营销系列

中国特色高水平高职学校建设项目成果
教育部“高等职业教育创新行动发展计划”项目建设成果

浙江省普通高校“十三五”新形态教材
总主编 章金萍

销售技巧

Selling Skills

（第2版）

主　编／胡　娜
副主编／薛　燕

中国人民大学出版社
·北京·

前言

在刚刚过去的30年中，全球市场发生了巨大的变化，这种变化在中国尤其明显。中国市场几乎在30年中跨越了工业革命时代、信息革命时代，并如火如荼地走在互联网时代的前列。在这种剧烈的变革中，有两个基本要素影响客户的购买行为：产品过剩和互联网。

产品过剩让客户掌握了购买的主动权，让销售人员处于被选择的地位；客户的购买行为变得更加简单。产品的同质化让客户主要关注两个方面：第一是关注产品价格，第二是关注产品之外销售人员可以提供的附加价值。但销售人员因为能力或者观念问题，无法为客户提供产品之外的附加价值，因此，客户只能根据价格做决策，久而久之，销售人员就认为客户只重视价格，理所当然地就把价格作为竞争的最重要手段，企业就会陷入低价竞争的窘况。

互联网对购买决策的影响主要体现在：客户更容易获取信息、选择范围广、客户预期变化频繁。这让客户更容易寻找差异性，并且把这种差异性作为采购的出发点。但是经济发展带来了产品冗余，产品冗余带来了同质化，同质化抹平了差异性。客户更容易寻找差异，产品却根本没有差异，两方面夹击，客户就不再把着眼点放在产品本身了，而放在产品之外的附加价值上了。

因此，以前的销售方法已经不能适应现在客户的购买行为了，销售人员更应该把目光聚焦到帮助客户实现价值的增加上来，同时不能付出过多的边际成本，这就是价值型销售的逻辑。

目前，很多教材依然停留在传统销售方法的传授上，导致我们即将毕业的未来销售人员的销售观念陈旧，销售工作自然也可能是失败的。

党的二十大报告指出："深入实施人才强国战略。培养造就大批德才兼备的高素质人才，是国家和民族长远发展大计。"因此，职业教育要落实立德树人的根本任务，坚持德技并修，结合职业教育的特殊性和职业教育培养目标，探索出符合规律的、学生喜闻乐见的思想政治工作体系和方法，推进思想政治教育与技术技能培养融合，培育深蕴技能匠心的技术专才。本教材的编写依据当前销售的大环境，吸取了众多销售精英的销售实战经验，基于价值销售及互联网销售的思维构架了教材内容，淡化了学科性，注重销售的新方法、新技巧的运用，充分体现了前沿性、新颖性、实用性、可操作性的特点，力求实现毕业与就业的零过渡。

本教材的前七个项目主要根据销售岗位的工作流程构架，每个项目都先通过"大家来讨论"这一模块启发学生对项目任务的思考，"基本知识"模块让学生掌握本项目任务必备的基础知识，"操作指导"模块为学生提供实践的指导，"案例学习"模块强化学生所学习的内容，"知识拓展"模块增加学生知识的积累，"团队项目实战训练"模块培养学生实战的能力，真正做到"做中学""学中做"，在此过程中注重销售人员的核心能力培养，使学生在实战过程中"学会认知、学会做事、学会共处、学会做人"，突出高职高专教育的能力目标。

基于互联网销售的思想，本版教材新增项目八——互联网销售。互联网的出现对传统销售形成了很大的冲击，但也给销售带来了新机遇。在互联网时代，信息和信任有效结合，人工智能技术还未发展到以假乱真的地步，机器人客服给人的感觉是冷漠和高傲的，而销售人员天生具有面对面交流的优势，最能打动用户，所以互联网更能助力销售人员发展。本项目主要从客户线索的寻找、线上咨询沟通、线上交易促成、线上客户维护等方面给销售人员提供一些策略和思路，助力销售人员开拓业务。

在本教材编写的过程中，编者得到了联创新世纪（北京）品牌管理股份有限公司、中联职教（北京）科技有限公司的全面指导和支持，在此深表感谢！编者同时参阅和引用了大量的国内外文献资料，在此谨向相关作者表示感谢。由于编者经验有限，书中难免存在不妥、疏漏和错误之处，敬请各位读者批评指正，以便我们能够紧跟时代步伐，更好地总结，不断进步。

胡　娜

目录

项目一　销售工作认知

学习目标

能够正确认知销售，理解销售的内涵；认知不同行业的销售特点不同，所选择的销售方式也不一样；理解销售工作的重要意义，了解销售的职业魅力以及销售人员的职业发展通路，掌握销售工作应该遵守的原则，理解现代销售新模式与旧模式的不同。

学习要求

1. 掌握销售的概念与内涵
2. 掌握销售活动的原则
3. 理解不同行业选择不同的销售方式
4. 掌握常用的销售方法

技能目标

1. 理解销售工作的重要意义以及职业发展前景
2. 学会建立现代销售新模式
3. 几种销售方法的运用

重点难点

重点：销售的概念与原则

难点：现代销售新模式、销售方法的运用

模块1 大家来讨论

在当今这个物质极度丰富的时代，你能生产出什么产品已经不是最重要的，最重要的是你能不能把生产出来的产品销售出去，从而转化成企业利润。虽然我们每个人时时刻刻都处于被销售的包围中，而且时时刻刻在向别人销售，但是很多人对销售的认知还是不够的。例如：

有的人认为销售是一种很卑微的工作，需要天天对着客户点头哈腰祈求客户购买一些产品。因此，很多人不愿意去做销售，很多大学生毕业后对销售这个岗位也是退避三舍。

有的人认为销售是一种很高深的工作，不是一般人能够做得了的。做销售的人必须性格外向，能说会道。相当一部分人就认为自己不适合做销售，特别是性格内向的人，面对销售的岗位时往往望而却步。

有的人认为销售就是靠忽悠，骗客户购买自己的产品，甚至有些人把赵本山的小品《卖拐》中的忽悠技术当成销售圣经，认为做销售的人都是胡说八道，没一句真话，因此打心眼儿里鄙视做销售工作的人。

有的人认为做销售必须会喝酒、抽烟，会打牌，会搞关系，认为一根烟聊半天、三句话成兄弟的“神人”才能做好销售工作，而自己不善交际，是肯定做不好销售工作的。

对销售这个工作的认识，可真是“一千个读者心中有一千个哈姆雷特”了。

【讨论】

1. 对以上观点大家有何看法？
2. 描述一下你心目中的销售工作。

模块2 基本知识

一、销售的发展演进

人们对销售的理解五花八门，在深入讨论“销售”这个概念之前，我们先来看看销售是如何演进的。销售其实是一个古老的行业，古希腊文献中记载："销售是一种交换活动。""销售人员"在柏拉图的著作中也出现过，是指通过销售来维持生计的人。在我国宋朝，有一种职业叫"牙子"，也称"牙行"。"袖里吞金妙如仙，灵指一动数目全，无价之宝学到手，不遇知音不与传"说的就是牙行。根据不同的行业，牙行被分为"人牙子""牛牙子""马牙子"等，《水浒传》中的"浪里白条"张顺在上梁山之前就是"渔牙子"。女性牙子被称为"牙婆"，是"三姑六婆"中的一种。这就是我国销售人员的萌芽。

18 世纪至 19 世纪后期的工业革命期间，销售作为一项初具规模的独立职业登上了历史舞台。那时候，新产品、新技术正在推翻旧的文明与生活方式；那时候，信息传递技术还不发达，人们主要通过销售人员了解新产品；那时候，销售人员代表生产企业，如果没有销售人员带着公司的样品到处拜访，大家就不知道存在这样的产品。因此，从另一个角度来讲，销售人员在那个时代起到了科技传教士的作用，他们将新的技术传播到各地，大大促进了科技和经济的繁荣。

1-1

互联网时代，我们该怎样卖自己的产品？

20 世纪初期的美国处于经济空前繁荣时期，由于竞争越来越激烈，销售变得更加组织化、系统化，最明显的迹象是美国计算机服务公司（NCR）的约翰·帕特森开发的"千篇一律"的销售展示，标志着销售进入规模培养的时代。在这个时期，营销进入"4P"时代，定位理论主导销售过程。这个时期，销售成为带动企业发展的火车头，销售人员成为向目标客户传递企业价值的重要渠道。

21 世纪，销售进入全新的时代。在这个产品生产同质化的时代，产品间的差异越来越小，同时客户获得信息越来越容易，已经不再需要通过销售人员就能了解产品的信息。在新的形势下，销售人员必须创造价值，而非仅仅传播价值。这时候，客户选择购买的重要依据来自购买体验，此时的销售不仅是生产厂商面向客户的窗口，还成为企业为客户提供增值服务的重要环节。在销售的过程中，销售人员需要贡献自己的专业知识和商业洞见，成为客户在某个领域的顾问，帮助客户解决问题。

例如：化妆品行业的销售人员往往要成为客户的美容顾问，帮助客户分析皮肤特质，帮助客户设计妆容等；在软件行业中，销售人员也需要帮助客户分析生产和管理中的问题，并提供信息化的解决方案，他们被称为"信息化顾问"。甚至，像 IBM 这样的大型公司，还将自己定义为客户的战略合作伙伴，有时候你会不知道他们的销售人员到底代表哪家公司在进行销售，因为他们不仅向客户销售 IBM 的产品，而且与客户一起工作、讨论，帮助客户提出最佳的解决方案，而这个方案中会包含很多家公司的产品。销售人员和他所代表的企业的价值，就从这些专业知识和商业洞见中体现出来。

1-2

销售行业的机遇与挑战

二、什么是销售

回答这个问题之前，我们需要明白为什么要有销售这个岗位，也就是基本的商业逻辑问题。

一个企业的经营一般有两种活动：业务活动与管理活动。其中业务活动主要是指为创造价值增值而进行的一系列活动，包含设计、研发、生产、销售、服务、后勤等。简单讲，其实就是先生产商品，再将商品卖出去。

销售只是将产品卖出去这个过程中的一个职能，在大营销概念里，也就是营销战术4P（产品、价格、渠道、推广）中推广方式（广告、公关、直复营销、人员推销、促销）中的人员推销部分。

但是由于不同的产品属性，以及面对的不同客户群体，会形成不同的客户卷入程度，也就会形成不同的销售方法。

比如图1-1中的几类产品。

图1-1　不同产品的不同销售方法

可口可乐根本就不需要销售，靠品牌营销、渠道铺设就可以完成销售这个最终结果；

买钻戒你就经常会去找朋友问问、看看别人的评价、淘宝京东上仔细对比，甚至也需要去线下店看看，需要有个简单销售推荐；

企业买办公用品除了会对比品牌，更需要销售人员主动找客户，上门推销；

而大型的IT解决方案，比如IBM公司的销售，要求的是可以提供顾问服务的解决方案销售。

现代管理学之父彼得·德鲁克（Peter F. Drucker）说：营销是为了让销售变得多余。

对于普通的刚需、高频、低价的消费品，其实是可以达到的，很多品类、品牌确实也达到了，例如："怕上火，喝王老吉"的广告加上渠道铺货就可以让你产生购买行为。而对于高端高价的消费品、重大的企业设备采购、战略咨询服务等，则基本不可能通过营销推广就完成销售。这时就必须有资深的销售人员跑项目，因为很可能一单几百、上千万元，甚至过亿元。

我们会发现，销售其实也只是一种连接产品（包含产品、服务、解决方案，以下均用产品称谓）与客户的媒介，只是这种媒介是人，相比于消费品、大订单的销售，因为产品的复杂度高、决策周期长、客户心理多变、决策人数多、决策理性程度高等因素，不可能通过传统媒介（电视、广播、纸媒）、互联网媒介就完成销售，需要人这种媒介推销。根据不同的行业、不同的销售难度，也会形成不同的销售类型。

简单讲，销售是创造、沟通与传送价值给客户，及经营客户关系以便让组织与其利益关系人受益的一种组织功能与程序。只有在产品价值传递过程中不可或缺的角色，我们才称之为销售。销售的级别，就取决于其不可或缺的程度。

三、不同行业的销售差别

不同行业产品的市场选择、产品属性、商业模式、战略规划有差异，导致销售模式也会有很大的不同。

以下是几个典型行业——汽车、教育、中小企业、大企业的四种不同的属性的销售模式。

1. 汽车

在现代社会，汽车属于刚需适中、低频、高单价的产品，对消费者的重要程度、转换成本、购买失败的风险系数都很大，因此消费者在买车时会更加谨慎，决策有感性的部分，更有理性的部分，总的来说这是一个重决策的产品。

在理解了产品属性后，如果要将产品卖出去，还有一个更重要的环节，如何将产品的价值传递出去。这就得关注一家公司的商业模式与战略规划了。

同样是卖车，不同企业会采用不同的商业模式，售卖的方式就完全不同。

对于汽车的购买，消费者的基本购买流程如图 1－2 所示：

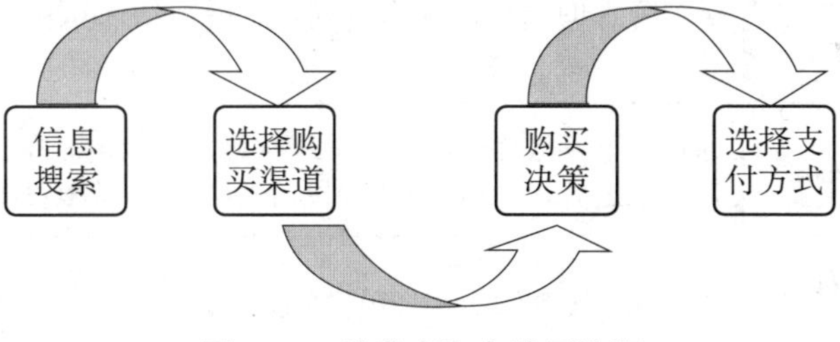

图 1－2　消费者汽车购买流程

随着互联网媒体的发展，消费者越来越愿意在线上了解汽车的基本信息，通常会关注车型、性能、品牌、价格、外观、服务等主要元素。对于不同的消费者，最终选择的购买渠道不一样。

有些企业会通过模式的调整降低决策成本，比如汽车消费金融，将汽车的首付大大降低，加上知名品牌的背书，如果一个消费者对汽车知识非常精通，或者对某大 V 信任，最多加上电销团队，消费者是完全有可能在线上就完成交易环节的。

对于销售来讲，线下渠道一次性支付的金额较高，像 4S 店、线下门店、经销商渠道购买的消费者，才是汽车销售人员发挥价值的地方（见图 1－3）。

2. 教育

教育产业很大，市场与产品形态不同，销售方法也不一样，如表 1－1 所示。

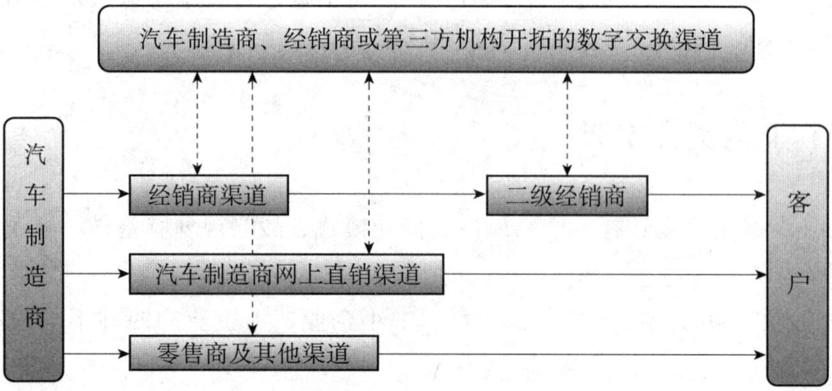

图 1-3　汽车销售渠道

表 1-1　各教育产品形态及销售方法

市场与产品形态	销售方法
体制外的教育培训市场，在线教育课程	一般是通过品牌推广，加互联网的效果广告、裂变获客，用试听体验课与课程顾问的电话销售与微信销售转化客户。
IT 教育培训公司	通过线上搜索引擎的 SEM 来获得客户线索，然后通过电话跟进，邀约到线下由课程顾问完成转化。
线下少儿英语高端课程	市场人员直接在小区、幼儿园、购物中心通过一些小礼品获得有少儿英语学习需求的家长的联系方式，然后邀约来试听，继而由课程顾问转化客户。
华尔街、英孚	通过线下发放优质的英语学习材料，以及电子邮件订阅学习材料的方式持续跟进客户，然后邀约到线下学习中心做学习测评，继而转化客户。
体制内教育市场，偏校园信息化、校企合作的项目	还是靠一个项目、一个项目地销售。

同样是教育行业，面对不同的市场选择，不同产品属性、商业模式以及企业本身的战略规划，销售的价值也完全不同。

类似华尔街英语这种成人英语培训，对很多人来讲，并非刚需性消费，而且费用还特别高，这时候就需要比较强的销售转化能力。通常用的销售方法是西方的顾问式销售方法，虽然这是大型项目才用的一种销售技术，但也在这个行业同样用得很好。

3. 中小企业

通常来说，To B 销售都会面临 5 种角色，决策者、购买者、影响者、使用者、拍板者。大型的项目，要反复权衡里面的关系，稍有不慎就会出错。但中小企业一般不会有这样的问题，很多角色集中在一个人身上，比如使用者、决策者一般是同一个部门，甚至是同一个人，拍板者也可能和决策者角色重叠，因为这个人很可能就是老板自己，这其中没有什么影响者，购买者不会像大企业的采购部门有那么大的权力。

企业越小，越讲究生存，管理不会太严谨，所以很注重业务本身的发展，其购买决策也会很快，直接说服老板通常是最有效的方式。

4. 大企业

大企业销售比较复杂，采购的流程会很长，外企、国企、民企都是这样。

比如，要卖东西给外企，它们一般喜欢从指定的供应商处进行采购，一般需要进入它们的供应商序列，才有合作的可能性。它们也有固定的付款周期，像世界500强企业，有些是每个季度统一付款一次，这时销售人员就不得不考虑销售的节奏和轻重缓急的安排，但外企总体还是比较公私分明的，靠请客拉关系，很难获得巨大的商业回报。

但中国本土的企业就很不一样了，本土企业非常讲究关系，有些销售人员专业度匮乏，但也丝毫不影响他们成单，他们的核心能力就是搞定与核心人物的关系，人做到位了，事就成了。

大企业销售需求复杂度高、决策周期长、客户心理多变、决策人数多、决策成员难以集中、决策失误承担的风险高等特点，这种销售已经是解决方案式的销售了。销售人员需要和客户一起探讨解决方案，然后整合产品资源来满足需求，一开始并不用直接交付产品，而是从客户的角度和客户反复切磋，因为客户也不一定知道自己的问题该怎么解决，这时销售卖的就不只是产品本身了，而是方案，然后顺便卖产品。

四、销售方法论

方法论是个好东西。但是世界上不存在完全通用的方法论。纵观全球各家各派的销售方法论，大部分门派都有一个标准的做法，比如“成功销售五步法”“客户拜访的六个步骤”“大项目销售七步流程”等，不一而足。这种做法听起来既有权威性又有诱惑力，似乎只要按照他说的做法一步步走完就会拿下单子，但实际情况并非如此。标准销售流程和每个销售组织可以使用的销售流程还是有一定差别的，很难直接套用。

（一）销售方法本地化

1. 客户依赖性

虽然采购行为具有一般性，但是具体到某个销售组织，其所面对的客户还有很多个性化的采购行为。客户的采购行为受很多因素制约，比如行业因素、政策因素、客户自己的内部因素等，差别很大。举几个例子：

如果你的客户是高校，其买东西的钱往往来自财政，一般要到年底，财政的钱才到位。也就是说，你很难做到卖出东西立刻拿回钱。

如果你的客户是政府，你几乎一定会参与招标。反之，企业可能不需要招标，而招标本身就是一种较为特殊的采购行为。有的客户要求先入围，再招标；这就需要先做入围工作。有的行业对测试环节非常重视，不测试根本不可能介入。

采购流程决定了销售流程，这就决定了任何一个销售流程不可能放之四海皆准，必须要进行一些客户化的改造。

2. 产品依赖性

公司的产品往往并非单一性产品，比如某家企业可能同时生产 LED、光伏和 UPS，三种产品都是一个销售队伍进行销售的，但是这三种产品的销售模式完全不一样。LED 可能会采用合同能源管理模式（EMC）；光伏严重依赖国家政策，采购决策要涉及发改委、电厂等；而 UPS 非常市场化。所以这个销售组织可能需要三种不同的销售流程。销售人员需要不断切换。

即使产品相似，比如一家软件公司有高、中、低三种产品，其销售模式差别也会很大。高端产品需要十一步销售流程、中端产品需要七步，而低端产品有没有流程无所谓。

3. 资源属性

每个公司的资源都有很大不同，有的吃定了银行，有的靠公检法活着，有的有非常好的老客户资源，有的有独门技术。这些资源也会影响销售方法论的制定。靠山吃山、因地制宜也是制定销售方法论的一个重要考量因素。

综上所述，各大流派的销售方法论都可以作为参考（尤其是参考他们的底层逻辑），但是每个销售组织都要有自己的销售流程，这个流程是符合自己公司现状的、符合产品现状的、符合客户现状的。只有这样，这个流程才具有可指导性、可管理性。否则，再漂亮的流程也不过是一句贴在墙上的标语。

（二）常见的销售方法

对复杂销售来说，方法是必需的，这种必需是指需要好的方法。但是识别出好的方法并不是一件容易的事情。从国内来看，可谓百花齐放，各路神仙都有妙法。如果统一归类的话，大致可以分为五种：关系型、产品型、顾问型、解决方案型、价值型。

1. 关系型销售

1-3
关系型销售

关系型销售在中国是最有市场的方法。关系就是用情感绑架换取客户支持的一种销售行为，往往有明确的时间约束性和成本约束性。这种方法有几个特点：

（1）以吃饭、礼品、回扣为手段，以面子、情感、义气为媒介，利用“有义务给予、有义务接受、有义务回报”的原则，在情感上迫使客户帮助销售。

（2）希望客户帮助“我”，而不是希望客户需要“我”。

关系学在中国已经发展为一门完整的学问。我们必须承认它是有用的，存在即合理，合理的原因是中国客户的认可。在采购决策过程中，客户受情感的影响比较大。感情浅的时候会告诉你同等情况下优先选你；感情深的时候就会直接用哥们儿义气代替所采购产品的价值考量。但是这种做法也有其明显的缺陷，主要包括：

（1）成本高。现在的市场环境，空谈感情已经没有意义了，必须是真金白银的投入。投入高，自然价格就高，而随着竞争的加剧，很难明目张胆地抬高价格。两头一堵，就必然造成销售成本升高。看似免费，实则最贵，天下免费的东西都是最贵的。

（2）风险高。销售人员对社会的额外贡献，就是经常通过诱惑的方式考验人性的底线，如果经不住诱惑，对销售业绩的渴望有可能会变成犯罪的助推器，甚至给公司带来巨大的风险。

（3）难复制。关系的建立往往是一种高度敏感的个人情感链接，非常依赖个人的天赋，一个销售能搞定客户，但是说不清楚是怎么搞定的，这在培训领域叫隐形技能，就像一个品酒师舌头的敏感度一样，很难去复制。而方法必须是可复制的，否则还是“梁山好汉”，不是“现代化的军队”。

（4）伤自尊。销售人员在建立关系时，总是需要把自己放在弱者的地位，也就是乞求客户帮助你，这就是为什么很多人认为销售就是“求人”的工作。这事对很多人来说很伤自尊，也是很多人鄙视这个职业的原因。

关系型销售发展到今天，已经不再是简单地利用情感获利的销售行为，而是一种利用回扣寻求支持的绑架行为。

2. 产品型销售

产品型销售人员比关系型销售人员的数量还要多很多，因为每个销售都有一个需要卖的产品（或方案），所以很容易以产品为中心。这类销售的特点是：首先告诉客户我有什么，然后等待客户宣判。如果客户说不要，再进入控辩双方的交锋。

但是产品型销售人员忘了两件事情，首先客户不是你的对手。其次，即使客户是你的对手，你也打不过他，因为他还是裁判，你永远不可能战胜裁判。

以产品为中心的销售方法从根本上说就是一种本能反应。销售人员一进公司就被培训了产品，并被告知销售人员的任务就是找到需要这个产品的人。销售人员怎么找呢？最简单的方法就是摆个摊，然后使劲吆喝，让需要这个产品的人看到和听到，希望他们跑过来买。

这种想法貌似很符合逻辑，但是只在快消品销售里有用，越是大的订单越是没有可能性。原因如下：

（1）客户没有义务去了解你的产品，客户只关注他的业务，即使偶尔研究你的产品，也只是想知道怎么解决他的业务问题。就像一个病人了解药性是为了治病而不是为了成为医生。销售只了解自己的产品，客户只了解自己的业务，二者在两个世界里，相互都听不懂彼此说什么，这生意就很难谈了，所以产品型销售人员是最容易吃闭门羹的销售人员。

（2）越是复杂的产品，客户越是很难真正清楚地理解。比如，一个车间的建设方案、一套管理软件、一套安防产品等。甚至很多服务型产品在签合同之前根本就没有，比如咨询方案、建筑设计图纸、装修工程施工等，客户根本无从了解。

1－4
销售彦论之产品型销售的必杀绝招

（3）如果销售人员只会卖产品，信任是无法建立起来的。因为你只卖产品，意味着你只考虑自己的利益，只是希望卖出东西赚到钱，客户怎么可能信任一个如此自私的家伙呢？

（4）产品的同质化越来越严重，产品型销售模式拼到最后只能拼价格，或者说只能靠低价格取胜。但低价的结果可能是企业的倒闭。

产品型销售人员面临一个悖论，他们总是希望自己的产品比竞争对手的好很多，只有这样，他们才能卖出更多的产品。但是如果产品非常好，销售人员就没有存在的必要了，客户肯定会排着队来买，就像大家半夜蹲守苹果专卖店一样。

产品销售方法在中国被戏称为“两块板砖”理论，左手的“板砖”叫产品，右手的“板砖”叫价格。

产品型销售模式和关系型销售模式不同，关系型销售存在与否与社会环境有很大关系，法制越健全，关系型销售越艰难。但是只要社会环境没有太大变化，关系型销售就会存在。但是产品型销售就没这么好运了，在复杂销售里，产品型销售基本上就是死路一条，利用这种方法进行销售的销售人员未来堪忧。

不过二者也有共同点。产品型销售最后一定是拼价格，而关系型销售肯定是拼回扣。这二者都是成本，都是以损害组织利益为前提的。所以，虽然二者是殊途，但是最后同归到了成本这个聚焦点上。

3. 顾问型销售

顾问型销售发端于麦克·哈南（Mack Hanan），光大于尼尔·雷克汉姆（Neil Reckham），最近30年渐渐趋于完善。顾问式销售是当今世界上最主流的销售模式。

顾问型销售之所以有今天的地位，关键在于它的确比产品型销售更关注客户。从底层逻辑上说，它有几个显著的特点：

1－5
销售彦论之顾问型和产品型销售方法的千差万别

（1）顾问型销售强调不是“卖”，而是和客户一起“买”的思想。这符合复杂销售的特点。因为在复杂销售中，客户自己也不知道该怎么买。顾问的意思就是做好客户采购的参谋。

（2）顾问型销售以客户采购流程作为销售流程的设计基础，这就大大降低了销售难度，顺势而为阻力自然小，解决了产品型销售中“顶”着来所带来的问题。

（3）顾问型销售强调客户痛苦和利益而不是产品或者关系，把痛苦看成采购驱动力，把组织利益看成客户的最终诉求，并以此为核心，设计销售技巧和方法。这解决了一个单纯靠增加销售方成本（降价与回扣）所带来的问题。

和产品型销售不同，顾问型销售中产品是因，利益是果。顾问型销售以利益作为推动销售的手段，而不是产品。

和关系型销售也不同，顾问型销售更重视组织利益，而关系型销售更重视个人利益，更确切地说是非法的个人利益。

顾问型销售之所以没有在中国成为主流销售模式，关键在于中国市场环境的不成熟。在刚刚过去的30年里，政治、人情、假冒伪劣产品等因素都影响着市场，很多时候劣币是可以驱逐良币的，这就大大压缩了良币的生存空间。当然这种情况正在改善，市场正在逐渐成熟和完善，良币的生存空间也在逐渐增大。

销售从来都是以胜负论英雄，无论什么方法，能合理合法地拿下单子的就是好方法。所以，除了市场因素，顾问型销售本身的一些固有缺陷也影响了大家的积极性。比如：忽视个人利益；组织利益更多地局限于产品本身；没有考虑互联网对采购的影响；缺乏对集体决策的关注。

顾问型销售虽然有种种问题，但是它依然有很强的生命力，因为其基本逻辑还是比较扎实的，只是随着环境的变化，顾问型销售需要再认识、再发展、再完善。

4. 解决方案型销售

解决方案型销售作为一种全新的大客户销售理念和销售方法，既继承了大客户销售以及顾问型销售的精华，也进行了创新和升级。换句话说，解决方案型销售是大客户销售的全新理念，是顾问型销售的升级版！

创新和升级的最核心的因素是产品高度同质化的现象越来越严重。由于互联网上信息传播的迅速以及信息获取的便捷，企业精心研发或者创新的产品，在推出市场后不久就会被竞争对手所模仿。尤其针对中国各行业的企业来说，产品的高度同质化已经是一个不争的事实，任何一种差异化的创新很快就会被同质化的模仿所淹没。

因此，在这样的情况下，每一家企业在市场和销售方面，不得不面对以下这三个挑战：

（1）价格战愈演愈烈，利润越来越薄。由于产品没有什么太大的差异，因此出于竞争的需要，为了赢得客户，抢占市场，企业与企业之间上演的最多的便是轰轰烈烈的价格战。谁的价格低，谁就能拿下订单。

（2）只能依靠“拉关系”，被客户牵着鼻子走。由于在客户的心目中，产品和产品之间几乎相同，因此客户会认为谁和我的关系最好，谁让我感觉更舒服，我就和谁合作，所以，导致“关系为上”的现象尤为突出。

（3）客户的忠诚度越来越低。拿下订单不容易，但想与客户建立长期的合作关系更不容易。在今天的竞争环境下，客户的忠诚度越来越低，动不动就发生“叛离”，今天是你的客户，明天就会因为一些“蝇头小利”变成竞争对手的客户，毫无忠诚度可言。

因此，面对这样的市场困境与挑战，诞生于二三十年前的大客户销售、顾问型销售的理念与方法已经远远不能满足我们今天销售实践的需要了。我们必须顺应市场的发展与变化，坚定地进行创新，所以，解决方案型销售就应运而生。

解决方案型销售在充分汲取大客户销售和顾问型销售精华的基础之上，在三个方面进行了改变和升级。

第一，解决方案型销售不仅是流程、技能和方法，更是一套完整的销售体系；

第二，解决方案型销售不仅关注销售人员如何实现目标，而且关注如何让客户“配合”销售人员实现目标；

第三，解决方案型销售对于“满足客户需求”这一核心问题进行了更深入的探究。

5. 价值型销售

1-6
价值型销售解构

每种方法目前都存在各种各样的问题，这些问题影响销售人员的竞争力，所以，我们需要在继承的基础上发展新的方法，来适应新的市场环境。价值型销售方法也是基于对原有方法的认知而形成的新一代的方法。

瑞士洛桑国际管理学院（IMD）市场营销和变革管理领域的教授肖恩·米汉（Sean Meehan）认为：客户价值是客户从某种产品或服务中所能获得的总利益与在购买和拥有时所付出的总代价的比较，即客户从企业为其提供的产品和服务中所得到的满足。即：

$V_c=F_c-C_c$（V_c：客户价值，F_c：客户感知利得，C_c：客户感知成本）

所以价值型销售就是一系列价值创造与价值传递的活动的集合。

销售行为要么是为了创造价值，要么是为了传递价值，而传递与创造的目的都是更好地影响客户的采购决策偏向于我们。例如：建立信任就是为传递价值创造条件，谈判就是为了创造出双赢的结果。

五、销售人员的八大工作事项

销售人员的八大工作事项见图1-4。

销售人员是销售的主体，是企业与客户之间沟通的桥梁，是企业里冲杀在最前线的群体，其工作主要分为以下八项。

（一）销售知识储备

销售人员要想顺利开展工作，首先要武装自己的头脑，进行相关知识的储备。销售人员需要了解、掌握的知识主要包括以下六个方面。

（1）了解行业和自己的企业；

（2）了解企业产品；

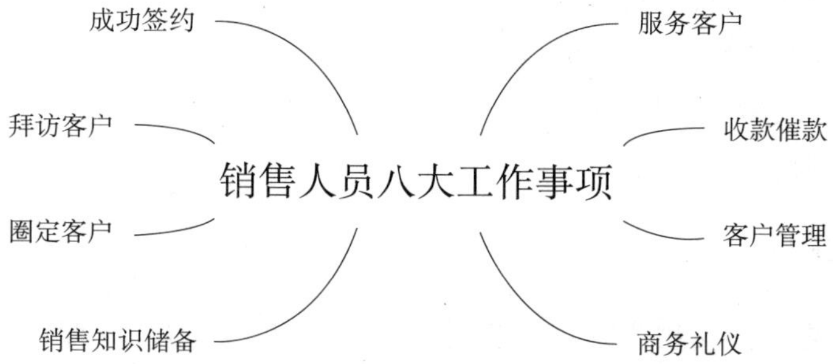

图 1-4　销售人员八大工作事项

（3）了解竞争对手；
（4）了解终端客户；
（5）了解企业销售政策和销售渠道；
（6）了解相关的法律法规政策。

（二）圈定客户

客户是销售人员一直在寻找的目标对象。谁是客户，客户在哪里，怎样才能找到客户，怎样才能掌握客户的更多资料，销售人员需要通过一系列的工作来解决这些问题，并建立客户管理档案，确定目标客户，初步建立起客户关系。此项工作主要包括以下内容：

（1）制定工作目标与计划；
（2）寻找潜在客户；
（3）接近不同类型的潜在客户。

（三）拜访客户

拜访客户是整个销售工作中最重要的环节，销售人员的言谈举止，每一句问答以及产品说明与展示等都会影响客户的判断和决定。拜访客户工作主要包括以下六个方面的内容：

（1）预约客户；
（2）拜访前的准备；
（3）面谈，赢得客户好感；
（4）产品展示与报价；
（5）撰写、提交建议书；
（6）客户异议处理。

（四）成功签约

销售人员与客户不断地交往、沟通、协商，其目的就是要促使交易成功，与客户签订合同。这一阶段的工作主要包括以下三项内容：

（1）通过引导，促使客户做出购买决定；

（2）协商、签订购买合同；

（3）与客户告别。

（五）服务客户

销售人员不是把产品卖出去，签订合同就万事大吉了。为了与客户进一步建立起良好的信任关系，销售人员还应积极做好回访工作，不要忘了客户，也别让客户忘了你。售后服务是销售工作的继续，是和客户加强沟通、建立长久合作关系的关键工作。服务客户的工作主要包括以下三个方面：

（1）了解服务客户的内容和策略；

（2）售后服务，主要是解决客户产品使用过程中出现的抱怨、投诉、要求索赔和调换产品等问题；

（3）维系良好的合作关系，使新客户变成老客户。

（六）收款催款

收回货款才是真正的成交。销售人员将产品销售给客户，在签约阶段双方就要定好付款方式，为顺利收款做好铺垫。当然也有特殊情况，客户因为一些状况不能及时回款，这时千万不要急于催促或诉诸法律，要弄清客户拖欠的真正原因，根据不同的情况制定相应策略，最终达成收回款项的目的。收回货款主要有以下两方面的工作：

（1）按照合同及时收款；

（2）运用方法和技巧，催收欠款。

（七）客户管理

随着业务的不断开展，销售人员手里积累的客户越来越多，这时就需要对自己的客户进行管理。老客户的维护、新客户的开发、销售渠道的管理、大客户的管理等，都是销售人员需要考虑的问题。客户管理工作主要包括以下三个方面的内容：

（1）将客户分类建档管理；

（2）对大客户的管理；

（3）协助建设销售渠道。

（八）商务礼仪

销售人员经常和客户一起参加一些商务活动，为了更好地开展业务，销售人员必须掌握必要的商务礼仪，展现自己专业、职业的形象，加深自己在客户心中的印象，从而减少销售障碍。销售人员应掌握的商务礼仪主要包括以下三大项：

（1）形象礼仪，如仪容、仪表、仪态；

（2）商务谈判礼仪，如谈判礼仪、眼神礼仪、名片礼仪、距离礼仪；

（3）其他礼仪，如称呼礼仪、介绍礼仪、商务签字礼仪、电话礼仪等。

六、销售活动的原则

销售人员掌握正确的销售原则，可以使销售活动有所遵从，减少销售失误，提高销售效果。销售活动原则如下。

1. 满足客户需求的原则

客户之所以购买某种产品或服务，总是为了满足一定的需求。因此，销售人员必须认真了解客户的需求，以需求为中心，唤起、刺激和发展客户的需求，然后通过销售满足客户的需求。一位销售人员若不能真切地了解客户的内在需求，在销售产品与客户需求之间成功地架起一座桥梁的话，销售是不可能成功的。

2. 互利互惠的原则

销售人员在与客户交往的过程中，不要只考虑本企业的利益，不顾客户的利益进行“倾力销售”。这样客户会对销售人员产生信任危机，从而使销售工作步履维艰。销售人员所做的一切必须有利于客户，必须对客户负责，要寻求本企业利益与客户利益的共同点，在满足客户利益的基础上获得企业利益，只有这样，销售人员才能立于不败之地。

1－7
老太太买水果

3. 销售使用价值观念的原则

使用价值观念，是客户对商品有用性的认识，人们总是基于对商品有用性的认识来实施购买行为。许多时候，人们对商品持观望态度，迟迟不肯实施购买行为，就是因为对商品的有用性认识不足，也就是没有形成正确的使用价值观念。因此，销售人员应该先帮助客户形成对商品有用性的正确认识，或者缩短这个认识过程。

著名的销售专家海因兹·M·戈德曼说过这么一句话：“你不要单纯地销售具体的商品，更重要的是销售商品的使用价值观念。”比如我们销售洗衣机，重要的是让消费者接受一种省时、省力、舒适、快节奏的现代生活观念，让消费者认识到洗衣机在减轻家务劳动、有效利用闲暇时间、提高生活质量方面所具有的作用。

4. 人际关系原则

人际关系原则是指销售人员在销售商品时，必须建立和谐的人际关系。买卖双方的关系是一种经济利益的交换关系，是人际关系中的一种。销售人员建立广泛而良好的人际关系，可以为形成更多的买卖关系打下基础。美国的埃尔默·莱特曼（Elmer Letterman）是 20 世纪 60 年代末世界著名的人寿保险专家，他说过：“我并不销售保险，我建立关系，然后人们就来购买人寿保险。”

5. 尊重客户的原则

尊重客户的原则是指销售人员在销售活动中要敬重客户的人格，重视客户的利益。社会发展到今天，满足人们基本生活的需求已不是一件困难的事，但需求的层次在不断提高，人们越来越重视自我价值的实现，希望自己能得到社会的认可和他人的尊重。在购买商品的交易中，其最先需要的也是得到交易对方的尊重。通俗地说，客户会要求销售人员对自己的人格、身份、地位、能力、权力和成就，以及兴趣、爱好等方面给予尊重。

模块3 操作指导

一、销售的新旧模式

1. 销售的旧模式

销售的旧模式见图1-5。

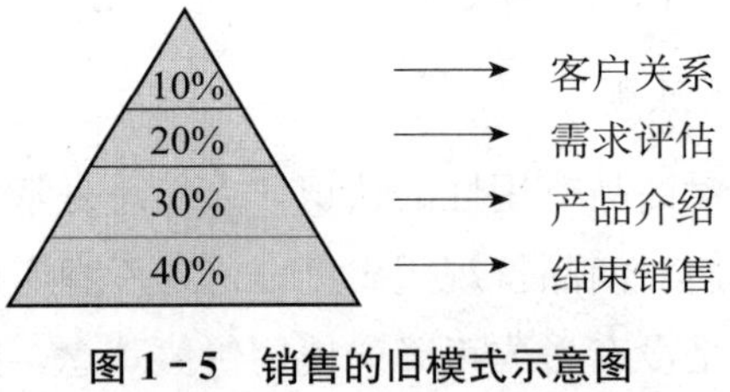

图1-5　销售的旧模式示意图

2. 销售的新模式

销售的新模式见图1-6。

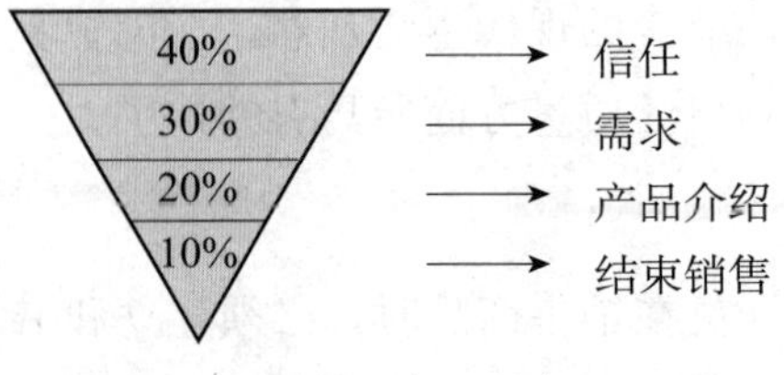

图1-6　销售的新模式示意图

从以上两图的比较中可以看出，旧的销售模式把客户关系摆在最次等的位置，认为重点就是怎样把生意做成，所以结束销售花了40%的时间，产品介绍只占了30%的时间，需求评估只占了20%的时间，而客户关系几乎被忽视，所占的时间只有10%。销售的新模式与销售的旧模式恰恰相反，结束销售只占10%，产品介绍占20%，需求占30%，信任占40%。相信客户买东西前一定会问："这个人我对他了解吗?"或者"我相信他吗?"因此，必须先赢得客户的信任，这是新的销售模式中的首要环节。

二、解决方案型销售流程

面对产品高度同质化且客户需求日趋复杂和精细的市场，企业营销如何胜出？解决方案型销售开辟了一条成功路径——从单一产品推销转变为向目标客户提供解决问题的系统方案。立足于客户问题分析及解决方案订制，这一全新的营销理念和流程要求供应商不再止于交易单件产品或服务，而是深度诊断客户经营中的难点、关注与需求，强调全过程、多方位的咨询与服务，为客户提供解决问题的思路和手段，从而保证客户经营成功。

完整的解决方案型销售的策略、技巧与应用工具是必须掌握的，如此才能成为客户乐于接受的专业顾问，并有效发现和解决客户的问题，呈现产品利益。解决方案型销售具有6个核心阶段——客户需求调查、产品方案呈现、客户信任建立、项目签约路径、实施过程管理以及客户关系维护。解决方案型销售流程见图1-7。

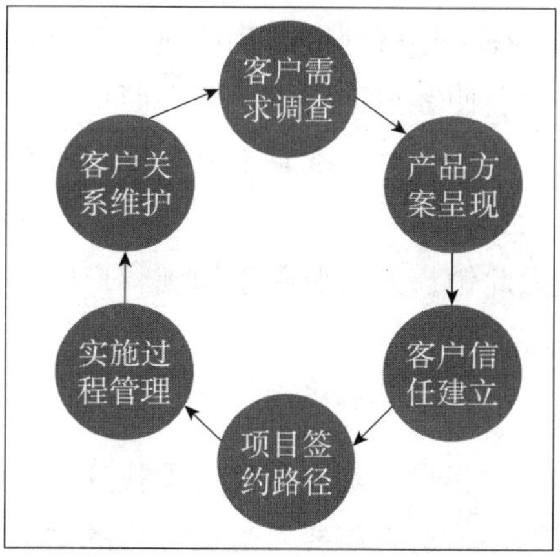

图1-7 解决方案型销售流程

1. 客户需求调查

"解决方案"是解决客户问题的方案，而解决问题的前提是有问题，或者客户对现状有所不满。客户需求调查正是在试图发现这些问题、困难和不满，并让他们有解决的意愿。需求是成交之本，问题是需求之母，这是对销售原理最好的诠释。没有完美的客户，销售始终有机会基于自己企业的特定资源或优势，为客户雪中送炭，或拾遗补阙，或锦上添花，通过解决客户问题赢得订单。

此阶段可以采取 Spin 销售法[①]对客户需求进行深度分析，包括对客户的客户分析，客户的对手分析、客户本身分析，销售人员要做的就是在上述这些领域深入调查分析，找出在成本、交期、产品或服务方面客户可能出现的问题、困难、不满、瓶颈、挑战或潜在风险，为客户提供解决方案。这便是成交的机会。

2. 产品方案呈现

杰弗里·吉特默（Jeffrey Gitomer）在其《销售圣经》中写道："给我一个理由，告诉我为什么你的产品或服务再适合我不过了。如果你所销售的产品或服务正是我所需要的，那么在购买前，我必须先清楚它能够为我带来的好处。"这里说的"好处"是客户希望可以通过产品得到的一种利益。

客户在购买中希望得到的利益到底是什么？换言之，是哪些利益因素在驱动客户买或者不买？我们需要对这一命题做出系统、完整的总结。如此，才有可能梳理和准确判断客户买或者不买行为背后的动机，找到一面透析客户的镜子，提高订单成交率。

3. 客户信任建立

在购买决定前的最后一刻，客户普遍的顾虑是万一决定错误会带来哪些风险或惩罚。采购本身的规模、复杂性和重要程度都会迫使客户注意和规避这些风险。很多时候这些顾虑不会被轻易表达出来，而代之以一种体面的拒绝，如"你们的价钱比别人的贵"或"我们还要再研究一下"，其实对方心里真正想的是"我担心如果决定有错，会很被动"。

解决方案型销售大多出现在上述所列情形范畴内，客户对采购有顾虑是常态，需要认真对待。当然，还有很多因素会使客户因顾虑、担心而止步，如销售人员素质差或响应时间慢，欠缺成熟的沟通技巧，缺乏自信，准备不充分等。所有这些心理效应最后都可归于一个结果，即买方的采购风险。

客户的顾虑必须消除。为此销售人员要善于识别客户顾虑的信号，并懂得如何处理客户的顾虑，最终让客户有信心下单。

4. 项目签约路径

解决方案型销售大多面对大客户，卖方首先必须找到跨入对方门槛的路径。以专业术语来定义，也就是客户切入策略。这就需要对潜在客户的"人物链"有一个清晰的识别与对策。每个新买家都可能存在 3 个不同的接触焦点，即接纳者、不满者和权力者。

在简单的销售中，客户一个人就可能兼具接纳者、不满者及权力者 3 种角色。在这种情况下，客户会很愿意接纳你，有你所能解决的问题，还有做决定的权力，切入过程就相对比较简单。在更多复杂的销售中，以上 3 种角色大多分属于不同的人或部门：最愿意接纳你的人可能本身没有问题，或有问题的人可能没有权力决定购买。

---

① Spin 销售法：指尼尔·雷克汉姆（Neil Reckham）创立的，由四种类型的提问构成的技法。四种类型的提问包括：有关现状的提问；有关问题的提问；有关影响的提问；有关需求与回报的提问。

5. 实施过程管理

对于解决方案型销售这样的复杂产品或大额交易，签订合同绝不意味着项目完成，相反，这一刻甚至预示项目的真正开始。在后续的实施阶段，你的产品或服务会经历一个被引进、安装和评估的过程，其间客户很可能有疑问、焦虑或不满。这时，你必须在第一时间响应，让客户知道你始终在其身边，并证明项目最终能够按照预期的目标完成。为了能够让客户满意并在日后还能有机会合作，你必须在这个阶段同客户保持密切联系，排忧解难，确保事事顺利。

6. 客户关系维护

研究表明，销售给潜在客户和目标客户的成功率为6%，销售给初次购买的客户（即新客户）的成功率为15%，销售给重复购买的客户和忠诚客户（即老客户）的成功率为50%。可见，维护重复购买的客户和忠诚客户的意义重大。

以客户价值最大化为导向，建立一个完整的客户关系管理体系，能够帮助我们实施长效的客户维护与管理，在提高客户忠诚度和保有率的同时，提升企业盈利能力。这包括建立客户联络机制、发展客户关系、创造客户价值以及提升客户忠诚等主要任务事项，使我们懂得人性化接触的方式与客户关怀，扩大、升级客户关系的范畴，完成从产品销量导向到服务价值导向的营销转型，并领会客户忠诚指标的内涵与对策。

三、价值型销售流程

价值型销售流程见图1-8。

图1-8　价值型销售流程

1. 匹配线索

线索是指销售认为客户组织在经营管理上存在的忽略点。即潜在客户在经营上、管理上、流程上、操作上存在制约因素，而客户没意识到有问题或没有意识到问题的严重性，但问题确实存在，危害也实实在在有。同时，销售人员又恰恰能利用产品或者产品以外的能力解决或部分解决这些问题。线索是应该买产品的潜在客户，是订单的入口，这一关把好了，后面的步骤就会事半功倍，甚至业绩大幅提升。

2. 转化商机

商机是指潜在客户的某一个采购角色对销售人员的产品或方案表现出了兴趣。或者这样说，这个客户角色也意识到有问题，并且意识到你可以帮他解决问题，但是还没有下定决心解决。线索只是你可以销售的对象，不代表客户愿意买。转化商机主要解决客户从不愿意买到愿意买的过程。从潜在客户到线索的转换，往往是销售人员决定的。从线索到商机的转换一定是由客户决定的，而不是由销售人员决定的。

3. 引导期望

销售人员的一个关键动作就是沟通，所以引导期望是整个价值型销售的重点之一，需要构建一个全新的沟通模式。销售沟通就是一种说服技巧，沟通的内容就是了解期望、需求、动机，并用提案对准期望；沟通的技巧就是倾听、提问、陈述。

4. 创造价值

创造价值是整个价值型销售的灵魂所在。利用价值创造器创造一个参照系，将价值创造者可以为客户提供的价值通过参照系展示给客户。然后将创建的价值传递给客户并让他们接受，通过参照系为客户贡献巨大的价值，同时实现高价值型销售，彻底脱离低价竞争的泥潭。

5. 推进订单

推进订单并非仅仅是如何结束一个订单，而是更多地谈到如何控制客户的采购流程。让销售从宏观和微观两个层面把控订单，顺利收官。主要解决的问题包括控制订单、推进订单、完成订单等与采购流程（而不是客户需求）有关的内容。

五个部分都在贯彻一个原则：通过为客户创造更多的价值，实现高价值赢单。用价值公式的算法来说就是，不想降低减数（产品的价格），就只有增加被减数（客户的价值）。这就是价值型销售的思路。

模块4 案例学习

销售人员彭先生的故事

某公司业务员彭先生接到一个客户的电话，提出需要一套化肥制造设备。彭先生与对方沟通后了解到，对方公司是通过别人介绍的，对彭先生公司的设备及售后服务较认可，但由于是首次合作，这位客户顾虑很多，反复询问定金付多少，产品质量怎么样。

听了彭先生的讲解之后，客户决定订货，但是拒绝支付定金，并要求货到付款。这是一笔不小的生意，定金的数目自然也不少。彭先生不敢自己做主，于是向公司总经理汇报了情况。总经理认为："诚心地对待客人，会有一个好的结果。"

几天以后，彭先生将货送到客户手上，客户当即付了货款，彭先生帮他们调试好机器后返回公司。半年后，客户又向彭先生的公司订购了两台设备，不但是先付款后交货，而且还帮彭先生推荐了几个客户。这些客户后来都成了彭先生的好朋友。

有一年春节前夕，公司售后服务部电话响起，电话来自一个偏远地区的化肥企业，是公司的老客户，称脱硫系统出现了问题，希望公司马上派人前去维修，公司一口应诺。但是考虑到当时春运即将开始，公司售后服务部人员大都来自外地，赶赴偏远地区可能会耽误他们回家过年，公司领导一时陷入两难。正在公司领导犯难的时候，彭先生与一位工程师主动请缨，要求去完成这春节前的最后一项工作任务。由于客户处于偏远地区，交通不便，又遇到下大雪，本来两天时间就可以赶到，结果辗转 6 趟车，花了 3 天半的时间才赶到目的地，最终为客户解决了生产难题。

这种不失信于人的精神感动了客户，也感染了公司的所有人。客户与彭先生建立了深厚的友谊。后来，客户企业的设备要更新换代，一次性向彭先生的公司订购了 4 台设备，成为彭先生永久的客户。

请思考：

1. 什么是销售？销售是一个怎样的过程？
2. 怎么评价案例中的销售公司以及销售人员彭先生？

模块 5　知识拓展

一、销售人员的岗位设置及要求

销售人员的岗位设置及要求，见表 1－2 和表 1－3。

表 1－2　销售人员岗位一览表

工作岗位	岗位职责	技能要求
销售代表 （基层员工）	客户开发 销售与回款 协助分销 店面管理 市场信息搜集及传递 客户关系管理	产品知识 公司概况 专业销售 客户管理 个人事务管理
销售主管 （中层主管）	区域销售目标管理 区域市场规划与开发 区域销售促进 区域销售团队管理 区域销售行政管理	区域销售目标管理 区域销售渠道规划与管理 区域销售促进规划与管理 区域销售团队管理 区域销售行政管理

续前表

工作岗位	岗位职责	技能要求
经理 （高层经理）	制定销售计划 销售目标管理 销售渠道管理 销售队伍管理 相关部门协调	市场营销知识 销售预测与计划 销售目标管理 销售渠道管理 销售队伍管理 领导与沟通协调

表1-3　　不同行业销售人员岗位一览表

等级	零售业	批发贸易业	消费品行业（快速与耐用消费品）、房地产、汽车行业、生产资料行业（产业市场）	金融、保险、营销咨询、广告、物流行业、仓储、餐饮等
初级	促销员 营业员 导购员 理货员	业务代表（经销商开发、维护） 内勤员	销售代表　市场专员 销售助理　客户服务 销售人员　业务代表 产品助理　市场营销人员 销售内勤　理货员 促销员	广告业务员 业务代表 商务助理 客户代表 市场信息专员 市场调查员 银行卡市场营销管理员
中级	促销主管 营业主管 导购主管 食品级日用品经理/主管 非食品经理/主管	经理助理 业务主管	销售主管　市场经理 销售经理　客户经理 区域经理　营销主管 促销主管　营销经理 渠道销售经理	广告业务主管 商务经理 客户经理 银行卡市场营销主管
高级	商店经理	营销经理	营销副总 营销总监 市场总监	营销副总

二、销售工作的职业魅力

由于社会各界对销售工作存在一些误解，因此在一些人看来，销售是那些不好好读书、没什么过硬本领的人才去干的工作。很多人选择销售工作是出于无奈，往往是因为别的工作没找到，而销售工作进入门槛低，工作机会多，不少企业都在常年招聘销售人员，所以，为了生活，只好去应聘销售岗位。有这样的想法并不丢人，谁不喜欢工资高、风险低的职业？然而，当你从事这个职业并取得成功之后，就会发现这个职业魅力无穷。

1. 销售是一个零投入、高支持的创业机会

销售并不是一种为你提供低保障、高风险的工作，而是一个为你提供低风险、高支持

的创业机会。如果你做得成功，收益绝不会比做小老板少。在我们的职业道路中，有一条夹在创业和打工之间的路，就是销售。做一名销售人员，你不仅不需要投入资金，还会得到一份基本的生活保障——底薪，这使你在获得生意前就能够维持生活。此外，你不需要建立庞大的运营体系，就能得到来自技术、生产、市场等多方的支持，你只需要去寻找市场，发现生意机会，然后做生意赚钱。另外，如果你真希望自己做老板，在做销售人员期间积累的资金和市场经验，将会支持你去创建公司。到那时，你不再是一个一穷二白的创业者，你既有资金，又有经验，如此创业，会大大提高成功率。

2. 销售可以带来丰厚的收入

由于销售人员的工资直接和业绩挂钩，而且经常上不封顶，因此，如果你是一个优秀的销售人员，将会比其他职位的工作人员的收入高很多，有时甚至超过公司总经理。只要你努力，销售这一职业将给你带来丰厚的收入。

3. 销售可以带来更好的职业发展

如果你并不是一个有创业野心的人，只想靠打工为生，那么，销售工作也会为你提供很多帮助。

首先，职业稳定。前提是你得是一名好的销售人员。例如：有一个做销售的朋友，他所在的公司面临金融危机的冲击，利润大幅下降。然而，在大家认为金融危机的影响已经见底的时候，这位朋友才被公司辞退。原来公司一直在裁员，别的部门能裁的都裁了，最后才裁到销售部。可见，销售部通常是最后面临裁员的，因为公司不愿意削弱销售力量，销售部是公司利润的源泉。

其次，销售工作能给你带来全方位的成长。通过做销售，你的心态会变得积极而坚强，能坦然面对压力和挫折；通过做销售，你建立了很好的市场感觉，更有可能帮助公司创造利润；通过做销售，你增强了良好的沟通和人际关系能力，能够与各种人相处，并说服和影响他们。不论你今后从事何种职业，这些能力都将帮助你获得成功。

三、销售人员该如何进阶

1-8
销售员成长

初级销售人员，一定是在技巧层面钻研得更多的，会有很多技法，背产品知识、成单话术，这些都非常重要，如果连这点都掌握不好，就肯定会被淘汰出局的。

中级销售人员，在技巧很熟练之后，就会开始研究方法论：谁是自己的客户、怎么找到客户、怎么建立联系、如何搞定客户等问题。一个中级销售人员，开始有了一定的完成业绩的确定性，自己有多少客户，还要在客户池里补充多少客户，自己能搞定什么样的客户，客户的回款预测，如何让客户给自己介绍客户等问题，都会心里有数。

高级销售人员，这时候已经不会去主动找客户了，也就是说不会再去“主动”，而

“被动”地可以接单，这时候，这样的销售已经是有个人品牌了，或以咨询顾问的身份，或以资源整合的身份，他们不愁自己没客户。

还有些优秀的销售人员，通常是导师型的，他可以为你规划你的业务，规划你的人生，解决你很多解决不了的问题，资源人脉也非常丰富，有非常强的个人魅力，这样的人，我称之为顶级销售。这其实已经超出一个销售的范围了。很多企业的老板，其实就是这样的顶级销售。

四、销售人员的发展通路

对年轻人而言，销售或许是最有可能在短时间内获得成功的职业。销售人员作为企业员工中相对独立的一个群体，和财务人员、研发人员、生产人员、技术人员等岗位相比，销售工作的平均岗位进入壁垒较低。从事其他工作的人员，无论是从事技术性工作或服务性工作的人员，只要身体健康，年龄适当，都有可能转到销售岗位上。较低的岗位进入壁垒，使销售成为很多人的就业切入点。由于销售是一个实践性非常强的职业，全凭业绩说话，而且业绩也比较容易衡量，因此，除了一些特别专业的技术销售职位外，大多数销售岗位对学历的要求并不是很高。

销售是一个高压力、高回报的职位，除了最高决策层外，多数企业中最容易产生高薪的职位便是销售类。和同级别的财务总监、人力资源经理相比，销售总监、销售经理的收入普遍会高出一截。

随着年龄的增长，当冲劲和激情渐渐褪去，对家庭的责任和对稳定生活的追求，令众多年轻的基层销售人员开始规划自己的职业方向。销售人员的出路何在？其职业发展的通路是什么？图1-9为销售人员的发展方向。

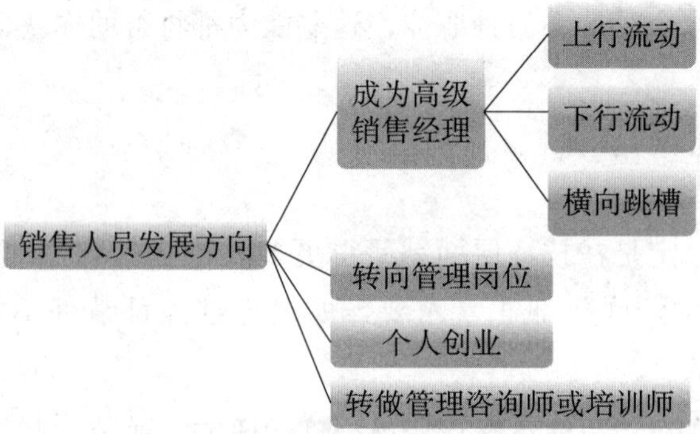

图1-9 销售人员的发展方向

（一）成为高级销售经理

销售人员的职业成长，如果定位于一直从事销售工作，可以肯定的目标便是成为高级的销售人才。实现这一目标的方向有两个：第一个方向是从术的角度出发，不断改进和提升工作的方法和能力，从低级的非专业化的销售人员变成职业选手，这一变化趋势主要体现为工作的理念、思路、工具和方法都变得更加专业，从靠感觉、靠冲劲做事转变为讲求定量数据、专业调查分析、把握市场规律性；第二个方向就是从术提升到道，从战略层面和组织全局的高度进行系统思维，进一步提升和转换职位角色。要成为高级的销售人才或经理人，销售人员必须增加系统分析、全面思考，从企业战略高度做销售，思考如何进行销售，多挖掘一线的信息，进行智慧加工，最终起到为高层决策扮演战略顾问角色的作用。

从具体的发展途径来看，又有如下几个方向：

1. 上行流动

如果有在大公司或集团的分支机构、片区或分公司做销售的经历，当积累了一定的经验后，优秀的销售人才可以选择合适的机会，上行流动发展，到更上一级的分支机构或公司总部做销售工作，或者可以带领更大的销售团队，管理大区市场。在处于成长期的快速消费品行业，许多销售人员都是通过上行流动而闯出自己职业发展的新天地的。

2. 下行流动

如果在公司总部销售部门工作，当积累了一定的经验后，可以根据市场发展的规模和速度，选择合适的机会，下行流动发展，到下一级或多级的分支机构去工作，通常是带领销售团队、管理省/大区市场，或是到某个细分市场开辟新的业务。这样的销售人员，可以将总公司的先进销售管理理念和操作手段同实际的市场结合，在继续锻炼一段时间后往往能成为许多企业的未来领军人物或高级经理人。

3. 横向跳槽

优秀的销售人员往往是公司的骨干，可直接为公司带来营业收入和现金流，但如果公司的薪酬福利或绩效考核政策不能有效地激励他们，那么他们转行或跳槽就在所难免。从组织的角度来看，许多公司都不惜重金从竞争对手处将一些优秀的销售人才挖走。从个人的角度来看，人往高处走，水往低处流。只要没有违反职业道德、劳动合同的相关条款规定和相关法律规定，销售人员在发展到一定程度后换一个环境和空间都是一条不错的路子。

（二）转向管理岗位

当销售人员做到一定层次的时候，可以结合个人兴趣和组织需求通过横向流动即轮岗的方式，转向相关的专业化职能管理岗位，具体可以从以下三个角度来考虑：

（1）如果还是对销售业务或相关的工作感兴趣，不愿意完全离开市场营销工作，公司的人力资源安排也允许，可以选择横向的相关岗位，如市场分析、公关推广、品牌建设与管理、渠道管理、供应商管理等。

（2）如果有管理专业背景或者对管理感兴趣，可以发展的方向包括：市场信息或情报管理、行业研究、战略规划、人力资源管理、项目管理等。

（3）如果在销售工作中在产品或行业的生产制造、运营、研究开发、设计等技术方面积累了优势，则可以往技术含量较高的岗位流动，如运作管理、售前技术支持、产品测试、售后技术服务等。

（三）个人创业

有过做销售工作背景的人出来创业，可以说是最适合不过的。企业要生存，先要有市场，做好业务工作是很多创业者必须自己先行解决的难题。许多令人羡慕的成功人士都是从销售人员开始做起，在积累一定的资金、经验和资源后进行独立创业而获得成功的。

销售人员进行创业最大的优势是经验和资源优势。一个有着丰富销售经验的人比起其他创业者，在对行业的理解、对企业的运作、对市场变化的感知方面都会有很大的优势。同时，他们很可能积累了资金和良好的产业链上、下游的人脉资源，了解行业的运作模式和成功关键，甚至合理合法地把握了稳定的客户关系资源。

（四）转做管理咨询师或培训师

如果离开本行业，重新开始新的事业，也是一种新的职业方向选择。例如：有经验的销售人员改做管理咨询师或培训师也是不错的选择，许多管理咨询公司的咨询顾问、培训师都是从营销岗位转过来的，有些还是营销老总、总监、大区经理等，因为他们有丰富的销售经验和行业背景，更理解企业实践的营销环境，在做相关行业的营销管理咨询、战略咨询和专业培训时，尤其具有优势。

模块6　团队项目实战训练

实训　组建实战销售项目团队　选择销售实战项目

【实训目的】

通过实战项目熟悉销售的流程，完成真实的销售任务。

通过实战补充和完善与销售相关的知识，提高学生的销售技能，增强学生的自信心。

通过团队作业方式锻炼学生的团队合作能力，提高学生的专业素质。

【实训内容】

（1）成立销售团队，5～6人一组，设项目负责人1名，项目负责人仿照专业营销团队带领下属成员设计各自团队的名称、标识、内部分工和管理制度，确定开展销售活动的指导思想、团队愿景及资金筹措等。

（2）每个销售团队利用课余时间，进行周边商情分析，讨论客户的类型和特征，选择销售实战项目，可以联系厂家或商家，购进或代理其商品，并学会对产品质量和渠道进行把控，要求一定是合规合法的，来自正规的厂家。同时，要求自行确定销售方式，是摆摊设点、上门销售还是电话销售。

【实训成果及检测】

（1）完成团队组建、团队名称、标识、口号、组织结构的设计。

（2）完成销售实战项目的选择，项目要合理，具有可行性。

（3）老师根据团队风采的展示以及团队名称、口号、设计理念、设计思路的闪光点和项目的可行性进行打分。

项目二　销售人员的修炼

学习目标

掌握销售人员应知应会的知识；掌握销售人员应具备的素养、良好的习惯、高效的工作效率；掌握销售人员应具备的技能；掌握销售人员应具备的礼仪；能正确地认知自我，增强自信心，树立团队精神，养成职业精神。

学习要求

1. 掌握销售人员应知应会的行业知识、企业知识、产品知识、营销知识等
2. 掌握销售人员应具备的素质、习惯
3. 掌握销售人员应具备的礼仪
4. 掌握销售人员应具备的能力
5. 掌握销售人员如何永保积极的心态

技能目标

1. 掌握提升销售人员个人素养、能力的方法
2. 能运用恰当的商务礼仪与客户交往
3. 销售人员自主学习提升自我的能力
4. 销售人员如何永保积极的心态

重点难点

重点：掌握提升销售人员个人素养、能力的方法

难点：销售人员综合素质的提高

模块 1　大家来讨论

想当年，业务员老张可以说是R区域市场叱咤风云的人物，由于总陶醉在往日的成就之中，整日与酒精、麻将为伍，不知不觉中被市场淘汰，他那老一套的“吃喝玩乐”搞定生意的行事风格，也逐渐不为客户所喜欢。

老客户鉴于老朋友的颜面，只好做着阳奉阴违的事情；新客户对于他的行事风格、销售套路，根本不予以合作的机会。就这样，老张气恼老客户的欺骗，讨厌新客户的不知天高地厚，任所在区域的销售网点自生自灭，手中只剩下几个关系好的客户，结果月月完不成销售与回款任务。与此同时，销售部领导面临不断增大的销量和回款任务，为了公司的利益，只好把他辞退了。

（资料来源：庞爱玲，徐秋杰．现代推销实务［M］．北京：中国轻工出版社，2017）

【讨论】

1．案例中老张被公司辞退的原因是什么？

2．一个优秀的销售人员应该具备哪些素质和能力？

模块 2　基本知识

一、行业企业知识

足够的知识能让销售人员充满自信和力量。没有充分的知识储备，容易让自己的销售活动陷入尴尬的境地。

（一位销售医疗药品的销售人员坐在某医院药品部的办公室里。）

医师：请详细说说贵单位生产的医用胶有什么特性。

销售人员：比市面上的医用胶纯度高，具有固化时间短、黏结强度大等优点。

医师：能说得具体些吗？

销售人员：具体的产品构成我不是很清楚，总之，它比第二代医用胶的配方简单多了。
医师：固化时间要多长？
销售人员（想了一下）：好像是2～6秒，来得及操作。
医师：扩散性和封闭性怎么样？
销售人员：应该没问题吧?!（不确定的口气）
医师：临床有试用吗？效果有记录吗？
销售人员：目前是推广阶段，已在很多医院临床使用。
医师：连你自己都不清楚就不好办了。如果你有产品资料就留下，我们看看再说。
（销售人员不好意思地拿出产品资料，递了过去。）

“工欲善其事，必先利其器”，不论是销售新手还是资深销售，工作之前都必须要了解与自己的销售业务相关的知识。销售员只有对产品的特性和性能进行充分了解和分析，才能在客户面前扮演“顾问”的角色，才能赢得客户的赞许和信任。

（一）了解行业

销售人员需要了解的行业内容包括：
（1）行业发展历史、现状及未来发展趋势；
（2）本行业的运行模式；
（3）有关政策及这些政策对行业的影响和约束。

（二）了解自己的企业

销售人员需要了解本企业七大方面的背景资料。
（1）企业的发展历史，现状（规模、示例），未来（发展规划、前景）；
（2）企业主营业务、生产能力、市场占有率；
（3）企业在行业中的地位；
（4）企业的组织结构及内部关系；
（5）企业的管理制度；
（6）企业文化、经营理念，品牌战略和市场策略；
（7）企业对销售人员的管理制度及销售人员的流动率，升迁状况等。

二、了解企业销售策略和相关法律法规

（一）了解企业的销售策略

不同的行业、不同的企业都有自己的销售策略。销售人员应透彻分析所在企业的销售策略，并在销售的过程中灵活运用这些策略说服客户，从而提升自己的销售业绩。企业的

销售策略包括销售政策和销售支持政策。

1. 销售政策

销售政策是企业依据营销战略计划，结合本企业的资源状况和市场竞争的资源状况制定的可操作性和实践性很强的销售措施。销售政策主要包括价格政策和货款回收政策。

（1）价格政策。价格政策包括定价策略、价格构成、交易条件等。这些政策对于客户做出购买决策产生很大的影响。灵活运用定价策略和价格折扣，可以促使客户做出购买决策。价格政策是销售人员用以扩大销售量、提升业绩的有力武器。

（2）货款回收政策。货款回收政策包括货款回收方式、回收期限、未回款的管理规定等。从某种意义上来说，把产品卖出去，只是销售的开始；提供良好的服务、成功收回货款，才是销售的结束。

2. 销售支持政策

销售支持政策包括返利政策、临时性优惠政策和促销政策三种，各种政策的特点如图 2－1 所示。

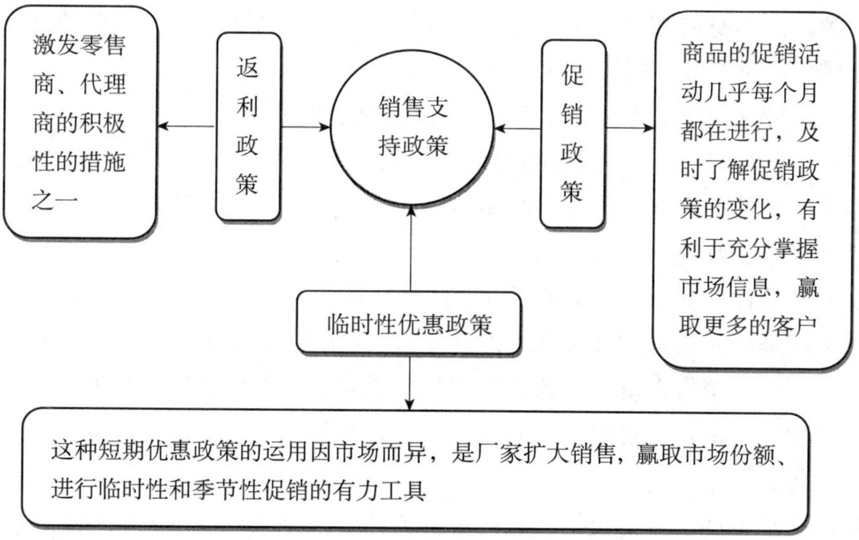

图 2－1　销售支持政策的主要内容及特点

（二）了解相关的法律法规

销售人员还要了解相关的法律法规和行业规定，因为这些规定与销售人员工作、行为、利益关系密切。

1. 和工作相关的法律法规

具体包括行业规范、国家规定、《中华人民共和国合同法》《中华人民共和国广告法》等。这些法律法规和行业规范是销售人员必须了解的内容。不仅如此，销售人员还要随时关注这些规范的变化和相关法律的调整与出台。

2. 和自身权益相关的法律法规

除了关注和自己业务相关的法律法规外，销售人员还要关注自己的切身利益和客户购买消费产品的切身利益。《中华人民共和国劳动合同法》和《中华人民共和国消费者权益保护法》对销售人员本身和消费者权益做出了相关的规定，销售人员应知悉相应的规定，以便保护自己和消费者的利益。

相关法律法规，销售人员可以通过网上查询、阅读书刊等方式获得，并要不断关注新的变化。

三、做到知己知彼

（一）了解本企业的产品

1. 了解一般产品

（1）了解产品本身的相关知识。对销售人员而言，产品知识所涵盖的范围是非常广泛的，它是指销售一件产品所需要知道的各种知识。

销售人员需要从以下 3 个方面了解与产品相关的知识。

1）产品的基础知识。产品的基础知识包括以下 4 部分。

①产品的“硬件”部分，主要指产品的性能、品质、材质、特点、制造方法、重要零件、附属品、规格、改良点及拥有的专利等。

②产品的“软件”部分，主要指产品的设计风格、色彩、流行性、前卫性、包装等。目前，市场上同类产品功能趋于雷同，实物产品的销售和竞争重点已经逐渐转移到“软件”上来了。因此，销售人员对“软件”知识的学习必须予以足够的重视。

③产品的使用知识，主要指产品的使用方法，如用途、操作方法、安全设计、保修年限、维修条件等。

④产品的交易条件，主要包括产品的定价方式、价格条件、交易条件、物流状况、保修年限、维修条件、购买程序等。

2）产品的外围知识。产品的外围知识主要包括竞争产品的情况、市场行情的变动状况、市场的交易习惯、客户的关心点、法律法规的规定事项等内容。

3）产品的诉求重点。销售人员若想有效地说服客户，除了要充分了解产品知识外，还要明确地把握产品的诉求重点，即产品的市场定位、特有性能、满足客户的需求点和能给客户带来的利益点等。

有效、切实的诉求重点依赖于销售人员平时对产品各项信息的搜集、整理、分析以及同类产品的比较、相应客户信息的把握。图 2－2 列出了一些产品的诉求重点，即向客户推销时的说明重点，从而把产品的特性转化为客户的需求。

产品	销售重点	实例
高档消费品	身份地位、便利、提高生活品质等	汽车、珠宝
不动产	1. 投资（保值、增值） 2. 方便（上班、上学、购物） 3. 居住品质（安静、空气新鲜） 4. 安全（设施、管理员配置，住户有素养） 5. 社会地位（邻居有社会名流）等	住房、写字楼、商铺
办公设备	1. 可操作性（是否方便） 2. 体积大小 3. 办公合理化的贡献 4. 功能、价格、实用性等	打印机、复印机、传真机
游戏玩具	安全性、好玩、教育性、益智、健康等	儿童玩具、成人游戏
生产设备	生产性，投资回报率、稳定性等	工厂生产设备
日用品	方便，耐用、便宜、性能好等	洗涤用品，家用电器等
保险、金融	保障、投资等	车险，寿险等

图 2-2　产品销售重点示例图

需要说明的是，销售人员只有把产品的特性和客户的需求联系起来，才能打动客户，激发客户的购买欲望。销售人员在销售中切忌仅讲述产品的特性，而不把产品的特性和客户的需求挂钩。

（2）掌握与产品相关的知识。销售人员可通过设计填写“产品解析表”（见表 2-1）的相应内容来掌握产品的相关知识。

表 2-1　产品解析表

产品	项目						
	硬件	软件	使用方法	交易条件	市场诉求	优势及利益	备注
产品 1							
产品 2							
……							

2. 了解服务型产品

有些公司，如律师事务所、管理咨询公司、旅行社等，以输出服务为主营业务，服务项目就是它们的产品。若成为这类公司的销售人员，需要了解的内容包括 5 项，见图 2-3。

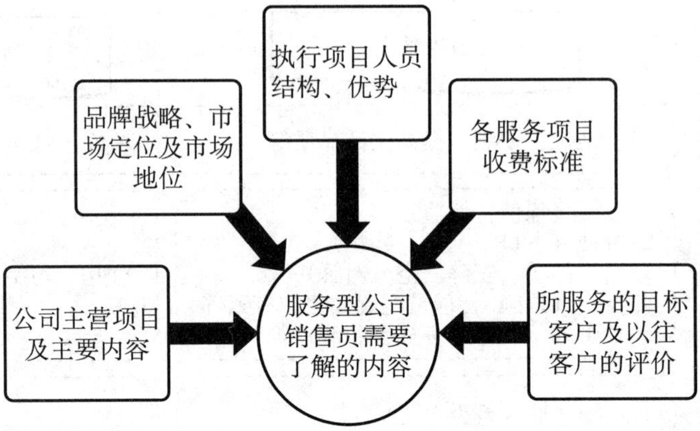

图 2-3　服务型公司销售人员需要了解的内容

服务行业的产品（主要是服务）更为强调在“软件”上的区别。如广告行业，企业要在多家同行竞争中脱颖而出，更多取决于企业的外部形象、品牌形象和艺术风格。

因此，销售人员必须对本公司产品的“软件”有深入的了解，并且让自己的销售活动与公司的意图保持一致。

（二）了解竞争对手

有市场在的地方就有竞争，就有竞争对手。“知己知彼，百战不殆。”销售人员需要随时关注竞争对手的动态，分析竞争对手的情况，做到有备无患，以在竞争中取胜。

销售人员了解竞争对手的过程也是再次认识自己企业的过程。为了了解竞争对手，销售人员可从表 2-2 所示的 7 个方面入手进行相关信息的收集，并将这些信息进行分析整理，找出自己企业产品的优势所在。同时，销售人员应给每一家同类公司建立档案，并进行比较和追踪，进而制定符合市场需要的销售策略，打败竞争对手。

表 2-2　竞争对手分析

竞争对手名称		联系方式	
		公司网站	
项目	具体内容	了解途径	公司优势和不足
产品策略	技术含量、质量、主要性能、所使用的原材料、更新换代周期、工艺水平、主要卖点等	（1）直接或间接询问当地经销商 （2）询问有关维修人员、促销员等 （3）直接进行“公众调研” （4）通过媒体报道了解	
服务策略	服务政策、服务承诺、服务质量（服务兑现情况）	（1）找售后服务人员了解 （2）找促销员了解 （3）收集媒体报道，如上网查询等	

续前表

项目	具体内容	了解途径	公司优势和不足
价格策略	竞争对手的总体价格水平、各个细分产品的不同价格标准、价格定位，价格调整频率与力度、进货价、零售价与结算价，返利之间的相互关系等	（1）各销售人员最好有计划地将对手一定时期内的所有产品价格予以记录 （2）实地考察，并要求促销员时刻关注对手的价格动态 （3）直接找商家询问	
促销策略	（1）促销的频率及力度 （2）促销的形式及内容 （3）促销成效及对品牌提升的好处 （4）促销对提高企业员工、商家信心的作用	（1）本企业销售人员之间的沟通 （2）商家 （3）促销员 （4）当地公众 （5）各种媒体宣传	
品牌策略	（1）在当地的广告宣传投放情况 （2）终端卖场的产品陈列、展示 （3）在当地的曝光率及百姓心中的品牌形象	（1）经销商 （2）本企业一线销售人员 （3）终端促销员 （4）亲临市场勘察	
渠道策略	（1）渠道政策：自建营销网络、直销、专卖店、电话营销等 （2）渠道政策调整的频率和力度 （3）新建渠道、维护渠道的举措	（1）本企业销售人员多沟通多了解 （2）多与商家沟通 （3）通过上网搜索有关竞争对手的渠道信息	
人力资源	（1）对员工培训、教育是否到位 （2）厂家与商家关系是否融洽 （3）各种规章制度是否完善，特别是销售制度、策略 （4）员工工作是否信心满怀、热情	（1）实地考察对方促销员的能力 （2）从经销商口中了解相关信息 （3）借助其他途径了解，如同行交流、媒体资料的收集	

（三）了解终端客户

终端客户是指产品的最终购买者或使用者。销售人员了解终端客户的目的，主要是弄清楚客户购买决策产生的心理过程，从而帮助自己在销售过程中把握客户心理，促成交易。

1. 客户的选择过程

销售人员面对的终端客户主要是经销商、代理商、零售商或最终消费者。无论是中间客户还是终端客户，他们的购买决策过程都是要从若干购买方案中选择一个满意的购买方案的过程。这种决策一般分为认识、情绪和意志 3 个过程，销售人员要充分把握客户的这种决策过程并在每个阶段采取不同的应对措施。

（1）认识过程。认识过程指客户对产品进行从感性到理性、从感觉到思维的认识过程。

1）感性认识阶段。在这一阶段，客户主要是通过感觉、知觉得到产品直观形象方面的认识，并通过记忆进行经验的积累，其实质是对产品信息的接受和储存。

> 销售人员：请您看看我们这个新产品。
> 客户：对不起，我一直用一个产品已经5年了，我不想用其他品牌。
> **思考：**此客户的问题所在？

对于这种客户，销售人员必须弄清楚客户拒绝的真正原因，以便采取有针对性的措施。如果客户真的只用一个品牌，销售人员就要研究一下客户为什么如此“忠实”，自己的产品能否满足客户的某些需求，能否有替代客户所使用产品的可能。如果客户说的不是真实的意思表达，销售人员就要探究一下客户的真实需求。

2）理性认识阶段。在这一阶段，客户通过思维、联想、判断，获得对产品更为全面和本质的认识，其实质是对产品信息进行加工、再储存。

> 客户：不用介绍了，我的很多同事都在用你们的产品；我也在观察他们使用后的效果，如果两个月后他们的使用效果好，我也会改用你们的产品。
> **思考：**此客户的购买心理是怎样的？

（2）情绪过程。客户对产品有了一定的认识，但不一定马上进行购买，还会受到情绪过程的影响。情绪过程是客户心理活动中的一种特殊的反应形式，即对客观现实是否符合自己的需要而产生的态度的体验。主要表现为：满意或不满意、喜欢或不喜欢、有兴趣或无兴趣、有欲望或无欲望等。

> 客户甲：我觉得产品真的不错，如果是纯棉的就更好了。
> 客户乙：我觉得这种颜色不适合我的肤色，我不能穿这种颜色。
> 客户丙：穿起来太适合我了，看看能否谈谈价格。
> 客户丁：管它呢，一定要买一件穿穿。
> **思考：**客户的购买心理是怎样的？

不同的客户对产品的不同情绪是销售人员判断客户是否购买的主要信号。销售人员要根据自己的产品把握客户的各种情绪表现，并适当引导客户成交。

（3）意志过程。客户的意志过程是指客户自觉地确定购买目标，并依此支配其购买行为达到既定购买目标的心理过程。意志对客户的购买行为过程起着发动、调节或制止的作用。

意志过程具体表现为客户采取实际行动把意志作用外化，根据既定的购买目标采取行动，把主体意识转化为现实购买的实际行动。

客户的意志有时受到外部因素的影响。例如：有的客户在做决定前会征询其他人的意见："你觉得怎么样?"有时客户也会征询销售人员的意见。但是，客户征询销售人员意见的时候，销售人员正确的做法是提供建议，让客户自己做决定，不要代替客户做决定。

2. 购买决策过程的5个阶段

通过以上对客户购买决策的心理过程的分析，可以把客户购买决策分为5个阶段，见图2-4。

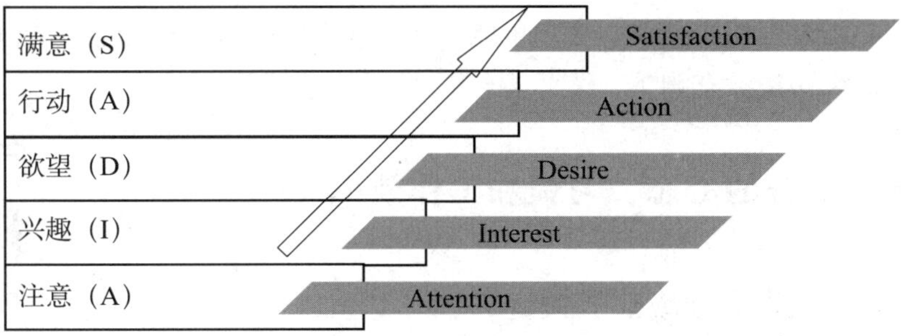

图2-4　客户购买心理决策的AIDAS模式

（1）注意。客户对产品的注意，是自觉的、有预定目的并需要经过意志努力而产生的。客户只有把心理活动集中在产品或产品信息上，才能清晰地感知产品并记忆有关信息，然后在此基础上做出购买决策。

注意本身并不是一个独立的心理过程，而是由感觉、知觉、记忆、思维等心理过程组成的综合表现。注意是客户购买的第一步；吸引客户注意，则是销售人员营销需要迈出的第一步。

（2）兴趣。客户在对产品有了初步印象之后，就会对产品做出一定的评价，表现出自己的态度，具体表现为：满意或不满意、喜欢或不喜欢、感兴趣或不感兴趣。

兴趣是客户对产品的选择性态度和心理倾向，它表现为客户对某种活动、某种事物的偏爱和喜好。具体来说，在销售活动中，客户对产品的偏爱和喜好即为他们的兴趣点所在。

客户是否对产品感兴趣，是从其本身的需求出发来判断的。如果客户恰好有这方面的需求，或者产品能给他们带来利益，他们就会对产品感兴趣；如果没有这方面的需求或仍未发现自己有这方面的潜在需求，客户就不会对产品感兴趣。

客户是否有需求，销售人员只有通过和客户沟通才能发现。

（3）欲望。一旦客户对产品感兴趣，就会因为喜欢而引起强烈的购买欲望和购买热情。这种欲望和热情促使客户购买商品来满足自己的需求。

在购买欲望的推动下，客户开始对产品进行包括性能、价格、外观的评价，使自己的感情与理智趋于统一。

（4）行动。客户在对产品进行评估后，觉得产品可信，自己也比较喜欢，需求可以得到满足，就采取行动，做出购买决策。

（5）满意。客户购买完产品后，就要使用产品。在使用产品的过程中，客户一方面会评估自己的购买决策，另一方面也要考察销售人员的服务是否让自己感到满意，是否还要继续从销售人员那里获得产品和服务。

客户只有对产品和销售人员的服务都满意以后，才可能重复购买，做出下一个购买决策。

通过上面的分析，客户的购买决策过程看似经过5个阶段，比较清晰，而实际上，客户购买产品的心理过程相当复杂。客户可能会不遵守上述的决策过程，可能上来就买，也可能看来看去最终还是没有购买。

四、销售人员必备的心态、习惯和工作效率

2-1
一切都是最好的安排

（一）心态是决定销售成败的关键

踏进销售行业的大门十分容易，但若想在这个行业里做出成绩，成为Top Sales（顶级销售人员），却并非易事。要想成为Top Sales，除了要能够“努力到无能为力，拼搏到感动自己”外，还需要拥有良好的心态，不惧失败，敢于奋斗，行动果决。当然，并不是说拥有了良好心态的销售人员就一定能成为Top Sales，但心态不好的销售人员却必定无法成为Top Sales。

在工作中，许多销售人员总是存在一种误解，认为销售是一份凭技巧取胜的工作，因而会花费大量的精力试图去提高销售技巧。其实，对于销售而言，技巧只是一个方面，真正决定销售业绩的，还是心态。一个技巧娴熟却心态消极的销售人员，注定无法取得优异的销售成绩；反之，一个技巧平平而心态积极的销售人员，却可以取得不俗的成绩。换言之，心态才是决定销售成败的关键。

不同的心态，决定了不同的销售结果。如果你想在销售的世界里纵横驰骋，成为令人艳羡的Top Sales，那么从现在开始，你就应该拒绝消极情绪，摆正心态。要么你去驾驭生命，要么任由生命驾驭你。你的心态决定了谁是坐骑，谁是骑师。Top Sales在心态上有以下3个特点。

1. 自信

自信是成为Top Sales的基础。在激烈的市场竞争中，一个自信的销售人员才能不惧困难、勇于挑战，才能突破重围，获得机遇；反之，一个缺乏自信的销售人员，即便巧舌如簧，也不一定能将东西卖出去。

在实际的销售中，许多销售人员，要么怀揣太多的畏惧情绪，要么过度自卑。他们总是思前想后、缩手缩脚，担心遭到客户的拒绝，担心产品卖不出去，担心业绩太差；他们

害怕干不好销售，害怕老板批评，害怕被社会淘汰……

可以说，自卑感和畏惧情绪是阻碍我们建立自信、实现成功销售的最大屏障，它让我们无法用一种超然的姿态去积极应对销售工作中所遇到的问题和困难，它让我们饱尝失败。换言之，迈向 Top Sales 的第一步便是拆除这道屏障，努力克服并彻底摒弃我们内心的自卑感和畏惧情绪。

2. 积极乐观

除了自信，Top Sales 还必须拥有积极乐观的心态。积极乐观的心态能够保证销售人员即便在业绩不理想的时候，仍然能够拥有饱满的工作热情和必胜的信念；能够保证销售人员在经历无数次的失败之后，仍心怀希望，坚持拼搏。

3. 舍我其谁

《孟子·公孙丑下》里有这样一句话："如欲平治天下，当今之世，舍我其谁也?"意思是说：如果想使天下太平，在当今这个世界上，除了我还有谁呢？这句话对于销售同样适用。

在现实的销售中，许多销售人员之所以画地为牢，裹足不前，就是因为缺乏一颗"舍我其谁"的雄心。他们想为而不敢为，即便有再多的梦想，也不愿付出努力去实现，硬生生将无限的潜能化为有限的成绩。

许多时候，比起普通销售人员，Top Sales 不过是多了一种"舍我其谁"的霸气和自信。比如，在面对客户拿自己的产品和竞争产品做比较时，Top Sales 通常会以一种"舍我其谁"的心态，坚定不移地说服客户。

相反，普通销售人员则是一种"谁都可以取代我"的心态，认为竞争对手的产品很好，自己的产品确实有缺陷。他们在受到客户打击时，虽然也会据理力争，但在心理上会认为自己的产品确实不如竞争对手好。这样一来，他们说出去的话势必会显得苍白无力，无法让客户信服。

心态决定成败。销售本就是一个竞争激烈的行业，要想在这个行业里突破重围、脱颖而出，成为令人艳羡的 Top Sales，更好地实现自己的人生价值，就一定要拥有良好的心态，做到无论在何种境况下，都能自信、乐观地说："舍我其谁!"

（二）习惯决定销售业绩

在实际的销售中，常常会听到一些销售人员抱怨："如今的销售不好做，我明明已经很努力了，却还是业绩平平。"

例如，销售人员小李就是这样一个人。据小李说，他每天早出晚归，自己都被自己的努力感动了，业绩却始终不理想；而和他同组的另一位同事小黄，每个星期只见 3 次客户，业绩却是自己的 3 倍。对此，小李十分迷茫，不知道原因为何。

其实，和小黄相比，小李的问题就出在工作习惯上。要想成为一名 Top Sales，除了勤奋，还要掌握一定的销售技巧，更关键的是，要有良好的工作习惯。作为一种内在修养，习惯可以影响一个人的性格，更决定着一个销售人员的销售成败。

“世界上最伟大的销售人员”、连续 12 年荣登《吉尼斯世界纪录大全》世界销售冠军宝座的乔·吉拉德（Joseph Sam Girardi），是一名名副其实的 Top Sales。在他看来，与销售商品相比，更重要的是销售自己。而这个销售自己的过程，比如销售自己的人品、观念等，都表现在我们平时的工作习惯中。

常言道：“优秀是一种习惯。”对销售人员而言，好的习惯可谓价值千金。一个普通销售人员养成了良好的工作习惯后，他的 Top Sales 晋级之路就会更顺畅。

Top Sales 在工作习惯上有以下 3 个特点。

1. 全力以赴

某些销售人员有这样的经历：每天早出晚归，跑市场、见客户，可到了月底依然业绩平平，于是就安慰自己，“努力过了，我不后悔”，并心安理得地接受自己的现状，不去反思失败的原因，更别提全力以赴，业绩也一如既往得不到提高。

事实上，“努力过了，我不后悔”这句话并不代表你真的努力过了，反而是自己变相地给“不努力”所找的完美借口，也是造成和别人之间存在巨大差距的关键，也是晋级为 Top Sales 路上最大的阻碍。

相比于用一句“努力过了，我不后悔”来让自己感到释然，Top Sales 更愿意反思自己：“为什么我这么努力，却依然没有成功？还有哪些地方可以改进？”

换言之，普通销售人员和 Top Sales 对于“努力”的理解是完全不同的。前者所谓的“努力”，也许只是每天见客户时得过且过，跑客户累了就给自己找各种各样的借口，放松身心；而后者的努力则是拿出百倍的干劲，全力以赴地追赶目标。正是这种对努力的不同理解，造就了普通销售人员和 Top Sales 不同的业绩和命运。

诚如清代文学家赵翼所言：“故凡可以得名者，必全力以赴，好为苟难，遂成风俗。”一个人要想成功，就必须把全部精力集中到一起，竭尽全力、想方设法去做好一件事。对于销售人员而言，养成不遗余力的习惯，保持全力以赴的状态，是突破困难和阻碍、打开成功大门、登上 Top Sales 宝座的关键。

2. 超强执行力

目标没有做到百分之百明确；目标确定完毕之后，没有百分之百执行到位，这些都是普通销售人员最致命的坏习惯。

对于一个销售人员而言，目标的制定和执行是至关重要的。据调查，无论是哪一个行业的 Top Sales，在工作时，都会制定明确清晰的工作目标和工作计划。比如，明天要拜访哪些客户，这些客户分别是什么类型，明天的拜访要达到什么样的目的，需要做好哪些准备……目标一旦制定，他们就会不遗余力地朝着目标推进，不给自己任何理由和借口，百分之百地完成任务。

销售人员的使命就是实现销售目标，这一点永远不会变。所以，晋级为 Top Sales 的第一步，就是要学会制定自己的销售目标，并且按照销售目标，有条理、有计划地去一步步推进销售工作。在这个过程中，还要不断思考：我的目标是什么？有没有什么方法能够让我更好地去靠近它？

当销售人员设定了明确的目标，并且养成为了达到目标而不懈努力的习惯，就会拥有更积极正面的工作态度，就不会轻易被挫折和失败打倒，离 Top Sales 也就会越来越近。

3. 为了自己的现在和未来拼搏

觉得自己在给别人打工，是普通销售人员普遍存在的心态和必须摒弃的坏习惯。

在现实的生活中，有些销售人员总会发出这样的抱怨：我的工作太辛苦；我的老板太苛刻，总是要求得多又给的少……而面对同样的境遇，另外一些销售人员却会这样激励自己：我对我的工作很满意，虽然薪水不高，但我每天都在成长；我的老板很好，销售让我感到快乐。

同样的职业，不同的声音，也决定了不同的命运。那些整天抱怨的销售人员，只是浑浑噩噩地把销售工作当成谋生手段，因为在混日子，所以他们永远“混”不出成绩；而那些善于激励自己的销售人员，则是在为了自己的现在和未来拼搏，除了薪水，他们还有更宏大的理想和抱负，他们拥有成为 Top Sales 的巨大潜能。

作为一个销售人员，应该经常问一问自己：我的工作目的是什么？我到底在为什么而工作？只有明确了做销售的真正目的和意义，用心去体会做销售的乐趣，你才会焕发出无限的热情，养成正确的工作习惯，并且持之以恒，使自己拥有巨大的销售动力，为了获得更好的成长与进步而不懈努力。

销售人员必须从一开始就树立“为自己的现在和未来拼”的工作观念，始终以主人翁的姿态去对待销售工作，才有机会成为 Top Sales。

（三）提高工作效率

除了心态和习惯上的不同，普通销售人员和 Top Sales 的区别还体现在工作效率上。对于每一个人而言，时间都是公平的，它既不可以储存，也不可以增加，更不可以转让。从本质上来说，销售其实就是一项与时间赛跑的工作。销售人员要想完成从普通销售人员向 Top Sales 的晋级，就必须努力提高自己的工作效率，让自己的工作时间更有价值。

不知道在实际的销售工作中，有多少人曾计算过自己的时间究竟值多少钱？假设我们的年收入是 10 万元，每周的工作时间是 40 个小时，那么，我们全年的工作时间就是 2 080 个小时，平均下来，每小时的工作单价就是 48 元。在这一年中，如果我们每天浪费

1小时去做那些没有意义的事情，那么全年就会浪费将近1.25万元。

通过这个简单的数学计算可以看出，在我们眼里微不足道的1小时工作时间，全年累计起来，其实也能创造出不小的价值。这便是提高工作效率的重要性，也是很多销售人员无法成为Top Sales的关键原因。

2-2
应该做效率型还是效能型的销售人员?

据不完全统计，Top Sales的工作效率至少会比普通销售人员高10倍。Top Sales的工作效率主要表现在以下几个方面。

1. 为了精准开发客户而开发客户

精准开发，就是指通过各种渠道，将产品销售给有需求、有付款能力和有购买决策权的A类客户。

比如，当接受老板每天必须打100个电话、开发4～6家客户的工作任务后，普通销售人员或许会在产品和市场还没有研究好的情况下，就通过各种渠道得到客户的电话，不假思索地去找客户。而这样做的结果往往是，电话打了上百个、客户拜访了十几家，却没有半点收获。

Top Sales在接到同样的任务后，会采用不同的策略。通常，他们会认真查找客户资料，对这些客户是否匹配自己的产品和是否有能力付款做仔细分析，然后根据分析结果找出精准客户，并进行拜访。

对比普通销售人员和Top Sales的做法，我们可以发现，普通销售人员在销售的过程中，主要犯了以下三大错误：

（1）不知道去哪里开发精准客户；

（2）未识别出谁是精准客户；

（3）懒得开发精准客户。

事实上，与“为了开发客户而开发客户”相比，开发精准客户可以节约大量时间，提高销售效果和转化率。这是因为，在开发精准客户的过程中，我们实际上已经通过对客户资料的分析整理，明确了客户范围，确保了努力与目标的一致性，这就为销售成功打下了基础。

2. 为了达成目标或目的而拜访客户

作为销售活动中很重要的一个环节，拜访客户必须得到每一个销售人员的高度重视。在实际的销售过程中，许多销售人员总是错误地将拜访客户当作一种普通的见面，认为拜访客户只是一个与客户碰碰面、向客户介绍产品用途的简单过程，并不需要任何技巧。事实上，从本质上来说，拜访客户不仅是一种现代化的商业技巧，更是一种提高销售效率的永恒艺术，对于销售的成败起着决定性的作用。

2-3
销售人员的自我管理

在拜访客户这件事上，普通销售人员和Top Sales的结果也是不同的。前者总是吃闭门羹，后者却能够长驱直入、旗开得胜。造成这种不同结果的原因在于，普通销售人员通常是为了拜访客户而拜访客户。比如公司规定销售人员每天必须拜访 6～8 家客户，那么普通销售人员就可能会为了凑够 6 家客户的拜访量盲目地去扫街；而 Top Sales 则是带着目标或目的，有针对性地去拜访客户。

这样有目的的拜访，让销售人员的工作效率得到了极大提高，也是促使销售人员成为 Top Sales 的关键。所以，在 Top Sales 的炼成过程中，必须做到"为了达成目标或目的而拜访客户"，而不是"为了拜访客户而拜访客户"。

3. 为了帮助客户创造价值而签单

那些持续签单的 Top Sales 之所以能成功，正是因为他们具备一些过人的销售天赋。这里的"天赋"，并不是指常规意义上的与生俱来的天赋异禀，而是指可以通过学习与锻炼得到提升的，对于灵活性、感染力、敏感度、自我驱策、社交等的把控能力。这种天赋可以帮助销售人员创造出巨大的销售价值。

生活中，我们常常会看到这样的销售场景，即到了签单环节，很多普通销售人员会这样说服客户："王总，今天我们谈得差不多了，就签了吧。"此时，对方通常会回应说："我再想想。"而这一想，签单基本就无望了。

同样的情况下，Top Sales 一般会使用"为了帮助客户创造价值而签单"的"吸引"性话术技巧，例如：

> 王总，您对我们的价值是认可的，对于我们产品的功效可以解决的四大问题也是认可的，而且您也刚好有这方面的预算。如果我们今天说再见了，下次也不知道什么时候再见面。您如果错过了这个机会，对您而言将是极大的损失；对我而言，无非是换个客户而已。总而言之，我们的产品是能够为您创造价值的，而您也是因为这个价值才购买我们的产品，并非因为您看我顺眼。所以，是您不能失去我们这个产品，而我们的产品却可以失去您。

在这个说服的过程中，Top Sales 首先会让客户意识到，他们决定购买的动机是非常明智的，而且这种购买一定会物有所值。

4. 为了创造自己新的价值而"对标"学习

高士其曾经说过："对世界上的一切学问与知识的掌握并非难事，只要持之以恒地学习，努力掌握规律，达到熟悉的境地，就能融会贯通，运用自如了。"这句话运用到销售上，同样成立。

造成普通销售人员和 Top Sales 在工作效率上存在巨大差距的，除了客户开发、客户拜访和签单外，还有学习能力。学习的最大好处就在于，它可以最大限度地帮助我们提升自己，降低我们犯错的概率，缩短我们摸索的时间，让我们更迅速地完成 Top Sales 的晋级之路。

从本质上来说，成功其实就是一种思考和行为习惯，而学习能力则是成为 Top Sales 的基础。Top Sales 几乎无一例外都是注重学习的高手，他们不仅善于通过学习提升自己各方面的能力，更懂得让学习成为自己的习惯。

五、注重形象，掌握商务礼仪

2－4
职场商务礼仪

（一）形象礼仪

销售人员的仪容、仪表、仪态是其第一张名片，会给客户留下深刻的第一印象。第一印象在商务交往中具有十分重要的作用，它往往左右对人的基础评价，从而直接影响后续销售工作的成败。乔·吉拉德说：“一个人的外在形象，反映出他特殊的内涵。倘若别人不信任我们的外表，你就无法成功地销售自己。”一位知名的形象专家说：“形象如同天气一样，无论是好是坏，别人都能注意到，但却没有人告诉你。”因此，销售人员要时刻注意自己的仪容、仪表、仪态。

1. 销售人员的仪容礼仪

仪容是指人的容貌，是由发式、面容以及人体所有未被服饰遮掩的肌肤（如手部、颈部）所构成的。仪容在人的仪表中占有举足轻重的地位。

（1）仪容修饰的要求。修饰是对人的仪容、发型进行修整妆饰，使其外在形象达到整洁、大方、美观、典雅效果的基本手法。

1）修饰的首要标准是整洁。要经常保持面部及身体各个部位的干净整洁，经常洗脸、梳头、理发、修剪指甲与鼻毛等。

2）修饰要自然。自然就是艳而不俗，淡而不灰，柔和顺眼。

3）修饰要有整体感。修饰是一项整体工程，整体形象的协调统一才是美。

4）修饰要注意突出重点。修饰的重点是突出自己最美的部分，使其更美，还要巧妙地运用修饰技巧，弥补不足之处。

5）修饰要与环境气氛统一。不同的环境有不同的色泽、光线条件和社交气氛，因此应以与环境“相容”为宜。

（2）仪容修饰的内容。

1）头发。

①要干净，常洗、常理、常梳、常整。

②长短要适宜。男士的头发一般为 7 厘米左右。前发不及额，侧发不及耳，后发不及领；女士的头发不超过肩部，如果超过肩部，要做技术处理，如盘起来、挽起来或梳起来。

③发式自然。不能将头发染成五颜六色。发型的选择要时尚、大方、得体，不要标新立异。

2）胡须。在正式场合，男士留着乱七八糟的胡须，一般会被认为是很失礼的，而且会显得邋遢。个别女士因内分泌失调而长出类似胡须的汗毛，应及时清除，并予以治疗。

3）鼻毛。鼻腔要随时保持干净，不要让鼻涕或别的东西充塞鼻孔，经常修剪长到鼻孔外的鼻毛。

4）口腔。牙齿洁白，口中无异味，是对口腔的基本要求。为此要坚持每天早、中、晚刷 3 次牙。另外，在会见重要客户之前忌食蒜、葱、韭菜、腐乳等让口腔发出刺鼻气味的东西。

5）手部。手是肢体中使用最多、动作最多的部分，要完成各种各样的手语、手势。如果手的“形象”不佳，整体形象也将大打折扣。对手部的具体要求有 3 点：清洁，不使用醒目的甲彩，不蓄长指甲。

2. 销售人员的仪表礼仪

仪表是指销售人员的外表，在人际交往的初期，销售人员的外在形象在开口说话前，就已被存进客户的意识中了。销售人员是否受到其谈话对象的重视、尊敬和好感，其外表非常重要。正所谓“佛靠金装，人靠衣装”，因此，销售人员一定要先从着装打扮着手。

（1）着装原则。销售人员的着装原则见图 2－5。

整洁原则	保持服饰的清洁、整齐，这是服饰美的第一要求。任何情况下，每个人的服饰都应该干干净净、整整齐齐。沾满污渍、气味难闻、少扣开线等现象都是不美观的。
应己原则	销售人员应针对个人的性别、气质、年龄、肤色、体型、爱好及行业特点等因素来合理着装，扬长避短，恰到好处地展示自己的形象。盲目追求新潮摩登，把那些不适合自己的衣服穿在身上，最后只能是东施效颦，贻笑大方。
“TPO”原则	“TPO”原则是指根据时间（Time）、地点（Place）、场合(Occasion) 来选择相应的着装。具体来说，销售人员的着装标准没有固定模式，应根据预期的场合、销售商品的类型，以及即将拜访的客户的社会地位、经济状况和文化程度来决定自己的着装。
三色原则	着装时要有意识地将服装的颜色控制在3种颜色以内，否则就会让人感到眼花缭乱。

图 2－5　着装的原则

（2）男士的着装礼仪。

1）西装的着装规范。西装是全世界最流行的男性服饰，是正式场合着装的首选。鉴于西装在对外活动中往往充当正装的用途，面料的选择应力求高档。藏蓝色西装是销售人员的首选，灰色和棕色也可以，越是正规的场合，越是应该穿单色西装。

销售人员要想使自己所穿的西装真正称心合意，就必须在西装的款式、穿法、搭配等方面严守规范，见图 2－6。

图 2－6　男士着装

①拆除商标。购买回来的西装一定要记得拆除左衣袖上的商标或标志。

②保持西装外形的平整洁净。西装要定期干洗，穿着前熨烫平整。西装挺括、线条笔直，才能充分地展示出美感。皱皱巴巴的“抹布西服”只会让观者皱眉。

③注意内衣搭配。西装的标准穿法是西装里面直接穿衬衫，而衬衫之内不穿棉纺或毛织的背心、内衣。不穿衬衫，而让 T 恤直接与西装配套的做法，更是穿着西装的大忌。

④慎穿毛衫。为讲究西装的原汁原味，在西装上衣内，原则上不允许穿毛衫。如果在冬季时实在寒冷难忍，也只宜在西装里面穿上一件薄薄的“V”领单色羊毛衫或羊绒衫。色彩、图案十分繁杂的羊毛衫或羊绒衫、扣式的开领羊毛衫或羊绒衫会大煞风景。

⑤不要卷挽西装衣袖和裤管。在正式场合，销售人员应该时刻注意细节方面的问题，如不能卷起西装裤的裤管，或者挽起西装上衣的衣袖，悉心呵护自己的整体形象，以免给人以粗俗的感觉。

⑥正确系好西装纽扣。西装纽扣是区分款式、版型的重要标志。能否正确地给西装系纽扣，可直接反映出对西装着装礼仪的把握程度。

⑦用好西装的口袋。西装的口袋，其装饰作用多于实用价值。因此，不能让口袋显得鼓鼓囊囊，使西装整体外观走样。

⑧掌握四不要：衣袖不要过长（最好是在手臂向前伸直时，衬衫袖子要露出西装袖口 2 厘米～4 厘米），衣领不要过高（一般以衬衫后领口露出西装后领口 1 厘米～2 厘米为宜），雨天不要穿西装，不要长时间只穿一套西装。

2）衬衫的穿着礼仪。

①面料。搭配西装一起穿的衬衫，应是以长袖的纯棉、毛制品为主的正装衬衫。以棉、毛为主要成分的衬衫也可以。

②颜色。正装衬衫必须是单色的，白色是最好的选择。另外，蓝色、灰色、棕色、黑色也可以考虑。正装衬衫大体上以没有任何图案为佳。有较细竖条纹的衬衫在普通商务活动中也可以穿着，但不要和竖条纹的西装搭配。有印花、格子以及带人物、动物等图案的衬衫都不是正装衬衫。

3）鞋袜的搭配。

①鞋。选择和西装配套的皮鞋，只能选择深色的单色皮鞋。黑色皮鞋和西装最般配。磨砂皮鞋、翻毛皮鞋不适合与西装搭配。在正式场合穿的皮鞋，应当没有任何图案、装饰。

②袜。与西装、皮鞋搭配的袜子，最好是纯棉、纯毛的深色或单色的袜子，黑色比较正规。

4）领带的款式。

①斜纹：果断权威、稳重理性，适合在谈判、主持会议、演讲的场合使用。

②圆点、方格：中规中矩、按部就班，适合初次见面和见长辈或上司时使用。

③不规则图案：活泼、有个性、有创意、有朝气，较随意，适合在酒会、宴会上和约会时使用。

（3）女士的着装礼仪。

1）西装套裙的穿着礼仪。套裙可以分为两种基本类型：一种是用女士西装上衣和任意一条裙子进行的自由搭配组合成的“随意型”，另一种是女式西装上衣和裙子成套设计、制作而成的“成套型”或“标准型”。

①面料。一套在正式场合穿的套裙，应该由高档面料缝制，上衣和裙子要采用同一质地、同一色彩的素色面料。

②色彩。以冷色调为主，应当清新、雅致而凝重，以体现女性销售人员的典雅、端庄和稳重。藏青、炭黑、茶褐、土黄、紫红等稍冷的色彩都可以。

③套裙的长短。一般认为，裙短不雅，裙长无神。最理想的裙长是，裙子的下摆恰好抵达小腿肚最丰满的地方。套裙中超短裙的裙长应以不短于膝盖以上 15 厘米为限。

④鞋袜的选择。用来和套裙配套的鞋子，应该是皮鞋，并且最好是黑色的皮鞋。和套裙色彩一致的皮鞋也可以选择。穿裙装时，应有意识地注意一下鞋、袜、裙之间的颜色是否协调，鞋、裙的色彩必须略深于或略同于袜子的色彩。

女士着装见图 2-7。

图 2-7　女士着装

2）女士着装的禁忌。成功的职业女性应该懂得如何适宜地装扮自己，但在日常生活中，职业女性在着装方面常会出现以下问题：

①过分时髦。现代女性热爱流行时装是很正常的，有些女性盲目地追求时髦。一个成功的职业女性对于流行的选择必须有正确的判断力。

②过分暴露。夏天，许多职业女性不够注重自己的身份，穿起颇为性感的服装。这样的着装可能会将个人才能和智慧埋没，甚至还会被认为是轻浮的表现。职业女性即使在炎热的夏季也应注意保持自己仪表的整洁、大方。

③过分正式。这个现象也是比较普遍的。其主要原因是没有适合的服装，着装过于平淡朴素。

④过分潇洒。最典型的样子就是一件随随便便的 T 恤或罩衫，配上一条泛白的“破”

牛仔裤，丝毫不顾及职业形象。

⑤过分可爱。服装市场上有许多可爱俏丽的款式，但并不适合在工作场合穿着，否则会给人不稳重的感觉，令客户的信赖感大打折扣。

3. 销售人员的仪态礼仪

销售人员的基本仪态——坐姿、站姿和走姿是日常生活行为的三部曲，其中包含不少学问。

（1）坐姿。坐与站是最容易表现仪态是否美好的动作，就坐的姿势来说，美的坐姿是一种文明行为，它既体现形态美，又体现行为美。中国人一向讲究坐姿，老一辈人经常教育年轻人要“坐有坐相”。正确坐姿见图2-8。

1）入座时，应轻、缓、稳，动作协调柔和，神态从容自如。

2）从椅子左侧入座，走到椅前转身，右脚后退半步，然后轻稳坐下。

3）女士入座时，要用手把裙子向前拢一下，臀部落坐在椅子2/3的位置。

4）坐下后，上身要保持直立，既不前倾，也不后仰；胸微挺，不要含胸驼背，否则会给人萎靡不振的印象。

5）头正目平，嘴微闭；两腿自然弯曲，小腿与地面基本垂直，两脚平落地面。

6）女士的膝盖靠拢，双脚并拢，绝对不可分开；男士的两腿可略分开，看起来既不拘束又显得稳重。

7）肩部放松，双臂自然下垂。

8）注意两手的位置。有扶手时手应放在扶手上，若没有扶手，男士两手可轻放在两腿上。女士双手可交握轻放在腿上，并面带微笑、眼神温和地注视着前方，这样给人大方、举止文雅的感觉。

9）起立时，右脚先向后收半步，然后起立，缓慢离开。

（2）站姿。站立时，女士要站得优雅，男士要站得稳重。正确的站姿见图2-9。

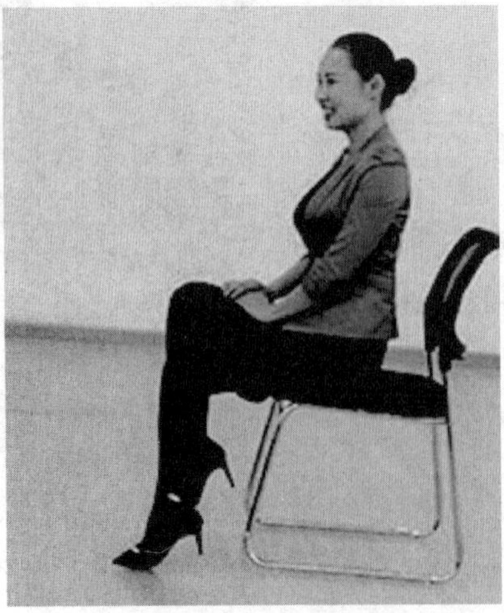

图2-8　正确坐姿

图2-9　正确的站姿

1）挺胸收腹抬头。挺胸，能使人身体宽厚，显得英姿勃发，充满力量。收腹，既可使人的胸部挺起，也可以使臀部上抬，这种直立姿态显得很稳定、很平衡。挺胸的方法是双肩略向后用力，平时多做上肢运动，增强胸肌、背肌、腹肌的力量。抬头时，头正颈直，腰部用力，背脊挺直，不要弯腰或垂头，不要显出萎靡不振或松松垮垮的样子。

2）下颌微收，双眼平视，视线与眼睛同高，眼看前方 1 米左右。向上或向下看，都会使印象减弱，显得不沉着。嘴唇应微闭，面带微笑。

3）站立时，应注意身体的轻松自然，手臂自然下垂，肩膀既不要向前扭，也不要向后扭，更不能抬肩，要保持平衡。

4）注意双手的位置。没有文件时，左手轻轻叠放在右手背上，双手轻靠在腰下，或者双手轻放身体两侧，但记得不要拉衣角。

5）注意两脚的位置。男士为求稳重，站立时两脚可略微分开，与肩同宽。脚尖可以朝前，双膝自然伸直，重心在两脚中间，肌肉略有收缩感，身体的重量均衡地落在双脚。女士的双脚最好并拢，也可以站成“丁”字步，即两脚尖稍稍展开，右脚在前，将右脚跟靠于左脚内侧，两腿绷直。

2-5
走姿礼仪技能讲解

（3）走姿。走姿正确，很自然地就会流露出自信、积极向上的精神气质。保持优雅的走姿有如下四句口诀：“以胸领动肩轴摆，提髋提膝小迈步，跟落掌接趾推送，双眼平视背放松。”

1）双腿并拢，直而不僵，身体挺直，身体重心落于脚掌前部，下颌微向内收。双脚应笔直地走，脚尖朝前，切莫呈内八字或外八字。着地时膝盖应伸直，后脚跟先着地。

2）双手自然垂在身体两侧，双臂随着脚步自然地前后轻轻摆动，切勿同手同脚。

3）抬头挺胸，收腹直腰，腰部应用力，收小腹，臀部收紧，背脊挺直，切勿垂头丧气。

4）肩平不摇，步幅适中均匀，两脚落地一线，脚印正对前方。

5）步幅是跨步时两脚之间的距离。标准步幅是人腿的长度。

6）步位是指两脚下落到地面时的位置。男士行走时步位一般要求两脚跟交替前进在一条直线上，两脚尖稍外展，走出两条平行线。女士行走时步位要求是两脚轮换前进，踩在一条直线上，称“一字步”。

7）行走时端正、稳健、轻盈、有节奏感、充满活力，鞋跟不要发出太大的声响。

8）行走时眼光平视前方，切勿左顾右盼，经过反射玻璃或镜子前，更不可停下来梳头、补妆或整理衣冠。

9）行走时尽量靠右行走，若携带吊挂式皮包，应挂在右肩上。携带手提式皮包或袋子时，应提在右手上；携带手拿式皮包或牛皮纸袋时，应拿在右身侧或偏右侧。

10）迎面遇见熟人时，可点头微笑招呼，若要停下步伐交谈，注意不要影响他人行走。

（二）商务礼仪

1. 谈话礼仪

销售人员在拜见客户或在其他一些交际场合，与人交谈时的总体原则是：态度诚恳、措辞准确得体、语言文雅谦恭、少说多听。

（1）谈话要有目的。一般与客户沟通，不外乎以下 5 个目的：传递信息、引起客户的注意或兴趣、争取了解或信任、激励或鼓动、说明或劝告。销售人员只有明确了为什么而说，才能准备好谈话的资料和内容，获得好的谈判效果。

（2）谈话要有分寸。在谈话中，什么该说，什么不该说，怎么说才能达到谈话目的，这都是谈话礼仪的重要内容。

一般来说，善意的、诚恳的、谦让的，对客户表示友好、尊重的话，销售人员应该多说，而那些虚伪、无礼、强迫，会造成冲突、伤及感情的话语千万不能说。同时，销售人员还要对说的话进行有效的控制，掌握好说话分寸。

1）谈话要注意自己的身份。销售人员在各种场合要扮演好自己的角色，根据不同谈话对象和不同场合调整自己的角色，把握自己的言谈尺度。

2）语言要尽量客观。谈话时，语言要尽量客观，不可夸大其词，否则过犹不及。例如：赞美客户的打扮时，一定要适度，不可夸张，免得引起误会，对方以为你在暗讽他。

3）谈话要有善意。与客户交谈时，不论遇到什么情况，尽量不说刻薄、挖苦别人的话，不说有可能刺激或伤害客户感情的话。

4）谈话内容要有讲究。注意亲疏有度，“交浅”不可“言深”。避免谈政治、宗教类话题、涉及隐私的话题、格调不高的话题、其他人的坏话、行业秘密、不愉快的事情等。

（3）谈话要有礼貌。销售人员谈话时要讲文明、懂礼貌，这是尊重对方的一种表现。

1）态度诚恳亲切。销售人员与客户谈话时要亲切自然，给对方一种认真、和蔼、诚恳的感觉，因为谈话的态度是决定谈判成功与否的重要因素。

2）言辞礼貌文雅。语言措辞文雅礼貌，主要是指说话时对人多用敬语、敬辞，对己多用谦语，谦辞，内谦外敬，礼仪自行。

3）语气平和、委婉含蓄。销售人员在与客户交谈时，语气上应保持平和，注意语气语调、词语的使用，声音要适当，语言要有力，频率不要太快。

另外，委婉含蓄也是重要的谈话艺术，它的显著特点是“言在此而意在彼”。它能引导对方去领会你的话，去寻找言外之意。委婉含蓄的话，不论是用在提出自己的观点上，还是用在向对方劝说上，都容易使对方赞同，接受你说的话。通常，委婉含蓄的谈话是通过下列 4 种方式进行的。

①用试探的口吻。当你和客户谈论一件事情，你已对这事成竹在胸时，不妨先以试探性的语言说出。例如：“我觉得这种产品好像挺适合您的，也不知还有没有更合适的产品，

您说呢?”

②用商量的口吻。当你把你已经考虑成熟的意见向客户说出时，最好用商量的口吻。例如：“您看我这个保险计划行不行？当然，它不一定是最好的，我说出来主要是想听听您的高见。”

③用谦虚的口吻。当你的某种建议被采纳时，千万不要洋洋得意，而应该以谦虚的口吻说。例如：“真没想到，我的那个主意还派上了用场，其实大家提的那些建议都不错……”

④用赞颂的口吻。恰到好处的称赞可以使客户产生好感，觉得你很懂礼貌。称赞表现在委婉的谈话中可以是这样的：“您在这方面是行家里手，这件事还得多听听您的高见……”然后，你再说出自己的意见。这样做往往使对方在接受你的意见时不至于感到被动、勉强和有失尊严。同时，还会为你的谦虚、礼貌的人格所折服。

(4) 要给对方说话的机会。和客户谈话时，销售人员应注意不要一直是自己滔滔不绝，要让客户也有发言与参与的机会。在对方说话时也不要轻易打断对方讲话，如果要打断对方讲话，应先用商量的口气问下：“请等一等，我可以提个问题吗?”“请允许我插一句话。”这样可避免对方产生你轻视他，或对他不耐烦等不必要的误解。

2. 眼神礼仪

眼睛是大脑的延伸，大脑的思想动向、内心想法等都可以从眼睛中看出来。在与客户谈判的过程中，眼神交流也是必不可少的，所以销售人员也要掌握一些眼神礼仪。

(1) 与新客户谈话时的眼神礼仪。眼睛看着对方眼睛或嘴巴的“三角区”，标准注视时间是交谈时间的30%～60%，这叫“社交注视”。

(2) 眼睛注视对方的时间长度。

1) 不能对关系不熟或一般的人长时间凝视，否则将被视为一种无礼行为。

2) 眼睛注视对方的时间超过整个交谈时间的60%，属于超时注视，一般使用这种眼神看人是失礼的。

3) 眼睛注视对方的时间低于整个交谈时间的30%，属于低时注视，一般也是失礼的注视，表明他的内心自卑或企图掩饰什么或对人对话都不感兴趣。

(3) 眼睛转动的速度。眼睛转动的速度不要太快或太慢。眼睛转动稍快表示聪明、有活力，但如果太快则表示不诚实、不成熟，给人轻浮、不庄重的印象，如“挤眉弄眼”“贼眉鼠眼”指的就是这种情况。但是，眼睛也不能转得太慢，否则就是“死鱼眼睛”。

(4) 要恰当使用亲密注视。和较为亲近的客户谈话时，可恰当地使用亲密注视。

3. 名片礼仪

(1) 交换名片的时间。

1) 初次见面的客户，先以亲切的态度打招呼，报上公司名称，然后将名片递给客户。

2) 事先约好见面的客户，因客户对销售人员已有一定的了解，或有介绍人在场，就可以打招呼后直接面谈，在面谈过程中或临别时再拿出名片递给对方，以加深印象，并表示保持联络的诚意。

（2）递名片的方式。递名片时，用双手的大拇指和食指握住名片，名片正面要面对着客户，名字向着客户，自己最好拿名片的下端，同时还要轻微鞠躬，即头微微低下。

（3）接名片的方式。客户也会递送名片给销售人员，这时销售人员接过名片后要点头致谢，但不要立即收起来，更不可随意玩弄和摆放，而是要认真读一遍，轻读不出声，以示敬意。

同时，注意对方的姓名、职务、职称，对于没有把握念对的姓名，可当场请教一下客户。

（4）收放名片的方式。将客户的名片放入名片夹中收好，或放入上衣口袋里或手提包中的适当位置。

4. 握手礼仪

握手是销售人员最常用的交际礼仪。握手要用右手，应双目注视对方，微笑致意；握手时不可用力过大，也不宜软弱无力，以稍用力为宜。

与众人握手，一般应按从近（身边）到远的顺序分别进行，不能隔着一个或几个人去握另一个人的手。与年长于己者或身份高于己者握手，应稍稍欠身，用双手握住对方的手，以示尊敬。与女子握手，一般只应握其手指部分。与主人、年长者、身份高于己者以及女子见面，一般应等对方伸出手后再与之握手。男子握手应脱去手套。

5. 电话礼仪

销售人员接打电话时应注意：绝对不能吸烟、喝茶、吃零食；要保持端正的姿势；说话声音要清晰、亲切，当作对方就在眼前。

（1）接电话的礼仪。

1）迅速准确地接听。销售人员在听到电话铃声时，应迅速准确地接听，听到电话铃响，销售人员应迅速准确地拿起听筒，最好在3声之内接听，不要让铃声响过5声。如果电话铃响了5声才拿起话筒，应该先向对方道歉。

2）要用喜悦的心情，愉快地接听电话。拿起电话后，销售人员首先要以亲切、优美的声音自报家门，例如："您好，这里是××公司××部"，询问对方时，应在适当的时候，根据对方的反应再委婉询问。

（2）打电话的礼仪。

1）选择适当的时间。销售人员给客户打电话，最好避开临近下班的时间，因为这时打电话，对方往往急于下班，很可能得不到满意的答复。而且电话应尽量打到对方单位，若确有必要往对方家里打时，应注意避开吃饭或睡觉时间。

打电话的时间应为早8点以后，节假日在9点以后，晚间应在22点以前，避免受话人不在或打扰受话人及其家人的休息。

2）拟好通话要点。在电话中应该说什么，一次电话该打多长时间，销售人员在打电话前应准备好通话内容。如怕遗漏，可拟出通话要点，理清说话顺序，备齐与通话内容有关的文件和资料。

3）接通电话应自报家门。电话接通后，首先通报自己的姓名、身份。必要时，应询问对方是否方便，在对方方便的情况下再开始交谈。

4）注意运用礼貌用语。电话用语应文明、礼貌，电话内容要简明扼要。“您好”“请”“谢谢”等词语应不离口。

通话时，要注意语音语调，切不可高声大喊、装腔作势或拿腔捏调、嗲声嗲气，更不能粗暴无礼。

通话完毕时应道“再见”，然后轻轻放下电话，以免让人感到粗鲁无礼。

6. 距离礼仪

距离礼仪就是指人们在日常生活或者社会交往中应该遵循的距离尺度。领域学的研究认为：人们都有一种领域感，这是一种生来就有的本能的感觉和需要。

当外在因素（交往对方）进入你自己认为属于自己的领域空间后，就会刺激你的心理，使你对这一“进入”的含义做出判断：是表示友好、亲热，还是挑衅、侮辱；是无意识的“越界”，还是有意识的信号。

因此，销售人员应了解距离礼仪，针对不同的交往对象采取不同的距离，不要侵犯别人能承受的领域底线，避免招来交往对象的反感。

人类学教授霍尔博士将人们交往中的距离领域划分为 4 种类型：亲密距离、私人距离、社交距离和公共距离。

（1）亲密距离。亲密距离是指两人的身体能很容易接触到的一种距离，甚至是“亲密无间”。这一距离多用于情人或夫妻间的谈情说爱，也用于父母与子女之间或者是非常要好的朋友之间。

（2）私人距离。私人距离是指比“亲密距离”稍远一点的距离，一般表现为伸手可以握到对方的手但不容易接触到对方的身体，小于 0.5 米。通常朋友间的交谈多采用这个距离。在社交场合，某些人为了向对方表示特殊的亲近感也会有意采用这样的距离。

（3）社交距离。社交距离的范围规定比较灵活，近可相距 0.5～1.5 米，远可相距 2 米以上。还有一种为了表示尊重对方（通常对长辈或领导），也要拉开距离，维护尊严，通常为 1.5～3 米。

（4）公共距离。公共距离一般指公共场合中演讲者与台下听众，教室里老师与学生，舞台上演员与观众的距离，通常在 3.5 米以上。

销售人员在与客户的交往中，应注意这种距离的变化，这种变化本身也是一种“语言”，往往预示着和客户关系的亲近与疏远等。销售人员还应该学会从这种距离变化中窥见对方的心理变化，判断对方的真实意向，以便及时做出相应的反应：是进一步深谈，还是适时告辞。

总之，销售人员在商务活动中应注意对方对于距离变化的敏感度，以便取得良好的交往效果。

模块3 操作指导

一、获取行业、企业信息的途径

（一）获取行业信息的途径

（1）通过关注广播、电视、报纸、网络等媒体的相关报道，销售人员可以了解行业发展。

（2）通过参加行业论坛或者展示会，销售人员可以了解行业的概况、发展历史、最新技术，以及未来的发展趋势等。

（3）通过行业的门户网站或者行业内具有代表性企业的内部资料，销售人员可以了解本行业的相关新闻、发展现状、发展前景等。

（4）通过翻阅书籍、行业期刊等资料，销售人员可以了解行业发展情况、竞争对手发展情况、行业发展前景等。

（5）通过同行或者同事的介绍，销售人员可以更直接地了解行业的现状。

（二）获取企业信息的途径

销售人员可通过以下六大途径来了解本企业各方面的知识。

1. 参加员工的职前培训

一般公司都会对新员工进行职前培训，培训中会对公司的概况进行说明，如企业文化、管理理念、主营业务、组织结构等，这是销售人员充分了解企业的第一信息源。

2. 浏览企业的网站

通过浏览企业的网站，销售人员不但可以了解企业和产品概况，还能知道企业的发展动态、最新消息等。

3. 查阅企业内部资料

通过查阅企业内部资料，如企业内刊、企业的各项规章制度等，销售人员可以更深入地了解企业文化、管理制度，对员工（尤其是销售人员）的管理、绩效考核、回款制度等。

4. 关注各种媒体及行业期刊对本企业的报道

通过关注各种媒体及行业期刊对本企业的报道，销售人员可以了解企业的发展动态、市场地位、宣传策略、行业形象、竞争情况等。

5. 参加企业组织的员工内部交流

通过参加企业组织的员工内部交流，销售人员可以了解企业文化、产品知识、销售政策、销售技巧、企业对员工的管理情况、员工的变动情况等。

6. 阅读企业的各类报表

通过阅读企业的各类报表，如业绩报表、生产成本报表等，销售人员可以看出企业的生产能力和现状。

（三）获取本企业产品知识的渠道

销售人员可以从以下 4 个渠道获得产品知识。

1. 通过阅读获得信息

通过阅读产品说明书、设计图、公司内部资料、企业制作的产品宣传资料、新闻媒体刊载的资料、产品包装上印制的说明、专业网站的相关产品介绍等，销售人员可以掌握产品的基本知识，比如产品用途、外观、技术、保存方法等。

2. 通过相关人员的介绍获得信息

销售人员可以通过公司内部相关人员和外部相关人员等的介绍获得产品的相关信息，见图 2－10。

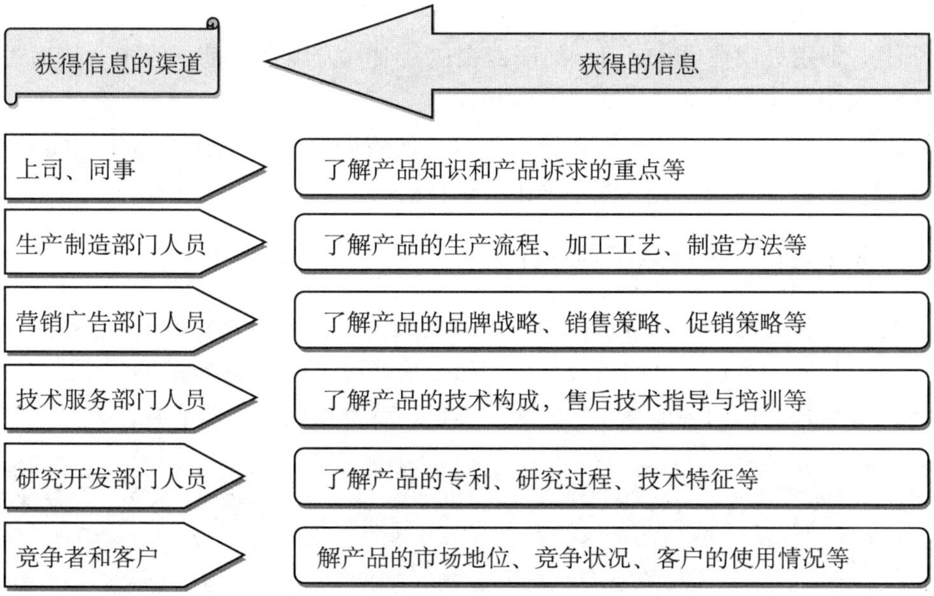

图 2－10 销售人员获得产品信息的渠道

3. 通过销售人员自己的实践积累

销售人员也可以通过在销售过程中处理客户的相关问题积累产品知识，包括自己亲身经历的销售过程中的心得、客户的意见、客户的需求、客户的抱怨等。

4. 通过参加产品说明会获得信息

参加产品说明会也是了解产品的一个途径，直销企业经常运用这种方式介绍产品。另外，销售人员在掌握产品知识的过程中还要不断总结归纳，直到能够用简练的语言陈述出产品的特点、特性以及与众不同的目的。如果有实物，最好和实物结合进行现场演练、展示，让客户真实地感受到产品的特点。

二、为创造新价值而“对标”学习的方法

（一）找谁学？——找行业里或公司里的 Top Sales 学习

俗话说：“三百六十行，行行出状元。”每一个行业，都有它独特的社会属性，都有这个行业的 Top Sales。这些行业的 Top Sales，就是我们最好的学习对象和学习资源。

例如：你是一名电脑销售人员，当你在大卖场销售电脑的时候你会发现有些销售人员吆喝一天也成不了一单，而有些销售人员却频频成交。那些频频成交的销售人员，就是你需要学习的对象。

具体来说，在向那些行业的 Top Sales 学习时，我们可以采用“一看、二记、三实践”的方法。

“一看”，即观察 Top Sales 的销售话术、销售套路和客户的状态，学会捕捉客户的购买冲动。

“二记”，即用心记住 Top Sales 的语言表达、细节力以及售前、售中、售后过程，尤其是那些让你印象深刻而且能促成成交的举动。

“三实践”，即除了要看、要记，还要将自己所看到的、所记住的运用到实际销售中，要始终牢记：只有自己做到的，才是真正属于自己的。

（二）学什么？——什么不足学什么

人无完人，我们每个人都有自己的优点和缺点。在晋级为 Top Sales 这条路上，我们要多学别人的长处，多补自己的短板。比如如果缺乏销售技巧是你最大的问题，就多学习销售话术和成交技巧；如果情商是你最大的不足，就着重练习提升情商。

销售人员小张因为没有任何海外留学和工作经验，所以深知英语能力差是他最大的短板。为了弥补这个短板，小张下载单词软件去背诵、理解公司外文网址上的 1 000 多条子类目，每天晚上最后一个离开公司，直到把 1 000 多个子类目、10 000 多个专业单词

全部背会。就这样，之后小张再去见客户时，就不会因为疏于对一些业内英文单词的掌握，而处于下风了。一口流利的英语不仅让客户感受到了小张的专业，也提高了客户对他的信任度和认可度，成了他持续签单成功的重要原因之一。

当然，销售人员还应该多学习一些专业知识，比如产品知识、销售技巧等。此外，一些非专业方面的知识，比如礼仪知识、思维训练等，也应该多学习，从而全方位、多角度地不断提升自己的销售能力。

学习和充电，是每一位销售人员的必修课。你只有主动去学习新的知识，才能更好地“往上攀升”，不断提高自己。否则，你就会跟不上时代发展步伐，陷入落后和被动的境地。

一分努力，一分收获。世界上没有无缘无故的成功，那些 Top Sales 之所以比你强，绝不是因为运气，而一定有客观的原因，也许是他们拥有比你更好的心态，也许是他们拥有比你更好的习惯，也许是他们拥有比你更高的工作效率。如果你也想成为 Top Sales，就必须在这些方面多下功夫。

2-6
销售人员能力提升的四个环节

三、销售人员如何永保积极心态

在今天这样一个竞争残酷的行业里面，拥有自我修复和自我激励的能力，无疑是使自己永远保持竞争力的一个必备技能。

销售本身就要靠技术加心态，所以心态的稳定性非常重要。就像发动机是汽车的“心脏”，发动机的稳定性和性能决定了一辆车未来能跑多远，能跑多久，道理也是一样的。

什么是销售心态？销售又需要哪些心态呢？销售心态是你在销售的过程中所需要拥有的心理素质，说白了就是你想干得更好所需要具备和拥有的能力。概括地说，销售心态包括积极心态、学习心态、成功心态和感恩心态，一套完整的、健全的销售心态是需要这四种心态去支撑的，它们缺一不可。

那么，这些销售心态怎么训练呢？对应于上文提出的四种心态，我们可以采取 4 种训练方法。

1. 训练学习心态的方法——读书会

读书会的主要目的是学习和交流，它的好处在于通过持续的阅读，培养自己的学习兴趣。这个过程并不注重你读了什么书，学到了什么，而是让自己爱上学习，能够从学习中获取快乐和知识。接下来，基于学习兴趣，再结合自身特质，取长补短，从知识中获取能量。然后把知识能量应用到工作当中，转化为能力。

2. 训练成功心态的方法——成功会

成功会就是成功者的聚会，这种方法的好处在于通过聚会培养和提升自己的自信心和积极性。在这个过程中，聚会干什么不重要，关键在于通过这个过程，认识和结交比你更加优秀的人。再通过持续的沟通和交流，从他们身上获取知识和吸收能量。最后成为他们的一分子，潜移默化地让自己也成为成功人士。

3. 训练积极心态的方法——公益会

社会上有很多公益组织，他们经常举办各种公益活动。通过参加公益激发自己的另一面，你会接触到社会的底层人士，你会知道生活多么美好，活着比什么都重要。比如有一个销售人员当年曾去参加汶川地震的公益援助行动，从汶川回来以后，他变得无比积极，对生活充满了信心。我们要通过公益修炼自己，培养积极的生活观和人生观。

4. 训练感恩心态的方法——互助会

互助会是一个组织内的互帮互助。这种活动形式的好处在于通过互帮互助，加深相互之间的友谊，更加珍惜彼此；培养我们的利他之心，感恩之心。体验是第一步，去赞美和感谢一个人是第二步，领悟“赠人玫瑰，手留余香”的内涵。渐渐地，你会爱上感恩，享受带给别人快乐后的那种快乐。

模块4 案例学习

销售人员赵魁的故事

赵魁是凯乐公司的一位新的销售代表，以前从来没有做过销售工作，但赵魁有一颗渴望成功的心。虽然他现在刚毕业不久，一穷二白，但他坚信自己能在两年内赚到车钱和买房的首付款。在接受“销售人员的心理准备”的培训后，赵魁开始了自己的成功之旅。他首先计算自己需要多少钱。按照当时的价格，全款买车，贷款买房，他需要40万元，加上两年的生活开销，他总共要赚50万元。根据公司的销售奖励制度，他计算出了要达到目标需要完成的销售额，这个销售额是公司规定的销售任务的1.4倍。然后他去请教自己的销售经理，了解如果想实现这样的销售额需要做哪些工作。销售经理告诉他，首先要了解产品和客户，要学会和客户打交道。“作为新人，客户经验的缺乏不是很快能改变的，你至少要接触过30～50个客户，才能有客户感觉。”销售经理说。另外，按照行业经验，如果想实现这样的销售额，至少需要200个潜在客户，并且还需要时间去和他们建立友好关系。

赵魁决心要赢，他想只要自己有目标，任何困难都是能被战胜的。为此，他专门请教专家，了解如何突破销售经理所说的困难。最后，在专家的指点下，他制定了具体的计划：

前3个月：熟悉产品并通过拜访50个不良客户（即成交希望很小的客户），积累客户经验。

4～6个月：找到100个潜在客户，与他们建立联系，并学习如何与客户成交。

半年后：主要工作转化为深化客户关系，并努力达成销售。在这个阶段，赵魁每季度要实现200万元的销售额。为此，要始终保持10个左右的客户处在销售过程中，并为每个有意向的客户制定详细的发展计划，按计划进行推进。同时，每个月再开发20个新客户，为以后做准备。

制定了计划之后，在两周的产品培训中，赵魁不仅认真听讲，还每天工作到夜里12点，记忆和消化培训内容，同时，在网上查阅各种相关资料，丰富自己的专业知识。其专业培训考试成绩名列第一。此后，按照专家的建议，赵魁开始寻找一些“不良客户”，进行拜访。“不良客户”的约见难度是很大的，但是赵魁通过扩大约见数量和坚持不懈地约见等方法，最终实现了拜访50家客户的目标。通过这些拜访，赵魁找到了感觉，基本上知道了客户的需求和采购心理，并知道如何与客户打交道。而且，在这3个月中，赵魁还很幸运地获得了一个订单。

3个月的磨炼之后，赵魁开始了疯狂的客户开发。同事们经常看到从上班开始，赵魁就在不停地打电话，一直打到下班。下班后，赵魁会留在办公室统计发现的潜在客户数量，为他们建立客户档案，并且按照承诺给他们发邮件。如果能约到客户，赵魁也开始去正式拜访客户，遇到搞不定的地方，就去向销售经理请教。因为在半年试用期内，销售人员可以向经理申请支持，因此，遇到重要客户，赵魁还会向经理申请协同拜访。这样，3个月下来，赵魁又获得了2个订单。虽然这些都是小订单，但赵魁积累了充足的潜在客户资源，并且，在销售经理的指导下，销售技巧越来越熟练，因此，对未来充满信心。

半年试用期后，赵魁已经能像一个老销售人员一样熟练地工作了。虽然在试用期间，赵魁的销售业绩很一般，但一过试用期，赵魁的销售业绩就开始节节攀升。在第一年末，赵魁成为公司的季冠军，而在第二年末，赵魁不仅实现了他的销售目标，还成为公司的年度销售冠军。当然，赵魁也实现了他当初的梦想：拥有了自己的房子和汽车。

（资料来源：王云．销售冠军这样做业务［M］．北京：机械工业出版社，2010）

请思考：

1. 销售冠军赵魁成功的原因是什么？
2. 他有哪些值得我们学习的地方？

模块5 知识拓展

一、销售人员的三重境界

做人与为人有相同之处，但是从销售的角度细究起来，又有一些不同。

1. 第一重境界——“坐人”

“坐人”的概念比较直白，就是坐下来的人。作为销售人员，第一项功夫就是能够在客户的面前坐下来，这个问题说起来容易，做起来难。

很多销售人员只能在客户面前站立，或者是跟在后面跑，这些状况都说明有一些销售人员并不能赢得客户的认可。只能站在客户面前说话的销售人员，说明他与客户之间缺乏必要的信任，缺乏基本的人际交往能力，这种状况下的销售更多的是在被客户驱使，并没有得到客户的尊重，也无法让客户感受到销售人员的价值。

坐下来是一个基本的前提，这除了与销售人员的基本技能有关，还与销售人员的心理素质有关，不是所有的客户都愿意你坐到他的面前，这时，死缠烂打似乎是必要的，不要被客户的表面态度吓倒，即便受到再多的非难，也应当尽可能使自己坐下来，坐下来是关键的一步。这时不光自己要坐下来，还要拉着客户坐下来。很多时候我们发现，只要坐下来之后，客户的耐心就会比站着的时候好很多，我们就会有更多的机会陈述自己的观点。

2. 第二重境界——“作人”

这里的“作人”是指关系，销售活动的很大一部分就是要会处理人际关系。

很多销售人员属于这种类型，他们可能什么都不会，但是他们很会处理人际关系，天生具有跟人打交道的能力，他们通过各种手段维系与客户的关系，在同等的竞争条件下，这种销售人员具有极大的客户优势。“作人”比上面的“坐人”有了巨大进步，但是过分地依靠关系进行操作，会丧失原则，甚至会直接损害公司及客户的利益。因此，企业中多数仅仅以“作人”的关系为主的销售人员，多半不是非常容易领导，甚至并不是很忠诚和稳定的人。

“作人”的关系是一般销售人员非常欠缺的技能，单纯地强调关系是不完全的，没有这种技能也是非常让我们苦恼的。例如：销售人员中总可以找到这样的人，他们为人正直、勤奋，也不笨，但是他们每天的辛勤工作并没有换来很好的业绩。有时候我们会看着他们着急，甚至认为这些人是否真的适合做销售，他们的努力为什么总是换不来应有的成果呢？天道酬勤在他们的身上一直没有得到应验。他们到底缺乏什么呢？

事实上，他们缺乏的就是“作人”的功夫，骨子里面缺乏人际交往的勇气，最直接的体现就是不善于处理人际关系。因此，“作人”是一个非常重要的技能，如何培养或改造那些缺乏人际交往能力的人员，是企业的重要课题。

3. 第三重境界——“做人”

无论任何事，归根结底都会落实到“做人”的层面，它是最基础的，也是最高端的。

世界上所有的事情就是这样，越是重要的事情越是简单，越是大的事情越是简单，越是高端的事情越是简单。这里的简单主要是指形式方面的简单化，而不是指内容的简单化。简单的内容却蕴涵非常丰富的内涵，这就是“觉悟”。销售人员到了一定的阶段需要觉悟，他需要不断地思考：客户到底是什么？我们为什么要与客户做生意？我们能给他们带来什么？除了钱之外，我们还要追求什么？对这些问题的思考将促进销售人员向更高的层面迈进。

“做人”问题有两个层面。第一个层面是道德层面。作为销售人员来讲，为人的基本原则必须非常明确，他要清楚地知道：什么钱是可以挣的，什么钱是不能挣的；什么事是可以做的，什么事是不能做的。彻底明白了这些问题后，做人就会有原则，就会形成正确的行为准则，长期地坚持就会形成强大的生产力，形成正确的人格取向。第二个层面是价值层面。无论是谁要获得客户的认可，除了道德层面之外，还需要不断地为客户创造价值，而且是创造与别人不同的价值，或者是超出别人的价值，一个没有任何价值的人，很难赢得别人的尊重。对于价值的问题有很多误区，例如：销售人员的价值到底应该体现在什么方面？我们的销售到底是产品价值的体现，还是销售价值的体现？如果销售额增长了20%，这里面有多少是产品自身带来的价值，有多少是通过销售人员的努力带来的价值？所有这些都是属于价值层面的问题。我们很多销售人员是没有价值的，或者说是价值不高的，他们更多地充当了搬运工或是联络员的作用，这样的价值谈何被客户认可？

销售的最高境界是做人，“做人”就是要有原则与价值，透彻地觉悟到这一点，将会促进企业的蓬勃发展。

二、职业定位——我适合做销售吗?

职业定位和该做、想做、能做、可做密切相关，该做是职业定位的底层支撑，想做、能做、可做三者之间不光有层次之别，它们的交集更是一个可能的职业方向定位。

1. 该做层：职业定位是根基与方法

在职业规划面前，我们会以为我们自己在控制着我们的职业定位与发展，但不尽然。

人类统治了世界，是我们人类祖先通过强大的学习能力赢了别的物种，这个过程就会形成文化，不同的国家、种族形成不同的文化，不同地区又会形成不同的文化，北方和南方文化不同，北方东北与北京文化又不同。

不同的文化沉淀就形成了不同的文化属性，深深地影响着人的行为。什么样的个人文化属性，就会造就这个人什么样的使命与愿景，也会形成与之对应的性格特质。不同的性格特质意味着本应该合适做某事。如有人适合改变世界，有人更适合平平淡淡过一生。

2. 想做层：解决“我是谁？我相信什么？我喜欢什么？”三个问题

因为想做层解决的是“我是谁？我相信什么？我喜欢什么？”三个问题，要直接得出自己的信仰是比较难的，所以，这里提供三个技巧。

（1）根据自己的行为反推。列出最有愉悦且有成就感的事情。做某件事让自己愉悦，通常可以做得持久，投入度也较大。你最欣赏哪些人？你欣赏什么人，通常是因为你想成为什么人。将朋友圈归类，朋友圈通常决定自己的品位。

（2）灵魂对话。爱因斯坦在16岁时，喜欢做白日梦，幻想着自己正骑在一束光上做太空旅行，然后思考：如果这时在出发地有一座钟，从我坐的位置看，它的时间会怎样流逝呢？这个白日梦成了相对论的源头。这就是灵魂对话。

灵魂对话，也可以说是黑暗对话，意思是自己一个人在深夜的时候，问自己一个终极问题，如果天亮自己就会死，自己会做什么？然后，再问自己，那些自我认知的结论模型是自己的真心话吗？这个时候，你更会回归初心。

（3）测评工具。通过霍兰德职业兴趣测试，可以发现自己的职业倾向。

3. 能做层：挖掘自己的优势

这与做企业是一样的，你不可能什么都做，肯定有一个能力边界，并且会形成自己的核心竞争力与护城河。

强大如BAT，也不敢什么都干，很多东西也是用投资的形式补充版图，因为每家企业都有自己的基因，用同一种方法，有些事情你可能就是干不成，还记得阿里社交产品的过往吗？失败了，最后还是靠阿里To B的基因，靠销售力从企业端找到突破口，做成了现在的阿里钉钉。

在职业发展这件事情上，也是一样，我们要发现自己的天赋所在，找到职业优势，并围绕优势去建立能力与专业能力壁垒。

如何理解呢？

比如，同样是做销售，有些人天生和人切入很快，聊得很开心，但逻辑分析能力、抽象能力不行，适合做短平快的产品销售，比如快消、小企业销售、电销等；有些人逻辑分析能力很强，有宏观思考能力、擅长撰写方案等，就更适合做成交周期长、项目标的大的大客户销售。

又如，有人喜欢专业方向的精进，有人喜欢带团队。

再如，有人天生对数据敏感，喜欢和数据打交道，有人却用艺术的视角看他的作品，两者都没有对与错，重要的是将自己放在合适的位置上。

职业优势就是同样一件事，别人可能是抱怨，但你却干得很高兴，且同样的努力，你比别人干得好几倍甚至几十倍。

2-7
如何挖掘天赋

4. 可做层：需要做出判断

什么行业符合发展趋势，如何判断企业在行业中是否有前途，如何判断你在企业中做销售是否有潜力。

（1）趋势。商业趋势就是一个经济体本身的发展所带来的机会。近些年来，高科技行业的发展出尽了风头，还是因为互联网这个新的经济体带来的新机会，也诞生了很多新的巨无霸企业，也放大了很多新的职业，像产品岗位、运营岗位等。

全球市值排名前 10 的公司，高科技行业的互联网 IT 企业，从 1997 年的 2 家增加到 2017 年的 7 家，著名的通用电气公司已经不在榜上了。它没做错什么，只是没站在时代的前沿位置了。这就是趋势本身的力量。

2-8
宏观环境分析工具：PESTEL

技术的革新、经济的发展、政策的推动等都会影响商业的走向，我们不能与趋势、潮流作对。

（2）行业。选择行业最重要的是看它“创造利润与持续创造利润”的能力，如下几点是一定要关注的。

①尊重产业周期性发展。

②尊重产业价值链——微笑曲线。

③边际成本越来越低的行业。

（3）企业。假设你选择了一个非常有发展的成长期的行业，这个行业中有很多企业。这个时候，你该如何选择呢？这里主要解决 3 个问题。

①这家企业在行业中是否有前途？

②这家企业的核心驱动因素是什么？

③在这家企业的营销体系中，销售占什么地位？

如何判断哪个企业最有前途？有以下几个维度：增长空间、增长效率、增长能力、风险控制。①增长空间与企业的战略定位有关，战略定位是一个比较复杂的问题，它会直接决定这家企业的边界，也会决定它的增长空间。②增长效率与商业模式有很高的相关度。③增长能力与商业模式相关，与企业的能力与资源有关，更与管理控制、执行水平相关，有时候做事的速度决定成败，你需要一支强悍的团队贯彻对企业发展目标的认识。④风险控制与企业管理者是否具有风险防范意识相关。比如：企业对自身的长远发展、市场潜在需求有无充分研究；对宏观行业形势、资金需求是否认真评估，是否能够做到未雨绸缪，防患于未然；企业领导是否注意学习和提高自己，是否善于授权别人，是否采用有效的领导和管理方式等。

三、十条销售定律

1. 哈默定律：天下没什么坏买卖，只有蹩脚的买卖人

哈默定律是由美国著名企业家、西方石油公司董事长、犹太人阿曼德·哈默（Armand Hammer）提出的。它向我们阐释了这样一个道理：天下没有完不成的销售任务，只有不能完成任务的销售人员。只要你不灰心、不放弃，那么总有一天所有的客户都会朝你微笑。

2. 250定律：不要得罪任何一位客户

美国著名销售人员乔·吉拉德在商战中总结出了“250定律”。他认为每一位客户身后，大体有250名亲朋好友。如果你赢得了一名客户的好感，就意味着赢得了250个人的好感；反之，如果你得罪了一位客户，也就意味着得罪了250位客户。这一定律有力地论证了“客户就是上帝”的真谛。由此，我们可以得到如下启示，我们必须认真对待身边的每一个人，因为每一个人的身后都有一个相对稳定的、数量不小的群体。善待一个人，就像点亮一盏灯，照亮一片天地。

3. 二八定律：抓住最重要的客户

二八定律是意大利著名的经济学家帕累托提出的学说。当时，在意大利，80%的财富为20%的人所拥有，并且这种经济趋势在欧洲各国存在普遍性——这就是著名的二八定律。后来人们发现，在社会中有许多事物的发展都符合这一定律。例如：社会学家说，20%的人身上集中了人类80%的智慧，他们一生卓越；管理学家说，一个企业或一个组织往往是20%的人完成80%的工作任务，创造80%的财富。

销售也是如此。销售中的二八定律通常是指80%的订单来自20%的客户。例如：一个成熟的销售人员如果统计自己全年签订单的客户数目有10个，签订的订单有100万元，那么按照二八定律，其中的80万元应该只来源于2个客户，而其余8个客户总共不过贡献了20万元的销售额。这在销售界是经过验证的，所以又称“二八铁律”。

4. 重复定律：一句话多说几次就是广告

任何的行为和思维，只要你不断地重复，就会得到不断的加强。在你的潜意识中，只要你能够不断地重复一些人、事、物，它们就会在潜意识里变成事实。

对销售人员来讲，重复定律是指在倾听了客户的需求后，不时地重复这些特定需求，从而让客户记住最重要的几点。接下来，只要你提供满足这几点需求的产品，客户就很容易接受。

5. 赫克金法则：诚信是销售人员的通行证

美国的一项调查表明，优秀销售人员的业绩是普通销售人员业绩的300倍。资料显示，优秀销售人员与长相无关，与年龄大小无关，也与性格内向还是外向无关。那么，究

竟什么样的人才能成为优秀的销售人员呢？美国营销专家赫克金有句名言："要当一名好的销售人员，先要做一个好人。"这就是赫克金营销理论中的诚信法则。

6. 墨菲定律：为最坏的可能做好准备

墨菲定律又称莫非定律、莫非定理或摩菲定理，是西方世界常用的俚语。墨菲定律的主要内容是：事情如果有变坏的可能，不管这种可能性有多小，它总会发生。例如：你衣服口袋里有两把钥匙，一把是你房间的，一把是你汽车的。如果你现在想拿出车钥匙，会发生什么？是的，你往往是拿出了房间钥匙。

进行销售活动时也可能遇到这种情况，这就要求销售人员提前为最坏的可能做好准备，提前制定突发情况预案。

7. 凡勃伦效应：最贵的就是最好的

凡勃伦效应是指商品价格定得越高就越畅销，消费者对一种商品的需求程度因其标价较高而不是较低而增加。它反映了人们进行挥霍性消费时的心理愿望。

款式、皮质差不多的一双皮鞋，在普通的鞋店卖 80 元，进入大商场的柜台就要卖到几百元，却总有人愿意买。1.66 万元的眼镜架、6.88 万元的纪念表、168 万元的顶级钢琴，这些近乎"天价"的商品，往往也能在市场上走俏。其实，消费者购买这类商品并不仅仅是为了获得直接的物质满足和享受，更大程度上是为了获得心理上的满足。这就出现了一种奇特的经济现象，即一些商品价格定得越高，就越能受到消费者的青睐。由于这一现象最早由美国经济学家托斯丹·邦德·凡勃伦（Thorstein B. Veblen）注意到，因此被命名为"凡勃伦效应"。

8. 猎犬计划：让客户像滚雪球一样壮大

"猎犬计划"是美国著名销售人员乔·吉拉德在他的工作中总结出来的。主要观点是：作为一名优秀的销售人员，在完成一笔交易后，要想方设法让客户帮助你寻找下一位客户。吉拉德认为，干销售这一行，很需要别人的帮助。吉拉德的很多生意都是由"猎犬"（那些会让别人到他那里买东西的客户）帮助的结果。

9. 阿尔巴德定理：需求决定销售

阿尔巴德定理是指一个企业经营成功与否，全靠对客户的需求了解到什么程度。看到了别人的需求，你就成功了一半；满足了别人的需求，你就完全成功了。该定理是由匈牙利人阿尔巴德提出的。

了解、需求、相信和满意是客户采购的 4 个要素。当这 4 个要素都具备的时候，就意味着客户将会进行采购。全方位了解、掌控客户的需求，其实就是倡导以客户为导向的生产和营销模式。所谓以客户为导向的生产和营销模式，就是指生产和销售活动紧紧围绕着客户采购的 4 个要素，而不是只按某一个要素进行，这样就能全方位地满足客户的要求，在竞争中取得优势。

10. 杜邦定律：包装刺激购买欲

如何在竞争异常激烈和销售方式不断演变的现代市场中脱颖而出？企业除了靠产品创

新和优质、快速的服务取胜外，包装也显得愈来愈重要。从市场观点看，包装是商品整体中的形式产品，是很重要的一部分，通过它可以使消费者产生购买欲望，从而刺激消费。美国最大的化学工业公司——杜邦公司的一项调查表明：63%的消费者是根据商品的包装来选购商品的。这一发现就是著名的杜邦定律。

模块6 团队项目实战训练

实训一　销售工作、销售岗位认知

【实训目的】

（1）使学生结合实际，加深对销售的感性认识与理解。

（2）初步培养学生认知与自觉养成现代销售人员素质的能力。

【实训内容】

（1）每个团队，选择1～2个公司进行调查与访问。

（2）在调查访问之前，制定调查访问的提纲，包括调查的主要问题与具体安排。具体问题可参考下列问题：

①了解该公司营销系统的构成状况。

②重点访问1～2名销售人员，向他们了解其职位、工作职能、胜任该工作所必需的销售技能，销售工作中常遇到的棘手问题是什么，销售成功主要依赖哪些因素，一个好的销售人员应具备的销售素质有哪些。

③调查周围人对销售的认识。

【实训成果及检测】

（1）每个团队写出一份简要的调查访问报告，访问报告的写作要求如下：首先记录被访问销售人员的姓名、年龄、工作单位、工作年限和销售业务范围，然后记录访谈过程，最后写心得体会，并针对上述主要的问题进行总结。

（2）调查结束后，组织一次课堂交流与讨论。

（3）老师根据团队的调查报告及课堂交流的表现打分。

实训二　团队成功规划

【实训目的】

确定团队梦想，制定团队销售目标，确定达到目标需要的资源，制定策略。

【实训内容】

描述团队梦想，为团队制定一个清晰的销售目标，确定完成销售目标需要的资源，然后制定策略，并把策略变成计划，完成团队成功规划表。

【实训成果及检测】

（1）完成团队成功规划表（见表2-3）。

（2）老师根据团队成功规划表的完成情况及课堂展示情况打分。

表2-3　　成功规划表

<table>
<tr><td>团队梦想</td><td>为实现梦想所需要的资金
（衡量梦想的数字化指标）</td><td>实现日期</td></tr>
<tr><td></td><td></td><td></td></tr>
<tr><td colspan="3">为实现梦想需要完成的销售任务</td></tr>
<tr><td>所需资源</td><td>目前的差距</td><td>获取足够资源的方法</td></tr>
<tr><td></td><td></td><td></td></tr>
<tr><td></td><td></td><td></td></tr>
<tr><td></td><td></td><td></td></tr>
<tr><td></td><td></td><td></td></tr>
<tr><td colspan="3">我的策略</td></tr>
<tr><td colspan="3">我的计划</td></tr>
<tr><td>时间</td><td>计划内容</td><td>完成情况</td></tr>
<tr><td></td><td></td><td></td></tr>
<tr><td></td><td></td><td></td></tr>
<tr><td></td><td></td><td></td></tr>
<tr><td></td><td></td><td></td></tr>
</table>

项目三 客户开发

学习目标

了解市场细分理论及潜在客户的基本条件，掌握寻找客户的渠道和方法，学会将各种技巧和方法结合起来创造性地寻找客户，学会对客户资料进行分析，利用MAN法则甄别目标客户。

学习要求

1. 掌握客户开发的渠道
2. 学会制定客户开发计划
3. 学会评估客户进行精准销售

技能目标

1. 对产品具有较强的认知能力，能够精准地寻找到目标客户
2. 增强与潜在客户交往的自信心，克服恐惧心理
3. 具有敏锐的观察能力，能够及时捕捉到潜在客户的信息
4. 具有正确的判断力，能甄别潜在客户

重点难点

重点：客户开发的渠道、方法和技巧

难点：精准开发客户

模块 1　大家来讨论

有个女老板，湖南人，生意很不错。销售人员小李第一次去拜访她的时候，刚跟她打招呼“生意好!”，她看到小李提着样品，不容小李开口，就很不耐烦地说：“不要不要不要!”小李一看她是这种态度，心想这时跟她谈业务，效果肯定不好。于是改口道：“我来买点干辣椒。我是四川人。你呢？是湖南人?”小李一面说一面就去拿口袋装辣椒。“你怎么知道我是湖南人?”“你卖的是湖南特产，很大可能就是湖南人。我也接触过不少湖南人，你的口音也像湖南的。”

就这样跟她聊了几句，辣椒买好后小李付了钱就走了。小李想这时不能谈正事，废话又不能说得过多，只能等以后相机而行。

之后小李又去了几次，一共去了 5 次才谈成。但后面几次小李是特意在她忙的时候去的。小李去干什么？小李去给她帮忙，帮她搬搬货，招呼招呼客人。小李这种举动果然感化了她，最后她自己开口了，说：“你什么时候把样品再拿来看看吧。”而且达到了什么效果？第一次她就要了十件桶装的乡王香油，还是现款！当然小李也跟她承诺了，如果卖不掉可以退换，她也相信小李的话。

（资料来源：https://www.zhihu.com/question/41333036/answer/90545886）

【讨论】

小李成功销售值得我们学习的地方有哪些？

模块 2　基本知识

“巧妇难为无米之炊”，能够始终保持一定量的、有价值的准客户，是长时间获得业绩和收入的保证。日本销售冠军——汽车销售大王奥诚良治曾反复强调：客户就是我最宝贵的财产。找到了客户，就等于找到了等待挖掘的一座金矿。

一、制定客户开发目标和计划

3-1
界定目标客户

做任何事情不要“忙”，也不要“茫”，更不要“盲”。有目标还要有计划，目标是指达到的结果，计划是指如何达到那个结果。销售人员在制定工作计划时首先要给自己制定目标。

（一）确定工作目标

> 巴黎某商业街上有3个裁缝，有一天，他们聚在一起谈论自己的目标，看看谁最优秀。
> 裁缝A：我要成为法国最好的裁缝。
> 裁缝B：我要成为世界上最好的裁缝。
> 裁缝C：我要成为今年这条街上最好的裁缝。
> **思考：**如何评价3个裁缝的目标？

销售人员如何制定切实有效的目标呢？目标是否有效、可行，需要通过以下4点来确定。

1. 具体

概念性的愿望是不能成为目标的。如“明年我将赚更多的钱”，只是一个决心和想法，而不是一个明确的目标。因为“更多的钱”不是一个具体的数字，只是一个模糊的概念，不明确。“明年我要比今年多赚5万元”就是一个很具体的目标。为了实现这个目标，就可以把5万元分解到12个月，进而分解到每周和每天。只有这种具体的目标才更容易实现。

2. 可行

目标应可执行。如“本季度末我要赚到100万元”虽是一个非常具体的目标，但是对于一个销售新手来说几乎是无法完成的任务（即使能实现也具有偶然和幸运的成分）。所以，销售人员要依据自己的实际情况制定可行的目标，不要脱离实际去制定目标。

3. “跳起来”能够实现

可行并不意味着可以降低目标，制定目标时应朝着自己的能力极限，让自己“跳起来”才能实现。目标过低，不利于自己发挥更大的能力；目标过高，容易挫伤自己的自信心。过高和过低的目标都不利于自己，所以，“跳起来摘苹果”是目标尺度的最好标准。

4. 可以衡量

目标实现的衡量标准多种多样，就看制定目标时怎么定位，见表3-1。

表 3-1 目标定位与衡量

定位	衡量标准	实例	结果与影响
赚钱	工资奖金额	半年后周薪要达到 3 000 元	工资水平提高
投入	潜在客户数等	每天至少要打 50 个电话，每天找到 3 家潜在客户	客户增加，收入更多
提升	掌握技能	在一个月内学会驾驶	可以开车

通过表 3-1 可以看到，若把目标定位为“赚钱”，那么目标实现的衡量标准就是“工资奖金额”达到的额度。对于销售人员来说，工作的着眼点若放在寻找潜在客户上，工作目标应该是投入，是每天、每周必须实现的寻找潜在客户的数量。同时销售人员还要清楚：产出是投入之后的必然结果，只要把自己的工作做好，钱自然会随后而至，而且会源源不断。

（二）目标分解

确定目标之后，销售人员可以将这个目标进行分解，即把自己的目标分成若干个阶段的小目标，逐步向理想目标靠近。

销售人员可以将目标分成 3 个阶段来实现，即长期目标、中期目标和短期目标。每个阶段性目标的主要内容见表 3-2。

表 3-2 阶段性目标内容

目标	短期目标	中期目标	长期目标
内容	近期要达到的目标	将长期目标分成两段	明确可行的长远目标
实例	本季度末月薪达到 5 000 元	两年后年薪达到 18 万元	5 年后年薪达到 30 万元
注意事项	制定计划，立即行动	根据实际情况调整	具体、明确、可行、超越、可衡量

（三）制定工作计划

李××是一位销售人员，工作很勤奋，每天忙忙碌碌，但销售业绩总是上不去。下面是他某一天的工作写真。

早上 8:40 部门经理让他汇报近期工作情况，要求写一份报告第二天上交。看看这位销售人员是如何处理的。

9:30，坐到自己位置上，刚要写报告，一位客户打来电话询问产品性能、报价、邮寄方法等事宜，用去 15 分钟；接着另一客户打来电话，问他何时到，他才想起和××客户约好今天见面，赶紧收拾东西跑出办公室。

回到公司已经中午，吃过午饭，看了一会儿报纸，突然想起早上的谈话，赶紧回去写报告；报告刚写一半，同事请他帮忙给客户发个传真。

14:00，他突然想起今天应该给××客户发货，于是赶紧协调相关部门，办理发货手续。

15:10，打开客户名册，随便翻到×页打起电话，共打了8个电话，结果3个客户不在，3个电话遭到前台秘书拦截、1个客户让他改天再打，还有1个客户在电话中抱怨他服务不好。

17:00，到了下班时间，报告还没写完，又想起今天该去××客户那里收款，结果报告只能推到明天再写了。

思考：对李××一天的工作情况，你有何感想？

有了目标之后，必须付出行动才能实现，所以必须针对如何实现目标制定出行动计划，行动计划必须是为了目标实现而制定的，不可以和目标无关。

比如，我们把“一年赚30万元”作为自己的目标，接下来就要规划出做什么事、怎么做才能一年赚30万元，要清晰且有因果逻辑关系。假设销售人员一个订单赚5万元，那么就要在计划里规划自己当年必须签订6个订单，这样才能保证一年赚30万元。

1. 制定日工作计划

工作计划具体到日，销售人员每天都有明确的工作内容，日清日结，工作起来就会效率倍增。制定日工作计划时需要考虑以下4个方面的内容。

①计划简单明了，重点突出。最好给自己制作一个工作计划表，设计好内容，把每天的工作安排依照重要程度写在表格内，并随身携带，以备自检。

②每天早上给自己10分钟时间，理一理今天准备要做什么，理清后记下，或者在晚上临睡前想好明天要做的事，按重要程度理好顺序填写在日计划表内。

③今日事今日毕。在一个工作日后，应对照所制定的每日工作计划，看看自己的完成情况，找出原因，总结经验，然后安排第二天的工作。

④形成习惯，不要怕麻烦，让自己的工作条理清晰。

2. 制定周工作计划

周工作计划是指销售人员在一周内的短期工作安排。通过周工作计划，销售人员可以检验自己一周工作的完成情况，也更容易找到目标没有完成的原因以及目标超额完成的成功经验等。通过自检，销售人员能轻松找出自己的不足之处，然后有方向性地进行改进。

3. 制定长期工作计划

长期工作计划可分为月度计划、季度计划和年度计划，它可以促使销售人员逐月向更高的目标发起冲锋，也可以避免销售人员因为短期的种种打击或挫折而被击倒，甚至失去自信。

4. 每日销售工作记录

工作应日清日结，业务工作更是如此。销售人员每天事务繁杂，除了要做好工作计划外，每日工作结束后，应主动做记录，总结工作进展情况，如拜访客户状况、业务进展阶段等，以便自己下一步工作的开展。

二、寻找精准客户

作为销售人员，要思考这样一个问题：销售的第一步是什么？有的销售人员回答说是与客户接触，有的销售人员回答说是修炼自己……翻看市场上的一些销售类书籍，大多会告诉你销售的第一步是让客户信任你或是你的自信。

销售冠军的销售经验告诉我们，销售的第一步是开发精准客户。

开发精准客户是非常关键的一环，因为它处在整个销售体系的顶端。头没有做好，后面只会越来越难做。很多销售人员整天跑断腿却没有一单能够签下来，明明很努力却始终没有业绩，他们也想过许多办法，但就是收效甚微。这是怎么回事？其中很大一个原因就是客户不够精准。

1 个精准客户能够带来的价值远远大于 10 个甚至 100 个陌拜客户的价值。正所谓“选择大于努力”，如果你一开始就找到了精准的目标客户，那么你的业绩就会以十倍甚至百倍的速度增长。如果你一开始就找错了客户，不管你付出多大的努力，也不会有好的销售结果。那么，到底什么是精准客户？

精准客户必须符合以下三大特征。

（一）有需求

有需求，就是客户想去了解和有意愿去使用产品。这是满足精准客户的第一个条件。

关于这一条件，有的销售人员可能会质疑：“我没有见到客户之前，怎么知道他有需求呢?”所谓“知己知彼，百战不殆”，我们想向客户推销自己的产品或服务，除了要深知自己产品或服务的特色之外，更应该明了客户想要的是什么。因此，前期的调研工作很重要。

并非所有的客户都是我们的意向或者潜在客户，只有当我们的供给与他们的需求互相匹配时，我们才有机会“说服”他们。

作为销售人员，我们要站在客户的立场，设身处地考虑他们的需要，如果不是他们需要的产品，就不要再花精力去跟进了。

（二）是第一关键人

满足精准客户的第二个条件是：你去拜访的这个客户是第一关键人。所谓第一关键人，就是指最终签单、同意购买你产品的那个人，也就是说有购买决策权的人。这个人可能是董事长，也可能是总经理。

在实际的销售过程中，我们常常发现很多销售人员把副总经理误认为是第一关键人。事实上，在很多公司里，即使是总经理也可能不是第一关键人。例如：一家企业，丈夫是总经理，而实际上这家企业是他的妻子做主，也就是说他的妻子才是第一关键人。

如果你的客户不是第一关键人，销售将很难成功。比如，一家公司的第一关键人是妻子，此时若你以丈夫为精准客户展开销售，那么即使丈夫和你聊得很投缘，对你的产品很有兴趣，也不会产生任何销售价值，你只是在浪费时间。

只有第一关键人才有购买决定权，才有希望购买你的产品。一个无决定权的客户，即使他很有需求，也很想购买你的产品，也不可能实现交易。因此，满足精准客户的第二个条件就是具有购买决策。

3-2
如何快速判断当前的人是不是第一关键人

（三）有付款能力

可能每个人都会对私人飞机、豪华轿车和别墅有需求，但并不是每个人都能买得起私人飞机、豪华轿车和别墅。所以，满足精准客户的第三个条件就是有付款能力。

付款能力就是客户是否有预算、什么时间付款、能否接受你的价格、是否认同你的价值等。比如，当你向第一关键人销售产品时，如果你的产品是 10 万元，那么你就要了解他是否有 10 万元的预算；如果超出他的预算，超出多少他能接受等。

了解客户的付款能力是很有必要的。一方面，客户的付款能力影响产品销售的难易程度，决定销售成果；另一方面，只有客户具备付款能力，你才能在签单成交之后顺利收回货款。许多销售人员都碰到过货款难以收回的情形，这是因为他们一开始未能留意到这一点。

3-3
MAN 原则

一般而言，可以通过公开的财务资料了解客户的付款能力，也可以通过直接询问、参观访问、同行评论、市场反应等得到相关信息，还可以从其他方面切入调查，例如：调查往来银行、税额、各种财务报表，或是请教往来客户等。不过，这个阶段的调查毕竟是初步性的，只要有基本的客户资料，能够知道客户大概的付款能力就行了。

三、开发客户的路径

客户开发的前提是拥有客户信息，只有知道了有哪些可能的客户，并找到他们的联系方式，才能和他们取得联系。通常，我们可以通过以下方式获取客户的信息（见表 3-3）。

表 3-3 开发客户的路径

方法	路径
资料分析法	1. 统计资料：相关部门、行业团体、期刊上发布的统计调查报告 2. 名录类资料：客户名录、同学名录、会员名录、协会名录、名人录、电话黄页、公司年鉴、企业年鉴等 3. 报刊类资料：报纸（广告、产业或金融方面的消息、零售消息等）；专业性报纸和杂志（行业动向、同行活动情况等）

续前表

方法	路径
一般性通用方法	1. 主动访问 2. 别人介绍（客户、亲戚、朋友、校友等） 3. 参加各种团体（社交团体、俱乐部等） 4. 邮寄宣传品 5. 利用各种展览会和展示会 6. 家庭 7. 销售人员互换
互联网方法	1. 社交工具：QQ、微信、微博、陌陌、脉脉等 2. 圈子：论坛、贴吧、QQ 群、微信群、朋友圈等 3. 视频：优酷、快手、秒拍、抖音等 4. 自媒体：今日头条、微信等

四、收集潜在客户信息

（一）收集客户资料的内容

销售人员需要收集的客户资料包括：客户背景资料、与自己业务相关的项目资料、相关人员的个人资料（见表 3－4）。

表 3－4　　收集客户资料的具体内容

资料类别	具体内容
客户背景资料	1. 客户名称、所属组织机构 2. 客户各种形式的通讯方式 3. 区分产品的使用部门、采购部门、支持部门 4. 了解产品具体使用人员、维护人员及管理层 5. 同类产品安装和使用情况 6. 客户的业务情况 7. 客户所在行业的基本状况
与自己业务相关的项目资料	1. 客户最近的采购计划、采购预算、采购时间表及采购流程等 2. 通过这个项目要解决什么问题 3. 决策人和影响者
相关人员的个人资料	1. 家庭状况和家乡 2. 毕业的大学及受教育程度 3. 个人爱好，如运动、宠物、喜欢的书籍等 4. 上次度假的地点和下次休假的计划 5. 工作行程安排，在企业中的作用 6. 与同事之间的关系 7. 今年的工作目标及个人发展计划、志向等

（二）每类资料能够解决的问题

3-4
搜集整理客户资料

收集客户资料的主要目的就是了解客户的情况，为自己的销售工作扫清障碍。

通过收集客户的背景资料，销售人员可以了解客户企业的基本情况、各个利益相关方、信用状况等，从而给自己制定销售策略提供帮助。

通过收集与业务相关的项目资料，销售人员可以避免把有限的时间、费用和精力投放到一个错误的客户身上。了解了客户项目的情况，包括客户要不要买、什么时候买、预算是多少、采购流程是怎样的等，销售人员才能采取有针对性的销售方法和提供切实的解决方案。

（三）潜在客户资料表

在实际工作中，销售人员可根据需要和实际情况设计一份有自己特色的客户资料表格，以备需要时使用（见表3-5），销售人员可以将此表作为工具表使用。

表3-5　潜在客户资料表

<table>
<tr><td rowspan="2">客户名称</td><td rowspan="2"></td><td>联系方式</td><td></td></tr>
<tr><td>公司网站</td><td></td></tr>
<tr><td>背景资料</td><td colspan="3"></td></tr>
<tr><td>项目资料</td><td colspan="3"></td></tr>
<tr><td>个人资料</td><td colspan="3"></td></tr>
</table>

模块3　操作指导

一、客户开发计划的制定

销售人员必须有计划、有步骤地进行客户的开发，才能获得有效的销售业绩，因此销售人员要通过自我管理来保证开发的数量和质量。自我管理包括 3 项内容：确定开发目标、制定开发计划和执行既定计划。以下就前两项内容进行讲解。

（一）确定开发目标

自我管理的第一步是确定开发目标。为此，销售人员要根据销售任务或自己期望的收入水平，确定需要多少客户，然后推算出要获得这些客户，需要多少潜在客户，以及要获得这么多潜在客户，又需要我们和多少客户建立联系，从而确定自己的开发目标。开发目标包括 3 个部分：

（1）潜在客户目标。潜在客户目标是最终目标。

（2）联系目标。联系目标是过程目标，即认为需要和多少客户联系才能实现潜在的客户目标。

（3）转化目标。转化目标是衡量联系的客户数中能产生多少潜在客户的指标。

（二）制定开发计划

开发计划包括用什么方式、在什么时间进行开发，然后排定时间表（见表 3－6）。销售人员可以每周拿出一天进行客户开发，也可以每天拿出一定时间进行客户开发。客户开发是一项非常重要的工作，一旦制定了计划，就要严格执行。客户开发计划包括如下内容：

表 3－6　客户开发计划表

销售任务描述：				
周开发计划：（　月　日—　月　日） 潜在客户目标： 联系目标： 转化率：				
日期	联系数量	开发手段	获取的潜在客户的数量	是否完成
计划执行情况总结：				

（1）销售任务描述：在制定计划时，先要明确销售任务量，并根据销售任务量确定需要的新客户总量，这样制定计划，才能保证达到事先预定的销售额。

（2）每月开发目标：包括潜在客户目标、联系目标和转化目标，并标明起止日期。

（3）行动计划：在制定行动计划时，要填写行动日期、需要联系的客户数量和开发手段；计划执行后，要统计获取的潜在客户数量，并填写是否完成计划。

（4）计划执行情况总结：包括两部分，一是是否按时完成了计划，二是根据联系数量和获取的潜在客户数量，考察自己是否达到了转化目标。如果没有达到，要思考改进的方法。

二、典型客户开发的技巧

找客户的路径很多，最优路径往往和销售人员个人的情况以及公司的情况息息相关。

（一）第三方转介绍

一家软件公司受环境的影响计划裁员，有一位库管员，男性，其貌不扬，四十多岁，不幸被裁了。这位心有不甘的库管员找到当时的销售部经理，问可不可以做销售，销售部经理给了他三个月试用期。

这位库管员三个月竟然完成了任务，而且第一年就成为分公司的销售状元，第二年就成了集团的销售状元，第三年就自己出去做老板了。

他怎么做的？其实过程一点都不复杂。一开始，他费尽九牛二虎之力，软磨硬泡用了近两个月的时间攻下了一个客户，以8 000元的价格卖出了第一套产品，自己有了400元的销售提成。

拿着这400元钱，他买了2张购物卡，200元一张。然后他拿着两张购物卡跑到客户的财务经理那里，先是询问了一番软件使用情况，在得到满意的答复之后，掏出两张卡双手奉上："感谢您使用我们公司的产品，这是我个人的一点小意思。"

财务经理稍加推辞就顺理成章地收下了。第一步算是顺利。接着，这位库管员开始第二步计划："李经理，我是来向你告别的，我要离开公司了。"

李经理自然不解，赶忙问道："干得好好的，干吗走啊？"注意客户这时的心理，李经理可不仅仅是出于同情，他更多的是考虑以后自己的服务怎么办。虽然可以通过正常渠道要求服务，但是肯定不如直接找这位库管员方便。

"我给你说实话吧，不是我要走，而是公司要辞退我。我完不成业绩，没办法。"这位库管员说了一下自己的处境。他当时的确面临被辞退的风险。

李经理询问业绩不好的原因，库管员告诉客户自己没客户。作为财务经理自然还认识很多财务经理，李经理毫不犹豫地拿起了电话。几通电话过后，李经理抱歉地跟库管员说："你也听到了，我已经极力推荐了，只有两家还有点意思，他们都是我以前带的徒弟，要么你去碰碰运气？"

结果这位库管员下午就带回了两份合同。

（资料来源：崔建忠．价值型销售［M］．北京：北京时代华文书局，2018）

不过如果据此认为事情如此简单，那就错了，小伎俩是成不了大事的，这位销售的大招是服务，他的服务好到别人无法复制的地步。比如，为了达到及时响应，在公司不能马上支持的情况下，他自己掏钱雇了两名在校大学生，每人每月 1 500 元工资。他的客户有问题，公司跟不上，这两个学生就先冲上去，保证客户满意。当然满意不是目的，目的是给他介绍客户。

他管自己的方法叫葡萄销售法，人家吃葡萄是一颗一颗地吃，他却是一串一串地吃。运气好的时候，就干脆连葡萄树也拔了。所谓拔葡萄树，就是要求客户推荐自己的客户和供应商给他，连根拔起。想象一下，客户向自己的供应商推荐会有多大的力度！

他创造了一个奇迹：1 万～3 万元的单子，平均一天签 1～2 个，节假日不休息。

而当时有很多销售一个月也签不了一个。

这不是个案。这些销售的提成通常是其他销售的十几倍、几十倍，他们在某种程度上把自己做成了一个小公司。

根据一些销售机构研究大数据显示，通过老客户介绍的新客户最终签订合同的约占 1/5，即老客户每介绍 5 个新客户，就有 1 个客户成交。而随机拜访开发新客户的成交率只有 1/30 左右，电话销售的成交率只有 1/150 左右，即打 150 个电话才有 1 个成交。

老客户介绍新客户的成交率那么高，理应成为我们销售人员率先使用的开发客户技巧。转介绍而来的客户也会比自己单枪匹马开发的新客户购买的东西多，他们对我们更加忠诚，信任度更强。而那些推荐新客户的老客户也会因为帮我们推荐成功而有特别的成就感，会比以前更忠诚。

老客户转介绍新客户在销售界是一种成本低、成交效率高，容易建立客户信任感，非常有效的开发新客户的方法。那么我们在具体落实这个方法的时候，需要抓住哪些关键点呢？

1. 哪些人能帮我们转介绍新客户

一般而言，客户、员工、竞争对手、潜在客户、行业专家、行业协会组织等，这些都是我们可以开发的能帮我们转介绍新客户的人群。

在工业产品销售中，寻找竞争对手的销售人员为我们介绍新客户，这几乎是销售高手最常使用、最喜欢使用的一招，简单高效，行业称这种现象为“飞单”。飞单是行业的普遍现象，销售人员拿到订单给自己公司做，只赚 1 万元，而给别的公司做可能收入 5 万元，于是销售人员往往会把订单拿到别的公司去做。

行业内的专家，由于其专家的身份，会接触更多的客户，而这些客户会对专家言听计从，所以行业内的专家也是我们销售人员需要争取的优质人员。

2. 开口要

敢要求老客户转介绍新客户给我们，这是很关键的。很多人都有怕麻烦、偷懒、省事的心理，所以，尽管老客户非常欣赏销售人员，但也只有1%的老客户主动介绍新客户给我们。想让更多的老客户介绍新客户给我们，销售人员必须主动开口要求老客户帮我们转介绍。

3. 给客户一个帮你转介绍的理由

想让客户推荐新客户给我们，那么客户为什么要帮我们推荐新客户？无外乎以情感人、以德服人、以利诱人这三招了。

3-5
水泵销售要求客户转介绍话术

（1）以情感人。把客户发展为朋友，很单纯的友情，平时服务好客户，客户也感谢我们。这个时候请求已是朋友的客户帮我们介绍新客户，那么客户一般都会因感激我们而乐意介绍新客户给我们。

（2）以德服人。有时候，我们的客户喜欢表现自己，喜欢赞誉，喜欢我们对他的认同和赞赏。这个时候我们多给他舞台，多让客户发光，多赞美他的影响力，那么水到渠成，我们要他介绍他熟悉的朋友给我们认识，他也会欣欣然去做的。

（3）以利诱人。有时候我们遇到的客户很现实，遇到这样的客户，我们就直接跟他谈，让他满意，这样我们就可以顺利地得到他的转介绍。

4. 感谢

客户帮我们转介绍新的客户，不管成功与否，都要感谢。感谢能促使老客户更加卖力地帮我们再转介绍新客户。感谢老客户除了语言上的感谢，我们还需要有行动上的表达。譬如，我们可以给老客户一个特价产品，并告诉老客户，这样做是感谢他为我们介绍新客户，虽然最终新客户没有和我们签订合同，但感谢就是感谢，不以结果论。

用行动来表达对老客户介绍新客户给我们的感谢，方法是无穷无尽的。可以送给客户一个小礼物表达谢意，可以请客户吃饭，甚至可以手写一封信，通过信函来正式地表达我们对他介绍新客户的衷心感谢。

（二）利用孤儿客户

孤儿客户就是已经离职的销售人员做下的客户。别指望服务人员会照顾好他们，服务人员只解决问题不经营客户，销售人员可以与此类客户建立关系，经常打打电话、嘘寒问暖，帮助他们解决一些问题。一方面帮助公司做好客户经营，另一方面从他们身上挖出线索，也可以做第三方转介绍。

（三）集簇型客户

集簇型客户是指办公地点集中和企业性质相似的客户集群。比如软件园、钢材市场等。对这类客户有3个诀窍：树立样板客户、与管理者合作和大佬策略。

1. 树立样板客户

在这类客户中树立 1～2 个样板客户是非常有效的方法，因为这类客户都是彼此熟悉、信息相通的，不过销售人员自己做这个工作难度有点大，最好和自己的领导或者市场部商量着做。

2. 与管理者合作

管理者就是类似园区管理部门之类的角色，他们的主要诉求就是让园区业主满意，所以特别喜欢举办各种各样的活动。要想办法将你可以提供的价值与他们的活动找到切合点，比如提供培训、产品试用等，最可能的活动是利用已有客户。你搭台，别人唱戏。切记，用客户业务切入，不要用你的产品切入。不要谈什么“配件”，而要谈“汽车保养”。

3. 大佬策略

集簇型客户往往是同行业客户，比如配件城、建材城等。这种区域里一般存在几位大佬级人物，他们是这片区域的权威和专家。比如一家老资格的挖掘机租赁的老板、一家成功的个体运输户、一个知名的养殖场场长等。找出他们不难，他们说话比销售人员管用。

（四）联动策略

举例来说，一家高档家具的供应商，主要目标群体是富人家庭，他们发现客户在搬新家和结婚的时候是最容易更换家具的。于是他们找到了高档楼盘的售楼处、高档婚纱摄影店、高档酒店（婚宴）、家装设计和装修公司、民政局等途径。

当然，有些手段需要做一些更深层的工作。客户很多时候都会有这种联动效应，比如，应用软件、数据库、硬件之间的互动；比如，设计公司、装饰公司、酒店管理公司建材供应商之间的互动。需要提醒的是，这些互动关系最好由公司组织进行，比如装饰公司组建设计师俱乐部；ERP 公司与服务器公司建立定期情报交换工作。实践证明，这些都是非常行之有效的方法。

联动策略最大的好处就是线索的及时性，很多线索需要等很长时间才能变成商机，有时是 1～2 年，而联动从本质上说就是时间点上的联动。当两个人拍婚纱照的时候，离结婚肯定不远了。

（五）市场活动

市场活动还是很多公司找客户的重要手段，一般都是市场部负责。活动既然办了，销售人员就得想办法从中找出有效的客户，可以注意以下几个技巧。

1. 参加竞争对手的市场活动

只要竞争对手不认识你，就要努力出现在现场。带好自己的名片，尽可能地和现场的客户交换，当然要注意安全。另外要多拍照片，回来之后认真辨认现场你认识的人，这样就知道哪些项目被对手渗透了。

2. 把握好送请柬的环节

公司的各种活动通常会有送请柬的环节，别随便打个电话了事。送请柬就是个借口，关键是增加与客户接触的机会，这是市场部为我们做得最好的服务，一定要好好把握。

3. 带客户与领导见面

在活动现场，尽量把领导带到客户那里，如果可能，让你的领导多帮你做一些承诺。比如，派最好的资源、给最好的价格等。领导在销售中的一个重要作用就是给出承诺。

4. 照顾好没来的客户

总会有你邀请了但是没有来的客户，不要轻易放过他们，你要做的是会后给他们发一封邮件，邮件里要阐明这次会议里大家的收获是什么，目的是让他们后悔，没得到的才是最好的。

（六）从产品的更新换代中发现客户

3-6
建立联系的方法

销售人员充分利用产品的生命周期，提早规划，从产品的更新换代中发现潜在客户。

（1）了解产品的使用寿命，分析客户再次购买的时间。

（2）查看公司以前的销售资料，从中发现需要更新换代产品的老客户。

（3）圈定目标潜在客户，找机会在恰当的时间接触客户公司的采购人员或相关负责人并与之建立联系。这样会让销售人员拥有一批潜在客户，也许不久的将来就会有收获。

假如你是销售复印机的销售人员。在公司的客户数据库中，某客户17年来一直使用你公司生产的复印机，而且该客户先后4次购买你公司的复印机，也就是平均每4年更换一台。恰好该客户目前的复印机已经使用了4年，到换一台新机器的时候了。这时，你应该及时与该客户所在的公司取得联系，询问一些关于该公司复印机需求方面的问题，如得到允许，可以邮寄本公司最新机器资料给他们。如果对方目前不需要新的复印机，也应该向他们致谢，并保持联系；如果他们正在考虑更换，你就迎来了一个销售的机会。

模块4 案例学习

密密麻麻的小本子

几年前，山东省有一个电信计费的项目，A公司志在必得，系统集成商、代理商组织了一个有十几个人的小组，住在当地的宾馆里，天天跟客户在一起，还帮客户做标书、做测试，关系处得非常好，大家都认为拿下这个订单是十拿九稳的，但是一投标，却输得干干净净。

中标方的代表是一个其貌不扬的女子，姓刘。事后，A 公司的代表问她："你们是靠什么赢了那么大的订单呢？要知道，我们的代理商很努力呀！"刘女士反问道："你猜我在签这个合同前见了几次客户？"A 公司的代表说："我们的代理商在那边待了整整一个月，你少说也去了 20 多次吧。"刘女士说："我只去了 3 次。"只去了 3 次就拿下 2 000 万的订单？肯定有特别好的关系吧？但刘女士说在做这个项目之前，她一个客户都不认识。

那到底是怎么一回事呢？

她第一次来山东，谁也不认识，就分别拜访局里的每一个部门，拜访到局长的时候，发现局长不在。到办公室一问，办公室的人告诉她局长出差了。她就又问局长去哪儿了，住在哪个宾馆，然后马上给那个宾馆打电话说："我有一个非常重要的客户住在你们宾馆里，能不能帮我订一个果篮，再订一个花盒，写上我的名字，送到房间里去？"然后又打一个电话给她的老总，说这个局长非常重要，已经去北京出差了，无论如何你要在北京把他的工作做通。她马上订了机票，中断拜访行程赶了最早的一班飞机飞回北京，下了飞机直接就去这个宾馆找局长。等她到宾馆的时候，发现她的老总已经在跟局长喝咖啡了。在聊天中，她的老总得知局长会有两天的休息时间，就请局长到公司参观，局长对公司的印象非常好。参观完之后大家一起吃晚饭，吃完晚饭她请局长看话剧，当时北京在演《茶馆》。为什么请局长看《茶馆》呢？因为她在济南的时候问过办公室的工作人员，得知局长很喜欢看话剧。局长当然很高兴，第二天她又找一辆车把局长送到机场，然后对局长说："我们谈得非常愉快，一周之后我们能不能到您那儿做技术交流？"局长很痛快就答应了这个要求。一周之后，她的公司老总带队到山东开了技术交流会，她当时因为有事没去。老总后来对她说，局长很给面子，亲自将所有相关部门的有关人员都请来，一起参加了技术交流会，在交流的过程中，大家都感到了局长的倾向性，所以这个订单很顺利地拿了下来。当然后来又去了两次，第三次就签下来了。

A 公司的代表听后说：你可真幸运，刚好局长到北京开会。

刘女士掏出了一个小本子，说："不是什么幸运，我所有的客户的行程都记在上面。"打开一看，密密麻麻地记了很多名字、时间和航班，还包括他的爱好是什么，他的家乡是哪里，这一周在哪里，下一周去哪儿出差。

（资料来源：方玉玲．客户服务与管理——项目教程［M］．北京：电子工业出版社，2014）

请思考：

1. 案例中女销售人员销售成功的原因是什么？
2. 有没有一种资料让销售人员能够在竞争过程中取得优势、压倒竞争对手呢？

模块5 知识拓展

一、从竞争对手手里“抢”客户

在我们的销售过程中，相信大家都曾遇到这样的情况：你开发了一个新客户，已经到了签单阶段，这时突然杀出个“程咬金”（竞争对手），不费吹灰之力地把你的客户抢走了，剩下你一个人独自在风中凌乱。

那么，既然竞争对手能从我们手里“抢”客户，我们为何不能从他们手里“抢”客户呢？其实，从竞争对手手里“抢”客户是开发精准客户最好的技巧之一。为何如此说呢？

试想一下，如果你是一名SaaS软件的销售人员，你认为你的SaaS软件的功能比竞争对手的要好，你就应该带着这份自信去找竞争对手签的客户，把他“抢”过来。相对陌拜客户来说，竞争对手的客户是成熟的客户，并且已经在使用其他SaaS软件了，而在使用的过程中，对方可能有不满意的地方，那么这就是你的机会。

同样的道理，一个在百度上投放广告的客户，他就有可能在其他平台上投放广告；一个在其他地方参加培训的客户，他就有可能到你的公司参加培训。

作为销售人员，我们一定要明白这个开发精准客户的技巧：竞争对手的客户是精准客户，是最容易变成你的客户的客户。

根据客户与竞争对手合作的效果来“抢”客户，可以借鉴以下3种方法。

1. 若竞争对手与客户合作满意，如何“抢”

当客户跟我们的竞争对手合作起来效果很好时，我们首先应该分析一下客户的状态。如果客户非常认可竞争对手产品的价值或服务，那么我们就应该努力去提升自身产品的价值和服务，同时开拓新的渠道，提炼新的价值。

2. 若竞争对手与客户合作一般，如何“抢”

当客户跟我们的竞争对手合作起来效果一般时，就说明客户还有疑虑，这个疑虑很可能是竞争对手的产品或服务让他们有一些不好的体验。这时，我们需要做的就是向客户阐明我们和竞争对手不一样的价值或不一样的地方。在突出价值的时候，我们需要拿出具体的案例和数据去更好地说明问题，以打消客户的疑虑。

3. 若竞争对手与客户合作不满意，如何“抢”

当客户与我们的竞争对手合作起来效果不满意时，我们需要做的就是去调查一下，客户到底对我们的竞争对手有哪些不满意，不满意的地方具体在哪里。只有当我们了解了客户对竞争对手的产品或者价值不满意的具体原因后，我们才能对症下药，然后向客户强调我们的产品或服务的价值。

以上就是三种不同情况下“抢”竞争对手客户的不同方法，需要提醒大家的是，千万不要把同一个方法用在不同的客户身上，应该具体情况具体分析。

二、找到优质的客户：妥善经营人脉资源

人脉资源是一种潜在的无形资产，是一种潜在的财富。每个人都有一定的人际关系，销售工作就是在建立良好的人际关系的基础上，把人际关系充分利用起来。正如乔·吉拉德所说，在每位客户的背后，都大约站着 250 个人，这是与他关系比较亲近的人：亲戚、朋友、同事、邻居。

销售人员必须建立起自己的人脉，找到自己的优质客户，只有自己的人脉关系拓宽了，拥有了自己的人际关系网，才能寻找到更有价值的客户，才能使自己的业绩步步高升。80%的业绩来自 20%的客户，这 20%的客户是你的优质客户，它是你所有客户资源的核心，如果丧失了这 20%的资源，你将会丧失 80%的市场。研究报告指出：经营好这 20%的核心资源比初次登门拜访这 80%的人更重要。那么，这 20%的核心资源从哪里来呢？靠的就是自己的人脉。那么，如何来经营自己的人脉呢？

1. 重视关系网比较广的客户

一个强有力的老客户对销售人员来说具有很大的帮助，他说的每一句话都会对准客户产生很大影响。因此，销售人员必须找到强有力的推荐人，只有这样的人才可能为你推荐更有质量的客户。

可是通常并不是所有的人都会为你推荐，如果他对你没有任何的信任，他就不会把对方介绍给你。客户的客户多半来自自己亲密的亲朋好友，以及曾经有恩于他、基于报恩的人。试想，老客户并不会轻易为一个销售人员推荐客户。除非你与客户之间建立起一种非同一般的友谊，以至于推荐人可以不计后果，而且不管结果怎样，都愿意鼎力推荐。

2. 遵循人与人的交往原则

人与人的交往通常都会遵循由近到远的原则，通俗点讲，就是先接近与自己亲近的人，比如自己的同学、朋友、同事等。然后在这些人的引荐下，认识与之相关的人。这样，一层一层就可以扩大自己的交际圈，认识更多的人。

在人际关系学上，分为核心层关系、紧密层关系、松散备用层关系。

（1）核心层关系是指在自己的人际网中处于核心，对产品销售起着决定性的作用，比如自己的VIP客户，与公司建立了长期的合作关系，并对产品十分认可和满意，对自己最忠诚的人。对于销售人员来说，这类客户虽然不容易找到，但是一旦找到，却能给予很大的帮助。

（2）紧密层关系是指在核心层关系的基础上，经过推荐、介绍而进一步扩展的人。这些人应该成为你最主要的客户群，拥有这样的客户群对一个销售人员来讲，就相当于拥有了更多的资源。值得注意的是，你一定要服务好这些客户，把这些客户牢牢把握在自己手中。

（3）松散备用层关系是指自己的备用客户，指的是根据自己的营销计划，在将来可能成交的准客户，如有发展潜力的同事、下属、同学、朋友等。

3. 把自己介绍给有影响力的人

想挖掘更多的潜在客户，必须认识一些在业绩上具有一定影响力的人，他们对你的事业会有很大帮助。为此，你不仅仅是一个产品销售人员，更多的时候还需要做一名侦探，在自己的客户群中挖掘、寻找最有价值的人，然后把自己介绍给那些有影响力的中心类型的人。这些人有非常庞大而且颇具威望的影响范围。

一般情况下，这种有影响力的中心类型的人在这一地区待了很长一段时间后，人们认识他们、熟悉他们、喜欢他们，而且相信他们。这些影响力中心人物自己不一定在生意上很成功，不过关键在于，他们认识其他许多你想认识的人。因此，你得设法一对一地认识这个人，把自己介绍给他。

4. 多多参加行业展会

客源是销售人员业绩的保证，没有客户，销售就无从谈起。但是，开发新客户对于大部分销售人员来说，是一项非常困难的工作。很多销售人员为此而犯愁，这也充分说明，寻找新客户是有技巧的，其中，参加行业展会就是一个有效途径。这些行业展会主要包括各类博览会、订货会、展销会、展览会。

三、开发客户的侧翼进攻策略

不管是扫街还是开招商会，传统的开发客户方法都越来越乏力，那么怎么办呢？销售人员可以采用侧翼进攻策略开发新客户的方法。

小张（女）是浙江台州一家三线电动车品牌的业务员，她跟我分享了自己是如何开发乡镇市场的。因为自己的公司品牌是三线品牌，而且产品价格上也没有太多优势，所以当小张在跑乡镇市场开发客户的时候，大多数客户都拒绝了她。一个女孩子顶着大太阳，啃着面包跑乡镇市场，本来白白净净的一个人晒得像个非洲人，而且屡屡被客户拒绝的挫败感让她心里充满了委屈，甚至想放弃了。

功夫不负有心人，小张在跑乡镇客户的时候，听很多客户讲他们的货都是从县城代理商A老板手上拿货。于是，小张就跑到县城去拜访A老板。几次拜访，A老板都拒绝了合作的要求，小张说："哥，您帮我一个忙，咱俩虽然不合作，您能不能给您手上的乡镇客户打个电话，就说我来拜访过您。"因为小张天天往A老板这里跑，一来二去大家成为朋友，A老板就帮了这个忙，给他下面的乡镇客户打了个电话。结果，小张再跑到乡镇客户那里去，每家乡镇客户都笑脸相迎，特别热情。

代理商的一个电话就让乡镇客户的态度来了个180度大转弯，为什么？做销售的都听过一句话叫作"卖货之前先卖自己"。人与人之间的沟通交流首先需要建立信任关系，而这种信任关系的建立并非一朝一夕。代理商与乡镇客户早就有合作，有了代理商的这个电话就相当于代理商给小张做了个背书。小张自己辛辛苦苦扫街半个月，不如代理商一个电话轻松搞定。所谓的侧翼进攻就是要我们在开发新客户的时候多动动脑筋，找到关键的意见领袖，四两拨千斤。

再如，新零售概念炙手可热，全渠道销售如日中天。对于家居建材行业来说，家装设计师是大家积极争取的合作伙伴，你做的，竞争对手也在做，如何找到大牌设计师并建立合作关系呢？

湖北武汉一家卫浴经销商通过摄影师打通了设计师渠道，如果经销商自己直接去找这些设计师，花费的时间太多不说，人家还爱理不理的。而这家卫浴企业就琢磨，成为大牌设计师靠什么？当然是靠作品了。而好的作品是怎么呈现的呢？当然是最好的摄影师拍出来的啊！于是，他们就找到了为这些大牌设计师拍摄作品的摄影师，意外的是，原来这些大牌设计师找的顶级摄影师竟然都是同一个人。接下来的事情就好办了，让摄影师帮忙牵线搭桥，自然就跟设计师们建立了联结，最后再结合自己的产品做一场设计师大赛，一举成功突破。

找到客户的合作伙伴，顺藤摸瓜很容易就找到目标客户，在这个案例中是因为经销商发现了设计师的核心要素——作品，而作品呈现的好不好除了作品本身，摄影师的拍照技术至关重要。另辟蹊径，找到大多数人都没有发现的销售渠道，更容易快速开发客户。

在开发客户这件事情上，使用传统的扫街、招商方法，就像掉进了泥淖之中，越陷越深。借力客户周边资源，采取侧翼进攻的方式反而会事半功倍，因为这些资源客户早就跟我们的目标客户有过合作，有了信任关系，而信任是开启销售的第一步。

模块6 团队项目实战训练

实训 制定客户开发计划

【实训目的】

能熟练制定客户开发计划，运用客户搜集方法，搜集尽可能多的潜在客户信息，并学会对潜在客户进行分析，力求从中找到销售机会。

【实训内容】

各团队根据实战项目，以学院内的师生作为潜在客户。制定客户开发计划，运用各种信息搜集的途径与方法收集学院内师生（一个人、一个办公室、一个宿舍、一个班集体）的相关信息，并进行客户信息整理，力求从中找到销售机会。学会进行客户分析，并填制客户分析表。

【实训成果及检测】

（1）每个团队填制一份客户开发计划表（见前文表3-6）、目标客户分析表（见表3-7）。要求：编制的客户开发计划应内容翔实、合理，可行性较强，客户开发数量多，购买可能性分析准确，客户特点描述详细。

（2）实训结束后，组织一次课堂交流与讨论。

（3）老师根据团队制定的客户开发计划表和客户分析表及课堂交流的表现打分。

表3-7 目标客户分析表

潜在客户（群）	购买可能性					能为其创造的价值	客户特点描述
	支付能力	购买意愿					
		需求强烈	需求一般	可有可无	有厌恶倾向		

项目四　客户约见与拜访

学习目标

了解约见客户前应做的准备，掌握约见客户的内容和方法，能够选择恰当的约见方式来约见客户，能够做好客户资料和拜访资料的准备工作，能够根据不同的目的采取合理的方法接近客户，能够根据拜访对象的不同制定可行的拜访计划，掌握了解客户需求的方法，掌握与客户建立和谐关系的方法，实现拜访目标。

学习要求

1. 了解约见的准备
2. 掌握约见的方法
3. 学会制定拜访规划
4. 控制拜访流程

技能目标

1. 掌握电话约见的技巧
2. 学会制定拜访规划
3. 掌握应对约见失败的策略技巧
4. 掌握挖掘客户的技巧
5. 掌握产品介绍的方法和技巧
6. 掌握客户跟进的技巧

重点难点

重点：客户约见的方法和技巧

难点：实现成功拜访客户

模块1 大家来讨论

一天晚上，小王和往常一样从报纸上搜寻着各种有关保险的信息，忽然看到一则祝贺广告：上海××实业有限公司庆祝开业十周年，公司总经理杨××携全体员工向广大新老客户致谢……这则广告立刻引起了小王的注意，他马上在准主顾登录本上记录下该公司的名称、地址、电话、传真以及总经理的名字。

随后，小王拿起电话打给花店，向对方订了一束鲜花，并要求代写一张贺卡，内容为向杨××经理祝贺××公司成立十周年，落款是××保险王××。

第二天早会结束，小王先向花店证实了鲜花已经送到该公司总经理手中后，便信心十足地拨通了××公司的电话。

对方传来秘书的声音："您好，××公司，能为您服务吗?"

"你好，我找杨××总经理，请问她在吗?"

"请问你是哪里？有预约吗?"

"哦，我是××保险公司的王××……"

"保险公司？对不起，我们公司谢绝销售。"还没等小王说完，对方打断了他的话，声音也有点不太客气了。

"是这样的，我找杨总……"

"你事先预约过吗?"

"没有。"

"很抱歉，杨总没有时间接见你和你的电话，再说她也不在。"

"我……"对方已经挂断了电话。

（资料来源：http://www.baobao18.com/market/art_40716.html）

【讨论】

1. 小王在拜访前做了哪些有益的准备？

2. 如果你是小王，接下来该怎么做？

模块 2　基本知识

一、客户约见

约见是面谈销售的第一步，但约见似乎并不容易。现在竞争非常激烈，每个客户都受到太多销售人员的打扰，因此，客户总是设法拒绝销售人员。然而，销售冠军们却总能脱颖而出，从几十个约见电话中得到客户宝贵的时间，从而有更多机会在销售中胜出。他们有什么诀窍吗？

4-1
客户为什么不见我们

A 公司是一家代理公司，代理和销售国外著名品牌的办公用品。A 公司在全国设有 8 个分支机构、16 个办事处，拥有 500 万个客户。

B 公司是一家客户关系管理软件供应商，销售人员陈明希望能向人推销自己的管理软件。陈明认为，如果想销售成功，就要直接找到决策者，于是他拨通了赵总的手机。

陈明：赵总，您好！我是 B 公司的陈明。

赵鑫：嗯，请问您有什么事？

陈明：是这样，我们是一家著名的客户关系管理软件供应商，我们的软件可以帮助您有效地管理 500 万个客户。

赵鑫：是这样，你和我们信息中心联系就好了。

陈明：但是客户关系管理是一件很重要的事，我想只有您才能决定，所以我打电话给您。

赵鑫：对不起，我很忙，你和信息中心联系吧，他们会向我汇报的。

（资料来源：王云．销售冠军这样做业务［M］．北京：机械工业出版社，2010）

思考：

1. 陈明的约见为什么会失败？
2. 陈明如何才能获得赵总的约见？

（一）约见客户的准备

1. 确定约见对象

销售人员面临的客户大部分都是集体决策的，在这个决策集团中，不同的人有不同的职责，其兴趣点和其在购买中的作用也是不同的，销售人员必须搞清楚现阶段应该约见谁。

如果你的客户已经确定了采购计划，正在进行供应商调查，那么拜访的目标是向客户介绍你的公司、产品和服务特色，以说服客户购买你的产品而不是竞争对手的产品，你的拜访对象可能是采购主管。但是如果你的客户还没有采购计划，你需要激发他们的采购欲望，这种情况下和采购主管约见就不一定有效了，毕竟采购主管不是最终的使用者，他们通常并不能直接从购买你的产品中获益，因此他们对你的产品没感觉，不容易产生兴趣，也不可能为你做内部推动。这时你必须约见产品的受益者，这样才能实现拜访目标。

弄清楚谁是真正的决策者，抓准关键人物，然后确定约见拜访的对象，对销售人员来说无疑是很重要的。当然，销售人员在约见客户时应避免“不见真佛不烧香”。

如果约见到决策者，比如老板，你能说服他支持你吗？老板并不会因为见到了你，就对你的产品产生购买欲望。其实最好的约见对象是能够帮助你实现拜访目标的人。如果没有充分的准备，直接约见老板的成功率很低，我们可以从那些对老板有影响力的人物入手，如助手、秘书之类。这些人没有购买决定权是事实，但不一定没有否定购买的权力和影响力。一旦销售人员得罪了他们，这些人也许会在上司面前贬低你的产品，损害你的形象，到头来吃亏的仍然是上门销售的一方。

特别是一些大型公司，有些主管常常把接见销售人员的事务全盘委托给自己的下属、秘书或有关接待部门，他们一般不会开门见山地直接与你见面，只有当其手下的人将销售的情况汇报给他，他觉得有必要见你的时候，销售人员才可能与主管直接见面。因此，在确定约见对象时，既要摸准具有真正决策权的要害人物，也要处理好相关的人事关系，取得他们的鼎力支持与合作。

2. 选择约见时间

选择一个对销售人员和客户都合适的时间很重要。

（1）根据被访问客户的特点来选择最佳访问时间。尽量考虑客户的作息时间和活动规律，最好由客户来确定或由客户主动安排约见的时间。销售人员应设身处地为客户着想，尊重对方意愿，共同商定约会时间。

（2）根据访问目的来选择最佳访问时间。尽量使访问时间有利于达到访问目的。不同的访问对象，应该约定不同的访问时间。即使是访问同一个对象，访问目的不同，访问的时间也有所不同。如访问目的是销售产品，就应选择客户对销售产品有需求时进行约见；如访问目的是市场调查，则应选择市场行情变动较大时约见客户；如访问目的是收取货款，就应选择客户银行账户里有资金时约见客户。

（3）根据访问地点和路线来选择最佳访问时间。销售人员在约见客户时，需要使访问时间与访问地点、访问路线保持一致，要充分考虑访问地点、路线以及交通工具、气候等因素的影响，确保约见时间准确可靠，尽量使双方都方便、满意。

（4）尊重访问对象的意愿，留有充分余地。在约定访问时间时，销售人员应把困难留给自己，把方便让给客户。应考虑到种种难以预见的意外因素的影响，约定时间必须留有一定的余地。

3. 确定约见地点

在与销售对象接触的过程中，选择一个合适的约见地点，与选择一个合适的约见时间一样重要。从日常生活的大量实践来看，可供销售人员选择的约见地点有客户的住所、办公室、社交场所等。约见地点不同，对销售结果也会产生不同的影响。为了提高成交率，销售人员应学会选择在效果最佳的地点约见客户，从“方便客户、利于销售”的原则出发选定约见的合适场所。

4. 确定约见的事由

4-2
约见失败的小案例

客户有自己的工作，他们很忙，如果想让客户把宝贵的时间预留出来和销售人员见面，在客户看来必须有见面的事由，即要让客户知道这次会面可以给他带来哪些有价值的信息，让客户准确地知道销售人员是谁，为什么想见他，他为什么要见销售人员，见到销售人员能得到什么好处。在约见之前要了解客户的情况，并站在客户的角度考虑：如果我是这个客户，我在什么情况下愿意见这个约见者？写出几条事由，然后选择一条最有效的。只有找到一个能说服自己的事由，才能满怀信心地去说服客户。

4-3
有效约见事由的核心理念

（1）有明确的约见事由，可以减少拜访次数。顶级销售关注的是拜访的质量而不是数量，关注每次拜访的效率和成果。在很多复杂项目中，并不是说我们拜访次数越多就越有效，有时候没有准备就外出拜访还不如不去。

（2）有明确的约见事由，可以让客户做好相应的准备。这样双方沟通的效率也会大大提高，大家知道要谈什么，重点在哪里，就不会漫无目的地绕圈子，销售人员应让客户清楚自己究竟为什么要来。在很多客户看来，这种为客户节省时间的做法是对客户的尊重，客户往往会因为高效的拜访而对某家公司或某个销售人员留下良好的印象。

5. 预测可能发生的障碍

约见时经常会发生一些不顺利的情况，如被秘书拦截等，即便是顺利找到了约见对象，约见对象也可能会提出种种借口拒绝接受约见。如果事先想清楚如何处理这些问题，到时候就能做出积极的反应，克服障碍，并获得约见机会。约见前可填写约见工作准备表、约见事由设计表，见表 4-1、表 4-2。

表 4-1 约见准备工作表

客户描述	
本次约见的目的	
约见对象的需求分析	
约见事由	
可能发生的障碍预测	对策

表 4-2 约见事由设计表

约见对象	约见事由

（二）约见方法

销售人员要达到约见客户的目的，不仅要考虑约见的对象、时间和地点，还必须认真地研究约见客户的方式与技巧。现代商务活动中常见的约见客户的方式主要有以下几种：

4-4 电话约见案例详解

1. 电话约见法

电话约见法是现代销售活动中最常用的方法，它的好处在于方便、经济、快捷，使客户免受突然来访的干扰，也使销售人员免受奔波之苦，可以节省大量时间及不必要的差旅费用。电话约见的特点见表 4-3。

表 4-3 电话约见的特点

优势	不足
方便 快捷 实用	易引起客户的猜疑 缺乏视觉的交流 预约成功率低

2. 信函约见法

信函约见法是指销售人员通过信函来约见客户。信函约见是比电话约见更有效的方法。随着时代的进步，出现了许多新的传递媒体，但多数人认为信函比电话更显得尊重他人。

4－5
文字约访案例详解

常见的约见客户的信函方式主要有：个人信件、单位公函、会议通知、请帖、便条等。另外，使用信函约见还可以将广告、商品目录、广告小册子等一并寄上，以增加对客户的关心。信函约见的特点见表4－4。

表4－4　信函约见的特点

优势	不足
选择面广 主动性强 费用低廉	速度慢、时间长 易受偶然因素制约 途中丢失或被秘书前台拦截 客户不去拆阅

3. 电子邮件约见法

电子邮件约见法是信息时代销售人员的另一种常用约见方式。一份与众不同的电子邮件不但能增加客户对销售人员的好感，而且能达到约见的目的。电子邮件约见的特点见表4－5。

表4－5　电子邮件约见的特点

优势	不足
方便 即时 快捷 廉价 内容丰富	回复率低 阅读率低 受上网条件限制 易被当作垃圾邮件 被客户保存时间短

4. 当面约见法

这是销售人员对客户进行当面联系拜访的方法。这种约见简便易行，极为常见，是一种较为理想的约见方式。当面约见的特点见表4－6。

表4－6　当面约见的特点

优点	不足
①可以成功地接近客户，消除与客户之间的隔阂，缩短彼此的距离。 ②直接面对客户，可以使客户对销售人员产生一定的信赖感；在约见时，客户还会对销售人员的仪表、风度、气质有一个直观的印象。 ③有助于销售人员有针对性地制定计划，并做好接近客户的准备。	①会受到地理方面的局限。 ②双方可能达成的是口头约定，客户并没有记录，有可能被遗忘。 ③会有当面被拒绝的时候，这种情况会使销售人员非常被动，有时甚至会造成无法挽回的局面。

5. 托约法

托约指销售人员选择第三者代为约见客户的约见方式，如留函代转、信件传递、他人代约等。托约的方式有电话托约、口头托约、便条托约、信函托约、礼品托约等。托约的特点见表4-7。

表4-7 托约的特点

优势	不足
①有个中间人介绍，很容易和客户建立信任关系。 ②一旦成交，可能是长期合作关系。	①受制于受托人与约见对象的密切程度。 ②把握不好受托人的个人状况及帮忙的热心程度和目的。 ③要处理受托人、约见对象两方面的关系，比较麻烦。

一般情况下，受托人与约见对象关系越密切，托约的成功率就越高。其实托约的实质就是利用销售人员的人际关系“走后门”说情，以达到约见目的。这一方法成功的关键就是找对受托人。

以上5种约见客户的方式，销售人员可根据具体情况、客户的不同来分别选用不同的方式，也可以把几种方式结合起来使用。总之，只要达到与客户顺利见面的目的即可。

二、客户拜访

在销售过程中，拜访客户是最基础、最日常的一项工作：市场调查需要拜访客户，新品推广需要拜访客户，促成销售需要拜访客户，客情维护还是需要拜访客户。很多销售代表也都有同感：只要客户拜访成功，产品销售的一系列工作也会水到渠成。

张明是金鼎礼品公司的销售人员。为了迎接牛年的到来，金鼎公司推出了“金牛贺岁”“牛气冲天”等多种高档笔筒和台历，公司让销售人员在新年到来之前，向他们的客户推荐这些应时礼品。张明昨天约到了××公司的办公室主任刘敏。今天，他带了部分礼品样品和全部礼品的图册上门展示。以下是张明的拜访过程。

张明：刘主任，你好！我是金鼎公司的张明，昨天约好的。

刘敏：啊，请坐。

张明：刘主任很漂亮。

刘敏：嗨，小老太太了，漂亮什么。

张明：这是我带来的样品——“金牛贺岁”台历和“牛气冲天”笔筒，这两款是我们最新款的礼品。今年是牛年，送这两款礼品给客户，恰到好处。

刘敏：这个笔筒多少钱？

张明：笔筒50个以内200元/个，50个以上180元/个。

刘敏：如果我订购500个，多少钱？

张明：这我得和公司申请，不过最低不会低于150元。

刘敏：你们还有什么礼品？

张明：我们有上百种礼品。您看，这里有图片。

刘敏：你们这款手表多少钱？

张明：这款手表便宜，50个以内每款50元，50个以上每款45元。

刘敏：你的报价含加印我们LOGO的价格是吧？

张明：是的。

刘敏：好的，我知道了，谢谢你的来访。

张明：那您看什么时候订货？

刘敏：我还要和公司研究一下，然后通知你。

张明：刘经理，要过年了，送您一个小礼品，祝您新年快乐！

刘敏：这可不行，公司有规定，不能收供应商的礼品。

张明：一个小纪念品，没什么的。

刘敏：那谢谢了。

（资料来源：王云．销售冠军这样做业务［M］．北京：机械工业出版社，2010）

思考：

1. 你认为张明的这次拜访成功吗？
2. 刘敏采购张明礼品的可能性有多大？
3. 如果你是张明，你会怎么做？

（一）拜访客户前的准备

销售人员真正和客户面对面的时间是非常有限的，实际上大多数时间用在准备工作上了。做好准备工作，不仅能节约销售人员大量宝贵的时间、有效地拜访客户，还能让销售人员在销售前就了解客户的状况，迅速掌握销售重点，做出可行、有效的销售计划。所以，在去拜访客户之前，销售人员首先要做好充分的准备工作。

1. 客户信息资料准备

知彼知己，百战不殆。销售人员要努力收集客户资料，要尽可能了解客户的情况，并把所得到的信息整理分析，装入脑中，当作资料。

（1）客户的基本资料及最近得意或苦恼的事情。客户的基本资料，如对方的性格、教育背景、生活水平、兴趣爱好、社交范围、习惯嗜好以及和他要好的朋友的姓名等。

了解客户目前得意或苦恼的事情，如乔迁新居、结婚、喜得贵子、子女考上大学，或者工作紧张、经济紧张、充满压力、失眠、身体欠佳等。

（2）深入了解客户的消费需求。开发客户，必须从满足客户需求入手。有些客户的需求很简单，一眼即可看穿，有些客户的需求则需要深入了解。只有对症下药，才能顺利地敲开客户的心门。

深入了解客户的消费需求，是为了找到客户真正的需求点，以此为突破口，才有可能成功说服客户购买自己的产品。由于年龄、性别、职业、文化程度以及消费知识和经验的差异，客户在购买商品时，有不同的购买动机和消费需求，因此，他们所要求得到的服务也不同。面对每一位客户，推销员都要细心观察，热情、细致地提供其所需要的服务。这种周到、细微的针对性服务是建立在深入了解客户需求的基础上的。

2. 销售工具准备

工欲善其事，必先利其器。一名优秀的销售人员除了应具备锲而不舍的精神外，一套完整的销售工具是绝对不可缺少的战斗武器。台湾企业界流传的一句话是："销售工具犹如侠士之剑。"凡是能促成销售的工具，销售人员都要带上。调查表明，销售人员在拜访客户时，利用销售工具，可以降低50%的劳动成本，提高10%的成功率，提高100%的销售质量。

一般来说，一份完整的销售工具应包括以下4个方面：

（1）公司介绍。这部分内容包括公司概况、公司发展状况、公司文化、公司综合实力、公司在行业中的位置等。公司介绍要做到尽量简短、一目了然，让客户在短时间内准确了解公司概况。

4-6
设计销售工具的三个原则

（2）产品或服务介绍。例如：公司的产品或服务的类别、特色、竞争力等。在介绍产品或服务时，一定要突出优势。

（3）成功合作案例。合作案例又可以分为全国范围内的合作案例、本地的合作案例、竞争对手的合作案例等几大类别。在介绍成功合作案例时，要尽量列举知名品牌的合作案例，并做到图文并茂。

（4）合同。拜访客户的目的是签约，所以要准备好合同，在适当的时候提出签约。

需要注意的是，销售工具体现的是销售人员的销售思路，一份顶级的销售工具究竟应该包含哪些内容，并没有统一的标准答案，而应该根据实际的需要去制作。

此外，除了必要的销售工具外，在拜访客户的过程中，我们还需要准备一些销售辅助工具。比如，销售工具采取的是PPT展示的形式，那么在去拜见客户之前，就需要准备一台电脑并且确定你的电脑已经充满电；如果在谈完之后你准备给客户留下一份资料，那么，这份资料也是你需要精心准备好的；在销售的过程中，很多客户谈到中途会离开，此时，如果你需要给对方留下一张便签，那么必要的便签、笔就必不可少。

3. 提前与客户约好拜访时间

拜访客户前，一定要提前与客户约好拜访时间。如果没有与客户约好拜访时间，就直接登门拜访，是对客户的一种不尊重和非常鲁莽的行为，会使客户对销售人员产生强烈的不信任感，从而导致商业合作就此中断。

拜访客户的时间也很有讲究。一般来说，上午9点到10点、下午2点到3点之间是非常适合拜访客户的时间。在这个时间段拜访客户，一方面，客户正好处于上班时期，双方精力都很充沛，精神状态也非常不错；另一方面，双方都有充足的时间来进行深入的沟通和交流，如果谈得兴浓，双方还可以约好一起吃午餐或晚餐，继续深入沟通。

在其他的时间段拜访客户，则需要看拜访对象是谁，预计拜访时间要多长，然后才好做出相应的安排。例如：我们去拜访一个非常重要的客户，而这个客户又是喜欢占小便宜的，那么我们就应该顺应客户的需求，主动提出在上午 10 点半到 11 点或者是下午 3 点半到 4 点半之间拜访他，然后谈论一个多小时，就可以直接约好一起出去吃饭。原则上，不赞同上午或下午刚上班时就去拜访客户，因为这个时候，往往是客户处理杂事、安排工作的时候，客户会非常忙，其重心和关注度也不在接待销售人员上面。

在有条件的时候，销售人员还可以随身携带一些小礼物，赠送给客户，当然小礼物价值不能太高，否则客户会误以为行贿受贿而不敢收取，我们所要表达的意思仅仅是“礼轻情义重”。

4. 仪表准备

“人不可貌相”是用来告诫人的话，而第一印象的好坏 90%取决于仪表。要想上门拜访成功，就要选择与个人身份相适应的服装，通过良好的个人形象向客户展示专业形象、品牌形象和企业形象。最好是穿公司统一的服装，让客户觉得你所在的公司很正规，企业文化良好。仪表准备需要检查的 14 个项目见表 4－8。

表 4－8　仪表准备需要检查的 14 个项目

头发：是否梳整齐、有没有头皮屑	手部：指甲整齐，双手整洁，没有指甲油
耳朵：耳朵内是否清洗干净	眼镜：镜片是否干净，是否有残缺
眼睛：眼角是否有眼屎，是否睡眼惺忪	衬衫：无皱纹，无污垢，没有穿深色内衣
鼻毛：是否露出鼻孔，是否修剪	领带：是否与衬衫、西服协调一致
嘴巴：牙齿是否干净，口中是否有异味	西装：熨挺，扣第一粒纽扣，口袋不放东西
胡子：男士是否刮干净，是否修整齐	皮带：是否没有破损
脸部：是否有油光或汗水，是否化妆	鞋袜：搭配平衡，不华丽，鞋子干净

这些小细节，很可能决定销售的成功与否。你没有第二次机会创造第一印象，因此把握这些细节，给客户留下良好的第一印象非常重要。

5. 销售目标和计划的准备

销售人员要为实现目标而工作。销售的准则就是制定销售计划，然后按照计划去销售。销售人员在每次拜访客户时都要明白，自己拜访客户的目标是什么以及如何做才能实现目标。

客户拜访目标分为销售目标和行政目标。销售目标包括要求老客户增加订货量或品种，向老客户推荐现有产品中尚未经营的产品，介绍新产品，要求新客户下订单等。行政目标包括收回账款、处理投诉、传达政策、客情建立等。

（二）拜访规划

1. 客户分析

在拜访前，应该对客户有所了解。一方面，通过公开的信息，如客户的网站，可以了解客户的主营业务、公司的规模、公司的经营理念、企业文化和最近的一些活动；另一方面，销售人员在拜访前也会和客户有一定的接触，如通过电话交谈也会了解客户的一些情况。

4-7
客户分析

销售人员可以根据获取的信息对客户进行3个方面的分析：

（1）分析客户的购买动机，即分析客户为什么要购买我们的产品；

（2）分析客户的特点以及可能存在的个人需求或关注点；

（3）明确相关产品和竞争优势，在进行了如上分析后，销售人员就应该知道重点向客户推荐哪些产品或竞争优势了。客户需求的分析见表4-9。

表4-9　　客户需求分析表

分析项目	分析结果
客户的组织购买动机	
被访者的特点和可能的个人需求	特点：
	个人需求：
我们的相关产品和竞争者的优势	

2. 设置拜访目标

拜访目标是我们的拜访战略，没有目标意味着没有会谈方向，在这种情况下，拜访效果难以保证。简单地讲，拜访目标就是我们期待要达到的洽谈结果，拜访目标有很多，如获取订单、激发客户的购买欲望、了解客户信息、延续感情、发现新的销售机会等。在拜访的不同阶段，针对不同的对象，拜访目标也不同。

每次拜访之前，销售人员要准备3个目标，因为在拜访之前销售人员不可能完全了解客户的情况，所以很难做到在拜访时没有疏漏，而且仅通过一次拜访，对客户的影响力也有限，销售人员只能尽力去实现目标，但谁也不能保证目标一定会实现。因此，准备3个不同层级的目标，可以让销售人员在进展不顺利时退而求其次，不至于无功而返。

拜访目标设计见表4-10。

表 4-10　　拜访目标设计表

目标等级	目标	预期承诺
最佳目标		
第二目标		
第三目标		

3. 预测预期承诺

客户的承诺是对目标是否实现的衡量。如果没有承诺，就无法真正判断客户的态度，例如：在本项目模块 2 的案例中，如何证明刘敏决定采购了呢？“我还要和公司研究一下，然后通知你。”这不能说明客户已经决定购买了。只有客户开始和你商量合同，确定价格、数量等详细信息时，才能真正算是有了购买意向。因此，对这个目标衡量的标准是开始着手签订购买协议、索取合同样本、进行价格谈判、签订协议、给出 Logo 安排制作等。

4. 设计沟通策略

沟通策略有两个方面：一方面是了解客户信息的策略，包括需要了解的信息内容和方法；另一方面是影响客户的策略。将沟通策略和拜访目标相结合，使其变成一种实现目标的策略和手段。

5. 预测异议

预测可能出现的异议并事先想好对策。先预测即将拜访的客户可能会提出哪些异议，然后制定相应的对策，还可以对以前遇到的异议进行总结。

（三）控制拜访过程

4-8
拜访准备

1. 做好准备

（1）个人形象：着装、皮鞋、口腔、头发、面部化妆、皮包等。

（2）常规资料：公司宣传资料、产品说明书等。

（3）常规用品：笔记本电脑、笔记本、名片、笔等。

（4）可能为客户准备的独特资料，包括公司为销售人员设计的独特销售道具，如调查分析报告、媒体报道的复印件、相关成功案例、产品展示模型等。

2. 建立信任

4-9
一名房产销售信任的建立

当销售人员走进客户办公室，坐在客户面前，最先做的就是建立信任。有些销售人员可以和客户洽谈一上午，而有的 5 分钟不到就被客户赶了出来，关键在于其是否取得了客户的信任。有了信任，客户才会告诉你他的需求，并了解你的产品。那么如何建立信任呢？可以从以下两方面来着手：

（1）职业化的行为表现：问候、握手、交换名片、坐姿等行为都严格遵守商务礼仪的要求，让客户感到你是一个训练有素的销售人员。

（2）展示自己及本公司的价值和实力，包括介绍公司、展示公司的相关成就和个人能力展示。

①介绍公司：介绍公司时要突出公司的服务经验、专业能力、优势、特色以及显赫客户，时间要短，最好控制在30秒以内。

②展示公司的相关成就：展示与拜访对象相关的经验和客户评价。如果自己在相关行业内服务经验丰富，可以淡化公司介绍中的显赫客户，突出你的相关客户。

③个人能力展示：这一项不是必需的，如果你在相关领域有显赫的证书或丰富的经验，展示出来能够增加客户对你本人的信任，对你的销售也有好处。

3. 设计开场

开场有两个作用：第一个是宣布销售洽谈正式开始：第二个，也是最重要的一个作用，是抓住客户的注意力。开场白到底如何进行才算合适，并没有一个简单概括的答案。以下几种方式可供参考，而且可在销售时随时运用。

4－10
开场白话术

（1）讲一个相关案例。如果对客户的情况很熟悉，并且有非常相关的成功案例，那么，可以在开始时讲一个案例，这样能够很好地抓住客户的注意力。

> 张明：刘主任，上个月我们和康健医药公司签约，也是为年终的客户答谢会采购礼品。我们和康健医药公司是从去年开始合作的。他们发现我们帮助他们选择的礼品都很体面，客户很喜欢，而且价格还不贵。去年答谢会上送出的礼品，有很多客户一直放在自己的办公桌上，所以，今年他们又选择与我们合作。
>
> 刘敏：康健医药？他们都选了什么礼品？

这个开场引起了刘主任对金鼎公司产品的兴趣，于是张明就可以借着介绍康健医药公司选购的礼品的机会，向刘敏介绍自己礼品的特点和优势。

（2）由介绍人开场。如果销售人员是由熟人介绍过来的，应该以谈论介绍人开场。既然是介绍人，他一定是销售人员和客户都熟悉的人，因此，谈论他时会有共同的话题，而且聊共同的朋友，可以让销售人员和客户之间产生一种朋友的感觉，可以拉近彼此的距离。

> 张明：刘主任，您好！是张主任介绍我过来的。
>
> 刘敏：哦，康健的张主任，是吧？
>
> 张明：是的。张主任人可好了，她和您好像挺熟的，是吧？我老听她谈起您，说您又漂亮，又能干。一见面，果然名不虚传。

刘敏：听她瞎说！我们以前是同学。

张明：同学？同学的关系最亲了，因为相互认识的时候都很纯洁。

刘敏：是啊。

张明：张主任年终的答谢会礼品是从我们这儿采购的，她觉得还不错，所以把我推荐给了您。

刘敏：哦？她选了什么礼品？

（3）利益开场。利益开场是一种非常直接的开场方式，就是在开始时直接点出客户的利益。这种方式对高层管理者非常有吸引力。职位高的管理者都非常忙，没有耐心和销售人员详细沟通，如果不在一开始时就让他们明确可以获得的利益，他们很快会终止洽谈，使销售人员失去销售机会。当然这种开场方式需要一定的前提条件，就是在拜访前要收集足够的信息，以确定对方的关注点，并且客户也很明确地知道自己存在什么问题，这样客户心中就有问题要解决，一旦销售人员点出针对问题的解决方法，就能迅速激发客户的兴趣。

张明：刘主任，您好！如今正赶上经济危机，我知道这使贵公司的销售额受到了影响，因此，贵公司现在一定也希望节约费用。但是，贵公司以往一直在答谢会上为医生们提供高档礼品，这回如果降低档次，会影响客户关系。因此，我特意为您选择了一款礼品，就是这款手表。这个品牌您一定听说过，市场上的售价为1 000多元，而我们公司签了企业礼品市场的独家包销权，可以以280元的价格给您，也就是说，您花了280元，客户感受到的却是1 000多元的价值，这样皆大欢喜。

刘敏：你是说280元？那你们能保证是真货吗？

张明：当然，我们的每块表都有出厂证明，而且您可以按照表上的产品号码，打电话给表厂查证。

刘敏：那你们为什么这么便宜？

…………

利益开场的优点是能迅速抓住客户的注意力，激发客户的兴趣，缺点是需要长时间的准备，需要销售人员有丰富的产品应用经验和客户经验，能够有效地理解客户的问题，并针对客户的问题提出解决方案。

（4）产品开场。产品开场就是直接向客户展示产品，这种开场非常直观，当你的产品新奇有趣时，这种展示能很快引起客户的兴趣。产品开场的适用条件是产品看上去确实很有趣，并且客户也会对这种外形感兴趣。

4-11
开场白

（5）交流式开场。交流式开场就是在洽谈开始时，通过问问题了解客户的需求或对某种事情的看法，以此引发和客户的交流。交流式开场非常适用于解决方案的销售，因为在探讨解决方案的过程中，客户只有把他的需求和困惑告诉销售人员，才能获得有价值的方案和建议。交流的前提是要获得客户的信任，客户认为你的专业和能力足以为他提供正确的建议，否则客户不会愿意过多地和销售人员交流他的状况。因此，如果选择交流式开场，销售人员一定要通过自己的行为和自我介绍，取得客户的信任。

4. 挖掘客户需求

销售人员需要了解三方面的客户信息：

（1）客户需求。需求是购买的起源。没有需求就没有购买行为。因此，了解客户的信息最重要的是了解客户需求。需求调查不能以产品为中心，而要以客户为中心。

例如：客户有没有使用过我们的产品？客户对这个行业有何看法？客户有没有使用过竞争对手的产品？如果使用过，使用情况如何？客户对同类产品有什么期望？客户已经具备了哪些应用条件？将来谁来操作和管理产品？这些情况客户很熟悉，自然会回答，而这些需求和哪些产品相关，是销售人员要帮助客户分析的。需求调查很重要，它决定了销售人员的销售方向，因此，要认真了解客户的需求。

（2）客户的采购标准。客户的采购标准包括对产品和供应商的要求。了解客户对产品和供应商的要求，一方面可以提高销售人员展示的针对性，增强对客户的影响力；另一方面可以尽早发现销售障碍，及时想办法消除。

（3）其他方面的信息，如客户购买决策链、预算、采购进程、购买数量等，这些信息有助于我们制定正确的销售策略。

5. 进行产品展示

无论是新产品还是老产品，对于客户来说，都是因为有需求才会对产品产生兴趣。因此，介绍和展示产品是决定本次拜访能否顺利进展的关键一步。

4－12
一分钟产品展示

产品和解决方案的展示可以有多种方式，但其中有3个要点是必须涉及的：客户需求、产品或方案的特点、客户价值。

这3个要点，销售人员可以选择任意的顺序展示，但一定要以客户需求为核心，全面展示，并且要让客户了解他们的相关性。

张明：刘主任，您刚才说希望选择一款能被客户经常使用，以便能让他们时时想起你们的礼品来作为这次会议的礼品（客户需求）。我们这款手表是名牌，外观漂亮，客户一定喜欢佩戴（产品特点）。如果您选了这款手表，他们就会时时把您的公司信息带在身边，每时每刻都会记得贵公司和贵公司优质的医疗设备，从而使您更容易获得订单（客户价值）。

也可以这样展示：

> 张明：刘主任，我们这款手表是名牌，客户都喜欢佩戴（产品特点），选了这个礼品，就能满足您想让客户时时想起您的要求（客户需求），从而让每位医生和采购者都能时时把贵公司的信息带在身边，提高公司的知名度，从而使您更容易地获得订单（客户价值）。

如果有相关成功案例，最好能用案例来证明，这样会让客户更为信服。

> 张明：刘主任，我们这款手表是名牌，客户都喜欢佩戴（产品特点）。选了这个礼品，就能满足您想让客户时时想起您的要求（客户需求），让每位医生和采购者都能时时把贵公司的信息带在身边，提高公司的知名度，从而使您更容易地获得订单（客户价值）。去年，康健公司就选择了这款手表，结果，康健公司的品牌知名度大大提高，这对他们的销售产生了巨大帮助。
>
> 例如，在×医院的一次投标中，由于康健公司人尽皆知，所以很容易得到决策链中相关人士的支持，因此很快打败竞争对手，获得了订单。

综上所述，产品和解决方案的展示，就是以客户需求为核心，展示产品特点、客户价值和相关成功案例。

6. 处理客户的疑义

疑义包括两个部分：一是客户的疑问，二是客户的异议。疑问是中性的，客户提出疑问是为了弄清楚某些细节，或者有一些疑惑，希望你能澄清。对疑问处理不当，疑问就会转化为反对意见。疑问并不可怕，客户提出疑问说明他开始对产品产生了兴趣，只要妥善处理，就有可能获得客户的订单。例如：

在之前的案例中，刘主任可能问张明："你们这款手表确实是××牌的吗?"这就是一个疑问，刘主任显然已经对该礼品动心，但怕买了假货，她希望张明给出充足的理由，使她确信这款手表确实是真表。虽然这个问题没有任何拒绝的意思，但如果张明处理不当，没有解除刘主任的怀疑，那么，这个疑问就会转化成异议。

异议也就是我们通常所说的反对意见，它是客户提出的拒绝购买的理由。当客户明确地提出异议时，你可以有机会检查你的销售工作，找出哪里做得不到位，从而化解客户异议，达成销售。在客户提出异议时，不要急于反对，先要分析客户为什么提出异议，然后寻找化解的办法，不要把异议处理变成和客户辩论。

常见疑问和异议的处理方式有以下几种。

（1）疑问。疑问有两种，一种是客户需要了解更多信息，来判断你的产品或解决方案是否能实现他期望的价值。例如："你们是怎么达到这么快的运算速度的?"

对于这种疑问，销售人员要给出专业而准确的回答。如果客户发现你其实根本不了解自己的产品，就会觉得你不可信，使疑问转化成了异议。

另一种是客户表示怀疑，他希望你给出证明，来强化他的购买信心。例如："你们的计算机真能连续使用半年也不会死机？"

处理这类疑问的关键是要让客户放心，我们可以通过各种证据向客户证明，并用我们坚定的态度给客户信心。

（2）不认同你的产品。即客户对你的观点、产品、公司等不认同。出现这类异议的主要原因是销售失败，它表明你的公司或者个人没有被客户接受，或者你所提供的购买理由没有让客户信服；也有可能是客户以前的经验让客户产生了误解，造成客户对你的抵制。

当客户出现这类异议时，我们首先要澄清客户的真实想法，如果是销售失败，我们只能重新销售，别无选择；但如果是由于客户的误解产生拒绝，我们要了解产生误解的原因，并给出合理的解释。

（3）决策障碍。这种异议虽然是你面前的客户提出的，但却并不是他在反对。他之所以反对是因为决策中其他人，经常是更重要的人会反对，或者是和你面谈的人认为他们会反对。例如：一个采购主管在销售人员展示了产品之后说："你们的产品太贵了，我们不会购买这么贵的产品。"

这个异议可能是采购主管觉得价格难以承受，但更可能是这个公司的决策层一向只购买便宜的产品，采购主管认为决策层不会考虑销售人员展示的产品，所以提出拒绝。如果是采购主管因为决策层不会同意而拒绝采购，那么，销售人员说服面前的采购主管不能排除这种异议。因此，处理这种异议首先要找出持反对意见的人，争取眼前客户的支持，在这个客户的帮助下去影响提出反对意见的人。

（4）美中不足。美中不足是指客户基本上认同了你的产品，但有些地方不太满意，使他难以下购买决心。当客户提出这类异议时，销售人员要观察客户对其所提出的不足的关注程度，并采取相应的对策。

1）轻度抱怨：感觉有些不太满意，但还不足以影响购买。在这种情况下，要轻轻一带而过，不要强化这个异议，以免为一点儿小事搞得客户不愉快，从而影响客户购买。

我们现在来看两个例子，比较一下它们有什么差别。

示例1：
客户：你们这个包装盒也太脏了吧！
销售人员：不好意思，在仓库里放得时间长了，难免落土。
客户：你们这笔在仓库里放了多久了？不会水都干了吧？还写得出来字吗？
销售人员：不会，您试试，挺好用的。
客户：样品笔当然好用，其他笔会怎样？我又不能每支都试，算了吧。

示例 2：

客户：你们这个包装盒也太脏了吧！

销售人员：笔好用就行了呗，您又不用包装盒。现在很多公司都采购这种笔，价格便宜，还好用。

2）重度抱怨：即客户认为产品和方案有严重不足，如果不处理，会影响客户购买。

对于这种抱怨，如果你能改善客户提出的不足，要尽可能调动公司资源去改善，使其更适合客户需要。同时，要强调自己的优势，淡化客户对不足的不满。如果你无法改善不足，或者，所谓不足不过是客户产生了不正确的期望造成的，那么就要通过强化宣传自己的优势，来改变客户的期望，使客户接受你的产品。

（5）资金障碍。如果没有资金，说明它不是我们的客户，应该放弃。资金障碍是指客户有资金，也想买，但价格超出了自己的期望，或者价格超出现有预算，而增加预算有难度。

对于舍不得资金的客户，销售人员要通过提升产品价值来提高客户的价格承受力；如果是超出了预算，可以采用分期付款等方式来解决客户的支付困难。

（6）购买恐惧症。购买恐惧症是指害怕购买后出现问题，如被同事嘲笑，被领导指责，售后服务不到位等。对于这类异议，一定要消除客户的恐惧，首先要给客户提供令人信服的产品和服务保证，然后可以通过和客户领导及相关同事的接触，使购买得到广泛认同，来减轻客户的决策压力。

7. 要求承诺

销售拜访有 4 种结果：成交、终止、中断和进程中。成交即当场签订了协议。终止是指通过拜访，发现客户不可能购买我们的产品，从而结束交往。中断是指客户可能会购买我们的产品，但我们的销售过程中断了。进程中是指我们处在销售进程中。那么，怎样判断拜访之后我们和客户的关系是中断还是在进程中呢？例如：一个销售代表展示了自己的产品之后，客户对他说："好的，我已经了解了，今天先到这儿，我们研究一下通知你。"这是中断还是在进程中呢？

以这种情况结束洽谈，90％以上会进入中断状态。那么，如何把中断变成在进程中呢？唯一的办法是当场要一个承诺，让销售过程延续下去。例如：

客户：好的，我已经了解了，今天先到这儿，我们研究一下通知你。

销售人员：陈经理，我觉得如果让财务部门来看一下这款软件，也许能提供更多的信息，帮您判断公司是否需要这个产品。这样也免得您还要和他们沟通。

客户：嗯，也行。

销售人员：那您帮我约一下财务部，我会安排我们的财务顾问过来交流。

客户：好的。我去和他们说一下。
销售人员：您看大概会在什么时间？
客户：下午我告诉你。
销售人员：好，下午我给您打电话。

由于要了一个和财务部交流的承诺，因此销售人员就可以带财务顾问去和财务部沟通，了解他们的需求，并激发他们的兴趣。然后，销售人员又可以和陈经理沟通财务部的看法，也许接下来，还需要再听听××老总的意见……如此一个承诺接着一个承诺，销售过程就会一步步地延续下去，最后，水到渠成，获得订单。没有承诺的洽谈是没有结果的洽谈，所以承诺很重要。

既然获得客户的承诺非常重要，那我们在什么条件下才能获得客户的承诺呢？在拜访前，要进行有效的规划。在拜访时，要努力取得洽谈的成功，只有得到了客户的认同和支持，才有可能得到客户的承诺。

在这里，我们讨论两种常用的方法：直接要求承诺和销售承诺。

（1）直接要求承诺是指直接向客户提出要求。如果你确信客户已经对你的产品或服务产生了浓厚的兴趣，愿意支持你推动销售进程，就可以直接要求承诺。

（2）销售承诺是指在要求承诺之前先向客户说明客户做出承诺能获得什么好处，然后再要求承诺，也就是把承诺卖给客户。有的时候，我们不确信客户是否支持我们，直接要求承诺会失败，或者客户对要继续做的事情缺乏兴趣，需要强力调动才能激发客户的热情，这时就需要我们先做一些铺垫再要求承诺。

8. 访后致谢

对于重要的客户，在拜访之后，销售人员要发送致谢函。致谢函包括感谢信和会谈纪要。感谢信用于感谢客户接受你的拜访，会谈纪要则是总结会谈的主要内容。

访后致谢有如下作用：

（1）博得客户好感，发展关系。当一次销售洽谈结束后，在客户心中，这次拜访就结束了，客户没有其他期望。这时候，如果给客户寄一份温馨的致谢函，会让客户很意外，觉得你很职业化，也很重视他，从而加深客户对你的印象，有利于关系的发展。

（2）帮助客户重温洽谈重点。通过附在致谢函后面的会谈纪要，可以帮助客户重温谈话重点，以进行再次销售。

（3）进行补充销售。尽管销售人员在拜访客户前进行了周密的规划，但是在洽谈中有很多内容会超出规划的范围，需要临时做出反应，在这种情况下，难免会出现疏漏或错误。通过会谈纪要，销售人员可以有机会弥补洽谈中的不足，使拜访显得更完美。

（4）帮助销售人员在客户内部传递信息。会谈纪要可能被用来和决策链中的其他人分享，使销售人员的信息得到准确无误的传递。

三、客户跟进

在销售行业中，一次性拜访谈成客户的概率几乎为零。有数据显示，80%的客户都是在销售人员不断地跟进中实现的。

客户跟进，指的是在经过第一次拜访（电话/陌生拜访）后，掌握了一部分有效的信息（客户的状况、客户的意向度、客户的销售情况等）后，带着明确目的性（提升意向度、促成签单、了解更多信息等）而进行的再次联系跟进。如果说第一次拜访是销售的敲门砖，那么二次跟进就是寻找销售机会。跟进是提高销售能力和拓展市场的重要手段，只要方法技巧得当就可以很快提高业绩。

（一）客户跟进的指导思想

1. 以获得客户好感为中心

我们要卖东西给客户，自然是要取得客户的好感，就像服装店的售卖员总是微笑服务，为你挑选最适合你的衣服一样，他们也想获得你的好感，然后让你买他们的东西。我们也是一样的道理，在服务客户的态度上，一定要让客户感觉舒服，在平时的交谈当中，也尽量以跟客户打好关系为基础。

2. 以解决客户问题为中心

我们说要跟客户搞好关系，要让客户感觉舒服，但是在销售中并不是只要态度好就行了的，最重要的是切实解决客户的问题。客户心中存在疑虑的情况下，不管你态度再好，都不可能成单，所以我们要在沟通中尽量摸清楚客户心中具体的疑虑。

3. 以快速成交为中心

跟进一般是指第一次见面或者购买产品后与客户保持联系并且辅导、鼓励以及指导服务的过程，最终目的是形成销售。

（二）客户跟进的类型

1. 服务型的跟进

服务型的跟进就是想尽办法讨好客户，比如说平时节假日多沟通聊天，帮客户做一些工作外的事情，帮客户介绍会员，给客户赠送一些小礼物等，主要就是为了能够让客户心里开心受用。俗话说，礼多人不怪是很有道理的。

2. 转变型的跟进

转变型的跟进其实就是在一种方法受挫的时候，转变成另外的方式来跟进。

（1）客户对产品还是比较感兴趣，也需要这种产品，只是对价格还有不同意见。针对这种客户的跟进，最好是收集同类产品的价格情况，从自己的产品成本出发，算账给客户听，以取得对你产品价格的认可。为了达成协议可在原报价的基础上有所下调。

（2）客户对产品很感兴趣，也想购买你的产品，但由于暂时的资金问题无法购买，对这类客户应和他做好协调，共同制定出一个时间表，让他把购买你的产品的费用做进预算。当然这类客户不会直接说自己没钱，销售人员要学会自己判断。有许多销售人员不会跟进这类客户，想起跟进时，客户已经购买了别家的产品。

（3）客户对你的产品还没有很深的了解，态度暧昧，可买可不买。对这类客户要尽量把自己的产品说得浅显易懂，要把产品给客户带来的好处数量化，激起客户的购买欲。比如说你已经让利了多少，帮客户省了多少钱等。

3. 长远型的跟进

客户根本就不想用你的产品或者已经购买了同类产品。这类客户不会由于你积极的跟进就要你的产品或者和你合作。对这类客户是不是就放弃不跟了呢？实践证明，往往这类客户会出现大买家，但跟得太紧反而引起反感。最好的做法是和他真心实意地做朋友。周末一个温情的短信，逢年过节一张祝福的明信片，生日一个小小的生日礼物，只要你坚持不懈，这类客户就会给你带来惊喜。

（三）客户跟进的方式

4-13
跟进客户

客户跟进的方式见图 4-1。

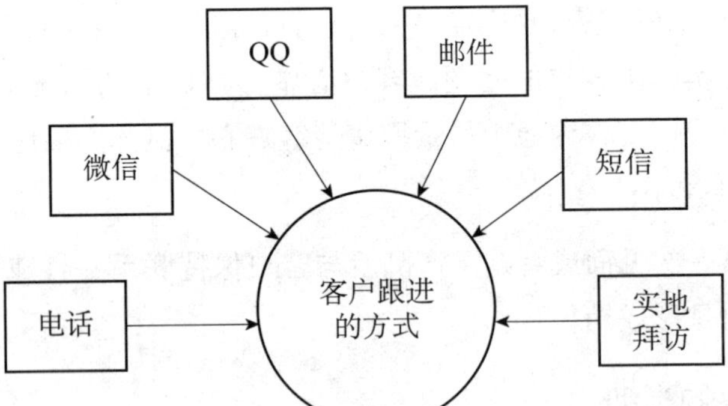

图 4-1　客户跟进的方式

通常来说，我们在跟进客户时会利用电话、微信、QQ、邮件、短信、实地拜访等形式与客户取得联系。大家普遍上也利用自己比较顺手的方式去与客户沟通，但跟进千万不要局限于一种形式，应该尽可能多地组合使用，这样才会达到意想不到的效果。

例如：之前客户在电话中向你表达了对你产品的兴趣，但当你再给客户发微信，打电话时，客户信息不回、电话不接，这时应该怎么办？电话已经联系不到客户了，冒昧拜访还不是很有礼貌，那么你就可以通过电子邮件的形式给客户发送一封邮件，告知客户你今天几点打了电话，想跟他沟通一下，但是不好意思，没有联系到他。不知道明天下午打电话是否方便，如果不方便的话，可以告诉他，你们再另约时间。

这就是一种巧妙的催促的手法，既展现了你的礼貌，又对客户巧妙地进行了施压，让客户明白了你明天还是会继续打来。通过这种委婉的方式能在很大程度上让你获得客户的回复，至少也会让你知道客户不回你电话的原因，一举两得。

（四）客户跟进容易出现的两类问题

第一，前后拜访的周期太长，导致错过了最佳时机。这里的关键是要把每个客户的拜访周期管理好。谈客户就像烧水，通过一次拜访把水温烧到 70 度，保持好节奏就可以继续升温直至烧开。而一旦间隔周期太久，水温反而会下降，甚至可能掉回冰点。

第二，前后拜访的销售节奏太拖拉，导致错失销售机会。在这个地方跌倒的销售人员很多，尤其是新人。这些销售人员每次拜访都没有明显的进展，不断重复上一次拜访，始终在原地踏步。一切拜访都是为了最终的销售。谈一位没有实现销售的客户，就好比谈了场没有结果的恋爱，到头来只是白忙活一场。所以，客户跟进要看清时机，也就是说，在每次拜访客户后，都要知道下一次的时机，想清楚突破口在哪里，什么时候拜访最合适。我们要学会去寻找最佳的销售机会。当时机不成熟的时候，即使你磨破嘴皮子，也是没有用的。

客户跟进的目的其实就是销售，需要我们努力寻找销售时机和创造销售机会。而时机和机会往往都隐藏在我们的拜访中，因此我们要做很多准备工作。我们不仅要回顾前一次的拜访记录，判断和分析下一次的时机和突破口，甚至在有必要时，要回到原点来总结和分析，寻找新的销售机会。所以，在每次拜访后养成做拜访记录的习惯是很有必要的。

模块 3　操作指导

一、高效约见的五个步骤

我们如何做才能得到客户的约见呢？以下五个步骤可以提高约见的成功率。

1. 准备

准备包含两个方面：心理准备和脚本准备。即使是销售高手，约见也是他们最头疼，甚至最恐怖的事情。而提前设计好脚本，可以很大程度上避免这种恐惧，能让我们从容应对客户，而不是依靠临场发挥。而且准备脚本并不复杂，也并不需要每个客户都准备，只要针对不同的客户角色设计几种类型就可以了。

4-14
电话约见的技巧

需要说明的是，准备脚本并不意味着一定按照脚本说话，怎么说话取决于客户或者说取决于你的聆听。准备的目的不是照本宣科，而是心中有数，所以脚本只需要标注重点就可以。

2. 释疑

客户有怀疑很正常，尤其是陌生电话。销售人员在刚刚接起电话的阶段就要开始释疑，说明自己的公司、职位、全名以外，还要拉近关系和表明目的，找到结合点。这些都要在 15 秒左右完成，从观察来看，客户前 15 秒如果能不挂你电话，后面挂电话的概率就会大大降低。

3. 提供价值

其实，并不是所有人约见别人都很难，有些人，不仅很多人愿意见，甚至还会花钱去见。例如：股神巴菲特自 2000 年起每年会拍卖一次与他共享午餐的机会，至今已举办 20 年。有 4 位中国企业家获得了与巴菲特共进午餐的机会。2019 年的午餐机会以破纪录的 456.788 8 万美元（折合人民币约 3 100 万元）被成功拍下。为什么那么多人争相约见巴菲特？原因只有两个字——价值。没有人会因为你想见他而安排约会，所有人，如果同意约会，唯一的原因就是他想见你，而让人想见你的原因就是你能给他带来价值！

比如你可以这样说："王经理，我上个月欠你的那 5 万元钱，我想给你送过去，你下午在公司吗？"

如果我们真欠了客户 5 万元，客户肯定会见我们吧，没时间也抽出时间见！原因是我们给客户提供了价值，这个价值超过他见我们付出的成本。价值型销售在约见环节所提倡的价值主要有 6 类：

（1）业务经验：比如同行业案例，业务专家等。

（2）产业机会：比如政策变化带来的机会、如何避免变化带来的风险等。

（3）隐形问题：客户容易忽略的问题。当然，这个阶段我们可能只能猜测。

（4）解决措施：对问题的解决办法。

（5）成功案例：客户同行业的案例。

（6）帮助采购：对采购过程和行为提供一些帮助。

4－15
不让约访再尬聊

可以参考以下有价值的约见理由（见图 4－2）：

分享同行业案例
讨论他的企业可能面临的问题
给他解释某项政策的变化
给他谈可能的商业机会
为他带去一个专家，给他提供专业的帮助

帮他分析一些业务风险
讨论他可能关心的目标
市场环境分析
帮助他厘清需求
帮助他做规划

图 4－2　有价值的约见理由

只要你在约见的理由中体现这些东西，客户见你的概率就会大大提高。

4. 降低成本

价值大于成本是客户愿意见你的原因，在提供价值的同时，还需要降低成本，客户见我们的成本一般有三类：

（1）事件成本：销售要求客户做的一些事情，比如给予测试机会等，在客户看来这是要付出的代价。

（2）时间成本：他见你那两个小时就是时间成本。

（3）个人成本：是不是一定是本人见你，可不可以由别人替代他。

降低成本是提高约见概率的一个重要原则，销售常常在这个问题上犯错误，比如经常给客户一个很傻的时间限定："希望周三下午两点见你。"

这在中国文化里并不合适，反而给了他一个"没时间"的理由。你需要给他一个宽松的选择，甚至可以允许其他人替代他。这就是对时间成本的考量因素。

我们在电话约见中经常会遇到这样的情况，即客户会告诉我们没时间。当然，客户真的可能有事情要处理，不过，很多时候，客户没有足够忙，只是我们不重要。我们所提供的信息的价值不足或指出的问题他不关心。这种现象本质上是客户在考量成本与价值的平衡后，对我们的否决。

5. 控制谈话

客户在我们说话的时候容易挂电话，但是销售人员的话太多是因为缺乏控制手段。在约见中，控制手段有 4 个：

（1）提问：销售人员提问客户回答，话题当然被销售人员控制。不过在约见中，这是很难的事情，因为信任没建立起来，客户不愿意回答一个陌生人的问题。但还是要见缝插针，努力提问。

（2）倾听：倾听是指能听出客户话中的关注点，然后踩着客户的关注点谈话，这在约见中是完全可以做到的。

（3）插入：插入是指留出足够的说话空间让客户把话插进去，一旦他插进去，就进入他说话的阶段，成功的概率就会大大提高。这要求销售的语速慢下来，慢到足以让客户插入的地步。

（4）简洁：话多的另一个原因是说话啰唆，就怕客户听不懂，没完没了地补充自己说的话。简洁完整，学会留白。客户有不清楚的地方，正是客户愿意说话的时候，不要剥夺客户说话的权利。

二、应对约见失败的策略技巧

如果你实在无法得到客户的约见，也没关系，你可以通过如下策略技巧再次进行约见。

1. 夹心饼

夹心饼是指在两次电话约见中间夹一次信件和小礼物。有时候，客户在对我们的公司和产品完全不了解的情况下，会很难决定是否有约见的必要。因此，客户会提出“先看看公司的相关介绍，再作决定”。在这种情况下，如果你也没有信心在短时间内通过电话打动客户，可以接受客户的建议，不要软磨硬泡，以免引起客户的反感。你可以先索取客户的联系方式，然后根据客户的情况写一封诚恳的约见信，随资料寄给客户。如果有方便寄的小礼物，可以随信一起寄给客户。在信中，可以事先告诉客户你将会再打电话给他，估计客户差不多收到信件时，你再打电话进行约见。

2. 留下后路

有些重要客户是很难一次约见成功的，需要经过我们反复的约见和信息渗透才能让他们同意和我们见面，因此，千万不要因为一次被拒绝就放弃，我们可以反复约见。这就需要我们在每次约见失败时都给自己留下后路。

例如：客户认为自己不需要，坚决不同意见面。如果你就此挂断电话，就没有机会再和客户联络了。假如你认为这个客户是有价值的，可以要求先寄些同行业的案例过去，让客户进行深入了解，一旦客户接受你的建议，你就有机会再次打电话给客户，并进行约见。

3. 寻求高层帮助

当我们需要约见客户中的一些重要人物时，仅靠自己的力量可能不够。例如：一个公司的总经理，他很少愿意抽出时间去见一个销售人员。但是，如果见另一个公司的总经理或者见一个专家，他可能会有兴趣。如果销售人员认为销售过程中需要去见一些重要人物，而以销售人员的级别难以获得约见机会，则可以借助公司资源去进行约见。

4. 曲线救国

如果我们直接约见难以成功，可以先结识约见对象周围的人，争取他们的支持，然后让他们帮我们引见。例如：如果你见不到公司总经理，你可以先打动他的秘书，然后由秘书帮你引见。

5. 创新约见

创新约见是指通过一些新奇的方法来打动客户，从而获得客户的约见。一些可以让客户感到惊奇的约见方法，有可能激发客户对你本人的好奇心，从而产生愿意约见你的欲望。这里有两个创新约见的例子。

案例一：

有一个销售人员给一个总约不到的客户寄去了一只昂贵的新鞋，然后附带一张小纸条：“既然我已经踏进了一只脚，您一定要让我的另一只脚留在外面吗？”当这个销售人员再次打电话时，客户同意见面，一来他很想见见想出这个主意的人，二来他希望能有机会把这只非常昂贵但毫无用处的鞋还给这位销售人员。

案例二：

有一个销售人员要见一位女处长，但是一直得不到约见，于是，他开始委托礼品公司每天给这位女处长送一束玫瑰花。第一次送玫瑰花时，附带了一张小卡片，上面写着祝福的话，落款写着："十天以后我告诉您我是谁。"第二天的落款是："九天以后我告诉您我是谁。"如此这般到了第十天，销售人员写了一封信向客户介绍自己是谁，并表达了对处长的敬畏之情，说明之所以这么做，是因为他特别希望能拜访处长，但是不敢反复要求见面，怕惹处长不高兴，所以想用这种方式表达他的诚意，并恳请处长给他一次见面机会。到了第二天，当这个销售人员给女处长打电话时，一向严厉的女处长显得非常温和，她很快就接受了约见。

创新约见需要你有丰富的想象力和创造力，同时还需要你有能事先洞察客户的心理的能力。如果你的创新引起了客户的反感，让客户感到你太小儿科或者不怀好意，那么可能会适得其反。

三、制作一份完美的销售工具的七个步骤、五个绝招

（一）制作一份完美的销售工具的七个步骤

1. 用一句话概括产品

用一句话概括产品就是用最简短的话语介绍你所要推销的产品。

2. 企业介绍

在企业介绍中，你需要通过 PPT 告诉客户你的企业是做什么的，在行业内有什么优势，取得了什么样的成就，目前的状况以及未来的发展趋势如何等。

3. 客户痛点

首先，你要点明客户的痛点，并对这个痛点的真实性进行阐述。

其次，你要说明你的产品能为客户带来哪些好处，并且至少提出两个激励客户产生购买欲的因素。

4. 产品与服务

你需要通过 PPT 阐明三点内容：

第一，业务逻辑，主要包括合作流程、售后服务等；

第二，价值主张，至少列出三点针对客户痛点的解决方案和产品的实用意义；

第三，产品形态，即你的产品是以什么形式呈现的。

5. 核心竞争力

核心竞争力一般包括三个方面的内容：

第一，产品优势，即你的产品和竞争产品相比具有哪些特色，哪些功能是你的产品有而竞争产品却没有的；

第二，资源优势，展示自己已经拥有的客户以及成功的经典案例；

第三，团队优势，展示自己公司的实力。

6. 结束页面

结束页面应该包括这些内容：

第一，联系方式，包括手机号、微信二维码、公司地址、公司网址、公司电话等；

第二，结语，可以是对产品优势的再次强调，也可以表达对合作的期待；

第三，公司 Logo，在结语的后面，一定要加上公司 Logo。

7. 提问环节

之所以将这一点单独列在 PPT 里，是为了方便客户针对 PPT 的内容进行提问。这也是销售和客户进行交流互动的重要机会。

（二）五个绝招让你的销售 PPT 更有说服力

以上七个步骤是我们制作 PPT 的基本思路，但一个具有说服力的完美的 PPT，光有思路是不够的，还需要在制作上多花心思。制作销售 PPT 的绝招有以下五点。

1. 切忌堆砌文字

许多销售人员总是抱有这样的错误观念，认为制作 PPT 就是对公司背景、产品简介等内容进行复制、粘贴。事实上，PPT 的本质在于可视化和形象化，它可以将原来看不见、摸不着、晦涩难懂的文字，转化为图表、图片、声音、动画等形式。所以，在制作 PPT 时有个最大的原则就是切忌堆砌文字，要做到图文结合、通俗易懂。

2. 逻辑清晰最重要

任何事物都具有两面性，PPT 的优点很多，可是缺点也不容忽视。具体来说，PPT 的缺点主要体现在两方面：

第一，逻辑抽象，难以把握；

第二，PPT 一页一页下翻的特点决定了它一次只能看一页内容，对于前面的内容，只能靠记忆。

针对 PPT 的这两大缺点，我们能采取的积极应对措施就是，在制作内容时保持严密的逻辑。

3. 设计要有创意

一个完美的 PPT 应该具有三大特质：

第一，让客户赏心悦目；

第二，让客户产生好感；

第三，能够赢得客户的信任。

要满足这三点，我们首先要在 PPT 的设计上下功夫。要知道，内容上的好坏一时难以评价，但形式上的优劣却是一目了然的。

4. 杜绝炫技

生动播放是 PPT 的一大特色，在设计 PPT 时，适当加一些特技能让我们的 PPT 变得更生动。但需要注意的是，销售 PPT 的本质还是一种销售辅助工具，如果在设计中加入了太多特技，也可能会适得其反，让客户产生反感。

5. 多用图表说明问题

在制作销售 PPT 的时候，或多或少都会涉及一些数据，对于这些数据，最好是用图表的形式展现，这样做的好处是可以摆脱 PPT 大段大段的文字叙述，使整体画面更清晰明了。

好的 PPT 是需要策划的。俗话说，磨刀不误砍柴工，策划 PPT 的过程，实际上也是一个为销售成功筑桥铺路的过程，必须引起所有销售人员的重视。

四、挖掘客户需求的技巧

4-16
找准客户真正的需求和痛点

销售人员的最高境界，就是能与客户交换角色，看到他心中所想所要的一切，然后通过产品去满足他的需求，以更好地达到双赢的效果，那么，销售人员该如何深入挖掘客户需求呢？

（一）需要挖掘的客户信息

在拜访陌生客户前，销售人员必须明确需要了解对方的什么信息，这样才能为如何设计询问方式提供方向。

1. 受访者个人情况

适当地了解对方的一些个人情况，有助于销售人员选择正确的方式来与对方建立人际关系。若对方是业务主管或公司老板，销售人员与他的洽谈方式和重点自然就不一样。

2. 受访者公司概况

了解客户公司的一些基本情况（如成立时间、历史、股东、经营理念、经营品牌以及经销业绩等），有助于销售人员评估客户的资源是否适合自己公司，以及双方是否具有进行长远战略合作的可能。

（二）挖掘客户需求的方法

客户的需求是千差万别的，不了解客户的需求，就无法提供有效的服务，更不可能赢得客户的忠诚。在实践中，通常可以通过以下方法来了解客户的需求。

1. 利用提问来了解客户的需求

要了解客户的需求，提问是最直接、最简便、最有效的方式。通过提问可以准确而有效地了解客户的真正需求，为客户提供他们所需要的服务。

（1）常见的提问方式。销售中常见的提问方式有两种：一种是提封闭式的问题，另一种是提开放式的问题。

①封闭式的问题。当销售人员需要澄清客户说的话时，当客户不愿意表达自己的意愿时，当达成协议或重要事项确定时，封闭式的提问可以锁定客户，确定对方的想法，取得明确的要点。但这种提问方式会使销售人员所获得的资料有限，也容易使客户产生紧张情绪，缺乏双向沟通的氛围。因此，封闭式提问应选择合适的时机使用。例如：

销售人员：罗医生，您的病人服用×××感冒片，是不是起效快，又没有胃肠道方面的不良反应？

医生：是的。

销售人员：罗医生，您下周三还是下周五门诊？

医生：下周三。

销售人员：下次您门诊时我再来拜访您好吗？

医生：好的。

②开放式的提问。当销售人员希望客户畅所欲言，或者希望客户提供更多和更有用的信息，或者希望改变话题时，可以尝试用开放式的提问方式。如果使用恰当，客户会在交谈的过程中因为觉得受到尊重而乐于交流，从而在和谐的交流中提供给销售人员足够的信息。例如："您能描述一下现在您公司发展的情况吗？""您能描述一下您公司对于IT产品都有哪些需求吗？"这种开放式的问题可以使客户尽情描述他的需求，因此销售人员在了解客户需求的时候，要尽可能多地提出开放式的问题。

（2）提问的形式与时机。销售人员所提问题的形式依需要而异，有广泛型问题、焦点型问题、评价型问题、多重选择型问题等，销售人员必须在介绍产品的过程中有的放矢，见机行事。

①广泛型问题。在刚开始进行产品介绍的时候，销售人员应该提出较为广泛的问题，以便对客户及其公司进行了解。假若销售人员原本只搜集到少量资讯，此时的问题就必须愈广泛愈好；相反，若销售人员对客户已了如指掌，所提问题的范围就可以窄一点。例如：

销售人员：汤大夫，谢谢您今天跟我见面谈话，您在电话中提到满足传讯需求是你们诊所的当务之急，为什么呢？

汤大夫：我们诊所只有3个医师，我们得轮流值班、接听电话。我们也有自己的生活，不可能每天晚上坐在诊所，只为了偶尔有家长打电话来说孩子感冒发烧了，这未免不近人情。因此，我们需要接收范围广一点的手机，这样我们就不必留在诊所等电话了。

销售人员：我懂您的意思了。你们需要通信范围涵盖多远的手机？

汤大夫：我们现在使用的手机的接收范围是50千米，理论上够用，不过还不够好，偶尔会出点小毛病，上星期轮到我值班，我和先生在离诊所35千米的餐厅吃饭，手机一直收不到信号，有一位家长当时想找我，却老是联络不上。后来我们才知道，50千米的通信范围内仍有一些收不到信号的死角。

以此类推，只要能掌握愈多的客户信息，或者从电话中得到资讯，那么，提出的问题就能更具体。例如：

销售人员：汤大夫，谢谢您让我今天和您见面商谈，您电话中提过诊所的医师都有手机，但是您并不满意，究竟是为什么呢？

汤大夫：是啊，我们的手机通信范围是50千米，可是这还是不够，一来我们的活动范围在60千米左右，二来即使把活动范围锁定在50千米以内，还是有无法通话的死角。这样的情形影响了我们的服务质量，所以我们想换一部手机。我们3个人已经决定，新的手机通信范围要涵盖100千米，而且不能有死角。

②焦点型问题。透过广泛型问题，销售人员已经找出汤大夫的需求，也就是手机的通信范围须涵盖诊所周围100千米，销售人员所在公司的产品恰能符合这项要求。因此，在介绍产品的过程中，销售人员必须将重点锁定在汤大夫的进一步需求上。例如：

销售人员：汤大夫，您是说您需要通信范围涵盖100千米的手机，对吗？

汤大夫：没错。

销售人员：那么您还需要其他的服务吗？

汤大夫：你的意思是什么？

销售人员：譬如说，有一天轮到您值班接电话，您却把手机落在了诊所，或是电池没电了。您希望病人留言在语音系统呢，还是把电话转接给另外两位医师？

汤大夫：我当然希望电话能转接给其他医师。

销售人员：那如果您正和朋友在通话，病人打电话来，您希望把电话转接给其他医师，还是希望有插拨系统，让您可以一次最多接3个电话？

汤大夫：那我当然要插拨系统了。

上述这位销售人员，借由广泛型问题找出了客户的需求，再进一步借助焦点型问题找出了客户的进一步需求，连客户没有想到的也替他考虑得面面俱到，如此一来，销售人员的销售工作当然进展得很顺利。

③评价型问题。当产品介绍快结束时，销售人员一定很想知道客户对产品或服务的评价，由这些评价可以看出客户愿意花多少钱购买公司的产品。然而，别贸然把钱带进话题，一般来说，谈到金钱总是伤感情的，人固然要买东西，不过，要他们掏出钱来（至少在一开始），可没这么容易。而且客户对销售人员所提供的价格，难免会要求给予一定的折扣；相反，一旦他们认定了商品的价值，便会坚信不疑。所以，商品和服务的价值，尽量让客户自己判断，销售人员别在客户面前喋喋不休。例如：

销售人员：汤大夫，我有个疑问——许多诊所都装设了语音转接和答录机，为什么您坚持要让病人随时找到医师呢？

汤大夫：你知道，我们诊所才新开张，一定要与其他诊所有点区别，和我们一样优秀的小儿科医师，镇里有很多，如果没有特别之处，病人何必找我们？所以我们决定将诊所定位为最体贴的诊所，服务最佳、随传随到。当一个新生婴儿的妈妈为小娃娃腹痛急得跺脚时，只要一通电话，我们会第一时间赶到。

④多重选择型问题。在产品介绍的最后，销售人员可以通过多重选择型问题列出产品或服务的几个品项，供客户选择。尽管我们能提供的商品种类很多，但只能挑选最符合客户需求的两三项，品项太多会徒增客户的困扰，在难以抉择的情况下，他们可能选择放弃。

从汤大夫的谈话中，销售人员已经确定通信范畴、插拨装置、转接系统是客户所需要的，因此，销售人员已经找出最合适的产品了。

销售人员：汤大夫，所以您认为，亲自与病人接触是贵诊所的主旨，对吧？

汤大夫：没错。

销售人员：我们提供包括手机在内的多种形式的通话服务，不过我想其中101型和102型你会更感兴趣，这两种产品的通信范围都是100千米，都具备插拨装置。两者的差别在于转接系统，当您不能接电话时，101型会自动转到另一台电话，102型则会先后转到另外两台电话，您觉得哪一款比较适用呢？

看到这儿，人们一定觉得奇怪，为什么要提供两个选项让客户决定呢？102型不是最符合客户的需求吗？何必多此一举？答案其实很简单，如果只有一种选择，无疑是逼得客户只能表示要或不要，在这种情境下，客户的回答多半会是负面的。

2. 通过倾听客户的谈话来了解需求

在与客户进行沟通时，必须集中精力，认真倾听客户的回答，站在客户的角度、立场尽力去理解对方所说的内容，了解对方在想什么，对方的需求是什么，要尽可能多地了解对方的情况，以便为客户提供满意的服务。

4-17
倾听技巧

好的倾听需要遵循三个基本原则，每个原则都有所对应的技巧。

原则一：为理解而倾听，而不是为回答而倾听。

这是倾听最重要的原则。之所以需要理解，有两个原因：一方面，大部分情况下，客户说话是混乱的，期望、需求、动机搅在一起，需要你不断地去理解和分析；另一方面，客户表达的往往只是表面信息期望之后的需求，需求之后的动机可能被隐藏起来，都是需要你去理解和挖掘的，而理解就是解构客户说话内容中的期望、需求、动机，甚至要进一步分解成要求、措施、目标、障碍等这些更细的层面。这个原则所需要的技巧如下：

(1) 专注。专注是指当客户讲话的时候，你的眼睛看客户的额头部位，仔细倾听客户说的每个字。我们把“关注”也叫“吃字”，所谓“吃字”就是用心理解客户说话的内容，客户说话不仅仅是声音的传递，还包括面部表情、目光、音量、频率等，这些都是信息传递的载体。当客户说一些重要内容的时候，要聚精会神，两眼死盯客户，全身心地把握客户说的每个字。这往往决定了订单的生死，所谓销售的竞争，很多时候就是多听进去了一句话。

(2) 确认。确认也是倾听中的一个重要技巧。当你听到客户特别强调、关心的一些问题的时候，你可以使用这个技巧以便让客户知道，他所重视的东西你完全理解了。可以用重复模式，也可以用换言模式，比如这样说：

> 也就是说，你希望的不是增加人手，而是提升效率？
> 我理解一下：你的意思是培训的关键是行为转化？

确认一般应用在客户强调的重点问题上，主要是让客户看到你和他一样重视某个问题。

(3) 不预先假设。销售人员应该是方案专家，但是他总认为自己是需求专家，总认为自己懂客户的需求，这是销售人员常犯的错误之一，即把自己的认识当成客户的认识，或者把自己猜测的动机当成客户的动机。比如，客户一问价格，就马上说有优惠。销售人员认为客户这样问就是嫌价格高，但实际情况可能是客户在做预算，或者希望你说服领导提高预算。

正确的做法是，当听到客户说期望的时候，要探寻后面的需求，当客户说需求的时候，要探索需求背后的动机。比如，客户说：“我希望你的设备操作简单。”这时不要拍胸脯说你的设备就是简单，而是要问问客户所谓的简单背后隐藏的是什么：可能是客户的员工流动大，担心培训费用高；也可能是员工素质差，太复杂学不会，而这背后又隐藏着不同的动机。不预先假设就是让你保持孩童般的好奇。

销售人员的预设是妨碍倾听的主要障碍，销售人员一旦有了成见，他要做的就只是表演给客户看了，倾听已经停止了。

（4）同理心。同理心就是设身处地地让客户感受到你了解了他的感受，比如这样说：

如果我在你的位置，我也会特别关心服务问题。

如果我是你，我也会觉得不舒服。

换成我，遇到类似的事情，我可能会很愤怒。

这通常是客户表达了主观感觉之后的一种回应模式。这会让客户确认你已经理解了他的感受，这时客户会对你更加信任。

原则二：让客户知道你听到了。

一方面，倾听是一个很隐性的动作，客户根本看不到。另一方面，客户必须确认你了解了他的问题，才相信你能解决他的问题。就像一个病人确认医生了解了自己的病情，才相信医生的处方一样。

而客户确认你了解他的问题的方式就是观察你是否在认真倾听。所以即使知道也必须倾听，并且让客户看到你在认真倾听。你知道是远远不够的，你还必须让客户知道你听到了。客户一旦发现你没有认真倾听，你的产品再好也没用了。上面的确认技巧也能达到这个目的，其他技巧还包括：

（1）做记录。让客户知道你已经听到了，一个办法就是记录。只要是正式的谈话，开始之前，一定要先拿出一个本子来做记录。当然要记录的是关键要素，而不是当速记员。当客户看到你在记，他就知道你在听。记录的另一个好处是让客户有一种被尊重的感觉，这样客户就可以用一种正式的方式与你交流了。

（2）略显夸张的反应。如果让客户看到你听到了，你需要有一个回应，包括面部表情和肢体动作。表情和动作要略显夸张，比如点头或者摇头的幅度略微大一些，表情更沉重一些，这样容易与客户产生共鸣。

（3）称赞式回应。做记录的时候，也要经常赞扬客户两句，这样可以让客户多说话。赞扬的一定是客户表现出来的事实，否则会有很虚假的感觉。比如，可以这样说：

你对这个问题的认知太深刻了。

公司幸亏有你这样的人把关。

你这么年轻就独当一面，让人羡慕。

你对业务的把握太精准了。

原则三：让客户把话说完。

这个原则听起来很简单，但是销售人员打断客户说话的冲动如此之强烈，以至于大部分情况下，客户都无法完整地表达自己的想法。倾听最怕的就是打断客户说话，如果不注意控制，一次十分钟的交流，销售人员平均有五次会产生打断客户说话的冲动，其中有2～3次会付诸实施。

解决这个问题的方法有两个：一是黄金静默，二是扩展类提问。

（1）黄金静默。这是倾听技巧里最重要的技巧。它的目的是让客户多说话，说实话，尽可能地让客户将自己的想法吐露出来。

在使用黄金静默方法时，销售人员在提问的过程中，在两个不同的节点上，暂停三四秒钟的时间就可以。这两个点，一个是在你问一个问题后，另一个是在客户回答了问题后。第一个停顿点，我们称作第一阶段黄金静默；第二个停顿点，我们称作第二阶段黄金静默。见图 4－3。在进行销售拜访时，使用这两个停顿，会收到立竿见影的效果，提升获得信息的质量和数量。

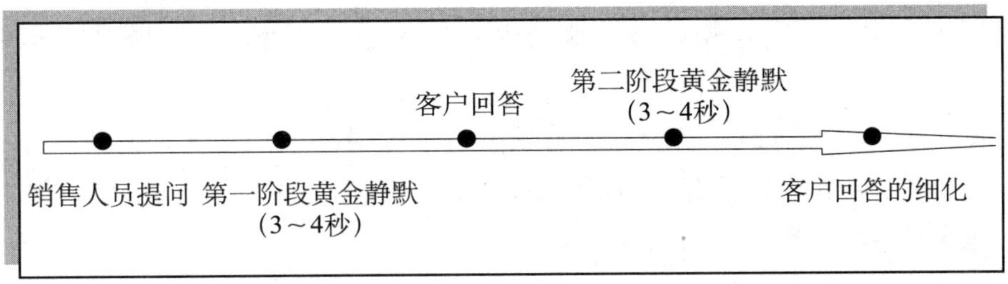

图 4－3　黄金静默

原因非常简单。当使用第一阶段黄金静默时，给了客户时间，让他去思考销售人员的问题，他给销售人员的信息就会更坚实可靠。当销售人员在听到他的信息后，使用第二阶段黄金静默，销售人员就有更多的时间去理解客户提供的信息，这比只花费一半的时间所能想到的要可靠得多。而且在第二个停顿点，客户往往会有更进一步的反应。所以，同时使用第一和第二黄金静默技巧，会使你获得更从容、更深思熟虑和更富有成果的信息。

（2）扩展类提问。我们总在谈让客户多说话，而扩展类提问就是让客户多说话的妙招。提问是指在客户陈述之后，销售人员进行下面的问话。

“为什么呢？”

“还有呢？”

“然后呢？”

“你接着说！”

“你的意思是？”

扩展类提问的目的就是让客户把要说的话说完，一直要等到客户表示实在没什么可说之后再进行下一步。扩展类提问一般是在客户陈述完一些事实之后提问，是要获得完整的信息。

扩展类提问与黄金静默可以配合使用，这两个技巧加起来，可以让客户把要说的话彻底说干净。

3. 观察客户的非语言行为

如果希望说服客户，就必须了解其当前的需求，然后着重从这一层次的需求出发，晓之以理，动之以情。在与客户沟通的过程中，可以通过观察客户的非语言行为了解其需求、欲望、观点和想法。

五、产品展示、销售说服技巧

（一）FABE 销售法

FABE 销售法是非常典型的利益销售法，而且是非常具体、可操作性很强的利益推销法。它通过 4 个关键环节，极为巧妙地处理客户关心的问题，从而顺利地实现产品的销售。

F 代表特征（Features）：指产品的特质、特性等最基本的功能，包括产品名称、产地、材料、工艺、定位、特性等。销售人员应深入挖掘产品的内在属性，找到差异点。

A 代表由这些特征所产生的优点（Advantages）。

B 代表这一优点能带给客户的利益（Benefits）：商品的优势（A）带给客户的好处。

E 代表证据（Evidence）：包括技术报告、客户来信、报刊文章、照片示范等。

把 FABE 销售法这 4 个环节用通俗的语言描述，其实就是：因为××特质，从而有××功能，因此带给你××好处。你看×××都在用我们的产品。那么，在实战中，FABE 销售法是怎么得到很好的应用并产生积极效果的呢？

4-18
情景模拟：FABE 实战

首先需要注意的是，FABE 销售法的 4 个关键环节是可以更换位置或任意组合的，不是一定非要用 F、A、B、E 这样的固定顺序来阐述我们的观点。

比如，美的公司宣传它的一款空调，用的主要宣传语是“每晚只用一度电”，就是典型的把 FABE 中的 A 前置。因为电视广告时间一般都很短，所以美的的这则广告只是把“每晚只用一度电”的广告语连续说两遍，加深消费者的记忆，然后广告就结束了，而把 F 和 E 这两个环节放在自制的文字和视频中，在爱奇艺等网络媒体进行宣传。至于带给消费者利益的 B 环节只字未提，为什么不提呢？因为城市的家庭用电一般是 0.5 元左右一度，这个功能导致的利益关系过于明显，所以在实际的广告里就不提利益，而只强调 A，占据消费者的心理，进行购买引导。

虽然电视广告只是侧重宣传 A，但是后期的连续宣传中，FABE 都被提到，比如带给消费者的利益这块，美的公司以街头随机采访的形式让受访者自己说出，“每晚只用一度电”“太省钱了”等。

其次需要注意的是，在实战中，要想瞬间吸引客户，通常的手法是用 B 开场，但销售人员也要根据自己产品和服务的不同，做到随机应变，把 FABE 充分打散，任意组合，这样才能在复杂的销售环境中做到一语惊人，吸引客户关注。

（二）AIDA 模式说服法

AIDA 模式是国际销售专家海英兹·姆·戈得曼（Heinz M Goldmann）总结的销售模式，是西方营销学中一个重要的公式，它的具体含义是指一个成功的推销员必须把客户的注意力吸引到产品上，使客户对推销人员所推销的产品产生兴趣，这样客户的购买欲望也就随之产生，而后再促使其采取购买行为，达成交易。

AIDA 由 4 个英文单词的首字母组成。

A 为 Attention，即引起注意；

I 为 Interest，即诱发兴趣；

D 为 Desire，即刺激欲望；

A 为 Action，即促成购买。

AIDA 模式其实是把一个销售过程简单地分为 4 步，这 4 步相互关联，缺一不可。

可以说，AIDA 模式是最体现销售人员个人智慧的一种说服客户的技巧，熟练掌握它，不仅你所到之处皆受欢迎，而且客户关系也是轻松愉快的，在无压力之下就能完成交易。

如何才能彻底掌握 AIDA 说服技巧呢？我们只要做好 3 步就可以了。

第 1 步：引起客户注意。

很多做销售的小伙伴抱怨说，去见客户，客户对自己的态度很生硬，听说自己是来推销的，就说不需要，然后把自己打发走。其实，销售人员拜访客户出现这个状况，其原因就是，自己第一次见客户的开场亮相没做好，没有引起客户兴趣。

如何才能有效地引起客户兴趣呢？

有一个销售人员去拜访设计院客户的时候，特意设计了一款名片，名片背后是个“佛”字。做这样的名片设计，是因为设计院的工程师中能拿到大的项目的，往往年龄在 40 岁之后了。而到这个年龄的人，一般都会对一个 20 多岁的人的名片后面印一个“佛”字感兴趣，从而能打开话题。

一个小小的名片，随意设计几个字都可以吸引客户的兴趣，从而和客户进行有效的沟通。在工作中，引起客户兴趣的方法很多，只要有心，你可以尽情展示你的智慧和创意去吸引客户的注意。

第 2 步：激发客户对我们产品的兴趣。

在销售工作中，经常有小伙伴抱怨，说自己公司的产品和竞争对手的产品同质化严重，外观看起来一模一样，只能搞价格战，而公司的价格又偏高，销售起来实在有点痛苦。

之所以出现这样的抱怨，本质上还是缺乏有效的刺激客户对我们的产品产生兴趣的手段。

在实战里，我们往往用宣讲“样板过程”的方式去激发客户对我们产品的兴趣。比如：某销售去向邯郸钢铁下属热电厂做真空泵的推销时，对邯郸钢铁负责采购的工程师介绍时说："我们的产品在和邯郸钢铁一样规模的上海宝钢的热电厂项目上已经运行了3年。欢迎邯郸钢铁的同行们去上海宝钢做调研。"由于上海宝钢是中国钢铁行业的龙头老大，它的一举一动对国内的同行有示范作用，所以，我们宣传上海宝钢都在使用我们的产品，邯郸钢铁就有了想了解我们产品的兴趣，想看看为什么行业的老大都要使用我们的产品。

第3步：刺激客户的购买欲望。

在现今产品严重过剩的买方市场环境下，引起客户注意，激发客户对我们产品的兴趣，都不算太难，但如何刺激和扩大客户购买我们的产品的欲望，就有点难度了，就需要小伙伴发动智慧各出奇招了。

有一次，某销售人员去山东一家国有煤矿集团回访客户。这家煤矿是他的真空泵产品的老客户，销售人员拜访客户的管理层，并去负责管理真空泵的泵房看看产品的使用情况。去了泵房发现一切正常，就和管理泵房的设备科的人聊天。在聊天中，销售人员随口一提，说这个时候自己公司的所在地上海气候宜人，最适合旅游，期待设备科的朋友们有空去上海玩玩，去自己公司坐坐。

这本是客套话，但没想到设备科的工作人员较了真儿，有个人说："我们这天天忙里忙外的，很多年了都没机会出去转转。"

销售人员说："没机会创造机会也可以出去转转啊。"

工作人员问："你们公司有没有培训的机会，比如给我们这样的公司设备管理人员培训？只有这样，我们才有机会出去转转。"

销售人员说："除非购买新系统，或产品损坏了需要到我们公司维修，这个时候我们会开产品使用培训班。"

交流完，销售人员就回去了。

谁料想，这一番谈话刺激了山东这家煤炭客户的设备科的人，他们在两个星期后，居然以人为损坏的形式使其公司的真空泵产品出现了质量问题。接到客户投诉，销售人员又去山东这家企业看看出现了什么质量问题，结果发现泵的电机进水了，无法维修，只能购置新泵。

然后这家设备科的两位工作人员顺理成章地被公派到销售公司进行考察和订货，然后顺便在上海玩了几天。在玩的时候，销售人员问这家客户的工作人员，这台泵虽然陈旧，但是再工作几年是没问题的，怎么忽然就坏了。

这家公司的设备管理员笑了，说："我们有8年没出过门，天天待在公司里看着这几台泵看烦了，你走后就弄桶水浇在泵上，自然泵就坏了，我们也能出来转转。"

虽然极为不赞同客户的做法，但是，人都很容易被欲望冲昏头脑，一旦欲望被激发出来，就会做出一些不可理喻的事情。

所以，我们做销售的想把产品卖掉，一定要充分激发客户想拥有产品的想法，一旦成功激发出客户想购买我们产品的欲望，那么生意的成交就唾手可得了。

第 4 步：促成客户购买行动。

只要前 3 步我们做得出色，甚至不做努力就可以等待第 4 步的到来，因为前 3 步层层铺垫是激发客户的购买欲、拥有欲。当想拥有的欲望被我们扩大到很强烈的时候，客户自己会找上门来，通过购买我们的产品满足他们的欲望。

六、与不同性格的客户的沟通技巧

销售人员拜访客户时，要摸清客户的性格，针对不同性格的客户，采取不同的沟通方式。作为销售人员，我们尤其要注意的是千万不要用一套方法与所有的客户沟通。很多普通销售人员的成交率之所以很低，就是因为他们用一样的话术与所有的客户沟通，企图“一招吃遍天下”。要知道，你见到的客户大多是一家公司的老板或高管，他们都是久经沙场之人。要想赢得他们的认可，你就必须用他们喜欢的方式与他们沟通。那么，我们应该如何与不同性格的客户沟通呢？

根据人的天生特质，我们可以将客户分为 4 种类型，包括支配型、表现型、精确型、耐心型。为了将这 4 种类型客户的个性特质形象化，根据其各自的特点，我们又可以分别称其为老虎型客户、孔雀型客户、猫头鹰型客户、无尾熊型客户（见图 4－4）。下面，我们就来看下不同类型客户各自的特征，以及我们与其沟通的合理方式。

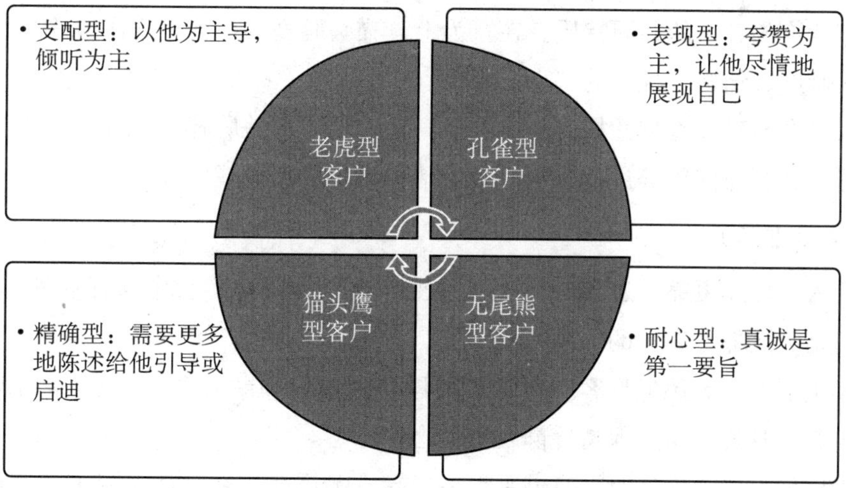

图 4－4　4 种不同性格的客户和相应的沟通方式

1. 老虎型客户

具有支配型特质的客户又被称为老虎型客户，其性格的共同点为充满自信、竞争心强、主动且企图心强烈，是个有决断力的领导者。一般而言，老虎型客户胸怀大志，勇于冒险，看问题能够直指核心，并对目标全力以赴。

当与老虎型客户沟通时，需要以他为主导，他说，销售人员听。当他说完以后，销售人员可以把他说的重点总结一下，与他确认即可。

需要注意的是，如果销售人员也是老虎型性格的人，那么他们之前的沟通可能会出现问题。有很多老虎型性格的客户在与销售人员沟通时能把桌子掀起来，这时一些心理素质差的销售人员就会开始发抖。一旦出现这样的情况，销售人员就已经处于弱势，签下单的概率就会微乎其微。

2. 孔雀型客户

孔雀型客户的共同特质为：人际关系能力极强，擅长以口语表达感受并引起共鸣，很会激励和带动气氛。他们喜欢跟别人互动，重视群体的归属感。由于他们富有同理心并乐于分享，因此具有很强的亲和力。

当销售人员在与孔雀型性格的客户沟通时，要让他尽情地展现自己。销售人员只要做一件事情，就是在他说话的时候不时附和道："哇，王总，你好优秀啊！你是怎么做到这么优秀的？你能不能跟我分享一下你这么多年怎么成为行业老大的？"让他尽情地释放自己，等他展现完自己以后，他就会让销售人员来展现。此时，销售人员要简洁明了地跟他讲明来意，以及要跟他讨论的重点内容等，跟他进行一个简洁明了的交流。

3. 猫头鹰型客户

重计划、有条理、注重执行游戏规则、循规蹈矩、巨细靡遗、重视品质、细节精准，是猫头鹰型性格的客户的共同特质。在行为上，猫头鹰型客户会表现出喜欢理性思考与分析，并重视制度、结构、规范的特点。

销售人员在与猫头鹰型性格的客户沟通时，需要更多地陈述，比如，可以更多地对目前的行业形势、行业问题等进行分析，带给他们更多的启迪或引导。

4. 无尾熊型客户

平易近人、敦厚可靠、避免冲突与不具批判性、注重稳定与中长程规划、遇事冷静、不慌不忙，是无尾熊型客户的共同特质。

在现实生活中，无尾熊型客户常常会反思自省并以和谐关系为中心，即使面对困境，亦能泰然自若、从容应付，保持冷静自持的态度。

在与无尾熊型客户沟通时，真诚是第一要旨。无尾熊型客户喜欢简单，看重人品，他们会有意识地选择"气味相投"的人。因此，能够真诚地提出建议，责任心比较强的销售人员会更容易得到他们的赏识。所以，在与无尾熊型客户沟通时，销售人员完全可以表现出隐藏已久的"本色"来。

需要注意的是，拜访客户是一个动态的过程，并没有具体的模板和标准的答案。想更好地掌握拜访不同客户的不同方法，我们需要在实际的拜访中不断摸索、不断总结。

七、客户跟进技巧

（一）跟进的准备工作

将军不打无把握的战，无准备的跟进也无异于漫天撒网，徒劳费力。你了解客户吗？多久联系一次客户？遇到尴尬点如何突破？这些都需要了解和准备，那具体从哪些方面着手呢？

1. 梳理客户信息

无论是电话还是邮件等，在跟进之前，一定要先梳理回顾一下客户的信息，包括客户的个人基本信息（姓名、昵称、职称、年龄、公司名称、地址等）、第一次跟客户沟通或见面时谈及的话题、客户的兴趣爱好、教育背景、家庭情况，甚至客户的性格特征等。这些信息捕捉得越全面、回忆得越清楚越好，因为这对之后的二次跟进或拜访客户都具有很大的帮助，很多时候都能成为打开与客户谈话的切入点。

2. 明确跟进目标

有计划、有目标地跟进，包括明确你跟进的对象是谁、跟进的频率、跟进的对象有几个，他们属于哪种类型、跟进的方式是什么、在什么时候准备逼单等。总之要保证自己的目标是明确的、可实现的、有时间限制的，这样才能更益于落地执行。

3. 异议处理准备

在跟进的过程中客户或许会对你的职业、公司的产品、服务等产生异议，所以你需要提前做好异议处理的准备，这样才不至于被客户打个措手不及。提前拟定好异议处理的话术与方案，并不断进行演练，这样当实际情况发生时，你就能快速处理客户的异议，对客户的非议也能应对自如。

4. 良好心态准备

有一组调查数据显示：2%的销售是在第 1 次接洽后完成；3%的销售是在第 1 次跟进后完成；5%的销售是在第 2 次跟进后完成；10%的销售是在第 3 次跟进后完成；80%的销售是在第 4 至第 11 次跟进后完成。这就说明跟进不是一次就能 100%完成的，所以在跟进客户前你需要调整好自己的心态，用平常心来面对，这样才不至于因过大的心理压力而出现紧张焦躁的情绪。

（二）客户分类及跟进方法

在对客户进行跟进之前还需要分析、辨别哪些是值得跟进的客户。就像做任何事情都需要正确的方法，如果一开始方向错了，后面即使花再多的时间、再多的精力也是在做无用功。而通常以下类型的客户都是值得我们思考，花精力和时间去跟进的。

这要求销售人员做好拜访记录或者客户跟进记录，对客户进行更清晰、更详细的分类，对每一类客户进行不同的处理和对待。如果有必要，可以采用表格的形式进行记录，见表 4-11。

表 4-11　客户的类型及应对措施

客户类型	应对措施
1. 有兴趣购买的客户	积极地电话跟进、沟通，解决疑虑，获取信任，尽快过渡到下一阶段。
2. 犹豫的客户	沟通、联络，不要过多地营销产品，拉近距离，找到犹豫点。对客户有一定的了解后再将客户区分为有兴趣购买、近期不买、肯定不买的类型，从而区别对待，进行产品推荐或是其他。
3. 近期不买的客户	这类客户属于真正的潜在客户，千万不要放弃。保持联系、沟通，混眼熟，比如时常在他的朋友圈里露个脸，或者聊天混熟。适当地将公司一些产品的新功能、介绍等资料提供给客户以供参考。
4. 肯定不买的客户	跟进了解其不买产品的原因，比如是对产品功能方面还是什么方面不满等。了解以后，有些问题是可以用专业知识进行解决的，如果不能解决，进行汇总、整理资料，以便更好地进行产品改进和提高工作。
5. 报价后没有反馈的客户	微信或电话沟通，着重介绍产品的优点，与竞品相比自己的优势，打消客户的疑虑。

模块 4　案例学习

接近客户

李军是新纪元广告公司的销售人员，科北酒厂是他的第一个客户，我们来看一下他是如何与客户成功签订协议的。

科北酒厂厂长姓徐，是一位不苟言笑、看起来冷若冰霜的人。如何与这位厂长沟通呢？

李军在出发前专门选择了一套与徐厂长风格一致、款式庄重的深色西装，并按预约提前 5 分钟到了酒厂。当秘书把他向徐厂长引荐后，他谈了初来该厂的四个方面的感受，得体含蓄地称赞了徐厂长。话落，徐厂长露出微笑满足的神情。

李军趁热打铁，接着话锋一转："由于贵厂在我们省内消费者中有较高的知名度和较好的口碑，因此我们来厂之前特意精心准备了几种赋予贵厂产品更高形象定位的方案，供贵厂选择。比如，我们是开饭店的，今天配备了数种口味不同、各具特色的菜肴，你们相当于我们的客人，至于哪一种菜肴更符合你们的口味要求，请你们选择享用。”这几句话使本来因初次打交道而显得严肃的气氛一下子轻松了许多。徐厂长也忍不住接话了：“看来李经理还很有做菜的高招，没见到啥菜，倒叫我开始口馋了。好，请再介绍介绍你的菜谱吧。”

初谈轻松，好像老朋友共同探讨一个课题。李军在本上记下了谈话的重要内容，并用随身携带的录音机把客户有关的需求内容录制下来。不过在与负责合肥地区销售的周科长商谈具体事项时，李军又碰到了不小的麻烦。

周科长言语不多，且从不正视李军，颇有些冷漠，落座后一开口，李军便感到空气骤然紧张：“李经理，我在合肥跑销售四五年了，经常与广告界打交道，但没听说过你们新纪元广告公司。”

其势压人，但又言之成理！李军迅速调整一下思路后，微微一笑说：“周科长说得不错，我们公司开张才半年，这半年来我们公司主要做了两件事：一件是开展社会调查；另一件是对员工进行培训。所以即使已经做了一点小的业务，在合肥广告界仍是一名新兵。”然后语调一变：“我们公司倒是有一点可以和其他广告公司比较一下，就是我们公司的八名员工中，大学生四人，大专生两人，中专生和高中生各一名，知识层次可能不算低！”

周科长若有所思地“噢”了一声，看来他还算满意。“不过我想请教一个问题：合肥市内路牌广告每平方米每年多少钱？”

李军头“嗡”的一声，天啊，他对这种当时仅仅呈零星散布的媒体还没来得及注意呢。事不等人，但又不知如何回答，怎么办？情急生智，话到嘴边，突然变成了这样：“周科长这个问题叫我无法回答，因为路段不同、用料不同，价格也不同呀。”说话间，李军立刻把基本费用大致分几个方面估算了一下，场租费、管理费、材料费……还没算出结果，周科长又补了一句：“如四牌楼附近的护栏呢？”

“租期多长呢？”又一个巧妙的拖延时间的方法！

“就按一年期算吧？”

这时李军已经大致算出来了：月租金每平方米 10 元，普通纤维板每平方米 10 元，税费及加工费每平方米大约 5 元，绘制费每平方米 25 元，其他辅料每平方米 3 元，再加上适当利润，“每平方米月租价 35 元左右！”

“嗯，差不多。”

李军如释重负。以后的问题李军就更从容了，仿佛掌握了主动权。

“那么付款方式呢？”

李军谦虚的态度中带着固执的用词：“我们的惯例是合同签订三日内付总费用的 30%，制作完成正式发布时付 50%，其余 20%在发布后一个月内付清。”

“基本可以，下午我向厂长汇报，明天早晨请你们做好准备签合同。”周科长露出合作的笑容。

（资料来源：蔡春红，余远坤，冯强，蒋勇. 推销技巧与实战 [M]. 北京：清华大学出版社，2017）

请思考：

1. 本案例中，李军为接近该客户做了哪些方面的准备？

2. 你认为李军在客户接近环节表现如何？其应用了哪种客户接近的方法？

模块5 知识拓展

一、销售人员必备的工具大全

科学地讲，工具是技能的另一种表现形式，也是技能的有效载体。很多企业的销售人员进步缓慢的一个原因是没有足够的工具。工具可以将很多的方法、程序、技巧、素材固定下来，以使后进的人快速达到更高的水平。下面我们就来介绍几个非常重要的销售必备的工具。

1. 工具一：助销手册

助销手册是协助销售的资料性工具，将销售工作中经常用到的资料，按照使用的要求进行有效的编排，从而达到辅助销售的目的。通常，助销手册涵盖商务、宣传、样本、检验证明、辅助资料等内容，它也是公司销售资料管理的基础平台。优秀销售人员的助销手册是科学与艺术的结合体，是长期艰苦实践积累的结果，是企业员工销售水平的物质体现。

好的助销手册将帮助销售人员更加生动地展示产品、说服客户。很多企业已经注意到了助销手册的巨大价值，并着手设计和编制更加标准、规范的手册，以提高每个人使用销售工具的水平。需要注意的是，助销手册对不同销售类型的影响是不同的，对于大客户销售来说，由于资料以及销售环节的复杂性，需要对销售资料进行更加系统的组织。因为好的助销手册对于大客户销售的影响巨大。对于导购人员来说，助销手册要简单得多；对于渠道销售人员来说，助销手册与大客户销售非常相似。

2. 工具二：销售日志

销售日志是销售人员进行每日“时间价值”管理的重要工具。它是对每月、每周、每天的工作进行有效安排的最基础工具。通过销售日志，销售人员可以对每日的工作进行价值评判，通过对每日的工作进行长期的跟踪，有助于不断提高时间的利用价值。销售日志也是一个非常重要的销售管理工具，通过日志管理可以指导并监督每天工作的有效性。销售日志管理已经成为众多企业管理销售队伍的重要手段。需要注意的是，销售的时间管理与时间的价值管理是有很大区别的，管理了时间并不代表管理了时间所创造的价值，前者是机械表象，后者是内涵实质。

3. 工具三：客户档案

客户档案既是一个客户的管理工具，也是一个有效的销售分析工具。结合客户的 ABCD 分级管理，将帮助销售人员系统地管理自己的客户。很多企业也有客户档案管理系统或 CRM 客户关系管理系统。在这些系统中，更多的是从方便企业控制的角度出发进行设计的，而不是从成为销售工具、协助单兵销售的角度出发设计的。这样造成的问题，最直接的表现就是客户管理形同虚设。销售人员认为这是一个包袱而不是工具，这种遭到排斥的系统，其注定失败的命运是不难预测的。因为它不能为分析客户、寻找客户突破口、形成销售进攻线等重要销售动作提供帮助，所以它还不是一个真正意义上的助销工具，而仅仅是一个管控手段。因此，将客户档案卡作为一种销售工具，还有很长的路要走。

4. 工具四：产品样品及展示

产品样品是一个重要的单兵装备，很多企业是要求用样品进行销售的，因为他们很早就注意到样品设计与包装对销售的重要性。但是，对于样品设计技巧与原则还是有很多欠缺的地方。对于服务类、体积比较大的产品，或者技术含量很高的产品，样品的设计是有很大难度的。它们可能是一个模型，或者是幻灯片一类的东西，名字也会五花八门，如体验版、试用版、展示样本、DEMO、演示等，这些都相当于产品样品的作用。这类样品的设计需要对销售过程、客户特点有更加深入的理解，因此它们比那些实物产品的设计要困难得多。样品的使用是非常广泛的，它的直观性、真实性增强了销售的说服力，科学地进行这种销售工具的开发是非常必要的。

二、快速让客户信任的 4 项修炼

在商业中，信任是一切的基础，没有信任就没有成交。某机构调查结果显示：70%的消费者购买决定的做出是信任销售人员，20%是因为售后保证，10%是因为商品合适。

可见，信任是促成交易的关键。那么，销售人员应该如何在短期内与客户建立信任呢？销售人员需要做好客户关系的 4 项修炼。

第 1 项修炼：把自己变成客户的“自己人”

罗伯特·B·西奥迪尼（Robert B. Cialdini）的《先发影响力》中说，我们改变他人的能力，往往以彼此的私人关系为基础，这种关系造就了应用先发影响力获得顺从的背景。

什么类型的关系能在人与人的交往中为自己带来最大化的优惠待遇呢？答案就是成为对方的“自己人”。但是人与人的交往都带有自我保护的排他性，要怎样才能快速成为对方的自己人呢？

如果留心生活你就会发现，我们都喜欢自己所喜欢的，听自己喜欢听的话，做自己喜欢做的事；对那些自己不喜欢的，我们就会冷淡、轻视、逃避，甚至带有敌意。所以，我们想得到他人的信任，就必须从他人的喜好入手，说他喜欢的话，做他喜欢我们去做的事情，穿他所欣赏的衣服。如果我们所说、所做、所穿，皆是客户期待的，是客户欣赏的，就在客户心目中树立了“自己人”的形象，那么，我们就建立了“我们就是客户最需要的人、最佳的供应商”的形象。这个形象一旦建立，就形成了信任度。

有个销售人员拜访创维集团的某位老总，聊天的时候，发现客户老总穿的T恤是JEEP品牌的，这个销售人员就给客户老总看他的牛仔裤的商标，也是JEEP，然后又给客户老总看他穿的鞋鞋底的Logo，又是JEEP品牌的。客户老总哈哈一笑，原来我和他都喜欢JEEP品牌，喜欢自由自在。

销售人员和客户老总有共同的价值观，自然就形成了信任关系。有了共同的价值观，生意就由可以谈一谈变成必须合作。

第2项修炼：表现专业，成为行业专家。

当我们去医院看病时，我们会无条件信任为我们看病的我们不认识的那个医生。当我们去理发时，我们会信任那个拿着锋利的剪刀在我们头上挥舞的理发师。我们的信任，是信任他是专业的，信任他是他这行的专家，能解决我们的问题。

销售人员也必须是自己行业的专家，具备本行业的丰富的知识，并且这知识确实能帮客户解决问题。销售人员在与客户交流时，客户通过判断销售人员对产品的了解度，来判断销售人员的能力。如果销售人员展示的是行业专家水准，那无疑就赢得了客户对销售人员的信任，客户会因信任而支持销售人员，销售人员就会在销售的交易中占据领先位置。

第3项修炼：呈现高价值，释放受众无法抗拒的诱惑。

一家深圳的销售咨询公司，销售培训也是该公司的业务方向之一。一般而言，公司在年底都会召开全体销售人员大会，对公司销售人员进行培训和做一年的总结，所以李老板思考如何在年底针对深圳的企业进行销售培训。有个偶然的机会，李老板认识了一个销售人员，他是深圳某安防设备公司的员工。李老板问他，他们公司有没有培训，他说没有。李老板又问今年他们的业绩和去年比如何。他说比去年还差点，今年的大环境不好。李老板说，哦，你方便的时候把我引荐给你们董事长，可以吗？他说可以试一试。

这名销售人员帮李老板约了他的老总，他的老总也愿意和李老板交流下。在拜访前，李老板一直在思考：假设我是这家安防公司的董事长，我最关心什么？我担忧什么？李老板想了差不多7个问题，都是这家公司董事长要面临的痛点，比如：公司发展需要，自己公司的储备可能不够；公司的销售队伍的凝聚力不足、士气不高；公司缺乏成体系、能用的营销管理方法等。最后，李老板把问题差不多精简到5个。

做了这些事前准备之后，李老板就去拜访这家安防公司的董事长了。寒暄之后，李老板采用类比法的谈话技巧，告诉这家公司的董事长，他去年给江苏一家公司做销售咨询业务，这家江苏公司和董事长所在公司的现状有很多共同点，都需要进行一些专业的销售辅导，这样企业才能更好更快地发展。

李老板说，那家江苏企业的问题是：

公司想发展但是缺乏足够的资金；

公司销售部门销售人员的士气不高；

公司虽然参与市场战斗多年，但是一直没形成有战斗力的自循环的营销管理体系；

……………

李老板把他事前思考的这位董事长应该关注的几个痛点一一说了出来。

仅仅发现问题是不够的，客户需要的是解决问题的方案，李老板告诉董事长他是如何解决那家江苏企业的销售问题的。董事长听得很仔细，也问了几个细节，最后当场拍板，让李老板出个方案，他考虑下如何合作。

事实上，他们是在 2018 年 1 月形成合作的，李老板给他的公司做了一场专业销售培训，并且颁发了安防经理人培训证书。

赠人玫瑰，手有余香，你帮客户解决了问题，客户也一定会买你的单。我们想获得客户的信任，就必须展示自己的高价值，这个高价值就是我们确实能很好地解决客户的痛点。

第 4 项修炼：创造一个温馨舒适的交流环境。

人是环境的囚徒，如果你和他人在五星级大酒店会谈，这时你的鞋上沾满了泥巴，这可能会让你自卑，感觉不舒服。如果你在越野，在登山，那么鞋上沾满泥巴，你会感到自豪骄傲。同样是鞋上有泥巴这件事情，在不同的环境下会给人不同的感受。

人的天性是追求快乐、逃避痛苦，一个温馨舒适的环境会让人心情舒坦。在舒服的环境下，人因为不想破坏这种好的感觉而更容易妥协和放开自己。

销售是影响客户心智的工作，销售人员创造一个温馨舒适的环境，容易和客户交流、建立信任。

三、高效销售沟通包含的内容及时间分配

销售沟通是销售过程中的一个重要环节。当你如约见到了客户，你准备花多长时间与客户交流？交流哪些内容？时间怎么分配？通过和客户的交流，你要达到什么样的目的？这些都是我们需要考虑的问题。

时间就是金钱，在这个快节奏的时代，人人都有很强的时间观念，注重工作效率。客户很忙，通常不会留很多时间给我们。同样的，我们在一个客户身上，也不应该花费

太多时间。

那么，一次最佳的销售沟通，时间到底应该是多久呢？

根据销售精英们的经验，面对一个精准客户，从见面到最终的签单收款，最佳的时间应该控制在1个小时左右。并且，这1个小时的时间安排是不可以随心所欲的，而应该进行合理的规划。如果时间太长，节奏没有把握好，谈话的内容安排不得当，就容易让客户产生疲惫及混乱感，从而导致签单失败；如果时间太短，很多东西又可能说不清楚。

通常，在这宝贵的60分钟谈判时间里，销售人员需要做5件事情：一个简短的开场白；深入了解客户的实际需求；着重介绍自己的产品；与客户互动；谈签单。下面结合图4-5，我们先来看看每件事情的具体时间安排情况。

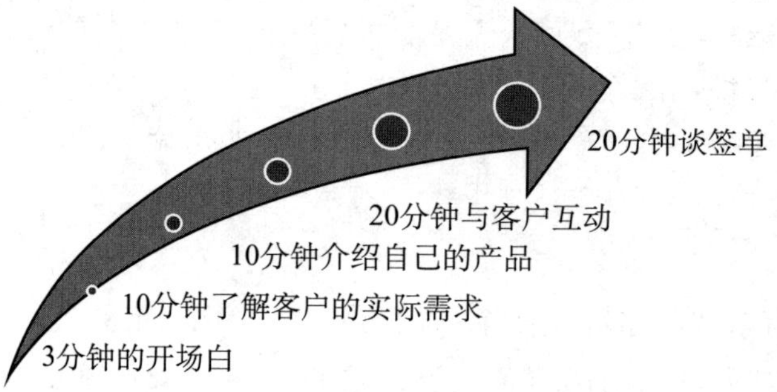

图4-5　面对精准客户时的时间把控

（一）3分钟的开场白

心理学上有个效应叫“首因效应”，它强调的是第一印象的重要性。这个效应，同样适用于销售沟通。

在销售沟通中，一个完美的开场白具有举足轻重的作用，它能帮助你赢得客户的好感，营造出良好的谈判氛围，奠定整场销售沟通的基调，让客户对你和你的产品感兴趣，愿意与你聊下去。

万事开头难。销售沟通的头开好了，后面的事情就会变得相对简单。反之，头开得不好，一上来就把客户得罪了，或者把天聊死了，或者无法抓住客户的兴趣点，那么这场谈判就注定会失败。

（二）10分钟了解客户的实际需求

俗话说：“知己知彼，百战不殆。”了解客户的实际需求，能够帮助我们对客户做一个全方面的判断，让我们在销售产品的时候，更有针对性，更突出优势，从而做到有的放矢。一场销售谈判，了解客户实际需求的时间应该保持在10分钟以内。时间过长，容易引起客户的疲惫和反感。

（三）10分钟介绍自己的产品

销售的最终目的是将产品卖出去，从某种意义上来说，产品才是整个销售过程的主角。一场销售沟通，用3分钟的时间做了一个好开场，又花了10分钟对客户的实际需求做了了解。此时，你已经与客户建立了一个良好的沟通氛围，那么，就到了切中正题、把产品推到客户面前、正式介绍产品的时间了。一般来说，考虑到客户的耐心和接受程度，这个过程不要超过10分钟。如果时间持续太长，客户可能又会听得不耐烦。

（四）20分钟与客户互动

产品介绍完毕后，如果客户对你的产品感兴趣，通常会与你互动，就他们所关心的问题以及他们的疑虑，向你进行详细了解。这个过程，就是你与客户的互动过程。一般来说，与客户的互动时间应该控制在20分钟内。如果时间太短，你可能无法解释清楚客户关心的问题；如果时间太长，又可能会使沟通陷入僵局。

在这关键的20分钟里，你一定要利用自己的销售技巧和话术点燃客户坚定签单决心的最后一把大火。

（五）20分钟谈签单

销售的目的就是签单，一场销售洽谈，即使你的开场再完美，你前面的铺垫做得再好，最后没有签单成功，那它就是失败的。在前面的过程中，你已经用掉了40多分钟的时间，所以最后留给签单的时间只有宝贵的20分钟。这20分钟，就是你与客户的博弈时间，是完成销售任务的关键。

一般来说，20分钟时间足够销售人员对客户进行几轮签单。在这20分钟的时间里，销售人员需要把握的一个原则就是咬紧牙关，第一轮不行就第二轮，力争现场签下单子。

模块6 团队项目实战训练

实训一 做好约见的准备工作

【实训目的】

能够运用所学的知识做好约见客户之前的准备工作。

【实训内容】

各团队以本团队实战销售项目为背景，利用业余时间，根据市场的需求选定所要销售的产品，自行进货，以学院内的师生作为潜在客户，然后在校园里销售，可以摆摊设点、上门销售或是电话销售。选择一个客户，进行约见准备工作。

(1) 先要了解客户的一些基本情况，如客户的籍贯、职务、所学专业、脾气性格、兴趣爱好、主要家庭成员、社会关系、信用状况等。

(2) 要明确本次约见的目的。

(3) 对约见对象的需求进行分析。

(4) 找到客户不可抗拒的约见理由。

(5) 对可能发生的障碍进行预测，并给出对策。

【实训成果及检测】

(1) 完成约见准备工作表（见前文表 4-1）。

(2) 老师根据约见准备工作表的内容完整性、结构清晰度、语言准确度、完成作业的态度及版面美观度打分。

实训二　拜访规划

【实训目的】

通过实训掌握拜访规划工作的要领。

【实训内容】

以本团队实战销售项目为背景，以学院内的师生作为潜在客户。对实训一中约见的客户进行拜访规划工作：

(1) 进行客户分析，分析该客户的特点、需求以及购买动机。

(2) 制定不同层级的拜访目标。

(3) 设计开场话术以便抓住客户的注意力，激发客户的兴趣。

(4) 制定沟通策略，清楚此次拜访需要了解什么信息，问怎样的问题才能得到这些信息。

(5) 制定相应的销售推进策略，并列出可能出现的异议，寻求解决的对策。

【实训成果及检测】

(1) 完成拜访规划表（见表 4-12)。

(2) 老师根据拜访规划表的内容完整性、结构清晰度、语言准确度、完成作业的态度及版面美观度打分。

表 4-12　　　　　　　　　　　　　　拜访规划表

<table>
<tr><td rowspan="4">项目</td><td colspan="3">组织购买动机：</td></tr>
<tr><td rowspan="3">被访人分析</td><td colspan="2">特点：</td></tr>
<tr><td colspan="2">个人需求：</td></tr>
<tr><td colspan="2">我们的相关产品和优势：</td></tr>
<tr><td rowspan="4">拜访目标</td><td colspan="2">目标</td><td>预期承诺</td></tr>
<tr><td colspan="2">最佳目标：</td><td></td></tr>
<tr><td colspan="2">第二目标：</td><td></td></tr>
<tr><td colspan="2">第三目标：</td><td></td></tr>
<tr><td>开场话术</td><td colspan="3"></td></tr>
<tr><td rowspan="5">沟通策略</td><td colspan="2">需要了解的信息</td><td>预期承诺</td></tr>
<tr><td colspan="2"></td><td></td></tr>
<tr><td colspan="2"></td><td></td></tr>
<tr><td colspan="2"></td><td></td></tr>
<tr><td colspan="3">销售策略：</td></tr>
<tr><td rowspan="4">异议预测</td><td colspan="2">可能出现的异议</td><td>应对策略</td></tr>
<tr><td colspan="2"></td><td></td></tr>
<tr><td colspan="2"></td><td></td></tr>
<tr><td colspan="2"></td><td></td></tr>
</table>

实训三　陌生拜访

【实训目的】

通过实训锻炼学生胆量以及陌生拜访的能力。

【实训内容】

以团队为单位，对周边商家或者写字楼内的公司进行陌生拜访：

(1) 每个团队要拜访 20 家商铺或公司。

(2) 训练拜访门卫、保安、前台的能力。

(3) 获取客户的信息，收集客户的名片。

【实训成果及检测】

(1) 拜访商家的数量以及索要客户的信息或者名片的数量。

(2) 完成陌拜总结。

项目五　销售洽谈

学习目标

掌握销售洽谈前的准备工作，能够确定洽谈的目标，懂得考虑谈判对手的需求，学会换位思考，会分析谈判双方的地位，并能制定相应的策略，能够控制谈判的过程，巧妙地破冰，创造和谐的气氛，并有效地探寻谈判对手关注的重点，学会有技巧地进行报盘，高效地磋商，实现交易的达成。

学习要求

1. 掌握谈判准备的内容
2. 学会控制谈判的进程
3. 掌握洽谈的技巧

技能目标

1. 学会控制谈判的进程
2. 学会根据不同的情况运用恰当的销售技巧
3. 掌握报价的技巧以及价格谈判的技巧
4. 学会处理僵局

重点难点

重点：洽谈的准备、洽谈的技巧

难点：洽谈过程的控制

模块 1　大家来讨论

美国人科肯受雇于一家国际性公司，并担任很重要的管理职位，不久后他向上司请求，想见识下大场面，要求出国进行业务谈判，使自己成为一名真正的谈判者。机会终于来了，上司派他去日本。他高兴得不得了，认为这是命运之神给他的好机会。他决心要使日本人全军覆没，然后再进攻其他国际团体。一踏上日本，两位日本朋友立即迎了上来，护送他上了一辆大型轿车。他舒服地靠在轿车后座的丝绒椅背上，日本人则僵硬地坐在前座的两张折叠椅上。

——“为什么你们不和我坐一起？后面很宽敞。”

——“不，你是一位重要人物。你显然需要休息。”

——“对了，你会说日语吗？在日本我们都说日语。”

——“我不会，但我希望能学几句。我带了一本日语字典。”

——“你是不是定好了回国的时间？我们到时可以安排轿车送你回机场。”

——“决定了，你们想得真周到。”

说着他把回程机票交给了日本人，好让轿车知道何时去接他。当时他并没有在意，可日本人就知道了他的谈判期限了。

日本人没有立即安排谈判，而是让这位美国朋友花了一星期游览了整个国家，从日本天皇的皇宫到东京的神社都看遍了。不仅介绍日本的文化，甚至让他了解日本的宗教。每天晚上还花四个半小时，让他跪在硬板上，接受日本传统的晚餐款待。当他问及何时开始谈判时，日本人总是说，时间还很多，第一次来日本，先好好了解下日本。

到了第 12 天，他们开始了谈判，并且提早完成去打高尔夫球。第 13 天，谈判又为了欢迎晚会而提前结束。第 14 天早上，重新开始正式谈判，就在谈判的紧要关头时，科肯时间已不多了，要送他去机场的轿车到了。他们只好上车继续商谈。就在轿车抵达终点的一刹那，他们完成了这笔交易。结果这次谈判科肯被迫向日本人做出了很大的让步，而自己惨败而归。

（资料来源：蔡春红，余远坤，冯强，蒋勇．推销技巧实战［M］．北京：清华大学出版社，2017）

【讨论】

请用商务谈判的原理分析美国人科肯这次谈判失败的原因。

模块2 基本知识

一、谈判的准备工作

对于商务谈判，“不打无准备之仗”这句话同样适用。在商务谈判开始前，应该准备什么，或许很多人都没有想过这个问题。准备靠自觉，谈判靠感觉，结果靠知觉，这样难以达到目的。

（一）确定谈判目标

1. 知道自己需要什么

如果没有事先考虑好自己应该从谈判中得到什么就开始谈判，那么谈判结束后，我们可能会放弃有价值的项目，代之以得到无价值的东西而告终。因此在谈判开始前，对自己需要得到什么应该有一个明确的设想。

2. 知道自己为什么需要它

对我们而言，弄清楚自己想得到的东西的原因是什么，可能会有助于我们达到隐蔽的目的。

3. 知道自己首要考虑的事

将自己在谈判当中想要得到的全部目标分解成若干组成部分，确定哪一部分首先考虑，哪一部分居其次，哪一部分最后才考虑。

4. 知道自己不能接受的是什么

在谈判中，也许有些条件是自己无论如何也不能接受的。如果谈判迫使我们要超出这些原则性的限度，也许就不值得我们再花时间和精力继续谈下去了。

5. 知道自己的谈判界限

在谈判中，我们能做的最有价值的事情之一就是弄清楚自己在谈判中的界限。这样我们就可以知道，谈到什么时候我们应该终止谈判；什么时候可以说“是”，什么时候可以说“不”；什么时候态度必须强硬；什么时候可以离开谈判桌结束谈判。也就是说，如果到了这个界限，我们就可以考虑自己应该去做什么了。

6. 为自己设定谈判的顶线目标、现实目标、底线目标

当我们知道自己想要什么、不想要什么、什么对自己最重要时，我们就可以开始为自己拟定谈判中的顶线目标、现实目标和底线目标。这些目标是我们将希望达到的结果和拥有的活动范围具体化的一个方面。

(1) 顶线目标是获得我们真正想要的一切。在一个理想的状态下，我们有可能实现它。

(2) 现实目标是实际上我们希望得到的结果，面对不同的谈判对象，其结果可能不同。

(3) 底线目标是我们的底线。当谈判达到这个界限时，我们应该终止谈判，离开谈判桌。

7. 知道自己能做出什么让步

谈判充满讨价还价、妥协、让步。为了得到自己想要的结果，就要做出一些让步。因此，应当考虑我们准备做出什么让步来实现自己所希望的谈判结果。这时应该弄清：

(1) 我必须拥有什么？对什么东西我不准备做出任何让步？

(2) 什么对我来说不重要？

(3) 我有什么必须拿去作为交换条件而准备放弃的呢？

例如：有一家电梯企业与一家房地产企业进行电梯销售谈判，该电梯公司销售部经理就将公司的销售管理制度与财务管理制度结合，对标的物进行了如下区分，见表5-1：

表5-1　某电梯公司谈判标的

标的物	公司要求	谈判目标	对方可接受	说明
销售价格	九折	九五折	九折	可以要（want）
账期	货到付清	货到付清	货到付清	必须坚持（must）
交货时间	三个月内	三个月内	两个月内	可以给对方（give）
结算方式	承兑或现汇	现汇	现汇或承兑	可以要（want）
质量保证金	5%	无	5%	可以给对方（give）
保修期	一年	一年	三年	必须坚持（must）

（二）考虑对方需求

谈判的准备工作不能仅仅考虑自己的要求和需要，也要考虑谈判的对方可能需要什么。这时需要我们做一个换位思考，站在对方的位置上来考虑问题：如果我们是对方，在谈判中我们需要什么？我们为什么需要它？我们需要得到这个结果背后的原因可能是什么？什么问题对我们来说最重要？我们首要考虑的是什么？什么问题我们不能做出丝毫让步？对我们来说最糟糕的结果可能是什么？我们的顶线目标、现实目标、底线目标分别是什么？我们准备拿来交换的是什么？我们可能会失去什么？我们为了支持我们的立场可能

会提出哪些问题？我们是否有足够的事实数据或信息来支持我们的立场与观点？

虽然我们不能准确地回答上述问题，但经过仔细考虑和推测，我们就能更好地把握谈判的进程与方向。

（三）分析谈判地位

一般认为谈判是双方的事，其实大多数情况下，销售谈判都是多方谈判：我们、客户和竞争对手。谈判的时候，我们在明处，客户在暗处，竞争对手也在暗处。客户知道我们和竞争对手的情况，而我们只知道自己的情况，客户经常会利用这种信息不对称性，来压低供应商的谈判条件，如果处理不当，我们就有可能输掉谈判。

通常情况下，会有3种谈判地位：优势地位、平等地位和劣势地位。

1. 优势地位

占据优势地位需要具备两个条件：

（1）我们的产品和服务对客户来说是唯一的，没有竞争对手，或者和竞争对手的产品差异很大。

（2）客户非常偏爱或需要我们的产品，不太容易改选竞争对手的产品。

在优势地位下，我们的谈判目标可以定得高一些，并且在谈判的过程中，要尽可能地坚守自己的条件，不能轻易让步。

2. 平等地位

平等地位包含两种平等：

（1）我们和客户是平等的。我们的产品是客户的首选，客户和我们一样希望谈判成功，不愿意谈判破裂。

（2）我们和竞争对手也是平等的。通常，处于平等地位时，客户会觉得我们比竞争对手更好一些，但差异不是很大，如果对谈判结果不满意，客户可以选择竞争对手的产品。

处于平等地位的情况下，制定目标时就需要考虑竞争对手的情况，报盘时不要高出竞争对手太多，甚至可以与之相当。在谈判的过程中，我们应该多途径搜集信息，密切关注竞争对手的动向，不要主动让价，而是根据竞争对手的变化调整策略。但是，要注意，不要被客户蒙骗。

3. 劣势地位

劣势地位是指以下几种情形：

（1）我们的产品和解决方案处在劣势地位，客户更倾向于竞争对手。

（2）我们和竞争对手相比处于劣势地位，竞争对手比我们更有实力，在产品、服务或者客户关系上胜过我们。

处于劣势地位的情况下，我们可以通过优惠条件来拉近和竞争对手的距离。因此，谈判目标要定得比较低，报盘要低于竞争对手，并且在谈判的过程中总是率先让步。

(四) 组建谈判团队

1. 团队成员的选择

(1) 根据谈判的内容来选择团队成员。在一个大的合作项目中，谈判内容会涉及很多方面，如技术上的实施细节、生产方面进度和质量的控制、营销的配合、售后服务的支持等。这种合作对于客户来说意义重大，他需要从方方面面了解实施细节，并得到供应商的保证。在这种情况下，双方都会成立一个由销售、生产、技术、财务等各部门人员组成的谈判团队。

(2) 根据客户的团队选择团队成员。当我们组建谈判团队时，还要考虑客户谈判团队的组成情况，我们要尽量和客户对等，这样一方面显示对客户的尊重，另一方面也会提高自身的谈判地位。例如：客户的谈判团队包括主管或副总，如果我们只派一位销售人员去主持谈判，不仅会让客户感到我们不重视他们，而且这个销售人员在谈判现场一定处于劣势地位，很难争取到好的交易条件。在这种情况下，我们也应该派一位级别相近的人加入谈判团队。

(3) 根据客户的感受选择团队成员。有时候，选择一些成员加入，是为了让客户感觉更放心，以增强客户的信任感。例如：在一个技术合作项目中，也许我们的销售人员完全有能力和客户一起就合作的技术细节进行有效的谈判，但是，客户会怀疑这种能力，他觉得技术细节方面应该和供应商的技术工程师或者实施团队的经理洽谈。在这种情况下，我们就要根据客户的感受选择相应的成员加入团队。

2. 谁有可能成为谈判团队的成员

首先，销售人员和他的上级经理，以及主管销售的副总经理会成为团队成员；其次，技术人员、生产人员、财务人员、市场营销人员、行政主管、外部咨询顾问甚至总裁，都有可能被组织到谈判团队中去。

3. 谈判团队的合作

(1) 确定谈判领袖。谈判领袖是谈判的主导者和组织者，他负责控制谈判方向。在谈判之前，他组织大家确定谈判策略，进行明确分工。在谈判中，他是最终的决定者。在谈判过程中，如果其他团队成员发现自己的想法和团队领袖不一致，要迅速放弃自己的想法，把发言的权力留给谈判领袖。由于谈判领袖的责任非常重大，因此谈判领袖的选择要慎重。通常，一个谈判领袖需要具备如下条件：

①了解整个销售过程，了解客户情况。谈判领袖并不是职位越高越好，为了在细节上能够有效地把握分寸，谈判领袖必须了解和客户接触的整个过程以及客户的详细情况。例如：一个公司总裁和销售经理或项目经理一起去参加谈判时，为了照顾客户的感受，可能在名义上，公司总裁为谈判小组组长，但实际的谈判领袖却是销售经理或项目经理。

②有进行大项目谈判的成功经验。大项目的谈判需要很好的宏观控制能力，没有经验

的谈判者很难胜任谈判领袖的职位。因此，在选择谈判领袖时也要考虑选择对象的谈判经验。在本公司任职期间曾经组织过类似项目的谈判并取得成功的人，是最好的人选。

③在本公司团队中有足够的影响力。选择团队领袖还要考虑选择对象在自身团队中的影响力。如果具备上述条件，但是因为团队领袖地位低微，其他团队成员不听他指挥，这样的领袖是没有办法控制局面的。有时候，如果我们必须选择一个在本公司内没有权力的人来做团队领袖，比如一个出色的销售人员，那么公司的管理层一定要出来给予权力支持，如总裁出面向谈判团队宣布将本次谈判全权授权给这位销售人员，大家必须听从这位销售人员的安排。

④在谈判现场对客户有一定的威慑力。我们的团队领袖职位要和客户接近，如果客户的团队领袖是总裁，我们的团队领袖至少也要是销售经理。如果需要，也可能会请销售副总、总裁出面，这样才能让双方进行平等谈判。如果客户方由总裁带队，而我们却由销售人员带队，这种不平等的谈判地位很难让我们取得满意的谈判效果。

（2）明确职责。谈判团队中的各成员会因为不同的需求被组织到谈判团队中来。因此，每个成员都应该明确自己的职责。在谈判合作时要做到：本职责内的事情准备充分，在回答客户问题和进行相关谈判时不出纰漏，对职责以外的事情绝不插嘴。例如：一个生产经理在谈判中，会对有关生产进程、质量控制等情况与客户进行出色的谈判，但当客户讨论价格问题时，无论他有什么样的想法，都不应当参与，而应当把谈判的权力交给项目经理或销售经理。

（3）确定角色。除了完成自己的职责外，谈判成员还要确定自己在谈判中的角色，以便在谈判中相互配合，取得最好的效果。最常见的角色就是红白脸。在谈判中，一些成员显得非常苛刻，他们提出严厉的条件，并摆出决不让步的架势；另一些成员则在双方剑拔弩张的时候出来调解，让大家各让一步。这样的配合之下，整个团队软硬兼施，有利于客户最终给出比较合理的交易条件。

（4）进行谈判前的演练。如果谈判团队要进行一项非常重要的谈判，团队成员最好事先进行演练，可以请销售人员、项目经理和采购经理一起组成模拟的客户谈判团队，作为陪练。通过和模拟客户谈判，能够练习相互配合的技巧，使各谈判团队的成员在谈判现场游刃有余，还可以事先发现各种问题，及时纠正。

（五）其他准备

（1）确定议事日程，并准备相关文件。

（2）确定谈判地点。很多时候，客户都愿意邀请供应商到他们公司去谈判，这样，客户可以占据主场优势，即在自己熟悉的环境中谈判，心理上会感觉更有优势、更安全。如果客户执意要这样做，供应商通常也很难拒绝。但是，如果客户并不坚持这样做，供应商可以尝试邀请客户到自己的公司来谈判，或者租用第三方（如酒店）的会议室进行谈判，这样可以打破对方的心理优势。如果客户接受我们对谈判地点的建议，那么在谈判准备时，就要事先准备好谈判场所，根据谈判人数布置好桌椅，并准备好饮用水、茶点等。除此之外，还需要根据客户的情况准备接送客户的车辆，或者给出交通路线图。

（3）准备谈判资料。包括草拟的协议、谈判条款的说明文件和其他相关资料。

（4）准备谈判用品。如电脑、投影仪、纸、笔等。

二、控制谈判进程

5－1
《中国合伙人》精彩谈判片段欣赏

（一）开场

1. 介绍团队成员

在谈判开始前，双方应该先介绍各自的团队成员。在商务礼仪的介绍礼仪中，有后者为尊的原则，因此，销售方应该先主动向对方介绍自己的团队成员，以显示对客户的尊重。被介绍到的成员应该微笑着向对方致意，并问候大家，如果有需要，也可以和对方团队成员握手。

2. 调节气氛

虽然在谈判中大家都会站在不同立场上为自己的公司争取利益，但是，如果能够在比较友好的气氛中谈判，双方的要求可能会比较合理，不会过度为难对方。因此，在谈判开始之前，建立一个和谐的气氛，有助于谈判的顺利进行，并取得双赢的结果。在谈判之前，可以聊一些比较人性化的话题，或者讲一些得体的笑话，使气氛变得轻松愉快。

3. 介绍议事日程

在开始正式谈判之前，要向对方介绍议事日程，告诉对方主要谈判哪些项目和如何安排时间等。如果双方都准备了议事日程，可以在各自介绍了自己的议事日程后进行协商，确定一个大家均认同的议事日程。

（二）探询

5－2
从《首席执行官》中学习慎重式开局策略

开始谈判后，不要急于进入谈判细节，要先用一种关切友好的态度去探询，以了解对方的立场和态度。我们要通过恰当的询问，去了解对方。

1. 最近的一些新变化

如果销售方昨天刚和客户进行了一次销售洽谈，第二天再进行谈判时，也许已对客户的情况了如指掌，不需要再了解什么。但是，如果双方隔了一个星期甚至一个月才进行再次谈判，客户情况就可能会有所变化，销售方就需要了解客户的最新情况，例如：

"新买的那套设备已经开始运行了吧？效果怎么样？"
"最近又招新员工了吗？"

2. 客户关注的谈判重点

了解对于客户来说哪些条款比较重要，并深入了解客户看重这些条款的原因。例如：

"您认为今天要谈判的重点条款是哪些？"
"价格是您最关心的因素吗？"

3. 陌生谈判对手的想法

在销售过程中，我们会与客户中的很多人进行交流，通常对决策团的人都比较了解，但是在谈判中，很可能会出现陌生的面孔。例如：销售方在销售中只和主管或副总打过交道，然而谈判时，总裁亲自出面了，或者对方带来了自己的法律顾问。在这种情况下，可以和陌生的人做一个简短的交流，了解一下他们的想法，以便及时调整自己的谈判策略，免得被对方搞得措手不及。例如：

"很荣幸，今天高总亲临谈判现场，我们非常想了解高总对这次谈判的想法。"
"陈律师大名鼎鼎，今天有幸见面，我们真的是非常高兴。我想您已经看过我们的协议草案了，您是专家，所以，我很想在谈判前先听听您对这次谈判的建议。"

在探询阶段，不要把自己放在谈判对手的位置上，要像客户的朋友一样，非常真诚地去了解对方的想法，并认真倾听。记住：现在谈判还没有开始，我们的目的是了解更多的信息，而不是和对方争执。在这个阶段，销售方只做两件事：问和听。

（三）报盘与接盘

1. 报盘

在进行了基本的探询之后，可以根据已经确定的报盘策略，给出自己的交易条件。虽然在报盘时我们留有余地，但是依然要用诚恳而认真的态度给出交易条件。不要摆出先报个虚盘、让对方谈判的架势，这样会提高客户对谈判的期望值。

2. 接盘

报盘之后，对方会还盘，并争取更好的条件。在对方还盘时要注意，不要轻易接受对方的条件，否则，会让客户感到不满。例如：我们去采购货物，对方开价4 000元，我们说："太贵了，3 000元还差不多。"对方说："3 000元？行，成交！"我们现在什么感觉？

我们一定觉得 3 000 元也贵了，或者开始怀疑对方的产品是不是有问题。此时，我们没有购买的欲望，也没有胜利的喜悦。

（四）磋商

1. 磋商的任务

（1）探求对方的底线，以便获得最好的交易条件。在磋商阶段，客户会提出新的要求，争取销售方的让步，销售方也会不断维护自己的立场，去争取客户的让步。双方这样做的目的，并不是对方开始开出的条件完全不能接受，而是希望找出对方的成交底线，使这次的交易最为合理，见图 5－1。

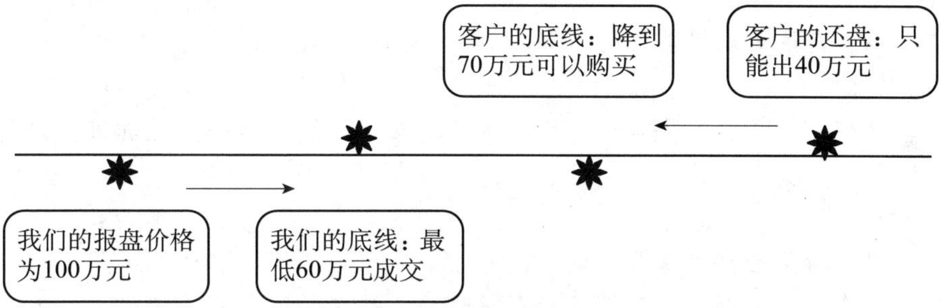

图 5－1　双方探求底线的行为

（2）协调分歧。由于双方的规则不同，或者是客户需求的原因，导致客户的条件与我们的条件存在分歧。例如付款期，销售方要求 30 天内付款，而客户方的财务部门一向实行 60 天内付款。再如供货期，由于客户在赶一项任务，需要 10 天内供货，而我们的常规是 20 天内供货等。这些有分歧的条款需要双方去协商解决。

（3）补充条款。在看过销售方草拟的协议后，客户会提出一些协议上没有的条款作为补充，或者提出一些新的条件，如附加培训服务等。

2. 磋商阶段常用的谈判技巧

（1）让步技巧。在磋商时，最常做的就是让步。客户会还一个较低的盘，来争取我们的让步。在谈判中，让步是必需的，不让步可能会使谈判破裂，还会影响和客户的交情。但是，让步必须使用一定的技巧，才能取得双赢的结果。下面列出了一些常用的让步技巧：

①整体让步。客户会要求我们在很多条款上让步，如果我们一项一项地让步，在让步时就无法考虑该项让步对其他条款的影响，最后导致在某些条款上无法让步，从而使谈判破裂，或者出现一输一赢的结果。

例如：客户提出要降低价格，销售方给出了最低价，现在，客户又提出要提前供货，并且不接受涨价。由于提前供货，销售方要加班赶制，无形中增加了成本，在这种情况下，销售方按最低价供货已经无利可图。即使下狠心答应了提前送货，现在客户又提出一定要60天内付款，而销售方的公司规定30天内付款，如果答应下来，公司又将损失一笔利息。现在该怎么办，是对谈定的条款反悔，还是放弃订单？

所以，在让步前，销售方要综合考虑客户的要求，进行整体让步。下面是整体让步的案例：

客户：我们希望价格再降5万元。

销售：您说价格再降5万元是吗？还有什么要求？

客户：另外，由于我们赶任务，最好能在10天内供货。

销售：还有吗？

客户：还有就是付款期问题，我们公司规定60天内付款，因此财务部门不会同意30天内付款。

销售：也就是说要求提前10天供货，并且延期30天付款，是吗？

客户：是的。

销售：提前供货，我们要加班赶制，这就意味着我们要额外支付加班费，这样会增加大约2%的成本，而延期付款，我们要多支付银行利息。如果我们满足这两个条件，价格就不能再降了。

客户：我们希望价格再降5万元。

销售：那您看交货期和付款期还能商量吗？如果这两项没有特殊要求，也许我能向公司领导争取一下价格优惠。

客户：嗯，这两项改变起来比较困难。

销售：那我真的没办法，增加了很多成本，再降价，我们就是做赔本生意了。

客户：多少降一点儿，这样我也好向领导交代。

销售：我试试降1万元，行不行？

客户：怎么也得降2万元吧。

销售：我只能尽力试试。

客户：好吧，我等你们消息。

在整体让步的策略下，销售方可以综合平衡需要付出的代价，用一些条件的妥协来讨价还价，从而获得满意的交易条件。

②有条件地让步。如果无条件地让步，则会加强客户讨价还价的兴趣。因此，当客户提出让步要求时，销售方每一次让步，都应要求以一定的条件作为交换，使让步变得非常艰难。这样，客户要求让步的欲望会降低，双方容易达成交易。例如：

客户：我们希望价格再降5万元。

销售：那不可能，76万元已经是我们的底价了。或者，我们将售后的培训从小班培训改为大班培训，这样能降低一些成本，也许能降点儿价。

客户：培训不能改，培训很重要。

销售：那我们看能不能一次付款，这样公司能节省一些利息支出，或许会同意降价。

客户：一次性付款？这个有难度，我们公司的财务部门不会同意。

销售：那降价就比较困难了。

客户：这样行不行，安装时，你们只来两个工程师就可以，我们部门可以调3个人过来支持。

销售：这样也行，不过这样节省不了多少资金。我想想，给您降1万元安装费可以吗？

客户：1万元太少了。

销售：可是，节约的成本只有这么多。

客户：我已经尽力帮你们了，你们怎么着也得再降一点儿。

销售：我尽力去争取让公司特批一下，再降1万元，总共降2万元，您看可以吗？

客户：行，你给争取一下，如果能多降点，再多争取一些。

销售：有些困难，不过我试试吧。

其实，在这个谈判中，销售人员再降2万元成交是可以接受的，但是，如果他当时说"我们只能降2万元"，客户一定不同意，他会继续向下压价。

通过不断地交换要求，客户厌倦了，希望结束这件事，同时，他也觉得对方确实已经到底价了，心理上也就接受了对方的提价，在这种情况下，又降了2万元，就很容易达成交易。

③递减让步。递减让步就是让步幅度逐步减小，这样会在心理上阻止客户进一步砍价。例如：100元的报价，先让10元，再让5元，再让2元，最后让1元，客户懒得为1元费劲了，从心理上也觉得似乎到底价了。

如果不递减让步，会激发客户的谈判欲望。例如：100元的报价，客户要求让步，先让了5元，当客户再要求让步时，又让了10元，越让越多，如果我们是客户，会怎么做？

（2）亮底牌的技巧。让步到一定程度，已经接近我们的底线时，我们必须亮出底牌，来中止对方的讨价还价。在亮底牌时，要注意：

①留有余地。通常，我们亮了底牌之后，客户依然不会放过我们，他一定会设法超越我们的底线，使自已得到特殊优惠。因此，亮底牌时，一定要给自己留有一点儿余地。例如：我们的底价是70万元，我们可能在谈到72万元时，就要亮底牌。告诉对方72万元已经是我们的底价了，我们无能为力了。这样，如果客户继续压价，我们还有周旋的余地，可以防止谈判破裂。

②接近事实。我们的虚拟底线不要离实际底线太远，如果我们告诉客户72万元已经是我们的底线了，客户一施压，发现其实可以以60万元成交，这样客户会失去对我们的信任。等到了60万元这个真实底线时，客户会认为可能50万元也能成交。如此下去，很

容易导致谈判破裂。

③真诚亮底。销售人员要非常真诚地报出底价。如果让客户看出我们在说谎，即便亮了底牌也无法激发客户的谈判欲望。

④不要打自己耳光。所谓打自己耳光，就是前后表述不一致，自己揭穿自己的谎言，失去客户的信任。例如：

销售：不行，72万元已经是我们的底线了，再往下降，就赔本了。
客户：再降2万元，70万元，凑个整数。
销售：行，那70万元吧，不能再降了。

现在，如果我们是客户，会怎么想？他在骗我们！他告诉我们如果价格低于72万元，他的公司就会赔本，但是现在，又肯接受70万元的价格，我们会满足于70万元成交吗？这种做法就是自己打自己耳光，等于告诉客户："别听我胡说，我说的话没准儿。"

（3）以攻为守。如果客户提出额外条件，我们可以采取以攻为守的方式来防御客户的进攻。这样，就可以变被动为主动，降低客户的期望。例如：

销售：您是说要将售后服务从1年延长到3年，是吗？那价格要增加10%。
客户：不可能，75万元已经很贵了。再增加10%，这种价格我们不能接受。
销售：不过延长到3年我们要增加很多成本，按照常规我们都是这样做的。
客户：那不可能，我们要求售后服务期为3年，但不能涨价，你们能做就做，不做我们就另找供应商。
销售：那我去和领导商量商量。
通过以攻为守的方式，销售方使客户满足于以原价成交。

（4）打破僵局的技巧。在磋商阶段，由于双方都在迫使对方让步，因此，很容易陷入僵局。如果陷入僵局，我们可以采取如下策略。

①休会。休会是常用的方式，当双方难以达成一致时，销售方可以建议大家休息一会儿。休息可以使大家放松心情，缓和争斗情绪，还可以使大家冷静地考虑一下对方的立场。例如：

客户：65万元，你们能不能做？
销售：65万元实在做不了。那样会赔本，我们最低也要70万元。
客户：××公司65万元就做，你们做不了我们就去和他们谈。
销售：您知道，××公司的设备和服务都不如我们。
客户：我们只在乎价格，你们决定吧。

销售：这样吧，谈了很久了。大家都累了，不如我们休息一会儿。旁边准备了茶点，可以休息一下，回来我们再谈。

刚才的谈判已经针尖对麦芒了。如果销售方不答应，客户会觉得没有面子。可能客户也知道××公司的设备和服务不如目前谈判的这个公司，而且××公司实际同意的价格是68万，并不比这个公司低很多，不过，如果继续僵持下去，客户为了自己的面子，可能真会放弃合作。现在休息一下，“斗志”削弱了，客户也获得了重新考虑和商量的机会。

休会结束了，双方平静地回到了谈判现场。

销售：刚才休息的时候，我又和领导商量了一下，低于70万元我们真的做不了，非常抱歉。我们交流了这么久了，非常希望能有机会和贵公司合作。您看能不能帮帮我们，我们一定以最好的服务来报答你们。

客户：行，看你们也挺为难的，合作嘛，还是要双赢，这样吧，我们接受这个价格，你们可要给我们做好。

销售：没问题，我会亲自监督实施过程，那谢谢您了！

②引入第三者。引入第三者是另一种形式的休会，销售人员可以说去请示领导，从而中止争吵，让客户冷静一下，过一会儿再回来继续商谈。

③情感三明治。即谈判—感情联络—谈判。当谈判进入僵局时，销售方可以拿出事先准备好的小礼物：“对了，差点忘了，我带来了公司新做的小礼品给大家，挺别致的。”通过说一些联络感情的话来打断争吵，然后再继续谈判。

④客户联盟。把客户从发难者转为问题解决者，和客户结成联盟，共同解决矛盾，从而实现双赢。例如：

客户：65万元，你们能不能做？

销售：为什么您非要以65万元成交呢？

客户：我们只有这么多预算。

销售：那我想想，其实你们现在不需要这么大容量，或者用低一级的产品，明年再申请预算扩容，这样今年只需要60万元，明年再加10万元扩容，就可以达到期望的水平。这么做可以缓解今年预算的压力。

客户：我不知道明年会不会争取到预算，如果争取不到怎么办？

销售：或者我们派人指导，由贵公司技术部的工程师自己安装，这样还能帮助他们尽快熟悉设备。我们正好安装人员紧张，如果这样做，我可以试试说服我们公司再降一点。

客户：嗯，可以考虑，这样会不会耽误工期或影响设备质量？

销售：不会的，我们可以保证质量。
客户：这样能降多少？
销售：我算算，大约可以省 2 万元安装费，67 万元吧。
客户：67 万元也还是多，再降点。
销售：我真的不好办了，您说降到多少？
客户：65 万元。
销售：真的不行，不然您再加 1 万元。66 万元，我尽力给您争取下来。
客户：行，你给争取 66 万元吧。

通过和客户协商解决，双方都得到了自己期望的利益，销售方也解决了安装人员紧张的问题，实现了双赢的结果。

（五）达成协议

当磋商接近销售方期望的目标值或者已经接近底线时停止谈判、促成签约。

1. 停止谈判的技巧

（1）让对方知道这是一笔好生意。谈判小组可以用适当的方式，让客户知道以这样的价格成交很合算，使客户产生签约的欲望。例如：

客户：70 万元行不行？
销售：70 万元？我们从来没给过这么低的价格。

销售人员用这种方式暗示如果以 70 万元成交，客户就得到了一个非常划算的交易机会。这样，一旦销售人员松口同意 70 万元成交，客户就会终止谈判，愿意签约。

有时候，也可以通过团队配合来告诉客户他已经获得了很好的交易条件，团队配合会更让客户信任。

（2）施加压力。

①时间压力。例如："我们的生产周期是 10 天，如果今天再不签约，我们就难以在 3 月 20 日之前交货了。"

②优惠期限压力。例如："如果在明天之前签约，可以享受促销期间的优惠，后天就恢复正常价格了。"

③涨价压力。例如："由于石油涨价，下周开始，我们的产品价格上调 5%，如果现在签约，可以享受目前的价格。"

④供货紧张压力。例如："现在供货紧张，如果不尽快签约，我不知道什么时候能拿到货。"

2. 签约

双方达成一致后，要签订书面协议。

3. 谈判后的关系维护

（1）夸赞对方的谈判技巧。谈判结束后，客户可能还会怀疑自己是否得到了最好的条件。这时候，我们要夸奖对方的谈判技巧，来加强客户的信心，并强化我们和客户的关系。例如，我们可以说："张经理谈判太厉害了，如果都像您这么谈判，我们真是没钱可赚了。"

（2）庆祝谈判成功。谈判成功意味着合作的开始。谈判时唇枪舌剑，难免气氛紧张；现在谈判结束了，大家在一起庆祝一下，预祝合作愉快，一来可以化解谈判中的不愉快，二来可以有助于未来的合作。有些公司会在谈判结束后宴请客户，增进和客户的感情。

三、选择谈判策略

谈判策略是指谈判人员为取得预期效果而采取的一些措施，它是各种谈判方式的具体运用。任何一项成功的谈判都是灵活巧妙运用谈判策略的结果，一个优秀的谈判人员必须谙熟各种谈判策略与技巧，学会在各种情况下，运用谈判策略达到自己的目标。

（一）互利型的谈判策略

5－3
商务谈判技巧之
谈判天平理论

互利型的谈判策略是建立在谈判双方互利互谅、有理有节原则基础上的谈判方式与技巧。在谈判中采用这类策略技巧，对双方都有益处，主要包括以下几种形式：

1. 休会

休会是谈判人员比较熟悉并经常使用的基本策略，是指在谈判进行到某一阶段或遇到某种障碍时，谈判双方或一方提出中断会议，休息一会儿的要求，以使谈判双方人员有机会恢复体力、精力和调整对策，推动谈判的顺利进行。

从表面上看，休会是为了满足人们生理上的需要，使谈判人员从紧张、正式的谈判中脱身，放松一下，恢复体力和精力，以利于再战。但实际上，休会的作用已远远超过这一含义，它已成为谈判人员调节、控制谈判过程，缓和谈判气氛，融洽双方关系的一种策略技巧。

在哪些情况下比较适合采用休会策略呢？大致有以下 5 种情况：

（1）在谈判的某一阶段接近尾声时。这时休会，可以使双方人员借休息之便，分析和讨论这一阶段的进展情况，预测下一阶段谈判的进展，提出新的对策。

（2）在谈判出现低潮时。从人的生理角度来讲，人的精力呈周期性变化，有高峰和低谷之分。如果谈判时间拖得过长，谈判人员会出现体力不支、头脑不清、注意力分散等现象，最好休息一下，进行短暂的休整后，再继续谈判。

（3）在谈判将要出现僵局时。在谈判中，双方观点出现分歧是常有的事，如果各持己见，互不妥协，谈判难免会陷入僵局。某些情况下，如果继续进行谈判，双方的思想还沉浸在刚才的紧张气氛中，结果往往是徒劳无益，甚至适得其反，导致以前的成果付诸东流。因此，比较好的做法就是休会，使双方有机会冷静下来，客观地分析形势，采取相应的对策。

（4）在一方不满现状时。谈判一方可能会出现对谈判内容、程序、进度等方面不满意的情况，可能会采取消极对抗的办法。这样，谈判就会变得毫无生气、拖拖拉拉，效率很低。这时，一方可以提出休会，进行私下磋商，重开议局，改变不利的谈判气氛。

（5）在谈判出现疑难问题时。在谈判中，由于是两方以上的交涉，新情况、新问题会层出不穷。如果出现意外情况，谈判难以继续进行时，双方可提出休会，各自讨论协商，提出处理办法。

休会一般是经由一方提出，另一方同意才能采用的方式，这需要双方的配合。因此，为了避免对方的拒绝，提出休会的一方要把握好时机，看准对方态度的变化。如对方也有休会的需要，则一拍即合，立即生效。一般来说，若东道主提出休会，客人出于礼貌往往很少拒绝。

休会是一种内容简单、容易掌握、作用明显的策略技巧，能否发挥上述作用，关键就看怎样运用了。

2. 假设条件

假设条件是指在谈判的探测阶段，假设某种情况，以试探对方的底细。这里的假设包含着虚拟的假设和真正的假设。例如：在谈判的探测阶段，当双方就交易的内容互相探测对方的底细或打算时，我方可提出“如果扩大订货，我们打算在价格上做出什么让步?”或者“假如我方推迟交货期，我们将采取什么样的付款方式?”这里提出的假设可能是一方真正打算采取的措施或做出的让步，也可能是一方虚拟的假设条件，以试探对方对此问题的态度和观点。

运用假设条件策略要注意以下问题：

（1）提出假设条件的原因。提出假设条件可以从两方面考虑。一是在我方认为不太重要的问题上提出假设条件，如果对方对此反应敏感，则说明对方对这一问题比较重视，如我方让步，会取得较好的效果；但如果对方反应平淡，则可能不是对方利益的关键所在，我方即使让步，收效也不会太大。二是在我方认为比较重要的问题上提出假设条件，如果对方也很看重这一问题，说明要获得对方的让步会很困难，必须有所准备。

（2）提出假设条件的时机。如双方就价格问题已商讨多时，在几乎确定的情况下，再就价格问题提出假设条件，有时不仅不能收到预期的效果，反而打乱了已谈妥的方案。只有在问题已经提出，双方出现分歧，都在设想多种解决途径，以便能选出最佳的组合方案时，这时的假设条件策略才能更好地发挥其作用。

（3）提出假设条件的后果。必须充分估计到当假设变成真实后可能产生的结果，这既影响到提出条件的一方是否打算把虚拟的假设变为真正的假设，也关系到当对方把我们提出的假设条件变成自己的要求，请求履行时所处的地位，弄不好自己会变主动为被动，给对方留下把柄。

3. 开放策略

近年来，随着人们传统谈判观念的转变，人们对谈判对象的认识已由简单的敌对者变为合作者或竞争性的合作者。与此相适应，开放策略越来越多地被运用到谈判中来。这一策略的基本含义，是指谈判人员在谈判过程中持诚恳、坦率的态度向对方袒露自己的真实思想和观点，实事求是地介绍己方情况，客观地提出己方要求，以促使对方通力合作，使双方在诚恳、坦率的气氛中有效地完成各自的使命。

这一策略常常遭到持传统谈判观点的人的否定。他们认为在双方对峙的谈判中，向对方介绍己方的主要情况，无疑会暴露己方实力，给对方以可乘之机。但事实证明，这一策略很有效。它有助于谈判人员达成一个双方都满意的协议，而双方都满意的协议会促成双方的长期合作，这给双方的利益远远不是一次交易结果所能衡量的。

当然，并不是在任何谈判中、任何情况下都可以采用这一策略。运用开放策略，首先，双方必须都对谈判抱有诚意，各自都把对方视为唯一的谈判对象；其次，运用这一策略的时机也很重要，一般是在谈判探测阶段结束或报价阶段伊始。在此阶段，对方的立场、观点、态度、风格等各方面的情况，我方已有所了解，双方处在诚恳、友好的谈判气氛中，这时提出我方要求，袒露我方思想，比较适宜。否则，开门见山地提出我方情况，讲一大堆我方困难，会让对方无所适从，甚至造成误会，认为我方不是没有诚意，就是想占便宜，这反而不利于谈判的进行。

4. 润滑策略

谈判人员在相互交往过程中，经常会互相馈赠礼品，用以表示友好和联络感情，这被西方谈判专家称为“润滑策略”。由于各民族的风俗习惯不同，在赠送礼品上有较大的差异。

首先，要注意由文化造成的爱好上的差异。例如：日本人不喜欢有狐狸图案的礼品；英国人不喜欢以大象作为商标的礼物，不喜欢有送礼公司标记的礼品；与法国人交往不能送菊花，因为在法国只有在葬礼上才用菊花；在阿拉伯国家，酒不能作为礼物送给对方。

其次，要考虑礼品价值的大小。古语云：“礼轻情义重。”一般来讲，送礼价值不宜太高，送礼物主要是表明或增进双方的友好情谊，不是贿赂。礼物过重，除了贪心者外，对方也不便接受，有时反而会产生疑虑。只要礼物符合其民族习惯且是精心选择的即可。

最后，送礼的场合也要注意。例如：对英国人最好是在请人用过晚餐或看完戏之后进行，对法国人则在下次重逢之时为宜。

赠送礼品是一个十分敏感而又微妙的问题，一定要慎重从事，否则会适得其反。如对方赠送礼品给我方，出于礼貌，我方应回赠礼品。如赠礼对象是一对夫妇，其夫人则是受礼的对象。

5. 留有余地

在双方谈判过程中，如果对方提出某项要求，我方是否需要马上答复呢？答案是否定的。即使是一方能够满足另一方的要求，最好也不要马上就答应下来。必要时，答复其主要内容，留有余地，以备讨价还价之用。

留有余地是在各类谈判中经常采用的策略技巧。因为谈判实际上是双方利益的协商，当一方提出要求让另一方让步时，也就意味着某方利益可能受到损害。如果双方都不做出让步，都向对方提出要求，那么，协议将无法达成。因此，双方都要设法以己方较小的让步换取对方较大的满足，或是以己方较小的损失争取更大的利益。但是，在具体运用时，却要讲究些策略。当对方提出要求，我方可以满足时，如果马上满口应承，就会使对方感到胜利来得太容易而不满足，甚至得寸进尺，提出新的要求；而如果留有余地，并不马上答复，给对方留下一个问题比较重要、我们需慎重考虑的印象，或是经过一番讨价还价再做出让步，分量就不同了。

6. 私下接触

在谈判过程中，双方人员都有比较充裕的时间进行休整，包括休息就餐、娱乐。如果谈判人员能充分重视这些"业余时间"，有意识、有目的地与谈判对手私下接触，不仅可以增进双方友谊，融洽双方关系，而且会得到谈判桌上难以得到的东西。

私下接触也是一种非正式的谈判。每当双方端坐在谈判桌前为各自的利益讨价还价时，都要受到谈判气氛的影响。谈判各方为了表示出强大与自信，战胜对手，都会从各个方面武装自己、防备对方。因此，在这种情况下，求得双方妥协让步和达成协议是件十分费力、艰苦的工作。但私下接触却能较好地解除这些戒备和武装。娱乐、游玩、就餐活动能很好地创造出轻松愉快的气氛，双方的交谈随意、活跃，对立的情绪也荡然无存，对对方的防备和警惕性大大下降，许多人在对方的盛情款待下变得十分慷慨。当然，这种口头承诺并不等于谈判协议中商定的条款，但至少我们找到了问题的突破口。如果能掌握好时机，乘胜追击，那么，这种承诺就会是合同中的条款。

私下接触的形式没有限制，凡是可以使双方人员高高兴兴消遣的地方或活动形式均属此列，如高尔夫球俱乐部、保龄球馆、游泳馆、大戏院等。

双方关系越熟，合作的时间越久，运用私下接触策略的效果就越好。如果双方个人间的友情已远远超过公司之间的关系的话，那么，私下接触甚至比正式谈判还要重要。

7. 有限权力

有限权力是指谈判人员使用权力的有限性。谈判专家认为，受到限制的权力才具有真正的力量，这是因为一个受到限制的谈判人员要比大权独揽的谈判人员处于更有利的地位。

当谈判双方就某些问题进行协商，一方提出某种要求企图让对方让步时，另一方反击的策略就是运用有限权力。他可向对方宣称，在这个问题上，他无权向对方做出这样的让步，或无法更改既定的事实。这样，既维护了己方利益，又给对方留了面子。

谈判人员受到限制的权力是多方面的，就金额限制来讲，有标准成本的限制、最高最低价格的限制、购买数额的限制、预算的限制等。此外，还包括公司政策的限制、法律和保险的限制、委员会的限制等。会利用限制的谈判人员并不把这些看成是对自己的约束，反倒更能方便行事。首先，把限制作为借口，可以拒绝对方的某些要求、提议，但又不伤其面子。其次，利用限制，借与高层决策人联系请示之机，可以更好地商讨处理问题的办法。最后，利用有限权力，可以迫使对方向我们让步，在权力有限的条件下与我们洽谈。如果对方认为我们的权力有限，要求直接与我们的上级交涉，就会遇到更大的压力，需要做更多的准备，甚至有些事情要从头开始。

当然，有限权力也不能滥用。过多使用这一策略，或者选择的时机不好，会使对方怀疑我们的身份和能力。如果对方认为我们不具有谈判中主要问题的决策权，就会失去与我们谈判的兴趣与诚意，这样双方只会浪费时间，无法达成有效协议。

8. 寻找契机

掌握契机最先是商场上的战术，是指寻找和创造有利条件或抓住有利时机来实现预期的目标，即我们常说的发现和利用市场机会。这是寻找交易伙伴、实现交易合作的最重要方式。

（1）培养谈判人员或企业家的经营素质。我们要具有市场经营的基本意识，否则，即便有市场机会，我们也认识不到，甚至会被别人加以利用。

（2）善于判断形势。只有善于分析局势，才会寻找和发现有利时机。一个优秀的谈判人员必须清楚地知道在什么场合下，谈论付款条件最有利；在什么情况下，生意应该谈到怎样的程度；在什么情况下，最好是放弃所坚持的。

（3）充分了解竞争对手。对竞争对手的了解，不仅局限在生意场合中，还要在其他能接触和联系上对方的活动中发现其特点，特别是其弱点。

（4）将危机变为生机。多数人认为出现危机是件坏事，如谈判陷入僵局，工厂濒临倒闭。但任何事物都有两面性，从危机的角度讲，人们只有面对危机时，才会感受到它，才会比其他任何时候更有动力和干劲。有时背水一战之后反倒起死回生了，这就是危机积极的一面。同时，它也告诉了我们如何把危机变为机会。但要注意的一点是，当危机发生时，不要急于反应，因为当时我们可能正处在危机的震惊中，很可能头脑发晕或惊慌失措。一旦我们根据潜在的机会分析过危机，控制住情绪，那么，我们就能正确对待危机并找出适当的解决办法。许多人在谈判中陷入僵局，或者对对方突如其来的感情爆发感到束手无策，就是因为其过于急切地要解决问题。

（二）对我方有利型的谈判策略

从这一角度出发，在谈判中应用的战略战术都围绕着对我方有利这一目标，但这并不是以损害对方利益为代价的。它的出发点在于努力寻求最佳途径，在不断争取我方利益的同时，也尽量使对方感到满意。

1. 声东击西

就军事战术来讲，声东击西是指当敌我双方对阵时，我方为更有效地打击敌人，造成一种从某一面进攻的假象，借以迷惑对方，然后攻击其另一面。这种战术策略同样适用于谈判。

在谈判中，一方出于某种需要而有意识地将谈判的议题引到对己方并不重要的问题上，借以分散对方的注意力，以达到我方的目的。

实际的谈判结果也表明，只有更好地隐藏真正的利益需要，才能更好地实现谈判目标，尤其是在我们不能完全信任对方的情况下。使用这种策略，其主要目的在于：

（1）尽管双方所讨论的问题对我方是次要的，但采用这种策略可能表明，我方对这一问题很重视，进而提高该项议题在对方心目中的价值，一旦我方做出让步，通常能使对方更为满意。

（2）作为一种障眼法，转移对方的视线。如我方关心的可能是货款的支付方式，而对方的兴趣可能在货物的价格上。这时声东击西的做法是力求把双方讨论的问题引到订货的数量、包装、运输等方面，借以分散对方对前述两个问题的注意力。

（3）为以后的真正谈判铺平道路。以声东击西的方式摸清对方的虚实，排除正式谈判可能遇到的干扰。

（4）作为缓兵之计，把某一议题的讨论暂时搁置，以便抽出时间对有关的问题作更深入的了解，探知或查询更多的信息和资料，或者以此延缓对方所要采取的行动，如发现对方有中断谈判的意图，可运用这一策略，表现出某种让步的姿态。

2. 最后期限

大多数的商务谈判，特别是那种双方争执不下的谈判，基本上都是到了谈判的最后期限或是临近这个期限才达成协议的，因为在期限到来时，人们迫于这种期限的压力，会迫不得已地改变自己原先的主张，以尽快求得问题的解决。

规定最后期限，也可以有效地督促双方的谈判人员振奋精神，集中精力。因为，随着期限的迫近，双方会感到达成协议的时间很紧，会一改平时拖沓和漫不经心的态度，努力从合作的角度出发，争取问题的解决。

当然，提出最后期限的方式也很重要。是委婉、彬彬有礼地提出最后期限，还是强硬、直言不讳地提出要求，对谈判所起的效果是截然不同的。前者会使谈判的气氛变得融洽，使对方为我们的诚意所打动；而后者只会引起对方的不满，招致报复，以致谈判中断。同时，要掌握提出最后期限的时机，弄不好，会使谈判的发展不利于己方。而提出最后期限又反悔，则是最失信誉的做法。

如果我方代表既负有与对方签约的使命，又有一个最后期限，提出这个问题，恐怕不利于我方，对方会利用期限的压力，逼迫我方让步。例如：最常见的形式就是，当我们刚下飞机，对方在安排我们的食宿时，他会彬彬有礼地问我们："您打算逗留几天？为您安排几号的飞机？"如果我们毫无戒心地说出我们的日程安排，对方也就掌握了我们的最后期限的截止日期，他很可能利用这一点，安排讨论的议程，利用最后期限的力量，迫使我们做出让步。所以，当我们负有签约的使命时，最好不要过早地告诉对方我们的行程时间、打算，以免对方钻空子。

相反，如果对方使用这一策略，一定要注意：

（1）如果我们有期限限制，绝不能泄露出来，这会对己方不利，甚至由主动陷于完全被动的局面。

（2）仔细研究对手设立期限的动机，以及不遵守期限可能导致的后果。

（3）不要被对方设立的期限所迷惑，绝大多数的期限都是有谈判的余地的。我方可采取一些措施、办法改变最后期限。

（4）可以不考虑对方个人或是公司提出的最后期限，按我方既定的计划行事。

3. 先苦后甜

先苦后甜也称吹毛求疵。这是指在谈判中，一方为了达到自己预定的目的，先向对方提出苛刻要求，然后逐渐让步，求得双方一致的做法，以此来获得己方的最大利益。例如：买方想要卖方在价格上给予折扣，但又估计自己若不在数量上做相应让步，对方恐怕难以接受这个要求，于是在价格以外的其他方面，如商品品质、运输条件、交货期限、付款方式等方面提出了较为苛刻的合同条款，作为双方商洽的基础。在针对这些条款的讨价还价中，让卖方感到买方在这些问题上忍痛做了较大的让步，因而比较满意。这样，当买方提出价格折扣问题或其他条件时，卖方就容易妥协了。实施这一策略的关键在于，要让卖方觉得，他在做价格让步之前，已从买方那里占了便宜，得到了对方的让步，而事实上，这些让步是买方本来就打算给予卖方的。

但是，任何谈判策略的有效性都有一定的限度，这一策略也是如此。先向对方提出要求，不能过于苛刻，漫无边际，要"苦"得有分寸，不能与通行的惯例做法相距太远。否则，对方会觉得我方缺乏诚意，以致谈判中断。

在谈判中运用这一策略时还要注意，提出比较苛刻的要求，应估计是对方没有掌握信息与资料的某些方面，或者是双方难以用客观标准检验、证明的某些方面，以增加策略使用的效果。

为了更好地运用这一策略，提出一方可让谈判小组成员分别扮演不同的角色。例如：扮演白脸的谈判人员提出苛刻条件，双方在围绕这些条件讨价还价、争得不可开交时，就需要有人扮演红脸的角色，不断妥协、让步，调和双方的关系，缓解紧张的气氛，达成双方的谅解。

白脸与红脸就是利用谈判人员既想与对方合作，但又不愿与有恶感的对方打交道的心理，诱导谈判另一方妥协的战术。这种方法有时十分有效。

需要指出的是，如果对方向我们使用这一方法，要注意不要落入圈套。有些情况下，不一定是白脸唱完了，红脸再上台，而是白脸、红脸一起唱。不管对方谈判人员如何表现，要坚持自己的谈判风格，按事先定好的既定方针办，在重要问题上决不轻易让步。

如果对方扮演的白脸与红脸不超出商业的道德标准，不以极其恶劣的手段来对待我们，就不要采取过分直率的行动，可以婉转地指出对方报价的水分，对所要求的不合理之处，提出我们的公平建议。如果对方确实在使用阴谋诡计，可以考虑采取退出谈判、向上级提出抗议、要求撤换谈判代表、公开指出对方诡计等形式。

4. 攻心策略

攻心策略也称为情绪论，它是一种心理战术，即谈判一方利用使另一方心理上不舒服或感情上的软化来使其妥协退让的战术。比较常见的有以下几种。第一，以愤怒、发脾气等爆发行为使对方手足无措，使对方感到强大的心理压力，特别是在对方是新手或软弱型谈判者的情况下更为奏效。第二，以眼泪或其他软化方式来博得谈判另一方的同情、怜悯，以使对方让步。这一方式在对待吃软不吃硬、双方有一定合作基础的谈判一方比较有效。第三，恭维谈判的另一方，唤起其自尊心和虚荣心，使对方在意乱情迷之下失去自我控制能力，或者为显示自己能力而做出退让。第四，制造负罪感，使谈判另一方产生赎罪心理。如前一笔交易，给我们的让利要在这一笔生意中找回来。第五，采取蔑视或暗示等形式，给对方设置心理障碍，制造其自卑感或令其产生低人一等的感觉，使对方主动让步。

由于攻心策略是针对谈判者本人的，因此具有十分强烈的心理效应。尽管商业谈判多为理智性行为，事先需要制定较为周密的计划方案，但是更重要的是谈判人员临场作用的发挥。因此，在谈判中，心理战术的运用特别重要。

但如果对方采用这种战术，我们可以采取下列对策。第一，保持冷静、清醒的头脑。千万别使自己的心理失去平衡。当情绪不宁、心绪烦躁时，要设法中止会谈，采取休息或其他方法，平静自己的心情，保持清醒、镇定。第二，一般情况下，特别是当与对方初次合作时，只谈事实，不涉及个人感受，要时刻提醒自己，不能凭感情、情绪化地处理谈判中的一切重要问题。第三，对谈判对手充满感情的话语的表达，要进行归纳和重新措辞，使之成为情绪化的表白。在表示我们了解他感受的同时，也表明我们应坚持的立场及我们所承担的责任。第四，明晰对方恭维的真正目的。坚持在任何情况下不卑不亢，不为所动。要学会区别对方是发自内心地佩服、尊重我们，还是出于某种目的，口是心非。一个优秀的谈判人员必须时刻牢记：重要的是谈判目标的达成，而不是虚荣心的满足。

5. 疲劳战术

在商务谈判中，有时会遇到一种锋芒毕露、咄咄逼人的谈判对手，他们以各种方式表现其居高临下、先声夺人的挑战姿态。对于这类谈判人员，疲劳战术是一个十分有效的策略。这种战术的目的在于通过许多回合的拉锯战，使这类谈判人员感到疲劳和生厌，以此逐渐磨去其锐气；同时，扭转我方在谈判中的不利局面，等到对手精疲力竭、头昏脑涨之时，我方即可反守为攻，促使对方接受我方条件。

在实际谈判中，确实也有许多人以富有耐心或善于运用疲劳战术著称。一位美国石油商曾这样叙述沙特阿拉伯石油大亨亚马尼的谈判战术：“他最厉害的一招是心平气和地把一个问题重复一遍又一遍，最后搞得我们精疲力竭，不得不把自己祖奶奶都拱手让出去。”如果我们确信对手比我们还要急于达成协议，那么运用疲劳战术会很有效。

采取这种疲劳战术，要求我方事先要有足够的思想准备，并确定每一回合的战略战术，以求更有效地击退对方的进攻，争取更大的进步。

6. 不开先例

不开先例是谈判一方为拒绝另一方要求而采取的策略。如买方提出的要求使卖方感到为难，卖方可向买方解释，如果答应了买方的要求，对卖方来说就等于开了一个先例，以后对其他买主要采取同样的做法，这不仅使卖方无法负担，而且对以前的买主不公平。

例如：“你们这个报价，我方实在无法接受，因为我们这种型号的产品售价一直是××元。”又如：“在30%的预付款的条件上可否变通一下，我们购买其他公司的产品一律按20%交预付款。”再如：“××公司是我们十几年的老客户，我们一向给他们的回扣是15%，因此，对你们也是一样的。”

在谈判中，拒绝是谈判人员不愿采用，但有时又不得不用的方式。因此，人们都十分重视研究拒绝的技巧，最主要的就是怎样回绝对方而又不伤面子、不伤感情，不开先例就是一个两全其美的好办法。

如果对方运用不开先例策略，我们的对策首先是具体情况具体分析。例如：“我认为你们给××公司20%的折扣是因为你们在那个地区已经有许多固定的用户，已经占领了当地的市场，没有必要在价格上进行竞争。但在我们这个地区却不同，这是个新开发的市场，产品还没有知名度，没有固定用户。为了争取用户，就要在价格上进行竞争，你方给我们的折扣要在30%才行，否则，难以销售。”其次，认真收集有关信息，判定对方的不开先例是借口还是真实情况，寻找突破口。

7. 争取承诺

一项承诺就是一个让步，有打折扣的效果。如果谈判一方无法得到对方的让步，就该尽量争取对方的承诺。承诺做出后，对方可能会履行，也可能不会。若要使对方履行承诺，则必须采取一些措施、步骤，要让对方知道不履行承诺是不妥的。但对大多数有道德的人来讲，一旦做出承诺，都会尽力履行。经验证明，人们维护自己所说的话，就像维护自身一样。

在谈判中，承诺的作用很重要。买方如果争取到卖方的口头承诺，可以增加买主议价的胜算。买方应把卖方的口头承诺记下来，妥善保存，以备以后查证。承诺的形式很多，不仅仅局限于一方答应承担某种责任。例如：在买卖交易中，买方的人员称赞卖方所提供的服务时，这也是一种承诺，卖方应巧妙地利用这一点，促使双方达成交易。

8. 出其不意

在谈判中，使对方惊奇乃是保持压力的较好方法，在短时间里它有一定的震慑力量，甚至会使对方措手不及。运用这一策略可包括以下几方面：

（1）令人惊奇的问题。如新的要求，出乎对方意料的诘问，提出我方所掌握的机密，揭露对方的底细等。

（2）令人惊奇的时间。如截止日期、会谈速度的突然改变，惊人的耐心表现等。

（3）令人惊奇的行动。如退出商谈，拖延的战术，感情上的爆发，坚决的反击。

（4）令人惊奇的人物。如谈判人员的更换，更高权威者的出现，技术专家、顾问、律师的到场等。

运用出其不意策略是指在对方尚无准备的情况下，打乱其计划或部署，或者是利用对方意想不到的事物，向对方反击，以使局势朝着向我方有利的趋势发展。因此，谈判人员掌握和运用这一策略是比较重要的。最常使用的、收效较好的出其不意的方式就是掌握令对方惊奇的事情、信息、资料，在必要时向对方摊牌，迫使对方在事实面前做出让步、承诺和保证。

但是，运用出其不意策略也要慎重，要充分估计到它可能产生的各种后果。因为运用这一策略既能够使对方措手不及，弄不好也能制造出不信任或恐惧的气氛，它很可能会阻碍双方意见的交流，使双方产生更多的隔阂，甚至使对方丢面子，陷入尴尬的境地。

9. 得寸进尺

这是指一方在争取对方一定让步的基础上，再继续进攻，提出更多的要求，以争取己方利益。这一策略的核心是：一点一点地要求，积少成多，以达到自己的目的。

但这种战术的运用也具有一定的冒险性，如果一方压得太凶，或者要求越来越高的方式不得当，反而会激怒对方，使其固守原价，甚至加价，以进行报复，从而使谈判陷入进退维谷的僵局。因此，只有在具备一定条件的情况下，才能采用这一策略。这些条件是：

（1）出价较低的一方，有较为明显的议价倾向。

（2）经过科学的估算，确信对方出价的“水分”较大。

（3）弄清一些不需要的服务费用是否包括在价格之中。

（4）熟悉市场行情，一般在对方产品市场疲软的情况下，回旋余地较大。

10. 以林遮木

人们常说“只见树木，不见森林”，这是比喻只看到事物的某一面或某一点，而忽略了事物的全局或整体。以林遮木则恰恰相反，是比喻人们被事物的总体所掩盖，忽略了事物的重点、要点。

在商务谈判中，运用以林遮木的方法就是，一方会故意向另一方提供一大堆复杂、琐碎甚至多半是不切实际的信息、资料，致使对方埋头查找所提供的资料，却分辨不清哪些是与谈判内容直接相关的，既浪费了时间、精力，又没掌握所需情报，甚至还会被对方的假情报所迷惑。这就像人们赴宴一样，这个吃一点，那个吃一点，可能还没吃到主菜时，肚子就已经饱了。以林遮木的另一种表现手法是一方介绍较多的情况，以分散对方的注意力，遮盖真实意图或关键所在，给对方造成错觉，以争取更多的让步。如果对方向我们使用这种战术，我们可以从以下几个方面加以注意：

(1) 始终保持清醒的头脑，当对方过于滔滔不绝地介绍枝节、细节时，我们就要提高警觉了，设法引导对方陈述实质内容，并力求让对方按我们的思路走。

(2) 对复杂的资料要进行分类，去粗取精，去伪存真，进行认真的调查分析。

(3) 善于提纲挈领地抓住主要问题，要时常提醒自己是否偏离了商谈的主要目标，可尝试在每一阶段的商谈结尾时作一下结论性的提示。

(4) 援引政府条例、法规或运用有关程序规定，迫使对方道出实情。

(5) 抓住一切机会向对方展开心理攻势，如暗示我方已掌握某些情况，必要时，可能放弃合作等。

(6) 注意谈判截止的时间。对方一般会在时间紧且我们又急于求成的情况下运用这一策略，切记不要上当。

11. 既成事实

既成事实可以理解为先斩后奏，先做后商量。在谈判中运用这一战术是指不顾对方，先为自己取得有利的地位，或争取某种做法，然后应对对方可能的反应和反击。这是在国际上，特别是政治交易中经常采用的策略技巧。如先动用武力，然后坐下来谈判，这时的局势对某一方可能会有利，有利于其取得理想的谈判效果。当然，采取这一策略，必须充分考虑行动失败可能导致的后果。

在商场上，买方经常采用的手段是：以低于赊欠额的汇票或支票作为清偿债务的全部；先侵犯卖方的利益，然后商谈补救措施；先将购进的设备安装妥当，然后要求退换设备；先使用材料，再谈改变付款条件；先向法院控告，再设法庭外调解。卖方经常采用的手段是：先动手修理设备，然后议定修理费；延期交货，使买方没有时间要求更换；收取较高或较多货款，交付较差或较少的货物。

采取既成事实策略，在许多情况下，会损害对方的利益，因此，这种做法不宜提倡。运用时所要掌握的度也非常重要，否则可能造成非常严重的后果。因此，也有些人认为，既成事实是一种商业欺骗或阴谋诡计。

如果对方采用这种策略，己方应有所警惕。最重要的一点是，在买卖合约中应严格规定双方应承担的责任、违约条款、处罚措施。在必要的条件下，果断采取法律行动。其他诸如要求数目可观的预付款、寻找可靠的担保人等都是较好的办法。

12. 以退为进

运用以退为进策略，从表面上看，是谈判的一方退让或妥协，或委曲求全，但实际上退却是为了以后更好地进攻，或实现更大的目标。在谈判中运用这一策略的主要形式是：谈判一方故意向对方提出两种不同的条件，然后迫使对方接受条件中的一个。例如：对方购买我们的产品，这时我们可以提出："对我方出售的产品，买方享受优惠价的条件是批量购买在 2 000 件以上，或者是预付货款的 40%，货款分两次付清。"这样，对方要想享受优惠价，就要在两个条件中选择其一。多数的做法是先向对方提出温和的要求，然后提出强硬的要求。一般情况下，对方要在两者中选择其一，对我们的温和要求自然就很容易接受了。

运用以退为进策略要认真考虑其后果，这里的退往往是指提出方的另一条件，如果不认真考虑退一步的后果，万一退一步的后果对我们十分不利，即使能够挽回，也得不偿失。此外，还要考虑退一步后对方的反应，如果我们无法把握对方的反应，也不要轻易使用这一策略。

13. 寻找代理

商务谈判中代理人是十分重要的。研究表明：寻找代理人谈判，有时比亲自交涉效果要好。因此，在必要的情况下，可以请代理人出面谈判。

在聘请中间人或代理人时需注意：

（1）要选择层次较高、有威信、商业信誉较好的人。这种人有广泛的人际关系网，能为我们谈成生意，而不是失掉生意。

（2）要选择忠诚可靠、愿意与我们合作的人。这种人能够尽心尽力履行与我们的协议，勇于承担其职责并对我们负责。

（3）代理人的职业素养也很重要，它体现在市场判断能力、创新能力、说服能力、应变能力、自信心等多方面。

聘用代理人，可以更好地运用和发挥谈判策略与技巧。一方面，当对方向代理人提出要求时，他通常会考虑代理人的"有限权力"，因此要求往往显得较为"合理"，这样，我们的利益损失也可以小一些；另一方面，在交易谈判中，代理人的心理状态比较稳定，他不同于交易当事者，买卖成功与否与切身利益直接相关。因此，代理人往往能争取到最优惠的条件。

需要指出的是，寻找代理人有个授权范围，有全权委托代理和一般代理之分，究竟采取哪一种代理方式，可根据具体情况灵活处理。

如果对方聘请代理人与我们谈判，需要提防其利用有限权力向我们施加压力，迫使我们做过多的让步。这种情况下，越权和其老板直接交涉是最好的办法。

模块3　操作指导

一、制定价格谈判策略

1. 价格定位

价格定位有两个价格体系（见图5-2），一个是盈利型价格体系，另一个是竞争型价格体系。

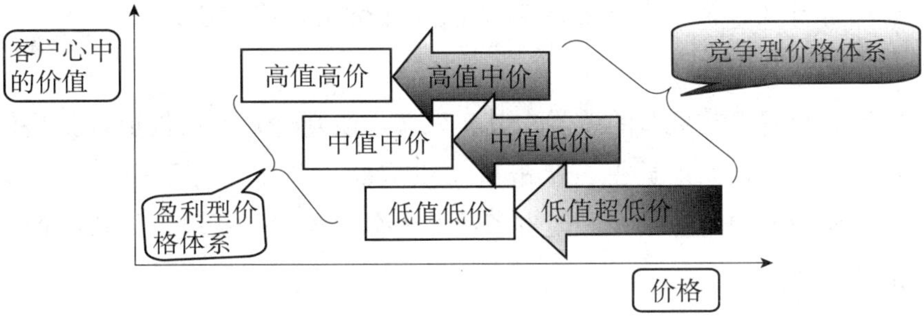

图5-2　价格定位中的价格体系

盈利型价格体系不是根据产品的成本定价，而是根据产品在客户心中的价值来定价。为了让企业获得最大价值，我们通常采取高值高价、中值中价和低值低价的策略，也就是完全根据价值的高低来确定价格的高低。如果该客户有行业示范作用，或者一个订单决定销售人员的公司将来能否进入某个领域等，在这种情况下，销售人员也可能采用竞争型价格体系。

竞争型价格体系是要让价格对客户产生强大的诱惑力，包括高值中价、中值低价和低值超低价。不同的价格体系决定了公司产品的价格，也决定了不同的谈判策略。

2. 确定目标价格

在确定了价格定位之后，就要确定目标价格，即理想的成交价格。目标价格对谈判结果有很大影响。

一次，某销售人员进入一个新的行业，到新的公司去工作，这个公司只给销售人员一张价表，如果需要让价，必须请示销售经理。有一个客户准备和销售人员签订一个较大的订单，客户提出要优惠，并且指出销售公司的报价比同行要高很多，于是，销售人员只能去和经理商量。经理很严肃地告诉销售人员说：“咱们公司报的都是实价，从来都不让价，不过看在你是新人的份儿上，我给你2 000元的余地。”2 000元对于该合同来说，几乎和没让价差不多。销售人员认为那真的是底价，便底气十足地告诉客户。

为了获得订单，销售人员只能尽力吸引客户关注他们的优势。当销售人员最终获得订单时，才被告知那是当年的最高成交价。

从上述案例可以看出，谈判目标对谈判结果有很大的影响。敢于制定符合自己竞争地位的高目标，可以让你获得更好的交易条件。

3. 制定报价策略

有了目标价格，接下来要制定报价策略。我们应该如何报价呢？假设我们确定的目标价格是100元，能报100元吗？或者我们应该报130元，甚至200元？我们应根据什么来确定报价呢？

5-4
常见的报价技巧

首先，要符合行规。每个行业都有习惯的成交价格，我们必须按照行业习惯留出足够的余地。

其次，要给客户留出“赢”的感觉。其实，客户谈判时并不仅仅追求价格便宜，还要找到一种“赢”的感觉，如果觉得自己战胜了供应商，即便只省了很少的资金，也很高兴；如果有被供应商欺骗的感觉，即便省了钱，也会不高兴。所以，报价时留一些空间给客户，这一点非常重要。

4. 确定底价和欲望终止线

底价，是销售人员能够容忍的最低价格。如果超过这个价格，可以选择放弃。通常的底价和成本有关。

除了底价外，我们还要制定一个欲望终止线。欲望终止线是一个虚拟的底价，它的价格和底价十分接近，但离真正底价还有一定距离。它形成底价保护层，其作用是终止客户的谈判欲望，帮助销售人员守住底线，使销售人员有一定的回旋余地，防止谈判破裂。

在谈判时，第一次告诉客户的底价应该是虚拟底价，因为很多客户都不甘心一次谈判就成交，他们希望得到特殊优惠，因此，销售人员报了底价之后，他们依然会要求销售人员再做一点儿让步，在这种情况下，虚拟底价和真实底价之间会有一个缓冲层。

报价策略见表5-2所示。

表5-2　报价策略表

报价	具体报价策略
目标价格	
欲望终止线	
底线	

二、价格谈判的三部曲

（一）控制客户的期望值

价格谈判的第一步是控制客户的期望值。谈判最终是皆大欢喜还是不欢而散，在一定程度上取决于客户的期望值。双方期望值差异越大，谈判越难；差异越小，谈判越容易取得结果。控制客户的期望值就是尽可能降低客户对谈判结果的期望，可以通过三个方面来实现：

1. 压低期望

压低期望就是压低客户对降价幅度的期望。例如：原来客户打算把价格从 100 元砍到 50 元，这样的谈判就会很艰苦，如果通过采取压低期望的策略，使客户只期望砍下 20 元，就能大大提高成功率。那么，应该怎样压低期望呢？

第一条策略是通过说明市场情况，让客户认识到销售人员的价格并不高，没有多少砍价余地。

第二条策略是态度坚决地表明很难让价，打消客户大幅度砍价的念头。

例如，花店的销售人员应态度鲜明地告诉客户如下信息：情人节的花都是这个价格，各个花店在情人节这天都不降价，老板没有给自己降价的余地等，这样就会动摇客户的砍价信心，从而降低其期望值。

2. 提升价值

提升价值就是让客户感到我们的产品是物有所值甚至物超所值的，以此来提高客户的价格承受力。

提升价值可采取的策略是：强化客户对该产品品牌和质量的认知，让客户感受到该产品档次的不同，描述客户可获得的利益，增强客户对利益的渴望，淡化其对价格的认知。

例如，花店老板可以告诉客户如下信息：

（1）“您说的 3 元一支的是普通玫瑰，这是大朵的精品玫瑰，它表达的心意不同。”

（2）“情人节玫瑰可以带给我们甜蜜的爱情。”

（3）“情人节玫瑰有可能给我们带来终身的幸福。”

（二）价格磋商

在控制了客户的期望值后，我们就要和客户进行价格磋商了。在磋商的过程中，有三个重要的技巧。

1. 不接受客户的第一次还盘

为什么不能接受客户的第一次还盘呢？仍旧以“情人节玫瑰”为例，以下是花店店员与客户的对话：

客户：玫瑰花多少钱一支？
店员：20元一支。
客户：平时玫瑰花才3元一支，便宜点儿。
店员：实在便宜不了，今天都这个价。
客户：不可能，平时3元一支的花，卖20元，会便宜不了？这样吧，10元一支怎么样？
店员：行，10元就10元，你要多少？

客户会有什么感受呢？价格砍下来一半，但客户却完全没有高兴的感觉，总觉得有什么地方不对劲，是做了冤大头，还是买了次品？要不对方怎么这么快就答应以这个价格成交呢？所以，接受第一次还盘导致的后果就是，客户会认为自己出的价太高，从而产生挫败感，或者会对产品的质量产生怀疑，这两种情绪都可能导致客户放弃或推迟购买。

那么，应该如何应对客户的第一次还盘呢？我们来看下面的例子。

客户：玫瑰花多少钱一支？
店员：20元一支。
客户：太贵了，便宜点儿，18元一支怎么样？
店员：什么？18元一支，您开玩笑。您总不能让我赔钱卖吧！

2. 递减让价

递减让价是指每次让价幅度都比上次小，逐渐递减，当降价幅度递减到几乎可以忽略不计时，让价也就自然停止了。我们来看下面的例子：

客户：玫瑰花多少钱一支？
店员：20元一支。
客户：太贵了，便宜点儿。
店员：那19.5元一支。
客户：19.5元也还是贵。
店员：那18元行吗？
客户：……

现在，请思考一下，如果我们是客户，我们会接受18元的价格吗？当然不会接受，因为让价越让越多，如果继续还价，会收获更丰。

不同的让价方式会给客户带来不同的感受：

（1）当让价幅度越来越大时，每次砍价都能得到更多优惠，这会给客户一个激励信号，让客户觉得我们报的价格中水分很多，因此越来越想讨价还价，而实际上我们并不会有越来越多的让价余地，这样很容易导致谈判破裂。

（2）当我们均等让价时，客户觉得每次讨价都能得到一次优惠，很容易惯性地砍下去，这也不是我们所希望的。

（3）如果我们递减让价，当最后的让价幅度已经小到可以忽略不计时，客户就会感觉报价中的水分被榨干了，这时，谈判自然就终止了。

通过上述分析，我们可以看出，递减让价能向客户暗示我们已经没有让价空间了，从而有效地终止谈判。那如何递减让价呢？要先清楚自己的终止线的位置，然后逐步递减让价幅度，直至最后的让价变得没有任何意义。

客户：玫瑰花多少钱一支？
店员：20 元一支。
客户：太贵了，便宜点儿。
店员：那 19.5 元一支。
客户：19.5 元也还是贵，再便宜点儿。
店员：再便宜卖不了，这样吧，19.2 元，您看怎么样？
客户：19.2 元还是太贵，再降点儿。
店员：要不 19 元吧，不能再降了。
客户：为什么不能再降了？不降我就不买了。
店员：您这不是让我为难吗？真不能再降了，要不这样吧，18.9 元。
客户：你们开玩笑，一角钱也算降？
店员：本来就不能降了，再降就赔钱了。

3. 让价时要索取回报

天下没有免费的午餐，因此在销售过程中，尽量做到不做无条件的让步，当客户提出要求时，在让步之前应提出一定的交换条件。

提出交换条件有两大好处：①增加了客户讨价还价的难度和成本，这样就会降低客户讨价还价的兴趣；②为自己的让步索取了回报，可以让我们获得更好的交易条件。学会有条件地让步，就要在每次让步之前，都先提出一个合理的要求作为交换条件，不做无条件的让步。这种交换条件可以为谈判增加筹码，必要的时候，可以放弃回报来终止谈判。

客户：玫瑰花多少钱一支？
店员：20 元一支。
客户：太贵了，便宜点儿。

店员：您说多少？

客户：18 元。

店员：18 元？这样吧，18.5 元，您用便宜点的包装纸，您看，这种纸也不错。

客户：这种纸不显档次，不能用这种纸。

店员：那就降不了了。18 元卖不了，最低 19 元。

（三）终止谈判

经过一段时间的价格磋商之后，就要进入第三步——终止谈判。我们的让价余地是有限的，因此不可能让谈判一直延续下去，当价格磋商已经接近目标价格，甚至接近底线时，我们就要设法终止谈判，促成合作。无限延续的谈判最终会走向破裂，导致交易失败。

1. 报出底价

在报底价的时候，虽然报的是虚拟底价，但报价的态度要像报真实底价一样显得很坚决、很诚恳，做出确实无价可让的样子。我们要通过口头语言和肢体语言让客户相信，我们报出的确实是底价。只有让客户相信，我们才能真正终止客户的谈判欲望。

2. 设置门槛

如果欲望终止线没有终止客户的谈判欲望，客户继续向下压价，这时候要设立一些门槛来进一步阻止客户前进的脚步，通常的做法是对客户说明自己已经无权再让步了，要去请示领导，然后带着领导给出的优惠价格回来。这点很重要，可以增强客户的满足感，这样能有效地阻止客户继续谈判。

3. 替客户搭桥

如果客户还是不接受我们提出的价格，仍要继续谈判，但我们其实已经无价可让，这时候谈判容易陷入僵局。例如：我们的底价是 200 元，客户坚持要 190 元成交，我们根本实现不了 190 元的价格，双方各执一词，谁也不让步，这时候，如果客户主动让步，会觉得没面子，最终，客户很可能仅仅为了面子而结束合作。为了防止这种事情发生，我们可以做第三步工作——替客户搭桥。首先，总结一下这次合作带给客户的利益，重新激发客户的合作欲望；其次，清晰地告诉对方我们已经尽了最大努力，接着向客户表示道歉，让对方心理平衡一点儿；最后，告诉客户我们对他非常重视，很愿意和他合作，请他接受我们的底价。经过一系列工作，客户得到了心理满足，很可能就愿意接受最终的价格了。

三、处理谈判僵局的技巧

僵局使谈判双方陷入一筹莫展的境地。它影响谈判效率，挫伤谈判人员的自尊心。因此，应尽力避免在谈判中出现僵局。在僵局已经形成的情况下，一般应采取以下对策来缓和双方的对立情绪，使谈判出现新的转机。

5-5
如何处理谈判中的阻碍和僵局

1. 应抛弃旧的传统观念，正确认识谈判中的僵局

许多谈判人员把僵局视为失败的概念，企图竭力避免它，在这种思想指导下，不是采取积极的措施避免，而是消极躲避。在谈判开始之前，谈判人员就祈祷能顺利地与对方达成协议，完成交易，别出意外麻烦。特别是当他负有与对方签约的使命时，这种心情就更为迫切。这样一来，为避免出现僵局，谈判人员就事事处处迁就对方，一旦陷入僵局，就会很快地失去信心和耐心，甚至怀疑自己的判断能力，对预先制定的计划和方案也产生了动摇，还有的人后悔当初如何如何。这种思想阻碍了谈判人员更好地运用谈判策略，事事处处迁就的结果，就是达成一个对己不利的协议。

应该看到，出现僵局对双方都不利。如果能正确认识，恰当处理，就能变不利为有利。我们不赞成那种把僵局视为一种策略，运用胁迫手段使对手妥协的办法，但也不能一味地妥协退让，这样，不但避免不了僵局，还会使自己十分被动。只要具备勇气和耐心，在保全对方面子的前提下，灵活运用各种策略、技巧，僵局就不是攻克不了的堡垒。

2. 避重就轻

转移视线，避重就轻也不失为一种有效方法。有时谈判出现僵局，往往是僵持在某个问题上。这时，可以把这个问题避开，磋商其他条款。例如：双方在价格条款上互不相让，僵持不下，可以把这一问题暂时抛在一边，洽谈交货日期、付款方式、运输、保险等条款。在这些问题的处理上，如果双方都比较满意，往往可以坚定解决问题的信心。如果一方特别满意，很可能对价格条款做出适当让步。

3. 运用休会策略

谈判出现僵局时，双方情绪都会比较激动、紧张，会谈一时也难以继续进行。这时，提出休会是一个较好的缓和办法，东道主可在征得客人的同意后，宣布休会。双方可以借休会之机冷静下来，仔细考虑争议的问题，也可以召集各自的谈判小组成员，集思广益，商量具体的解决办法。

4. 改变谈判环境

如果做了很大努力，采取了许多办法、措施，谈判僵局还是难以打破，这时，可以考虑改变一下谈判环境。

谈判室是正式的工作场所，容易形成一种严肃而紧张的气氛。当双方就某一问题发生争执、各持己见、互不相让，甚至话不投机、横眉冷对时，这种环境更容易使人产生一种压抑、沉闷的感觉。在这种情况下，我方可以建议暂时停止会谈或双方人员去游览观光、

出席宴会、观看文艺节目等。这样，在轻松愉快的环境中，大家的心情自然也就放松了。更重要的是，通过游玩、休息、私下接触，双方可以进一步熟悉、了解，清除彼此间的隔阂，也可以不拘形式地就僵持的问题继续交换意见，寓严肃的讨论和谈判于轻松活泼、融洽愉快的气氛之中。这时，彼此间心情愉快，人也变得慷慨大方。谈判桌上争论了几个小时无法解决的问题，在这儿也许会迎刃而解。

经验表明，双方推心置腹的诚恳交谈对缓和僵局也十分有效。例如：强调双方成功合作的重要性、双方之间的共同利益、以往合作的愉快经历、友好的交往等，有助于促进对方态度的转变。在必要时，双方会谈的负责人也可以单独磋商。

5. 利用调解人

当出现了比较严重的僵持局面时，彼此间的感情可能都受到了伤害。因此，即使一方提出缓和建议，另一方在感情上也难以接受。在这种情况下，最好寻找一个双方都能够接受的中间人作为调解人或仲裁人。

在这里，调解人或仲裁人可以起到以下的作用：

（1）提出符合实际的解决办法。

（2）出面邀请对立的双方继续会谈。

（3）刺激、启发双方提出有创造性的建议。

（4）不带偏见地倾听和采纳双方的意见。

（5）综合双方的观点，提出妥协的方案，促进交易达成。

调解人可以是公司内的人，也可以是公司外的人。最好的仲裁者往往是和谈判双方都没有直接关系的第三者。一般要具有丰富的社会经验、较高的社会地位、渊博的学识和公正的立场。总之，调解人的威望越高，越能获得双方的信任，越能缓和双方的矛盾，达成谅解。

6. 调整谈判人员

当谈判僵持的双方已产生对立情绪，无法调和时，可考虑更换谈判人员，或者请地位较高的人出面，协商谈判问题。

双方谈判人员如果互相怀有成见，特别是主要谈判人员，那么，会谈就会很难继续进行下去。即使是改变谈判场所，或者采取其他缓和措施，也难以从根本上解决问题。之所以形成这种局面，是因为在谈判中不能很好地区别对待人与问题，由对问题的分歧发展为双方个人之间的矛盾。当然，也不能忽视不同文化背景下，人们不同的价值观念的影响。

在有些情况下，如洽谈的大部分条款都已商定，却因一两个关键问题尚未解决而无法签订合同。这时，我方也可由地位较高的负责人出面谈判，表示对僵持问题的关心和重视。同时，这也是向对方施加一定的心理压力，迫使对方放弃原先较高的要求，做出一些妥协，以利于协议的达成。

四、谈判中的语言技巧

商务谈判中的语言技巧主要有以下几个方面：

1. 谈判语言的针对性要强

在商务谈判中，双方各自的语言，都是表达自己的愿望和要求的，因此谈判语言的针对性要强，做到有的放矢。模糊、啰嗦的语言会使对方疑惑、反感，降低己方的威信，成为谈判的障碍。

针对不同的商品、谈判内容、谈判场合、谈判对手，要有针对性地使用语言，才能保证谈判的成功。例如：对脾气急躁、性格直爽的谈判对手，运用简短明快的语言可能更受欢迎；对慢条斯理的对手，采用春风化雨般的倾心长谈可能效果更好。在谈判中，要充分考虑谈判对手的性格、情绪、习惯、文化以及需求状况的差异，恰当地使用有针对性的语言。

2. 谈判中的表达方式要婉转

谈判中应当尽量使用委婉的语言，这样易于被对方接受。例如，在否决对方要求时，可以这样说："您说的有一定道理，但实际情况稍微有些出入。"然后不露痕迹地提出自己的观点。这样做既不会有损于对方的面子，又可以让对方心平气和地认真倾听自己的意见。

其间，谈判高手可以尝试把自己的意见用委婉的方式伪装成对方的见解，以提高说服力。在提出自己的意见之前，先问对手如何解决问题。当对方提出以后，若和自己的意见一致，要让对方相信这是他自己的观点。在这种情况下，谈判对手有被尊重的感觉，他就会认为反对这个方案就是反对他自己，因而容易达成一致，获得谈判的成功。

3. 谈判过程中要能灵活应变

谈判形势的变化是难以预料的，往往会遇到一些意想不到的尴尬事情，要求谈判人员具有灵活的语言应变能力，与应急手段相联系，巧妙地摆脱困境。当遇到对手逼我们立即做出选择时，我们若是说"让我想一想""暂时很难决定"之类的话，便会被对方认为缺乏主见，从而在心理上处于劣势。此时，我们可以看看表，然后有礼貌地告诉对方："真对不起，9点钟了，我得出去一下，与一个约定的朋友通电话，请稍等5分钟。"于是，我们便很得体地赢得了5分钟的思考时间。

4. 恰当地使用无声语言

商务谈判中，谈判人员通过姿势、手势、眼神、表情等非发音器官来表达的无声语言，往往在谈判过程中发挥重要的作用。在有些特殊环境里，有时需要沉默，恰到好处的沉默可以取得意想不到的良好效果。

模块4 案例学习

他为什么后悔

一名叫安古斯·麦克塔维希的生意人想换一艘游艇，正好他所在的游艇俱乐部的主席想把自己的游艇出售，再买更大的，他表示有兴趣买下主席先生的游艇，两人谈得很投机。“我们出个价吧！”主席先生说。安古斯·麦克塔维希小心翼翼地报了一个价格：“我凑到手的钱只有14.3万英镑，你看怎么样？”其实，他有14.5万英镑，他留了余地以准备讨价还价。没想到对方很爽快：“14.3万英镑就14.3万英镑，成交了！”可是安古斯·麦克塔维希的高兴仅仅维持了几分钟，他就开始怀疑自己上当了，那艘游艇他横看竖看总觉得有问题。十多年来，每当他提起这笔交易时，总认为是自己上当了。

安古斯·麦克塔维希为什么会后悔呢？

安古斯·麦克塔维希之所以仅仅高兴了几分钟就开始后悔，一方面是对方让步太快，以致他有自己是否开价太高了的感觉；另一方面是在没有真正把握对方意图和想法的时候，就透露了自己的底牌，让他感到利益受损了。

（资料来源：http://www.docin.com/p—583112466.html）

请思考：

假如我们是游艇俱乐部的主席，在价格谈判时，我们将如何控制价格让步节奏，既达成交易，又让客户满意？

模块5 知识拓展

一、成功谈判的策略

谈判中最重要也是最艰难的一幕就是谈判中的较量，前期哪怕做了很多准备，如果在这个实际运作中把握不住，也往往前功尽弃。现实生活中，我们基本上每天都在谈判，只不过形式不同而已，以下几大谈判技巧有助于谈判的成功。

1. 避免具有冲突性的谈判

如何避免具有冲突性的谈判？这是比较敏感的话题，因为谈判也与年龄有关，年纪轻轻的人或许在谈判时比较由着自己的性子去办事。

例如，在某一个谈判项目上，年纪轻、性子直的人会直接说："我想知道我们的需求您能否达到?"正确的说法应是："我有个建议，我们可以一起找出比较合理的方法。"若是对方的态度比较强硬，说："你们认为我会很赞同吗?"那么，我们也不能与其针锋相对，而应当说："我能够体会您的感受，其实我也有过您这样的心情，只是后来我找到了真正意义上的解决办法。"这样一来，也就避免了谈判中的冲突，谈判结果也可能出人意料。

2. 谈判时，即便对方无比愤怒，也不应当以牙还牙，应理性对待

谈判过程中，也会遇到很不乐观的场面，比如对方真的发怒了，谈判还能进行吗？答案是肯定的。对方的情绪或许只是暂时的，我们需要把握的是自己的情绪，若是以以牙还牙的方式去对待，那么谈判将难以进行。在很多大型的商界谈判中，对方或许是故弄玄虚，想要试探我们，所以巧妙地进行谈判的前提是一定要理智，把握自己的主要方向，方可进行长期有效的谈判与合作。

3. 逆向思维，让对方觉得自己是赢的一方

谈判的成功很大程度上是因为做到了平衡——双方心理的平衡。对于一位经验丰富的高智商谈判者来说，他会权衡双方的心理感受，只有做到自己让步的空间越来越小，连对方都感觉我们被逼到无可奈何的地步了，此刻对方才会主动做出决定。简言之，就是要让对方觉得是他说了算，这样，他的心理上也就有了一种安慰。

4. 恪守诚信

诚信是成功谈判的基石。一场极具挑战性且成功的谈判若是没有诚信，那么它是无法顺利进行并得以发展的。诚信与否，就好比第一印象，我们每个人在见到一个陌生人时，先是观察他的穿着打扮，接着就是言行举止。诚然，谈判也是。在谈判中，双方可感受到彼此的真诚度，谈判史上不乏依靠真诚打动对方的例子。因此，恪守诚信，才是谈判的硬道理。

二、商务谈判的禁忌

1. 忌欺诈隐骗

有些人把商务谈判视为对立的竞争，在具体洽谈时，不注重客观事实，欺、诈、隐、骗，依靠谎言或"大话"求得自身的谈判优势。欺骗性的语言一旦被对方识破，不仅会破

坏谈判双方的友好关系，使谈判蒙上阴影或导致谈判破裂，而且会给企业的信誉带来极大损失。因此，谈判语言应坚持从实际出发，应给对方诚实、可以信赖的感觉。

2. 忌伤人好斗的语言

谈判中遇到有分歧而对方的认识又一时无法转变时，如果我们只想到这是一场较量，忘记了这更应该是一种合作，一味争强好胜、咄咄逼人，那么只能使对方的抵触情绪更大，丝毫不能促使对方改变主意，甚至有可能把合作对象推向竞争对手的位置。即使谈判未能达成协议，也不妨友好地分手，以便今后继续对话、商谈。

3. 忌啰唆冗长的语言

商务谈判是一项讲时效、讲经济效益的工作。这就要求双方目的明确，说话有的放矢，语多则长，话少则短，无话则免。如果啰唆冗长，颠三倒四，漫无边际，空洞无物，废话连篇，就会浪费时间，令人生厌。

4. 忌盛气凌人

有的谈判人员由于自身地位、资历“高人一筹”，或者谈判实力“强人一等”，在谈判中往往盛气凌人。居高临下、盛气凌人的行为容易伤及对方的感情，使对方产生对抗或报复心理。因此，参加商务谈判的人员，不管自身的行政级别多高、资历多老、所代表的企业实力多强，只要和对方坐在谈判桌前，就应坚持平等原则，做到平等相待、平等协商、等价交换。

5. 忌以我为主

在商务谈判中，有些人随意打断别人的话，有些人在别人说话时不够专注，有些人自己说个滔滔不绝、没完没了，而不考虑对方的反应和感受，尤其当洽谈某些交易条件时，只站在自己的立场上，过分强调自身的需要，不为对方着想，这种做法是很不礼貌的，极容易引起对方的反感。

商务谈判是合作型的谈判。因此，一言一语，都应有助于加强沟通，增进了解，从而达成双方各得其所、互惠互利的目的，使结果皆大欢喜，凡是与此宗旨相违背的语言，都属禁忌之列。商务谈判不是“敌对斗争”，是寻求“合作”，是谋求“双赢”。

谈判双方在利益上的相互依存和利益上的相互抗衡关系，使得谈判人员在心理上要承受很大的压力，他们需要随时就某个谈判事项的具体典型特征和实质进展做出分析与判断，即使在谈判局势发生激烈变化，甚至在出现谈判僵局的情况下，也要控制自身的情绪与行为，以适当的语言和举止来说服和影响对方。

三、谈判的结构

谈判是有章可循的，也是有结构可以分析的。谈判可以分为5个结构：权力结构、议题结构、成员结构、阵营结构和实质结构。

1. 权力结构

权力结构就是谈判者所拥有的筹码，按照一句通俗的话来说就是：拥有多少对方想要的东西。当然，筹码是不一样的，按照需求程度来区分，可以分为 Must、Want 和 Give。Must 是必须得到；Want 是需要的，可以与对方进行交换的；Give 是可以抛出去、赚取人情的。

在大多数情况下，谈判者手中的筹码是不同的，我们的 Must 并不是对方的 Must，有可能是对方的 Want 或 Give，但是往往在大多数情况下，我们不知道自己手中的筹码在别人眼中是什么角色，因此，正是由于信息的不对称性，导致在谈判中需要不断进行试探和辨别。

需要注意的是，权力是一个流体，不是固体，是随着时间变化而变化的。在一段时间内，我们的筹码够多、够硬，但是时间过了之后，我们的筹码可能一文不值。例如：政府调控房地产，许多房地产公司从价格坚挺到纷纷降价，他们的筹码——房子的紧俏程度变弱了，消费者的议价能力增强了。

2. 议题结构

议题结构主要是指谈判桌上摆了几件东西，即要谈什么。

例如：公司产品进场销售谈判，从表面上来看，这是一个单议题，但是仔细分析，却是多议题，因为在谈判中往往涉及销售扣点、进场费、年终返点等。

谈判中议题的多少也会影响权力的大小，谈判一方也可以采用挂钩的方式来增加议题，进而影响权力筹码的大小。

3. 成员结构

谈判中的成员不仅包括坐在谈判桌上的，也包括谈判中台面下的、看不到的成员。

例如：国内一家大型油墨厂曾经想与某烟草印刷企业洽谈油墨采购事宜，公关了很久，印刷厂却没有松动，因为涉及调墨、试制等多个方面。但是，随着省内一位主管烟草行业的领导的一句话，情势就发生了改变。该领导说：我听说××油墨厂的产品质量也不错，可以试一试。结果，情势大变，印刷厂人员赶紧把油墨厂的业务员叫过来进行调试，这家油墨厂顺利地和印刷厂达成合作意向。

这件事情给我们的启示是：双方在谈判的时候，要好好想想有没有可以借力使力的地方，有没有可以给自己提供帮助的人或事情等。

4. 阵营结构

阵营结构是指讨论内部成员的和或不和。作为销售人员，我们一般都是假定对方阵营是一团和气的，事实上却不一定，有许多公司就有这个现象，如采购部门的意见与材料使用部门的意见可能并不一致。

在谈判中，特别是大型产品的采购中，许多业务都是从采购方内部进行分化的，因此销售人员要分清楚哪些是支持者，哪些是摇摆者，哪些是敌人，然后从中找到自己的盟友，进行公关。

5. 实质结构

谈判中的场地、座位、沟通渠道和期限，这4个因素构成了谈判的实质结构，实质结构不会左右谈判的筹码及进程，但是会影响谈判的进程是否顺利。

谈判是一环扣一环的，知道了这5个结构以及其中的相互关系，我们在谈判前才能准备得当，明确从哪里切入，从哪个结构入手，下一步就知道该如何做了。

四、销售谈判高手的基本准备工作

1. 运用商务谈判的语言技巧

成功的商务谈判都是谈判双方出色运用语言艺术的结果。商务谈判时的语言技巧在本项目的模块3中已进行了介绍，此处不再赘述。

2. 占据开局的有利位置

谈判就像下棋，开局就要占据有利位置或战略性位置。谈判的目的是要达成双赢的结果。然而在现实生活中，一个要榨橘子汁，而另一个要用橘子皮烤蛋糕的情况毕竟太少见了。我们坐在一个买家面前，心中都抱着同样的目的。这儿没有魔术般的双赢解决方案。对方想要的是最低价，而我们想要的是最高价。对方想从我们的口袋里掏出钱来，放进他的腰包里。强力销售谈判则完全不同，它教我们如何在谈判桌上获胜，同时让对方觉得他也赢了。实际上，正是这种本领决定了一个人能否成为强力销售谈判高手。跟下棋一样，运用强力销售谈判技巧必须遵守一套规则。谈判和下棋最大的区别在于，谈判时对方不知道这些规则，只能预测我们的棋路。棋手将象棋中的这几步战略性走棋称为"棋局"。开局时要让棋盘上的局势有利于我们，中局要保持我们的优势，进入残局时要利用我们的优势，将死对方，用在销售上，就是要买方下单。记得：

（1）开局：为成功布局。

（2）中局：保持优势。

（3）终局：赢得忠诚。

3. 注意销售谈判的主要原则

谈判不要限于一个问题。如果我们解决了其他所有问题，最后只剩下价格谈判，那么结果只能是一输一赢。如果谈判桌上多留几个问题，我们总能找到交换条件达成公平交易。人们的谈判目的各有不同。销售人员的最大误区就是认为价格是谈判中的主导问题。

很明显，许多其他因素对买方也很重要，如产品或服务的质量，按时送货和灵活的付款条件。记住：不能得寸进尺、过于贪婪，在谈判中不要捞尽所有好处。我们或许觉得自己胜了，但如果买方觉得我们击败了他，我们的胜利又有何用？所以要留点好处给对方，让他也有在谈判中赢了的感觉。

4. 识别谈判行为中的真假现象

谈判行为是一项很复杂的人类交际行为，它伴随着谈判者的言语互动、行为互动和心理互动等多方面的、多维度的错综交往。谈判行为从某种意义上可以看成是人类众多游戏中的一种，一种既严肃而又充满智趣的游戏行为。参与者在遵守一定的游戏规则的情况下，各自寻找那个不知会在何时、何地、何种情况下出现的谈判结果。美国谈判学会主席、谈判专家杰勒德·尼尔伦伯格（Gerafd I. Niernberg）说，谈判是一个“合作的利己主义”的过程。寻求合作结果的双方必须按一个互相均能接受的规则行事，这就要求谈判人员以真实身份出现在谈判行为的每一个环节中，去赢得对方的信赖，继而把谈判活动完成。但是由于谈判行为本身所具有的利己性、复杂性，加之游戏能允许的手段性，谈判人员又很可能以假身份掩护自己、迷惑对手，以取得胜利，这就使得本来就很复杂的谈判行为变得更加真假参半，难以识别。以下是谈判活动中常见的真假现象：

（1）真诚相待＝假意逢迎。

（2）声东击西＝示假隐真。

（3）抛出真钩＝巧设陷阱。

5. 了解谈判与交涉的艺术

突破和解决以下 5 种障碍，同时建立 5 项正确的心态，是谈判和交涉成功的关键：

（1）障碍之一：没有调控好自己的情绪和态度。

（2）障碍之二：对对方抱着消极的感情，即不信任、敌意等。

（3）障碍之三：自己“固守”，忽视交涉双方的共同需求。

（4）障碍之四：出于面子的心理需要，对妥协和必要的让步进行抵抗。

（5）障碍之五：把交涉和谈判看成是一种“胜负”或“你死我活的战争”。

5 条正确的谈判心态：

其一，控制我们自身的情绪和态度，不为对方偏激的情绪所影响。

其二，让对方保持冷静，消除双方之间的不信任。

其三，多寻找与对方的共同点。

其四，在谈判过程中，让对方保住面子。

其五，让对方理解“相互协调，相互合作”是完成任务的必要条件。

6. 判定双赢的谈判标准

通常，我们在谈判时都会想到要讲究一些原则和技巧。在买卖双方达成一笔交易时，通常我们会看到，双方都会竭尽全力维护自己的报价。通常来说，谈判双方也最容易将谈判的焦点集中在价格上。

例如：一位精明的卖主会把自己的产品讲得天花乱坠，尽量抬高自己产品的身价和报价；而另一位出手不凡的买主也会在鸡蛋里挑骨头，从不同的角度指出产品的不足之处，从而努力将价格压低到对方出价的一半。最后，双方都会讲出无数条理由来支持自己的报价，最后谈判在无奈的情况下成为僵局。如果不是僵局，那么通常是一方做出了一定的让步，或者是双方经过漫长的多个回合，各自都进行了让步，从而达成一个中间价。这样的谈判方式在商务活动中是常见的。

上述谈判方式，我们在谈判学上称之为立场争辩式谈判。立场争辩式谈判的特点是，谈判各方都在为自己的既定立场争辩，欲通过一系列的让步而达成协议。立场争辩式的谈判属于最普通的传统谈判方式。许多谈判技巧也都是从这个出发点来谈的。然而，我们认为，如果在商业活动中，大家都遵循这样的谈判原则和技巧，往往会使谈判陷入一种误区。我们从实践中得到的教训是：这种谈判方式有时会使谈判各方不欢而散，甚至会破坏双方今后进一步合作的机会。

因此，我们在这里就提出一个谈判要达到什么目的和遵循什么标准的问题。从商务的角度来看，谈判应使得双方都得到商务发展的机会。为此，我们遵循的谈判原则和技巧至少应满足以下 3 个标准：

（1）谈判要达成一个明智的协议。

（2）谈判的方式必须有效率。

（3）谈判应该可以改进或至少不会伤害谈判各方的关系。

7. 控制自身的情绪脾气

谈判中，人的因素除了观念问题之外，情感表露也会对谈判产生重要影响。当然，我们期待谈判对手的情感表露能有助于谈判的顺利进行。例如：我们的谈判对手刚刚做了一笔漂亮的生意，或者摸彩中了头奖，使他在谈判中不禁喜形于色。对方高昂的情绪可能就使得谈判非常顺利，很快达成协议。然而，我们也会碰到个别不如意的对手，情绪低落，甚至可能对我们大发雷霆。我们偶尔在商店也会碰到，个别客户因为货物的质量或其他原因，冲着售货员大发脾气，售货员觉得不是自己的问题而往往试图解释，而客户却根本听不进去，不但要求退货，而且继续大吵大闹，有时双方甚至会发生激烈的口角。情感表露在谈判中有时会令双方都难以抑制。个人的情绪还会有一定的传染性，如果处理不当，矛盾激化，就会使谈判陷入不能自拔的境地。双方为了顾及脸面而彼此绝不做出任何让步，导致双方很难再合作下去。因此，对待和把握谈判人员的情感表露也是解决人的问题的一个重要方面。在商务交往中，人的情绪高低可以决定谈判的气氛，妥善对待谈判人员的情感表露，特别是处理好谈判人员低落的情绪，甚至是愤怒的情绪，对今后双方的进一步合作有深远的影响。有经验的谈判专家建议，处理谈判中的情感冲突，不能采取面对面的硬式解决方法。采取硬式的解决方法往往会使冲突升级，反而不利于谈判的继续进行。对待过激的情绪问题，我们不妨从以下 3 个方面来着手解决。

（1）关注和了解对方的情绪，也包括我们自己的情绪。

（2）让对方的情绪得到发泄。

（3）使用象征性的肢体语言缓解情感冲突。

8. 准备替代方案

替代方案是谈判中非常重要的因素，但却被大部分人忽视。在很多失败的商务谈判中，究其原因多是替代方案不利或没有备选方案，在双方争执不下的时候，没有其他的解决方案，从而使谈判陷入僵局，最终走向单赢。

一个绝佳的替代方案可以提升我们的谈判地位，因为有了足够的选择余地，在一些敏感的问题上我们可以坚持己方的主选方案，若双方仍未能达成共识，在对己方没有造成实质性影响的情况下，我们也可以选择替代方案。需要注意的是，如果替代方案较弱，我们的谈判地位也会随之降低，相信我们很难有勇气拒绝对方的要求，更可怕的是，对方一旦揣摩出我们较弱的替代方案，那么我们将失去平等对话的机会。

即使是优秀的谈判高手或者将面对一场十拿九稳的谈判，无论怎样，还是要准备好替代方案，因为谈判永远是变化的，在谈判桌上从来没有绝对的事情，只有认真对待每一个环节，才能够从容应对每一个问题。

模块6　团队项目实战训练

实训　模拟谈判

【实训目的】

使学生结合实际，掌握在谈判之前制定谈判方案的要领，培养学生在与客户沟通交流中进行辩护的能力，加强学生对销售洽谈技巧和策略的运用能力。

【实训内容】

（1）各团队根据本团队销售的产品实战项目，两两团队相互进行本团队产品销售的谈判，每个团队成员自己确定主谈人、辅谈人和记录员。

（2）团队成员着手进行资料的收集，掌握己方和对方的背景资料，并根据各自的立场，由成员集体制定谈判方案。确定谈判目标，搜索谈判所需的情报资料，确定谈判争议点，分析谈判双方的优劣势，估计对方的底线及初始立场，制定谈判的战略战术，形成谈判的系统方案，进行谈判方案的实施、控制与调整。

（3）双方谈判人员着正装入场，谈判过程中，谈判人员要认真严肃，尽力扮演好自己的角色，言谈举止需符合谈判的气氛要求。

【实训成果及检测】

（1）要求提交的文字材料包括销售谈判方案、记录员的谈判记录以及团队总结。

（2）指导老师可以根据每个学生在谈判中担任角色的具体要求和在谈判中的表现以及文字资料来评分，评分内容可包括以下方面：言谈举止、发言的积极性、知识底蕴和谈判常识的掌握以及理解、应变、语言的组织能力等。

项目六 销售促成

学习目标

了解交易促成的一些心理障碍，学会捕捉成交信号，能够抓住购买时机，利用各种交易促成的方法促成交易，掌握销售合同的内容，学会撰写销售合同。

学习要求

1. 了解购买信号的表现形式
2. 学会抓住购买时机
3. 掌握交易促成的方法和技巧
4. 掌握销售合同的内容
5. 学会撰写销售合同

技能目标

1. 能够识别客户的购买信号
2. 能够灵活运用有效的方法和技巧促成交易
3. 能够撰写销售合同

重点难点

重点：把握好成交时机，利用各种交易促成的方法促成交易，合同的订立与履行

难点：促成交易

模块1 大家来讨论

有一个销售商务通的销售人员拜访一家公司的某位副总。销售人员向客户展示了产品，并介绍了商务通的多种用途。例如：可以把名片都存储进去，不需要再随身携带。解说到这个地方的时候，客户说："我的名片有好几盒，那得需要多长时间才能输完？"

一般销售人员可能会把客户的这个提问当成客户异议，认为客户嫌产品功能不实用、太麻烦，认为客户在找借口推脱。而这个销售人员不这么认为，他向客户试探性地提出成交要求："王总，您介不介意把您所有的名片让我带回去，我给您都输好？"

没料对方答应了，销售人员就把名片带回家，连夜输完了。第二天，他带着已经输完了名片的商务通，以及销售发票，再来拜访这位副总。结果生意成交了。

（资料来源：周郎天．现代销售技术［M］．北京：科学出版社，2011）

【讨论】

1. 请分析该客户的购买信号类型。
2. 请分析销售人员运用了何种成交方法。

模块2 基本知识

一、促成交易

没有成交，何谈销售？对于任何一个销售人员来说，无论过程多么完美，倘若不能拿到最后的订单，其结果也会以失败告终。对于一个企业来说，只有不断地成交，才能加快资金回笼，赢得企业的良性发展。成交是营销的终极目的，也是企业生存的命脉。在销售活动中，永远都只有两个硬道理：第一，卖出去；第二，卖上价。

（一）消除成交的心理障碍

销售工作以业绩定输赢，以成败论英雄。为了达成交易，销售人员在与客户交往达成交易的过程中气氛比较紧张，容易使销售人员产生一些心理障碍。

1. 害怕被拒绝

达成交易或者达成协议，一般而言，销售人员最怕的有几种情形：一怕听到客户说“我不要”，二怕听到客户说“我考虑考虑”，三怕听到客户说“我们把材料留下来，有机会再跟你们联络”。所以说，在达成协议时，销售人员最怕听到的是拒绝。

有许多销售人员都是这样的：由于害怕遭到客户拒绝，而不敢诱导客户做出购买决定。他们只是一厢情愿地幻想在进行洽谈中，客户会突然打断他们的谈话，兴高采烈地表示愿意购买，而如果客户不声不响，无所表示，销售人员就会不知所措，以为时机还不够成熟，于是就直接或间接地把本来经过努力可以促成交易的大好时机白白错过了。因此，销售人员一定要选择时机主动“出击”，不要害怕被拒绝。

2. 等客户先开口

销售界有句行话：我们没有向客户提出成交要求，就好像瞄准了目标却没有扣动扳机。客户很少会主动说“我要买”，事实上只有3%的客户（直销情况下）会主动提出购买，如“听起来不错，我买一个”“好的，不错，我们可以成交”，而其余97%的人都需要别人请他们购买。关于这一点，有很多小孩子做得很好，当他们想吃什么、想玩什么的时候，他们就会很及时地告诉大人“妈妈，我要吃冰激凌”或者“爸爸，我要那辆赛车”。这样，别人才能知道他们到底想要什么。然而，为什么有些销售人员非要支支吾吾，而不敢大大方方地让客户购买呢？更何况这个订单在给我们带来好处的同时也给客户带来了很多利益。

3. 放弃继续努力

有人形容，促成交易犹如一篇完美的乐章，它绝不是一个单独的音符，而是接近终曲前的章节。如果客户说“我考虑下”，我们就放弃了，那就会前功尽弃。据调查，有67%的销售人员没有多次向客户提出销售请求，他们在遭到客户拒绝之后就不再坚持。这是一种错误的态度。一项调查显示，销售人员平均每获得一次订单，就要向客户提出4～6次成交请求，如果我们向客户提出一次成交请求，遭到客户拒绝后就不再坚持，不再努力了，那么我们就不会有4～6次成功的机会，坚持到底才能拥有最后的胜利。

有销售人员发明了一种新的销售方法，这种销售方法就是：销售人员向客户介绍一个优点，征得客户的认可，然后销售人员提出成交请求，提出请求之后有两种结果，一是成功，一是失败。如果失败，销售人员就应该装作没听见，转而向客户介绍我们产品的第二个优点，然后再征得客户的认可。如果客户同意，认为产品具有这些优点，那么销售人员就要马上提出成交请求，此时也只有两种结果，一是成功，一是失败。如果成交失败，就向客户介绍产品的第三个优点。

（二）购买信号及种类

1. 购买信号的定义

购买信号是指客户通过语言、表情、行为等表现出来的，表明其可能采取购买行为的信息。在销售人员与客户的洽谈中，如果客户已经产生购买意向，一般不会直接表露，但是这种意向通常会有意无意地通过语言、表情、行动流露出来，虽然购买信号并不必然导致成交，但销售人员可以把它的出现当成成交的有利时机，进而引导客户成交。

6-1
成交莫心急

2. 购买信号的种类

客户产生了购买欲望，常常不会直接说出来，而是会不自觉地将其心态通过各种方式表露出来，销售人员要善于发现和识别客户的这些购买信号。

（1）语言信号。当客户产生购买意向时可能会通过语言表现出来，以下是客户可能发出的语言购买信号，销售人员要善于从客户的语言、语气中捕捉。

6-2
成交信号

①要求销售人员详细说明产品的使用方法、功能、保养和注意事项等。

②询问售后服务情况。

③询问交货期、交货手续、货款支付方式。

④询问产品价格、新旧产品比较。

⑤询问运输、储存和竞争对手的产品及其交货条件、市场评价等。

⑥咨询优惠政策，开始讨价还价。

⑦要求继续试用及观察。

⑧用假定的口吻与销售人员谈论购买的相关事宜等。

（2）行为信号。行为信号是客户在销售洽谈过程中通过其行为表现出来的成交信号。客户表现出的某些行为是受其思想支配的，是其心理活动的一种外在反映。常见的行为信号见图6-1：

由静变动	原来客户采取静止状态听销售人员讲解，此时由静态转为动态，如客户听完讲解以后，开始动手操作产品、仔细触摸产品、翻动产品等。
动作放松	由精神紧张到精神放松，由很难决策的焦虑不安到如释重负的状态，如身体前倾到身体后倾，由精神集中紧张到开始做各种舒展动作等。
变换动作	客户由远及近、由一个角度到多个角度观察产品，再次翻看产品说明书等。
有签字动作	客户表现出希望办理购买手续的动作或签字动作倾向，如客户开始找笔，摸口袋、身体靠近或拿订货单看，或要求看合同条款等。

图6-1 行为信号的表现形式

例如：客户想要购买一台电脑，在听完销售人员的展示介绍后，会不自觉地走近观看或抚摸产品，详细查看商品的说明书，并要求试运行各种软件等。这些行为已经明确地告诉销售人员其购买意向，销售人员应抓住时机，及时促成交易。

(3) 表情信号。虽然人的面部表情不易捉摸，但销售人员还是能从客户的表情变化中读出购买信号。常见的表情信号有以下 4 种，销售人员应细心体会：

①客户紧锁的双眉分开、上扬，或者表现出深思的样子。

②神色变得活跃，表情变得开朗，自然微笑。

③原有的敌意消失，态度变得自然、大方、随和、亲切等。

④突然不说话，陷入深思。

(4) 事态信号。事态信号是销售人员向客户销售的过程中，客户就形势的发展变化表现出来的成交信号。常见的事态信号如下：

①客户提出转换洽谈环境和地点。

②向销售人员介绍有关购买决策过程的其他角色人员，或者邀请他们一起观看、试用和评价产品。

③提出变更业务程序，接待销售人员的态度明显转变，安排销售人员住宿、饮食的档次显著提高等。

④拒绝接受其他公司的销售人员等。

(三) 捕捉购买信号

1. 识别非购买信号

如果客户没有购买意向，那么在与销售人员交谈时，他们就会表现出非购买信号，销售人员应提升自己识别非购买信号的能力，提高成交率。

(1) 非购买的语言信号。销售人员在进行产品展示与说明之后，若听到与下述类似的言语，就是表示客户不想购买。此时，销售人员应想办法引导客户或者想办法发现客户的真实需求。非购买的语言信号见图 6－2。

非购买的语言信号

※“有免费赠送的简易版本吗?这对我们就已经足够用了。”

※“这个产品很有趣,不过更适合在学校内。”

※“产品各方面都不错,但目前我们还没有购买的计划。”

图 6－2　非购买的语言信号

(2) 非购买的动作信号。类似图 6－3 所列的动作信号出现时，表示客户对销售人员的产品不感兴趣，也不想购买，或者是销售人员的产品展示说明失败导致客户失去购买欲望。

非购买的动作信号

※客户东张西望，并开始看表

※销售人员在尚未完成产品展示与说明之前，客户已经开始收拾自己的东西了

※在产品展示与说明的过程中，决策者之间没有任何的眼神交流等

图 6－3　非购买的动作信号

总之，客户的非购买信号也是多种多样的。销售人员应细心留意这些信号，采取引导策略把客户的注意力吸引到产品上来，激发客户的好奇心，让销售工作继续进行下去。

2. 捕捉真实购买信号

购买信号的表现形式很复杂，客户有意无意中流露出来的种种言行都可能是购买信号，销售人员要善于捕捉这些信号。

（1）销售人员要在平时的工作中逐渐积累，了解客户的购买信号，同时认真研究各种类型和各种性格客户的语言、行为特点。

（2）销售人员在与客户的交往、商谈中要细心，洞察客户的每一个动作和语言细节的变化。

（3）发现购买信号时，销售人员要不失时机地引导客户、促成交易。

（四）抓住购买时机

1. 促成购买的最佳时机

促成购买的时机也是多种多样的，销售人员不但要知道客户购买信号的表现，还要抓住购买时机，争取一锤定音。以下是促成购买的 5 个最佳时机：

（1）客户认同销售人员所展示产品的价值的那一刻。当客户说“嗯，这个产品确实不错”或者销售人员介绍完产品后客户频频点头、表示认可时，销售人员没有理由不做出促成购买决定的尝试。此时，销售人员应及时地询问客户“既然感觉不错，您准备选哪一种呢”等。出现这种情况时，销售人员最好不要与客户继续交谈，给对方一个思考的空间；如果继续交谈，可能会使客户产生更多的疑虑，或者引发“购买危机”。

（2）交谈出现和谐的沉默时。当销售人员感到所有需要说明的事项都已经交代清楚，而客户也问完了所有自己关心的问题并得到了满意的答复，双方都在思考下一步该如何行动时，此时正是促成购买决定的好时机。

“我们的打印机是很适合贵公司的办公要求的，性能又好，您还犹豫什么呢？我看这一款就不错！”（指给客户看样机图片）

（3）客户对销售人员就某一项异议的解答非常满意时。当销售人员解答完客户的异议，而客户也表现出满意的神情动作时，也是促成购买决定的适当时机。客户可能会说“这个问题一直困扰着我没有好办法解决，今天你的建议给我提供了很好的解决办法”“真如你所说的倒是很不错啊”，此时，销售人员要抓住这一时机，帮助客户下决心购买。例如：“您看，我们的售后服务这么完善，您就决定吧！”

（4）客户对产品产生浓厚兴趣时。当客户的言辞中表现出对销售人员所展示的产品有浓厚兴趣的时候，销售人员要停止进一步的产品介绍，并立即进入促成购买决定阶段。例如：

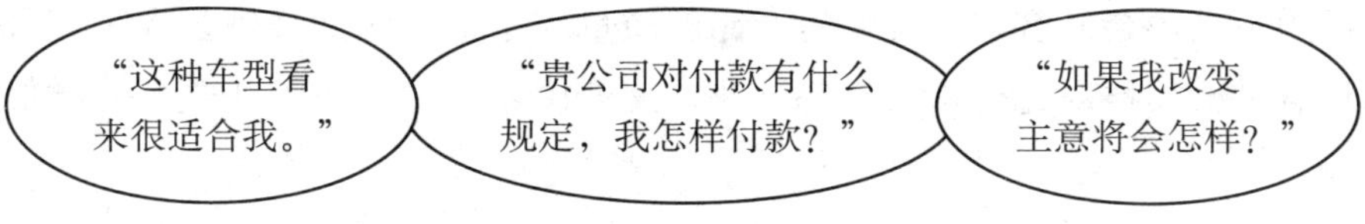

（5）当客户以非语言的方式表示对产品感兴趣时。当下列 4 种情况出现时，就表明客户可能已经做好了购买准备：

①再次审视产品。

②拿起笔做思考状。

③离开会客室，与其他人交流产品情况。

④频频点头，表情变得友善，并屈身俯视商品简介、说明，且边看边念念有词等。

此外，当销售人员与客户的交谈中出现下列 5 项内容时，也表明销售人员应该启动“促成购买决定”的策略了：交易条件、交货日期、要求报价、要求提供详细资料、再次商讨已经涉及的问题。此时，销售人员千万不要坐失良机，而是应适时地主动提出成交要求，促成客户表态。

2. 学会抓住购买时机

购买时机的出现是前期辛勤工作的结果，销售人员一定要把握好这样的机会，利用各种技巧把客户引导到购买意向上去：不管客户如何反应，销售人员都要准备好妥善的应对言辞，让对方感觉“我已经买下来了”。

（1）销售人员要不失时机地提出购买建议，促使客户做出购买决定。

（2）交谈中，销售人员除了要耐心详细地说明外，还要引导对方提问，以打消客户的顾虑，使其迅速做出购买决定。

（3）向客户提问或提出购买建议时，销售人员语气要自然、态度要随和，不要让客户觉得自己很急躁或者迫切地想成交，也不要让客户感觉到压力。

（五）促成交易的方法

在销售洽谈的最后阶段，销售人员除应密切注意成交信号，做好成交的准备外，还要学会运用不同的成交技巧与方法。成交技巧与方法是指在最后成交的过程中，销售人员抓住适当的时机，引导客户做出购买决定、促成客户购买的销售技术和技巧。

1. 优惠成交法

优惠成交法是指销售人员通过向客户提供各种优惠条件来促成交易的一种方法。这种方法主要是利用客户购买商品的求利心理动机，通过销售让利，促使成交达成。供销售人员选择的优惠条件有广告补助、批量折扣、附赠品、优先供货优待、提供特殊服务等。

采用优惠成交法，既让客户感觉得到了实惠，增强了客户的购买欲望，又改善了买卖双方的人际关系，有利于双方长期合作。但是，采用此法无疑会增加销售费用，降低企业的收益，运用不当还会使客户怀疑销售产品的质量和定价。因此，销售人员应合理运用优惠条件，注意进行损益对比分析及销售预测，遵守国家有关政策、法规，并做好产品的宣传解释工作。

2. 假定成交法

假定成交法是指销售人员假定客户已经做出购买决策，只需对某一具体问题做出答复，从而促使客户做出购买决定的方法。假定成交法不谈及双方敏感的“是否购买”这一话题，可以减轻客户做出购买决策的心理压力，以“暗度陈仓”的方式，自然过渡到实质的成交问题。

6-3
销售促成

假定成交法是一种积极的、行之有效的方法，它自然跨越了敏感的成交决定环节，便于有效地促使客户做出决策，能够适当减轻客户的决策压力，节省销售时间，提高销售效率。但是，如果使用的时机不当，会阻碍客户的自由选择，会产生强加于人、自以为是的负效应，引起客户的反感。

销售人员运用假定成交法时，应尽量创造和谐融洽的洽谈气氛，注意观察客户的购买心理变化，捕捉成交的信号，然后采用此法促成交易。如果客户对销售产品的兴趣不浓或者还有很多疑虑，销售人员不能盲目采用此法，以免失去客户。同时，销售人员应善于分析客户，对于较为熟悉的老客户或个性随和、依赖性强的客户，可以用假定成交法，而对于自我意识强、过于自信或自以为是的客户，不宜采用此法。

3. 从众成交法

从众成交法是指销售人员利用从众心理来促成客户购买销售产品的成交方法。

在日常生活中，人们或多或少都有一定的从众心理。从众心理必然导致趋同的从众行为。作为人们的购买行为，当然受到自身性格、价值观念、兴趣爱好等因素的影响，同时受到家庭、参考群体、社会环境等因素的影响，因而客户在购买商品时，不仅要依据自身的需求、爱好、价值观选购商品，而且要考虑全社会的爱好，以符合大多数人的消费行为。从众成交法正是抓住了人的这一心理特点，力争创造一种时尚或流行来鼓动人们随大流，以便促成交易。

从众成交法主要适用于具有一定时尚程度的产品销售，且要求销售对象具有从众心理。如果产品流行性差，号召力不强，又遇到自我意识强的客户，就不宜采用此法。在具体运用从众成交法时应注意把握以下要点：

（1）使用从众成交法销售产品前，先期发动广告攻势，利用名人宣传品牌，制造从众的声势。

（2）寻找具有影响力的核心客户，把销售重点放在说服核心客户上，在达成与核心客户合作的基础上，利用他们的影响力和声望带动、号召大量具有从众心理的客户购买，同时要注意为客户提供证据。

4. 解决问题成交法

解决问题成交法是指在成交阶段，客户异议已经发生，销售人员针对客户异议设法予以解决，促使销售成功的一种方法。一般情况下，这时候销售人员可以通过异议探测，有针对性地解除客户的疑虑。如果这时客户的异议是真的，他会慎重选择销售人员提供的方法而促成交易；如果客户的异议是假的，自然会以别的借口搪塞，这时销售人员就知道如何处理了。

5. 对比平衡成交法

对比平衡成交法也称 T 形法，即运用对比平衡方式来促使客户做出购买决策。在一张纸上画出一个 T 形，销售人员需要在潜在客户的参与下共同完成对比分析，可以将购买的原因列举在 T 形的右边，同时将不购买的原因列举在 T 形的左边。销售人员在与潜在客户共同制作好对比表以后，还得向客户逐一说明，然后邀请其做出成交决定和提出诸如“对此您感觉如何”之类的坦率问题。

销售人员可根据轻重缓急对需要解决的问题进行排序，客观而全面地列出购买或不购买的原因，最好邀请潜在客户一起参与，这样不仅提高了销售人员的可信度，而且进一步激发了潜在客户的购买愿望。这种方法适用于驾驭型和分析型客户，因为这符合他们强调沟通理性的风格。

6. 小点成交法

小点成交法是指销售人员通过解决次要的问题，从而促成整体交易实现的一种成交方法。销售人员运用小点成交法时，要注意客户的购买意向，慎重选择小点，以利于创造和谐的气氛，保证以小点的成交促进整体交易的实现。从客户的购买心理来说，重大问题往往会带来较强的心理压力，客户往往比较慎重，不会轻易做出购买决策，如在购房、汽车、高档家电等方面尤为突出。而在比较小的交易问题面前，如购买日用品，客户往往信心十足，比较果断，容易做出成交的决定。小点成交法正是利用客户的这种心理规律，对大型的交易，先就局部或次要问题与客户成交，然后在此基础上，再就整体交易与客户取得一致意见，最后成交。

6－4
小点成交法

小点成交法采取先易后难、逐渐推进的方法，避免大笔交易给客户带来的心理压力，运用时较为灵活。但是此法如果运用不当，容易分散客户的注意力，不利于突出销售产品的主要优点，客户会因次要问题纠缠不清，从而导致交易失败。

7. 总结利益成交法

总结利益成交法是指销售人员在成交阶段，向客户汇总阐述其销售产品的优点，激发客户的购买兴趣，促使交易实现的一种方法。这种方法是在销售劝说的基础上，进一步强调销售产品的良好性能和特点，以及给客户带来的多方面利益，使客户更加全面地了解销售产品的特性。

总结利益成交法能够使客户全面了解商品的优点，便于激发其购买兴趣，最大限度地吸引客户的注意力，使客户在明确既得利益的基础上迅速做出决策。但是采用此法，销售人员必须把握住客户确实的内在需求，有针对性地汇总阐述产品的优点，不能将客户提出异议的方面作为优点予以阐述，以免遭到客户的再次反对，使汇总利益的劝说达不到效果。

8. 循循善诱成交法

循循善诱成交法与总结利益成交法有类似之处，但运用此法时销售人员不直接总结产品的利益，而是提出有关利益的一系列问题让客户回答。

值得注意的是，使用这一方法，应该认识到某些潜在客户也可能先假装同意销售人员所陈述的所有产品利益，但当销售人员提出购买请求时却出人意料地被拒绝，有意想看到销售人员惊奇的表情。此外，多疑的客户可能会把循循善诱成交法视为陷阱，无助于购买决策。无论是对哪些客户，心平气和地看待和处理是销售人员必须具备的职业素养。

9. 请求成交法

请求成交法是指销售人员直接要求客户购买产品的一种成交技术。在洽谈出现以下3种情况时可以果断地向用户请求成交：

（1）洽谈中客户未提出异议。如果洽谈中客户只是询问了产品的各种性能和服务方法，销售人员都一一做了回答，对方也表示满意，但却没有明确表示购买，这时销售人员就可以认为客户心理上已认可了产品，应适时主动向客户提出成交。

（2）客户的担心被消除之后。洽谈过程中，客户对商品表现出很大的兴趣，只是还有所顾虑。销售人员在通过解释已经解除了客户的疑虑，并取得客户认同后，就可以迅速提出成交请求。

（3）客户已有意购买，只是拖延时间，不愿先开口。此时为了增强其购买信心，可以巧妙地利用请求成交法适当给其施加点压力，达到直接促成交易的目的。

请求成交法的优点在于若能正确运用的话，能够有效地促成交易。因为从心理角度看，客户一般不愿主动提出成交要求。为了有效地促成交易，销售人员要把握时机，主动提议，说出客户想说又不愿说的话，从而促成交易。另外，采用请求成交法，可以避免客户在成交的关键时刻故意拖延时间，贻误成交时机，从而有利于节约销售时间，提高销售活动的效率。

但是，请求成交法也存在局限性。若销售人员不能把握恰当的成交机会，盲目要求成交，很容易给客户造成压力，从而使其产生抵触情绪，破坏本来很融洽的成交气氛。此外，若销售人员急于成交，就会使客户以为销售人员有求于自己，从而使销售人员丧失成交的主动权，使客户获得心理上的优势；还有可能使客户对本来已认可的条件产生怀疑，从而增加成交的难度，降低成交的概率。

10. 选择成交法

选择成交法是指销售人员为客户提供一种购买选择方案，并要求客户立即做出购买决策的方法。此法是在假定客户一定会买的基础上为其提出购买决策的选择方案，即先假定成交，后选择成交。选择成交法适用的前提是：客户不是在买与不买之间做出选择，而是在产品属性方面做出选择，如产品价格、规格、性能、服务要求、订货数量、送货方式、时间、地点等都可作为选择成交的提示内容。这种方法表面上是把成交主动权让给了客户，而实际上只是把成交的选择权交给了客户，而无论怎样选择都能成交，并利于充分调动客户决策的积极性，较快地促成交易。

11. 以退为进成交法

以退为进成交法一般是指销售人员提出第一项方案被客户拒绝后，再提出第二项方案，客户就会认为对方已经做出让步了。以退为进促成交易方式的基本出发点是社会成员间存在互动共荣的特点。销售人员改变方案意味着已经接受了异议或拒绝，重新提出的成交方案肯定比第一项方案有所让步，否则不可能成交。

12. 试用成交法

试用成交法是指销售人员把作为实体的产品留给客户试用一段时间后以促成交易的方法。有统计表明，如果客户能够在实际承诺购买之前，先行拥有该产品，交易的成功率将会大大增加。此法是基于心理学上的一个原理：一般情况下，人们对从未有过的东西不会觉得是一种损失，但当其拥有之后，尽管认为产品不那么十全十美，然而一旦失去总会有一种失落感，甚至产生缺了就不行的感觉。因此，人总是希望拥有而不愿失去。国外有研究显示：产品留给 10 家试用，往往有 3～6 家会购买，更何况客户在试用产品后，总会觉得欠销售人员一份人情，若觉得产品确实不错，就会买下产品来还这份人情。

试用成交法主要适用于客户确有需要，但疑心又较重、难下决心的情况。此法能使客户充分感受到产品的好处和带来的利益，增强其信任感，一旦购买也不会产生后悔心理，并利于改善销售人员和客户间的人际关系。但试用期间要经常指导用户合理使用，加强感情沟通，使用后要讲信誉，允许客户退还且不负任何责任，如此才能提高销售的成功率。

13. 机会成交法

机会成交法是指销售人员向客户提示最后成交机会，促使客户立即购买的一种成交法。人们一般都有“机不可失，时不再来”的心理认识，一旦有利机会错过，将后悔莫及。机会成交法正是抓住客户在最后机会面前的犹豫，将其转化为果断购买行为。机会成交法利用人们怕失去能够得到的某种利益的心理，极大地刺激了客户的购买欲望，减少了销售劝说的难度，增强了客户主动成交的动力，有利于交易尽快完成。但是，运用此法要求销售人员实事求是，不能欺骗和愚弄客户，否则会影响企业的信誉和客户对销售人员的信任。

值得注意的是，利用机会成交法对客户施加压力并不是强迫客户来买我们的商品，而是运用一种心理战术，使客户无形中感到一种压力，这种压力是他们自己产生的，他们感觉不出这是销售人员造成的。销售人员在进行产品销售时，要想方设法先使客户感到紧张，然后再进行销售。销售人员应该具有较强的说服力，要使所说的话深得人心，以引起客户的共鸣。

14. 保证成交法

保证成交法是指销售人员通过向客户提供售后保证而促成交易的一种方法。客户在成交的过程中，有多种不同的心理障碍，有的担心购买后商品质量有问题，有的担心送货不及时，无人上门安装或修理等。如果不消除客户的这些心理障碍，客户往往会拖延购买或找借口拒绝购买。保证成交法是针对客户的忧虑，通过提供各种保证以增强客户购买的决心，有利于客户迅速做出购买决定，有利于有针对性地化解客户异议，有效地促成交易。

采用此法促成交易，要求销售人员和销售企业做到“言必信，行必果”，否则会失去客户的信任。

15. 肯定成交法

肯定成交法是指销售人员以肯定的赞语坚定客户的购买信心，从而促成交易实现的一种方法。肯定的赞语对客户而言是一种动力，可以使犹豫者变得果断，使拒绝者无法拒绝，从而使客户别无选择地成交。销售人员采用肯定成交法，必须确认客户对销售产品已产生浓厚兴趣。赞扬客户时一定要发自内心，态度要诚恳，语言要实在，不要夸夸其谈，更不能欺骗客户。

肯定成交法先声夺人降低了销售劝说的难度，销售人员由衷的赞语是对客户的最大鼓励，可以有效促使客户做出购买决定，有利于提高销售效率。但是这种方法有强加于人之感，运用得不好可能会遭到拒绝，难以再进行深入的洽谈。

二、合同的签订

经过一番努力，双方最终达成共识。此时，销售人员应说服客户着手准备签订合同，签订合同是商务活动中双方在维护自身利益的基础上，依据法律条款以文字形式规定双方权利和义务的一种手段。在经济生活中，合同具有重要的作用。

在具有长期性的经济合作关系中，容易受其他因素影响，双方的权利义务关系复杂，因此必须签订合同，以指导、约束合作各方的行为。

作为商品交易的重要凭证，合同的签订可以保证交易双方按约定履行义务，向违约方要求承担违约责任等。这样既可以保证客户享受退货、保修等权利，又可以确保客户履行合同、销售人员顺利收缴货款等。

（一）合同的形式

合同的形式，又称合同的方式，指的是合同当事人合意的表现形式，即合同当事人意思表示一致的外在表现形式，它是合同内容的外部表现和合同内容的载体。我国的法律规定，当事人订立合同可以采用表6-1的形式。

表6-1 三种形式的合同比较

合同形式	具体说明	特点	适用范围
书面形式	书面形式（包括合同文书、信件、电报、电传、传真、电子数据交换和电子邮件）等可以有形地表现所载内容的形式。	有据可查，发生纠纷时容易举证，便于分清责任，有利于交易的安全。	当事人约定采用书面形式的；法律、行政法规规定的必须采用书面形式的。
口头形式	指当事人面对面地谈话或以口头形式通信设备（如电话）交谈达成协议的一种形式。	直接、简便、快速，但口头形式没有凭证，发生争议后难以取证，不易分清责任。	老百姓日常生活中广泛采用的合同形式；适用于数额较小的交易或现款交易，如在自由市场买菜、在商店买衣服等；也适用于企业之间。
其他形式	根据当事人的行为或者特定情形推定合同的成立，称之为默示合同。		如房屋租赁合同、运输合同等。

销售人员与客户签订的合同一般为书面形式，此时一般需注意下列事项：

①采用合同书的形式订立合同时，双方当事人签字或者盖章表示合同成立。

②采用信件、数据电文等形式订立合同时，应在合同成立之前签订确认书，确认书的签订表示合同成立。

（二）商务合同的内容

商务合同的内容见表6-2。

表6-2 合同条款及内容一览表

条款名称	主要内容
当事人	指经济合同双方的名称（或姓名）、住所等基本信息。
标的	指合同双方当事人的权利义务所指的对象，主要指产品（或商品）、服务等。
数量	指标的数量，订立合同必须有明确的数量规定，没有数量，合同是无法履行生效的。合同的数量规定要准确、具体。

续前表

条款名称	主要内容
质量和包装质量	质量指双方在合同中约定的标的质量及要达到的标准，如产品的品种、型号、规格和工程项目的标准等。质量条款由双方当事人约定，必须符合国家有关规定和标准化的要求。
价金	指取得标的的一方向给付标的的一方应支付的代价（如价款、费用、酬金、租金等）。
合同履行期限	指合同的履行期限和合同的有效期限。
违约责任	指双方在合同中明确约定的违约方应承担的具体责任。
履行的地点和方式	主要包括交货方式、运输形式和交货地点。
解决争议的办法	双方约定的在合同履行的过程中若发生争议和纠纷，自行协商不成时采取的纠纷解决形式（仲裁机构仲裁或法院诉讼），选择其一，写在合同条款中。
保密责任	合同涉及商业秘密的，双方都应负保密责任，泄露的一方要承担由此引发的一切损失。

（三）销售人员对合同的管理

销售人员与客户签订合同后，应备份存档，结合本企业的合同管理制度对其进行科学的管理。

1. 对合同进行统一编号

销售人员从自己签订的第一份合同开始，就要对合同进行编号，便于查阅。

2. 对合同进行分类存档

将合同编号之后，按照一定的标准将合同分类保存，如按照付款方式的不同、成交量的不同、客户区域的不同等进行分类保管。

3. 制定进一步的销售策略

结合客户建档管理，将客户的所有资料，包括合同都放在一起保存，便于分析客户，并制定进一步的销售策略。

模块3 操作指导

一、解开客户的心结，成功签约的技巧

在促成交易的过程中，如果客户总是那么“不够朋友”，经常“卖关子”，销售人员唯

有解开客户的“心结”，才能实现成交。在这个过程中，方法很重要，以下介绍几种情况下的成交法。

1. 客户说：我要考虑一下

对策：时间就是金钱。机不可失，时不再来。

（1）询问法。通常在这种情况下，客户对产品感兴趣，但可能是还没有弄清楚销售人员的介绍，如某一细节，或者有难言之隐，如没有钱、没有决策权，再就是推脱之词。因此，销售人员要利用询问法将原因弄清楚，再对症下药，药到病除。例如：“先生，我刚才到底是哪里没有解释清楚，所以您说您要考虑一下？”

（2）假设法。假设马上成交，客户可以得到什么好处；如果不马上成交，有可能会失去哪些到手的利益。弄清这些问题有助于迅速促成交易。例如：“先生，您对我们的产品一定很感兴趣。假设您现在购买，可以获得××外加礼品。我们一个月只有一次促销活动，现在有许多人都想购买这种产品，如果您不及时决定，会……”

（3）直接法。通过判断客户的情况，直截了当地向客户提出疑问，尤其是当男性购买者存在钱的问题时，直接法有助于推动其付款。例如：“先生，说真的，会不会是钱的问题呢？或者您是在推脱，想要躲开我吗？”

2. 客户说：太贵了

对策：一分价钱一分货，其实一点也不贵。

（1）比较法。

① 与同类产品进行比较。例如：“市场上，这个产品比××牌子的产品便宜多啦，质量还比××牌子的好。”

② 与同价值的其他物品进行比较。例如：“××钱现在可以买××、××、××、××等几样东西，但这种产品是您目前最需要的，现在买一点儿都不贵。”

（2）拆散法。将产品的几个组成部件拆开，一部分一部分来解说，每一部分都不贵，合起来就更加便宜了。

（3）平均法。将产品价格分摊到每月、每周、每天，这对一些高档服装的销售尤其有效。买一般服装只能穿多少天，而买名牌可以穿多少天，平均到每一天进行比较，买贵的名牌显然划算。例如：“这个产品我们可以用××年，而实际每天的投资是××，我们每天花××钱，就可获得这个产品，值！”

（4）赞美法。通过赞美让客户不得不为面子而掏腰包。例如：“先生，一看就知道您平时很注重生活品位，不会舍不得买这种产品（或服务）的。”

3. 客户说：市场不景气

对策：不景气时买入，景气时卖出。

（1）讨好法。聪明人有一个诀窍：当别人都卖出，成功者购买；当别人都买进，成功者却卖出。决策需要勇气和智慧，许多很成功的人都在不景气的时候建立了他们成功的基础。通过赞美购买者聪明、有智慧、是成功人士等来讨好客户，对达成交易有推动作用。

（2）化小法。景气是一个大的宏观环境变化，是单个人无法改变的，对每个人来说在短时间内还是按部就班，一切照旧。这样将事情淡化，将大事化小来处理，就会减少宏观环境对交易的影响。例如："这些日子以来有很多人谈到市场不景气，但对我们个人来说，还没有什么大的影响，所以说不会影响您购买××产品的。"

（3）例证法。举前人的例子，举成功者的例子，举身边的例子，举一类人的群体共同行为的例子，举流行的例子，举领导的例子，举明星偶像的例子，让客户向往，进而产生冲动，马上购买。例如："先生，××人××时间购买了这种产品，用后感觉××××，给他带来了××××的改变。今天，您有相同的机会，做出相同的决定，您愿意吗？"

4. 客户说：能不能便宜一些

对策：价格是价值的体现，便宜无好货。

（1）得失法。交易就是一种投资，有得必有失。单纯以价格来做购买决策是不全面的，光看价格，会忽略品质、服务、产品附加值等，这对客户本身是个遗憾。

（2）底牌法。告诉客户，这个价位是产品目前在全国最低的价位，已经到底了，要想再便宜一些，实在办不到。亮出的底牌其实并不是底牌，离底牌还有十万八千里，销售人员要让客户觉得这种价格在情理之中，买得不亏。

（3）诚实法。在这个世界上很少有机会花很少钱买到最高品质的产品，销售人员要告诉客户不要存有这种侥幸心理。例如："如果您确实需要低价格的，我们这里没有，据我们了解其他地方也没有，但有稍贵一些的××产品，您可以看一下。"

5. 客户说：别的地方更便宜

对策：服务有价。现在假货泛滥。

（1）分析法。大部分的人在做购买决策的时候，通常会了解三方面的事：第一个是产品的品质，第二个是产品的价格，第三个是产品的售后服务。销售人员要在这三个方面轮换着进行分析，打消客户心中的顾虑与疑问，让他"单恋一枝花"。例如："先生，我理解您说的，毕竟每个人都想以最少的钱买最高品质的商品。我们这里的服务好，可以帮忙进行××，可以提供××，您在别的地方购买，没有这么多服务项目，您还得自己花钱请人来做××，这样既耽误您的时间，又没有节省钱，还是我们这里比较实惠。"

（2）转向法。不说自己的优势，转向客观公正地说他人（别的地方）的弱势，并反复不停地说，以摧毁客户的心理防线。例如："我从未发现有哪家公司可以以最低的价格提供最高品质的产品，同时又提供最优的售后服务。我的××（亲戚或朋友）上周在××（别的公司）买了××，没用几天就坏了，又没有人进行维修，上门去找他们，他们的态度又不好……"

（3）提醒法。提醒客户现在假货泛滥，不要贪图便宜而得不偿失。例如："为了您的幸福，优品质高服务与价格这两方面您会选哪一方面呢？我们愿意牺牲产品的品质而只求便宜吗？如果买了假货怎么办？我们愿意错过我们公司良好的售后服务吗？先生，有时候我们多投资一点，来获得我们真正要的产品，这也是蛮值得的，您说对吗？"

6. 客户说：没有预算（没有钱）

对策：制度是死的，人是活的。没有条件可以创造条件。

（1）前瞻法。将产品可以带来的利益讲给客户听，催促客户进行预算，促成购买。例如："先生，我知道一个完善管理的事业需要仔细地编制预算。预算是帮助公司达到目标的重要工具，但是工具本身需具备灵活性，您说对吗？××产品能帮助您的公司提升业绩并增加利润，我们还是根据实际情况来调整预算吧！"

（2）攻心法。分析产品不仅可以给客户本身带来好处，而且可以给周围的人带来好处。购买产品可以得到上司、家人的喜欢与赞赏，如果不购买，将失去一次表现的机会，这个机会对购买者又非常重要，失去了会遗憾。尤其对一些公司的采购部门，可以告诉他们竞争对手在使用，已产生什么效益，不购买将由领先变为落后。

7. 客户说：它真的值那么多钱吗

对策：怀疑的背后就是肯定。

（1）投资法。做购买决策就是一种投资决策，普通人是很难对投资预期效果做出正确评估的，都是在使用或运用过程中逐渐体会、感受到产品或服务给自己带来的利益。既然是投资，就要多看看以后会怎样，现在也许只有一小部分作用，但对未来的作用很大，所以它值。

（2）反驳法。采用反驳法，让客户坚定自己的购买决策是正确的。例如："您是位眼光独到的人，您现在难道怀疑自己了？""您的决定是英明的，您不信任我没有关系，您也不相信自己吗？"

8. 客户说：不，我不要

对策：我的字典里没有"不"字。

（1）吹牛法。吹牛是讲大话，销售过程中的吹牛不是让销售人员讲没有事实根据的话、讲假话，而是通过吹牛表明销售人员进行销售活动的自信心，同时让客户对自己有更多的了解，让客户认为您在某方面有优势、是专家。信赖可以促成交易。例如："我知道您每天会以许多理由推脱很多让您接受他们产品的销售人员。但据我以往的经验，没有人一直会对我说'不'，说'不'的，我们最后都成为朋友。当他对我说'不'，他实际上是对即将到手的利益（好处）说'不'。"

（2）比心法。销售人员在向别人销售产品的过程中遭到拒绝时，可以将自己的真实处境与感受讲出来与客户分享，以博得客户的同情，令其产生怜悯之心，从而促成购买。

（3）死磨法。我们说坚持就是胜利，在销售的过程中，没有我们一问客户，客户就说要什么产品的。客户总是下意识地提防与拒绝别人，因此销售人员要坚持不懈、持续地向客户进行销售。如果客户一拒绝，销售人员就撤退，客户对销售人员也不会留下什么印象。

方法是技巧，方法是捷径，但使用方法的人必须做到熟能生巧。这就要求销售人员在日常销售过程中有意识地利用这些方法，进行现场操练，达到“条件反射”的效果。

二、商务合同条款拟订的基本要求和撰写技巧

（一）合同条款拟订的基本要求

合同条款的拟订有一定的要求，主要包括条款内容要具体，用词要标准，数据要精确，项目要完整，书面要整洁。拟订的合同不符合上述各项要求中的任何一项，都有可能给合同的履行带来重大麻烦。在草拟合同条款时，除了格式上要标准、规范之外，还要注意遵守法律、合乎常识、顾及对方等最基本也是最关键的问题。

（1）必须遵守法律。所确立的正式合同都具有法律约束力，一旦订立，任何一方都不能擅自变更或解除。因此，销售人员要熟悉国家的有关法律法规，以便充分运用法律来维护自身的正当权益。从操作的实际状况来看，销售人员在拟订合同时必须遵守的相关法律要涉及商品生产、技术管理、税收政策等。

（2）必须符合惯例。商务活动中的惯例指的是那些大家普遍接受的、约定俗成的常规做法，它是维系商务交往正常化的基石，因此销售人员在草拟合同条款时应当以它来协调自己的行动。如果对此惯例不甚了解，必定会吃大亏。

（3）必须合乎常识。在草拟合同时应当具备的常识，是指与其业务有关的专业技术方面的基础知识，包括商品知识、金融知识、运输知识和商业知识等。

商品知识是一个整体性的概念，包括产品的生产过程和管理知识，以及与产品本身有关的知识；金融知识是指与货币的发行、流通、回笼有关的知识，包括货币、汇率、信贷等知识；运输知识包括运输方式的选择、运输中商品形态的具体要求、运输的特殊条件以及运输的责任方等知识；商业知识是指与商品流通各环节有关的知识，它对合同的草拟也有一定的帮助。

（4）必须协商一致。正式合同的一大特征是当事人各方必须协商一致，不能把自己的意志强加于对方。合同若是勉强签署的，事后会纠纷不断，对双方都不会有好处。

因此，销售人员在草拟合同的具体条款时，在优先考虑自己的切身利益的同时，也要替对方多着想，要顾及对方的体面，并且尽可能照顾对方的利益，这是使对方接受合同的最佳途径。

（二）合同的格式

合同一定要按照特定的格式来写作。合同的格式，主要有条款式和表格式两种。条款式合同是把双方达成的协议列成几条，写入合同。表格式合同是按印制好的表格，把协商同意的内容逐项填入表中，一般用于一方同意另一方的条件而达成的协定。无论是条款式合同还是表格式合同，一般均包括首部、主体部分、尾部三部分。

1. 首部

（1）标题。标题写在合同文本首页上方居中的位置。标题主要有以下两种：

①合同性质＋文种，如："借款合同""仓储合同"。

②合同标的＋合同性质＋文种，如："松下电视机买卖合同""汽车租赁合同"。

（2）合同当事人名称或姓名。订立合同时应写明双方的单位名称、代表人姓名和住所。为了行文方便，规定某方为"甲方"或"需方"，另一方为"乙方"或"供方"。如有第三方，可简称为"丙方"。在贸易合同中，也有称一方是"卖方"，称另一方是"买方"；或者称一方是"发包方"，称另一方是"承包方"；或者称一方是"出租方"，称另一方是"承租方"等。

2. 主体部分

条款式合同必须写明双方所议定的事项，写明甲乙双方的合同内容，如甲乙双方所承担的权利、义务、程度、时间等。表格式合同要按照表中所列项目协商填写。

（1）首先写出签订合同的依据或目的，表明签订合同的态度。在一般情况下，合同都可以采用这种开头方式。如："根据《中华人民共和国合同法》的有关规定，转让方与受让方根据技术转让合同的要求，本着互利原则，经双方协商一致，签订本合同。"再如："经双方协商签订本合同，共同遵守下列条款。"或者采用与此类似的写法："为了……的目的，根据……的规定，经双方充分协商，特订立本合同，以便共同遵守。"

（2）然后另起一行分条写合同的法定条款（标的、数量、质量、价款或报酬、履行期限、地点和方式、违约责任和解决争议的方法）和约定条款。

（3）一般最后的一两条写订立合同的有关事项说明。

3. 尾部

合同的结尾和落款部分。主要包括：

（1）合同的有效期限和文本保存。有效期限是指合同执行生效、终止的时间，是合同当事人要求必须具备的条款。文本保存时应注明合同文本的保管方式，即合同一式几份以及当事人保管的份数。

（2）落款。这部分是合同特定的内容和格式，即在合同的有效期限和保管条款下方，依次写上当事人的名称、签章、法定通信地址、法人代表、银行账号、签约日期及地点等。有些合同有特殊要求，或有附件，也要在尾部注明。

通常是在合同正文“其他条款”之后注明：“合同附件、附表均为本合同的组成部分，且有同等的法律效力。”如工程承包合同要在“附件”中列出：工程项目表、工程进度表、工程图纸等。这些附件、附表均写在合同落款的最下方，即“年、月、日”以后的部位。

（三）撰写合同的注意点

条款式合同与表格式合同在写法上有各自的具体规范，一般来说，标的、费用与期限被称为合同的三大要素。在任何一个合同中都应当三者齐备。具体在撰写条款时，一项合同至少需要具备标的、数量或质量、价款或酬金、履约的期限与地点、履约方式、违约责任等基本内容。对于这种规范，销售人员必须自觉地遵照执行。由销售人员撰写的商务合同，必须具备以下内容：

（1）关于执行双方所达成协议的特殊要求，其中，包括对详细技术条件及待完成工作的描述。

（2）详细的付款办法。例如：何种条件下付款可以延迟或停止；不能按时交货或某些项目不符合协议时，该怎样处理付款方式。

（3）关于交货的一些条款。这些条款应能反映双方的意愿，包括在执行合同的过程中如何对交货期进行调整的问题。

（4）什么条件下协议可以修改。

（5）双方发生纠纷时该如何解决。

（6）可选的附加规定以及用什么办法来执行这些附加规定。

（7）关于未写入协议文本的内容，在哪些条件下对该内容未予说明将被合理地视为因疏忽而造成的遗漏。

（8）执行协议所需的行政步骤。

（9）虽然对方坚持认为不需要，但本方认为必须包括在合同之内的条款（尽可能地把这些条款写入合同）。

（10）关于合同起止日期的明确规定，合同本身要求有某种灵活性的除外。

上述内容是在撰写规范性合同的基础上特别提出的，撰写合同最基本的要求就是符合《中华人民共和国合同法》的规定，符合规范合同的模式。

还需要特别提醒的是，在合同文本中要特别注意防止出现以下问题：

（1）协议中遗漏了某些条款。

（2）条文语义不清，存在歧义。

（3）条件写得过于宽松、不严格，以致在达到要求方面有许多空子可钻。

（4）协议中有许多与协议无关的陈词滥调。

（5）协议中夹了许多参考性文件，而这些文件又没有事先审查。

（6）条款之间有相互抵触之处。

模块 4　案例学习

一次成功的销售促成

蔡平在苏州瓦特斯阀门厂从事销售工作，代理工业用阀、法兰盘、胶布和密封剂。他正在拜访中国石油天然气集团公司的一位购买者吴雷，向他销售特种黏合剂，用来黏合他们工厂所有破裂的阀门和法兰盘。蔡平完成了对产品特性、优势和利益的介绍，也向吴雷提出了营销计划和商业建议。蔡平感到该是成交的时候了。

蔡平：我来总结一下我们已经讨论过的内容。您说过您为这样修补后能省下不少钱而感到高兴。您也比较认可我们能快速抢修法兰盘的服务，这样需要时就能重新使用它们。最后，您还比较认可我们 3 年免费服务的保证。对吗？

吴雷：是的，是这样。

蔡平：吴经理，我建议我们派一些人来这儿修理这些法兰盘，您想让维修人员在星期一的什么时候来这儿？

吴雷：不用这么快，这种化合物可靠吗？

蔡平：吴经理，非常可靠。我们去年为中国石油化工集团公司提供了同样的服务，迄今还没有重修过。现在，您觉得可靠了吧。

吴雷：我想是的。

蔡平：我知道您所做的都是富有经验和专业性的决定，我也知道您认为这样的服务对我们工厂是可靠有利的，让我安排一批人下周或是两周之后来这里吧？

吴雷：蔡平，我仍很犹豫。

蔡平：您犹豫不决肯定有原因。您介意我问一下是什么原因吗？

吴雷：我不知道这个决定是否妥当。

蔡平：困扰您的仅仅是这个吗？

吴雷：是的。

蔡平：假定您能使自己信服这是一个好决定，那么您会接受我们的服务吗？

吴雷：是的，我会。

蔡平：吴经理，让我告诉您，到现在为止我们已经达成了一致的意见。您认可我们的在线修理服务，因为它能给您节约成本，您认可我们做出反应的时间以及可以从及时修理泄漏中得到的资金节余，您还认可我们受过高级培训的人员和我们的保证。对吗？

吴雷：的确是这样。

蔡平：您想要我们什么时候把活干完？

吴雷：蔡平，这个建议看起来相当不错，可我这个月没有资金。也许下个月可以。

蔡平：没问题，吴经理，谢谢您的宝贵时间。我下个月5号来，确定工人的工作时间。

（资料来源：尤凤祥，屠立峰．现代销售技术［M］．北京：北京大学出版社，2012）

请思考：

1. 标出蔡平使用的各种销售技巧。
2. 这种多重成交序列的优点和不足是什么？
3. 蔡平应该再提请成交吗？为什么？
4. 假设蔡平感到他还能再做一次成交的努力，他会怎么做？

模块5 知识拓展

一、尝试多次要求签单

请看下面的案例：

一天，某销售人员去拜访一家外贸企业，在与该企业的老板沟通之后，销售人员了解到该企业有需求和付款能力，阻碍成交最大的问题是该企业的老板有一个亲戚之前是他们的客户，但在使用了他们的服务后，没有达到预期的效果，这使得该企业的老板迟迟不愿签单。

了解到这一情况后，销售人员对该企业的老板说：

“此产品非彼产品，您的产品是市场上的热门产品，所有人都有机会购买。这与您亲戚的产品是不一样的，他的产品做得不好，不代表您的产品也做得不好。”

销售人员之所以使用这样的话术技巧，是为了打消他对亲戚使用我们的产品后效果不好的顾虑。紧接着销售人员又对他说：

“根据我的分析，您做外贸很多年了，而且做得非常成功。我相信您来做这项业务拓展的话，成功的概率比一般公司要高很多。所以，您不要把别人的不成功运用到自己身上，这样对您是不好的。这就好比能力强的企业和能力弱的企业相比能力强的企业获得成功的概率肯定会大一些，您同意我的观点吗？”

听完销售人员的话，客户肯定地点了点头。销售人员接着说：

“既然您同意，那我们今天就把这件事定了，把单签了。”

客户一听销售人员说签单，立刻说道：

“那怎么可能呢，我们今天才第一次见面，哪有这么快就决定的。”

销售人员回道：

“既然您同意我的观点，那我能问一下您，为什么不能今天把单签了吗?”

客户说：

“总要让我考虑一段时间吧?”

销售人员继续说：

“您考虑什么呢？您现在还要考虑的话，以后无非有这样几种情况：第一我回去后联系您，您说您还没考虑清楚；第二，我再次给您打电话，您告诉我您还没考虑清楚。这样，我以后肯定就不会再联系您了，我认为您没有购买的打算，于是不再跟进您这一单了。这样吧，我现在跟您算一笔账，让您看看和我们合作有哪些好处。”

说完，销售人员拿出一张 A4 纸，边说边给他算账：15（订单数量）×15 万美元（一个订单的单价）×20%（利润率）=45 万美元。

销售人员算完以后，对客户说：

“我今天是拿着 45 万美元跟您谈的，如果您不签的话，您将每个月损失 45 万美元。”

客户看完销售人员的账目，摇着头说：

“不是你这样算的。”

销售人员说：

“那我们再按照您的理解算一遍?”

这时正巧到了要吃午饭的时间，客户想逃避似的说：

“我要吃午饭了，我们以后再谈。”

听到客户这么说，销售人员想要是今天不把这个单签掉，以后他就是 D 类客户了，所以今天一定要把他签掉。于是，销售人员对客户说：

“您先等一下吃饭，既然您不认可我的计算方式，那我再给您算一下。”

然后，销售人员又拿起一张 A4 纸，算完拿给客户看，他说不是这样的。销售人员又拿一张，再写一遍拿给他看……就这样，销售人员大概写了 30 张 A4 纸后，客户说：

“我签了，我签了。你太厉害了，本来我都没有考虑过今天要跟你签合同的。”

销售人员说：

“我也没有考虑跟您签合同，是因为您的产品好，能力又强，所以我告诉我自己，今天必须帮您一把，要不然我失败了，您也失败了。”

瞧，这就是不断要求签单的好处。销售人员通过 5 个小时不断要求签单，成功地拿下了订单。

（一）不断要求签单的好处

不断要求签单的好处见图 6－4：

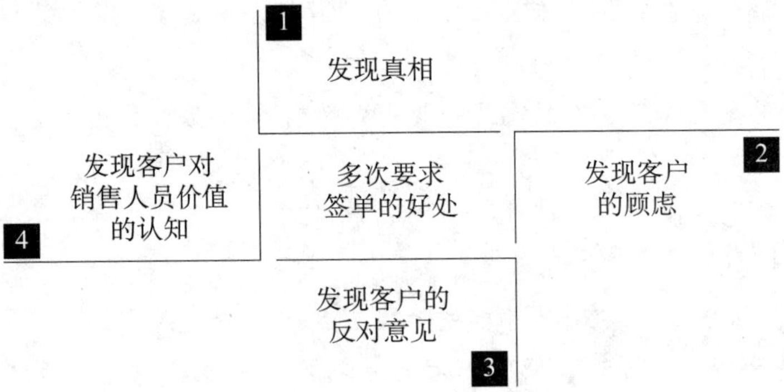

图 6－4　不断要求签单的四大好处

（二）多次要求签单的正确话术

我们已经知道了多次签单的好处，那么，我们该用什么样的话术技巧去多次要求签单呢？

首先，我们需要回想一下，当我们向客户提出签单的要求时，客户的反应是什么？通常情况下，大部分的客户会说：“我考虑下。”这时，你会怎么说呢？根据我多年的观察，大致有以下 3 种：

第一种，大部分普通销售人员会说：“那好吧，您考虑一下。”这是一种最糟糕的反应。

第二种，有的销售人员会说：“王总，您还考虑什么呢？”相对于第一种反应，第二种反应会稍好一点，但语气往往会让客户产生反感，所以这也不是最好的反应。

第三种，销售人员会说：“王总，您在担心什么呢？您既然在考虑，肯定就有所顾虑，您能把您的顾虑告诉我吗？这样我们今天就可以讨论一下。”

这时，出于一种“第一次见面不可能就签单”的惯性思维，大多数客户会说：“你总不能让我今天就签单吧。”销售人员会说：“王总，您看您也认可我们产品的价格和价值，那么您到底在担心什么呢？如果没有什么担心的话，为了提高工作效率，那我们就把这件事情定了。您是一位成功的企业家，如果说今天车间要等着这个原材料去做产品的话，您会不会考虑？您肯定不会考虑嘛，您肯定会马上说赶紧采购，赶紧下单。现在您说要考虑一下，是因为您觉得这件事情没有必要这么快。如果现在您签单了，那么我们就可以马上进入下一个环节，这样您就可以提前实现利润。您要是不这么做，您是不是会有损失呢？您看我们就差最后一步了，我们今天就把它签了吧。”

客户可能会说：“你讲得很好，但这段时间我们账上的钱不多，我要等到那批货款进来，才有钱来支付。”

到此为止，Top Sales知道客户不愿签单的原因是现在没有资金。那么，这是不是就意味着要放弃签单了呢？非也！销售人员会接着说："王总，那您大概什么时候资金会到账呢？"

客户说："我今天已经了解了你的产品，如果可以的话，这个月我会把这个事情定下来。但你们的产品是不是贵了一点？能不能给我便宜一点？"

当客户尝试跟你讨价还价的时候，就说明客户有需求。这时，我们需要做的就是与客户讨论你的产品的价值，让客户认可你的产品的价值。

除了讨价还价，当你在向客户提出签单时，客户还可能会说："我们今天聊得很好，但我还需要与董事长商量一下，董事长这几天不在公司，我要等他回来以后，与他商量一下。"

当客户这样说的时候，你就明白了他不是第一关键人，这时你需要跟对方进一步了解一下。你可以这样说："您感觉我们的产品怎么样，如果是您，会优先选择我们的产品吗？"

如果客户说："根据我的了解，你们的产品虽然贵了点，但值这个价格。如果是我，我会选你们的产品。"

这时，你要继续问："那依您对董事长的了解，他会听从您的建议吗？"

客户说："他应该会听从我的建议的。"这时，你就知道他是第一关键人。知道这一点并不算完，你还要继续了解。你可以问对方："如果您与董事长聊完以后，最后的结果是不选我们，那您觉得最大的原因可能是什么？"

客户说："如果不选你们的产品，最大的原因可能是性价比，到时候可能需要你再来一趟，我们要把这个价值传递给董事长。"

这时，你就知道下一次拜见客户需要做什么事情了。

事实上，销售如同做侦察工作，即使今天我们不能成功签单，我们也要想办法向对方了解，我们的问题出在哪里。这样一来，下次再去拜访的时候，我们就能把问题解决了。

二、销售失败的原因

1. 印象（形象）

一谈起印象，人们必然会联想一个人的形象。目前，我国有数以百万计的销售大军，但真正得到全方位专业培训的人还是占少数，特别是从事农村市场销售的人员大部分来自农村，所以销售人员出现形象问题也就司空见惯了。其实，一个人的形象和气质很重要，对于形象和气质好的销售人员，客户往往会高估他的能力，而且会专注听他说的每一句话；反之，对形象很差的人，往往会不屑一顾。

2. 技巧：话术、思路、方法

一个优秀的销售人员，一定是一个煽情专家，擅长用语言来吸引人，从而让客户和自己顺利成交。销售人员就像演员一样，演一个角色就一定要演得像，同样的话术，对不同的人使用也会有不同的效果。在实战演练中，经常有销售人员把话术背得也不错，但说出来就是不能说得让人动心，像是在背唐诗宋词，话虽说出去了，但并不是自己的东西，所以变得索然无味。要想让自己的话术变得生动活泼，可以注意以下几个方面：面带笑容、态度诚恳、互动交流、发自肺腑、建立信任、懂得感恩。

3. 态度

全身心地投入、满怀激情、永不放弃本身就是一种态度，这种态度会感染和感动客户。有时候，客户买的就是我们的一个态度和精神。

4. 性格

装一台电脑要讲属性和配置，其实做业务也一样，我们要弄清楚客户是哪一种类型的人，我们就扮成什么类型的人。如果客户快人快语，我们的节奏一定不能很慢；如果客户是很慢的人，我们一定也不要着急，要文火炖豆腐，千万不能不考虑对方，完全由着自己的性格来；如果遇上一个很沉稳的人，我们的滔滔不绝终会露出破绽。在销售过程中，我们不怕提出问题和讨价还价的客户，就怕我们说一百句他不吭一声的客户，所以一定要看对方是什么样的性格，而且必须与对方谈互动性的话题。

5. 诚实

虽然有很多人在说"无商不奸"，但我们还是要尽量使自己成为一个儒商。诚实是很多优秀销售人员的坚实基础。

6. 毅力和耐心

销售工作不像别的工作，比如做技术类和动手类的工作，一看就会，一练就到位。销售工作的一些技巧和经验是看不见摸不着的，有时候就差那么一点点坚持，销售人员的精神崩溃了，就放弃了，其实这时也许离成功只有一步之遥。因此，销售人员不要轻易放弃任何机会。

模块6 团队项目实战训练

实训 课外销售实战

【实训目的】

通过实际的商品销售活动，让学生消除销售时的心理障碍，学会捕捉成交信号，懂得抓住成交时机，运用所学的成交技巧促成交易。

【实训内容】

（1）各团队利用业余时间，根据前期选定的销售产品，根据市场的需求自行进货，然后在校园里销售，可以摆摊设点、上门销售或是电话销售。

（2）各团队在销售的过程中注意捕捉成交信号，抓住成交时机，灵活利用成交技巧完成销售活动。

（3）各团队要制定周销售计划，自主考核完成情况，并根据完成情况调整下周的销售计划。

（4）各团队每天写销售日记，记录每天销售中发生的故事以及感想。

（5）各团队要注意留存销售过程中的材料，包括进货的情况、销售的情况、拜访的情况等，可以是照片加文字形式，也可以是活动现场录像等。

（6）各团队学期末完成销售总结。

【实训成果及检测】

（1）销售成果与业绩。

（2）销售计划、销售日记、销售过程材料、销售总结。

（3）指导老师根据各团队的销售业绩、销售计划、销售日记、销售过程中的材料、销售总结来评定成绩。

项目七 客户服务与管理

学习目标

了解客户服务的内容，掌握客户抱怨与投诉的内容，掌握销售人员在处理客户抱怨时应做好的心理准备，掌握处理客户抱怨与投诉的原则，掌握处理客户投诉与抱怨的技巧与方法，掌握维护客户关系的途径与方法，了解客户管理的内容，掌握客户管理的方法与技巧。

学习要求

1. 了解客户服务的内容
2. 掌握应对客户抱怨与投诉的程序、方法与技巧
3. 掌握维护客户关系的途径
4. 掌握客户资料卡的制作和管理技巧

技能目标

1. 能够根据不同的情况处理客户的抱怨与投诉
2. 能够制作客户资料卡并能有效进行管理

重点难点

重点：处理客户抱怨与投诉的原则，维护客户关系的途径，制作客户资料卡

难点：客户抱怨与投诉的处理

模块1 大家来讨论

李女士决定买一辆车，而且想买一辆好车。最终她定下的目标是一辆日产车，因为她听朋友说日产车质量较好。

在跑了大半个北京城，去了很多售车点并进行反复的比较之后，她走进了她家附近一个新开的上海通用汽车特约销售点。接待她的是一个姓段的客服人员。先是一声亲切的“您好”，接着是规范地引导入座、递茶，这让李女士感觉相当热情。仔细听完李女士的想法和要求后，段先生陪她参观并仔细地介绍了不同型号别克轿车的性能，不时还上车进行示范，并请李女士体验。对于李女士提出的各种各样的问题，段先生都耐心而深入浅出地给予回答，并根据李女士的情况与她商讨最佳购车方案。

李女士特别注意到，在去停车场看车、试车的路上，天上正下着雨，段先生熟练地撑起雨伞为李女士挡雨，却把自己淋在雨里。在这一看车、试车的过程中，李女士不仅加深了对别克轿车的了解，还知道了别克轿车的服务理念及单层次直接销售的好处。她很快就改变了想法，决定买一辆别克轿车。

约定提车的那一天，正好是中秋节。李女士按时前来，但她又提出了新的问题：她从来没有自己开车上过马路，况且是新车，不知该如何是好。段先生想了想，说：“我给您开回去。”由于是中秋节，又已经接近下班时间，大家都赶着回家。路上特别堵。短短的一段路竟走了近两个小时，到李女士家时已经是晚上六点半了。在车上，李女士问：“这也是你们别克销售服务中规定的吗?”段先生说：“我们的销售服务没有规定必须这么做，但是我们的宗旨是要让客户满意。”李女士在聊天当中得知段先生还要赶往家住颐和园附近的女朋友家吃饭，所以到家后塞给他一点钱，让他赶紧打车走。段先生怎么也不肯收，嘴里说着“没事，没事”，一会儿就不见踪影了。

一段时间后，李女士发现汽车的油耗远大于段先生的介绍，每一百公里超过了15升。她又找到了段先生询问原因，段先生再一次仔细讲解了别克车的驾驶要领，并告诉她节油的“窍门”，还亲自坐在李女士旁边，耐心地指导她如何操作。一圈兜下来，油量表指示，每一百公里油耗才11升。

这样，李女士和其他别克车主一样，与段先生成了熟悉的朋友。她经常接到段先生打来询问车辆状况和提供咨询的电话，上海通用汽车公司按时寄来季刊《别克车主》。李女士逢人便说：“别克车好，销售服务更好!”

（资料来源：田玉来．现代推销技术［M］．北京：人民邮电出版社，2011）

【讨论】

1. 上海通用汽车特约销售点的做法说明客户关系管理的重要性有哪些？

2. 销售人员应如何加强与客户之间的联系？

模块2 基本知识

一、客户服务

客户服务是指在商品出售以后所提供的各种服务活动。从销售工作来看，客户服务本身也是一种促销手段。在追踪跟进阶段，销售人员要采取各种形式的配合步骤，通过客户服务来提高企业的信誉，扩大产品的市场占有率，提高销售工作的效率及效益。

7-1
完善服务

（一）客户服务的类别

依据销售过程中时间的不同可将整个销售服务分为售前、售中和售后服务3个阶段，对各阶段客户服务的具体内容，销售人员都要牢记并灵活运用到自己的销售工作中。

1. 售前服务

售前服务是指在广泛调查的基础上，通过对目标市场特点和客户购买心理进行研究，在客户未接触产品之前，用一系列方法激发其购买欲望所提供的各项服务工作。

售前服务主要用于新产品投放市场，其核心就是方便客户，让客户了解产品的技术、特点、功能等，激发客户的好奇心、刺激客户的购买欲望，从而达到销售的目的。

如今，市场竞争激烈，客户的选择机会很多，企业已经把售前服务作为重要的竞争手段，所用方式也花样百出，主要有以下4种方式：

（1）为客户着想，给客户提供各种方便。要想赢得客户，吸引客户购买自己的产品，企业就应该从客户的角度出发，尽可能为客户提供方便，让他们心甘情愿地购买产品。如何才能达到这样的效果呢？企业需做到以下两点，见图7-1。

（2）广告宣传。如今广告无处不在，广告已经成为引导人们生活消费的重要方式。各种商业广告实际上也是一种售前服务，是商家引导消费、传递信息、促进销售不可缺少的重要手段。广告宣传既能为客户提供信息和知识的服务，扩大企业或产品的影响，又可以诱发客户的需求和欲望。因此，企业要根据自身情况、产品的特点、市场定位等来合理选

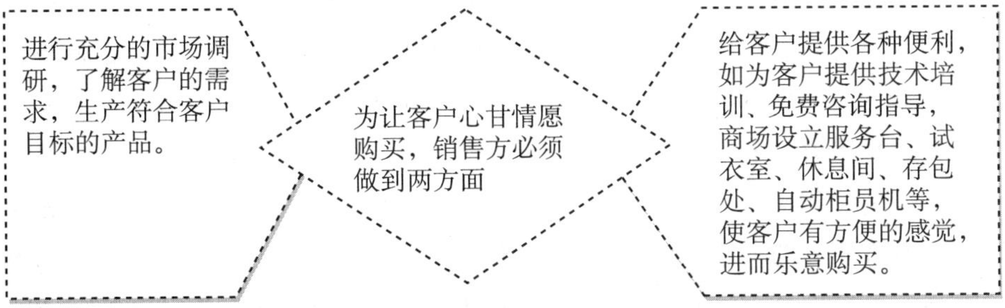

图7-1 为让客户心甘情愿购买，企业必须做到两方面

择广告媒体进行宣传，吸引目标客户购买。电视、报纸等大众媒体的商业广告及文字报道、展览会、橱窗陈列、露天广告牌等广告宣传方式可供各类企业选择使用。

（3）社会性公关服务活动。目前，很多企业通过赞助、冠名等形式来扩大企业的社会影响，提高企业的知名度和在人们心中的美誉度，进而达到扩大销售的目的。另外，企业举办的新闻发布会、记者见面会、产品展销会等也可吸引人们的眼球，塑造企业的公众形象。

（4）开设培训课堂，为客户提供技术咨询和指导。如今，有很多企业采取开设培训课堂、为客户提供咨询和指导的服务方式。例如：销售化妆品的公司会开设讲堂，请护肤专家讲解美容护肤知识；销售干洗机的厂家会开设学习班，免费为想投身此行业的人讲解如何干洗衣物及干洗机的使用方法，直到客户掌握了该项技术为止。这种服务方式不但方便了客户，也促进了企业产品的销售。

2. 售中服务

售中服务主要是指企业销售人员及零售企业的营业员在销售产品过程中为客户提供的各种服务，目的是消除客户的顾虑，以便最终达成交易。在这个过程中，销售人员要以热忱的态度对客户进行贴心服务。具体服务的内容主要包括5个方面，见图7-2：

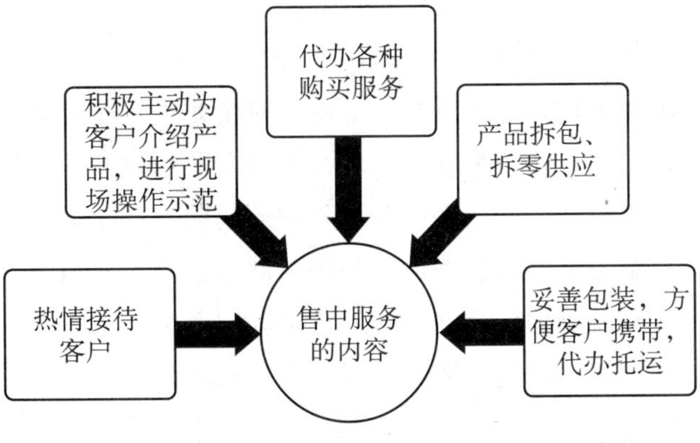

图7-2 售中服务的内容

3. 售后服务

售后服务是指产品售出以后企业或销售人员应该提供的服务。在同类产品日益同质化的今天，售后服务已经成为影响客户选择产品的重要因素。热情、方便、周到的售后服务，可以消除客户的后顾之忧，树立客户对企业的信任感，巩固老客户，促使他们连续购买，还可以通过这些客户的间接宣传争取到更多的新客户，以开拓新市场。

售后服务的常用方式有以下 5 种：

（1）免费送货。如果客户购买的商品体积过大且笨重，或者客户一次购买的数量过多、自行携带不方便，商家有必要提供免费送货上门的服务。目前，一般的家电商场、家具建材城等都有此项服务。此项服务不但方便了客户，还给企业带来了经济效益。

（2）“三包”服务。“三包”服务是指企业推出的包修、包换、包退服务承诺。见图 7－3。

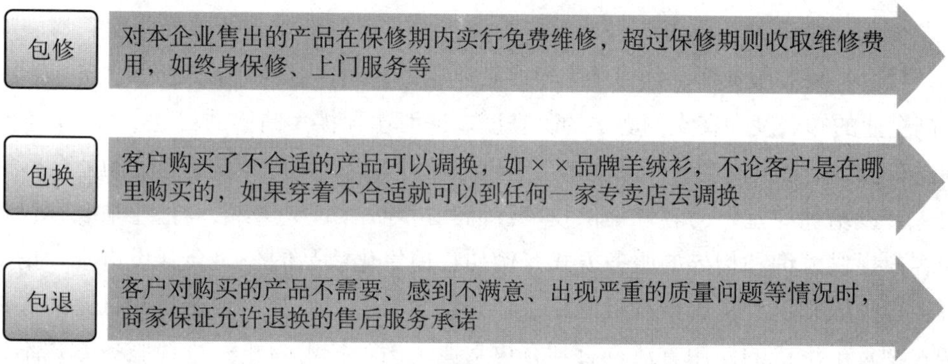

图 7－3　“三包”服务的具体内容

（3）安装服务。有些产品在使用之前需要进行安装，如空调、大型机器设备等。由于客户没有相关的安装设备与技术，这就需要企业提供安装调试服务。这也是企业售后服务的主要内容之一，企业要高度重视。

（4）包装服务。产品包装也是客户服务中不可缺少的项目，它可以给企业带来以下两点好处：

①美观、耐用的外包装能增强客户对产品的好感。

②包装物上印有企业名称、电话等相关信息，对企业也是一种宣传，可谓一举两得。

（5）提供知识性指导和产品咨询服务。现在很多企业都设有全国服务中心和免费服务电话。客户在购买产品以后，可能会遇到各种各样的问题需要企业负责答疑、指导，这时就可以通过企业开设的服务电话直接咨询，获得帮助。这种方式既方便了客户，也提升了企业的信用度，如 10086 就是中国移动公司的免费客服电话，客户有什么问题可以直接询问。良好的服务在给用户带来便捷的同时，也可以带来美好的心情。

（二）客户服务的原则

客户服务应遵循的总体原则就是用心、真诚、履行承诺。无论是企业还是销售人员都应如此，同时还要注意以下 5 个要点。

1. 树立正确的服务观念

企业的生产和一切营销活动都要以客户的需求为中心展开，不要单纯追求企业自身的经济效益。服务措施只有长久和守信，才能取得好的效果。

2. 培养良好的服务态度

热情、周到、细心、为客户着想是每一位销售人员都要做到的。不同的客户，由于性格、年龄、职业、受教育程度和消费习惯等的不同，他们的购买动机和心理需求也会有所差异，所要求得到的服务期望也不一样。因此，销售人员在面对客户时要留心观察，设身处地地为他们着想，热情细致地为他们提供所需的服务。

要想做到上述这些，需要企业树立正确的服务理念，不断培养员工的服务意识，使其养成良好的服务习惯。

3. 尊重每一位客户

不论客户购买量的多少，也不论客户是否西装革履，销售人员都要一视同仁，切不可以貌取人，差别对待。如果让客户感受到不平等的待遇或受到轻视，那么交易将很难达成，重复购买将很难实现，还可能通过辐射传导影响企业的声誉和未来的发展。

4. 符合客户的需求

服务的真谛就是在客户需要的时候用客户希望的方式提供给他需要的服务。客户不需要服务时，即使提供的服务再周到，也毫无意义。

一个人乘坐某航空公司的飞机出差。飞机降落之后，他提着随身携带的一捆资料走到了机舱门口。空中小姐在向他微笑道别的同时递给他两块小方巾，说："先生，请用小方巾裹着绳子，不要勒坏了您的手。"

这位先生备受感动，从此每次出差或带家人出门，总是首选这家航空公司。

例如：现在有些商场搞"买一送一"的促销活动，送的都是无用商品，或降价的商品，都是残次品、库存商品。这样的服务既不能达到促销的目的，还会损害企业的形象。

所以，企业必须切实从客户的需要出发，制定自己的服务方式和服务内容。

5. 提供独特的优质客户服务

什么是优质客户服务呢？那就是每天清晨所订的牛奶会准时送到家门口；只要一通电话，药店就会按照你所说的处方配好药并送到家里；去存款的银行，你可以轻易地见到银行的经理，而他也能像老朋友一样叫出你的名字；在加油站加油时，还会有人把你车子前面的挡风玻璃擦干净……

在目前激烈的市场竞争氛围中，企业之间的竞争很大程度上是服务的竞争。要想在竞争中脱颖而出，企业的服务必须独具匠心，有自己的特色和个性，以满足客户多方面的需求。

基于以上要点，销售人员在销售过程中就要把握好客户的特点和需求，因人而异，为客户提供满意的服务。

（三）客户服务的具体做法

在整个销售过程中，销售人员应如何规范自己的行为，为客户提供满意的服务，从而提高销售业绩呢？具体内容见图7-4。

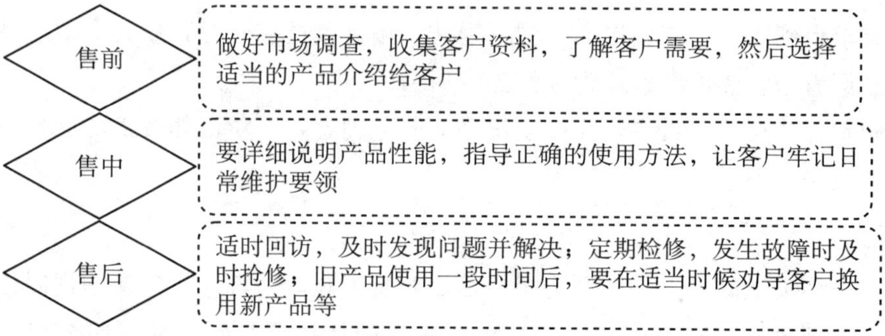

图7-4　销售人员客户服务的具体做法

二、客户的抱怨与投诉

（一）正确看待客户的抱怨与投诉

1. 抱怨

抱怨是指当客户购买或使用某商品（服务）时，对商品本身和企业的服务都抱有一定的愿望和期望值，如果这些愿望和需求得不到满足，或者由于所购商品的实际使用情况与商品宣传的功能不符而感到失望或被欺骗，由此产生的心理不平衡的感觉、怨言和想“讨个说法”的行为。

2. 投诉

投诉是指客户在购买和使用某商品（服务）的过程中，认为自身的利益或需求受到损害，其期望值得不到满足，因此对服务的过程产生异议，要求企业进行处理，并希望得到企业的处理结果的行为。

投诉处理是指政府、消费者协会或企业相关部门根据消费者的投诉请求，对投诉事项进行调查、调解、处理的过程与行为。一些企业也设有直接面向客户的窗口。通过投诉处理的窗口，吸纳客户的需求和建议、处理客户的不满、解除客户的误会、完善服务机制、梳理内部流程、查找产品缺陷、设计新的方案，以确保市场稳定，保持市场活力，维护企业和客户的双向权益。

3. 抱怨与投诉的区别

抱怨与投诉均是客户购买或使用商品过程中出现的期望值得不到满足的一种表现，但两者之间也存在一定的差异。抱怨多数是感性的，是客户在期望值得不到满足时的一种表达或发泄情绪的方式，更多的是表现在语言上，客户需要受到重视，希望得以倾诉，可以感受愉悦，但并不要求企业一定要有处理结果。而投诉大多是理性的，客户要求必须解决问题并要求得到补偿，希望企业及时改正失误，对处理结果有比较高的要求。企业应同样重视客户的抱怨与投诉，如果客户抱怨得不到妥善解决则会升级为客户投诉。

（二）处理客户抱怨的意义

（1）客户对于企业产品的质量和服务的不满，企业只能听到4%的客户的抱怨，96%的客户会保持沉默，91%的客户今后将不再上门光顾该企业的生意。说明真正抱怨的客户只是冰山一角，25个不满意的客户中只有1个客户会抱怨。经营者要提醒自己还有24个不满意但没有抱怨的客户，要立即改善服务态度，提高服务水平。对于企业来讲，沉默的客户是企业最大的隐忧，因为没有抱怨并不等于满意。

（2）处理好客户的抱怨，70%的客户还会继续购买。如果能够当场解决，95%的客户会继续购买。客户的满意度会影响其购买行为，立即改善要比久拖不决来得好。

（3）一个不满意的客户会把他不满的态度告诉10个人，其中的20%的人会再告诉其他20个人。按照这样的算法，其破坏力是不可低估的，企业要会算这笔账。

（4）开发一个新客户的成本是保有一个老客户的5倍，也有不少书上说是6倍，但这并不影响对这一观念的认识。做企业就是做市场，做市场就是寻找客户，守住老客户、开拓新客户是企业永恒的主题。做企业不是在火车站卖茶叶蛋，人人都是新客户，能蒙一个是一个，即便这样，买茶叶蛋的人也会越来越少的。

（三）应对客户抱怨与投诉的心理准备

销售人员在面对客户抱怨与投诉时，要做好以下心理准备。

1. 避免感情用事

销售人员不能要求每一个客户在抱怨或投诉时仍彬彬有礼，客户在说话或态度上难免会出现过激行为，在这种情况下，销售人员必须克制自己，应尽可能冷静、缓慢地交谈，这样可以缓冲客户的激动情绪，也为自己争取思考的时间。

2. 要有自己代表企业的心理准备

这里强调一个自觉性，这是销售人员必须具备的思想素质，若不具备这种代表企业的能力来做判断，怀有抱怨的客户将会立即要求企业负责人出面，甚至与销售人员发生争执，造成不良影响。

3. 要有随时化解压力的心理准备

可以采取第三者的立场来观察自己忍受客户愤怒的姿态，同时可向身边的人诉说整个事件以及所遭受的痛苦，以这种方法来稳定自己的情绪。

4. 要有把客户抱怨与投诉当成磨炼的心理

有一份平静的、超然物外的心理对处理抱怨与投诉是十分有利的，如果人生事事皆顺心如意，那么人就不可能有所长进。

5. 要有把客户抱怨与投诉当成贵重情报的心理

抱怨与投诉是一种不满，是一种期待，是一种愤怒，也是一种信息。客户通过抱怨与投诉能把他的需求动向反映给企业。一流的企业为了恢复客户对他们的信赖，常将得失置之度外来处理客户的抱怨与投诉。

6. 不要害怕客户的抱怨与投诉

销售产品不可能不出现问题，售后服务做得再好的企业也会有客户抱怨。客户有抱怨是因为他的想法和企业的想法有些差距，如果换一个角度来看，这也为我们提供了协助客户的良机，提供了使我们服务增值的良机。

（四）处理客户抱怨与投诉的原则

销售人员在处理客户抱怨与投诉时要遵循以下原则。

1. 以诚相待

处理客户的抱怨与投诉是为了获得客户的理解和再度信任。如果客户感觉企业在处理抱怨与投诉时是没有诚意的，是在敷衍，那么他们不仅下次不会再来，而且可能在外大肆宣传企业的服务不周，从而成为企业发展的致命障碍。

2. 及时处理

时间拖得越久越会激发怀有抱怨的客户的愤怒，同时会使他们的想法变得顽固而不易改变。如果说企业犯错可以原谅的话，那么及时处理原则是这一错误可以原谅的基础。

3. 对客户的抱怨与投诉表示欢迎

在销售过程中客户总是有理的，但不是说客户总是正确的。认为客户总是有理的，可以使客户感到企业与他们站在一边，从而消除内心情感上的对立和隔阂，促使客户在洽谈中采取合作的态度，共同探讨解决所面临问题的方案。

4. 站在客户的立场上想问题

客户的抱怨与投诉一旦产生，心理上自然会强烈认为自己是对的，与之交涉时一定要避免争吵，尽可能站在客户的立场上，当角色转换后，想法和看法就会有很大的转变。

（五）客户投诉的真实需求

1. 想快速简洁地解决问题

对于每一位客户来说，投诉是一件十分不愉快的事情，一旦让抱怨升级为投诉，就意味着客户已经不愿意忍受或者客户已经非常愤怒了，表现出来的反应往往是迫不及待地想快速、简洁地处理问题。

2. 得到理解和尊重

客户投诉时往往会倾诉产品或服务给自己所带来的烦恼和不便，他们从心理上需要企业能够仔细地倾听所发生的事情，从情感上给予安慰，设身处地地理解和接受他们的意见及观点，并且需要得到尊重和关注。

3. 给一个说法，界定责任

投诉往往是由某一方或双方共同造成的，客户需要知道的是问题到底是怎么造成的，是谁的责任，要求对投诉的责任进行界定，并且需要企业给予答复。如果是企业造成的，企业准备怎样解决；如果是客户和企业共同的责任，企业也应该有一个明确的说法和解决的预案。

4. 赔偿或补偿

投诉的客户，特别是对使用产品或服务后造成损失或伤害的客户来说，在投诉的同时还希望企业能够根据损失或伤害的程度给予赔偿或补偿。

5. 解决问题，不让它再次发生

客户希望企业能够有效地解决问题，不要让类似的投诉再次发生，还希望继续合作。特别是当某种产品或服务的某种功能暂时还没有替代品或者客户认为重新选择是一件非常麻烦的事情时，客户则很强烈地希望在其再一次消费时不要遇到同样的问题。

三、客户关系的维护

客户是销售人员的重要资源，客户关系是销售人员的无形资产。销售人员在与客户达成交易之后，如何与客户建立长期的合作关系呢？唯一的途径就是在自己的职责、权限范围内，向客户提供优质、贴心的服务。

（一）履行合同须遵循的原则

1. 实际履行原则

实际履行原则是指当事人必须按照合同规定的标的来履行。合同的标的是什么，义务人就应给付什么，既不能用其他标的来代替，也不能用金钱来代偿。义务人在违反合同的情况下，即使支付了违约金，也不能免除其合同责任。只要对方需要并坚持，还必须按照合同规定的标的继续履行。

2. 适当履行原则

适当履行原则是指切实、准确地按合同约定的各项条款去履行，即为适当（“适当”二字在这里指履约行为和结果同约定条款的要求相符）履行。

3. 协作履行原则

协作履行原则是指合同双方当事人应本着团结、协作、互相帮助的精神，去共同完成合同规定的权利和义务，履行各自应尽的责任。

4. 诚实信用原则

诚实信用原则是指当事人在履行合同过程中应遵守诚实守信的原则，根据合同的性质、目的及交易习惯正确履行合同规定的义务。

通过以上内容，销售人员就应该明确自己在同客户签下合同之后应该做什么了。

（二）履行合同，落实承诺

合同的履行，就是指签约当事人按照合同约定完成合同义务，实现合同规定的权利的行为。全部完成合同规定的义务是指全部履行，部分完成合同规定的义务是指部分履行。

在履行合同时，销售人员应按照合同的规定，落实合同中给客户的各项承诺，赢得客户的信赖，主要应该做到以下几点，见图7－5。

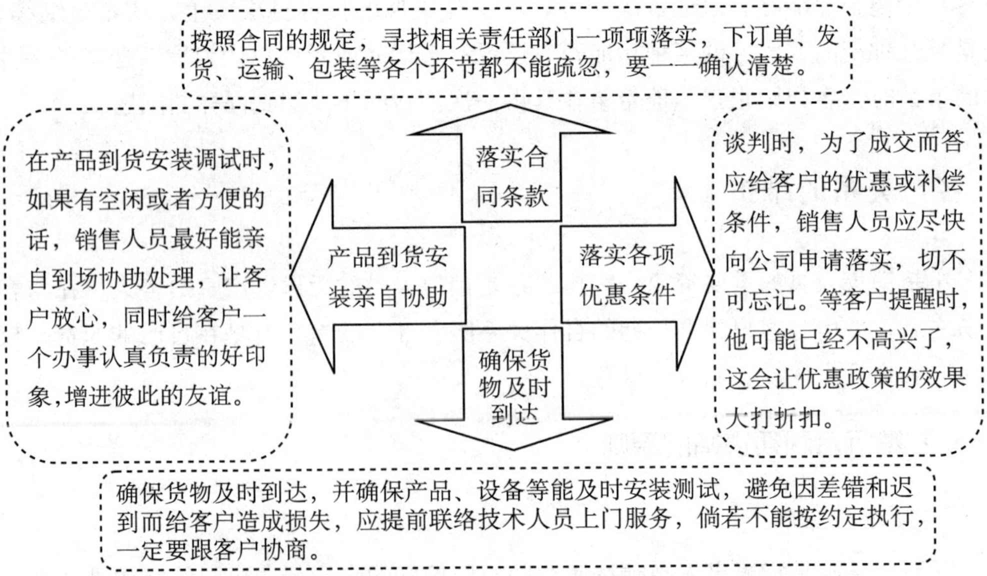

图7－5　销售人员履行对客户的承诺

（三）适时回访，了解产品的使用情况及存在的问题

销售人员在成交以后，做事仍应积极主动，不要等客户有问题来找自己，那样就被动了。要想赢得客户的长久支持，销售人员就得时常想着客户，让客户感觉到自己对他的关心，同时让他也想着自己。适时的回访不但能给客户带来帮助，而且能够巩固与客户的关系。回访过程中，销售人员需要处理的事情主要有以下 5 个方面：

1. 核对交易事项

合同签订完成后，有时候可能会出现不能按约履行的问题，比如由于产品已无库存而不得不延迟交货。这时，销售人员必须及时与客户进行沟通，及时想办法，避免己方因违约而承担责任或者给客户带来损失。

7-2
客情维护的招式

2. 调整交易量

有时候己方库存不足，或者客户又决定购买更多数量的产品，这时也需要销售人员及时与客户沟通，考虑扩大交易的可能性和客户支付货款的能力。

3. 提供培训

有些技术含量高的产品，需要对客户方的使用人员进行培训，销售人员要在这方面提供帮助，随时了解客户方人员的使用情况，在其遇到技术问题时，及时给予解答。

4. 核对票据与往来文书

为避免因票据开错或有误而让客户产生误解，影响双方关系，销售人员必须确保所填制的文件准确无误，包括产品的型号、代号、价格、折扣、佣金、折让及税费等，反复核对各项数字，以确保手写字迹清晰。检查客户支付的情况，若存在延迟支付的情况，应及时与客户沟通情况，采取适当的行动。

5. 提供新商务机会或建议

向客户提供新的商务机会，提出增加利润的建议，或者商谈下次合作的相关事宜。

（四）主动告诉客户有用的信息

平时注意收集整理信息，主动告诉客户对他们有用的信息（见图 7-6），不要等客户从别的途径得到信息之后来向我们确认。如果等到这个时候，客户心里多少已有不满，销售人员就又陷入了被动的境地。对客户有用的信息一般包括以下 6 项：其他公司的信息、各类优惠活动、与客户企业发展相关的信息、企业新产品、机器设备免费检查、为答谢老客户举行的相关活动等。

（五）代表客户和公司交涉，帮助客户解决问题

若客户有问题，销售人员要主动与公司相关部门联络，帮助客户解决。此时，销售人

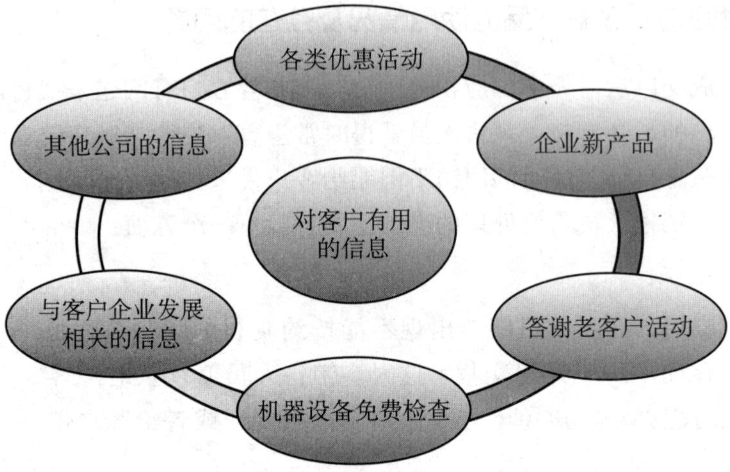

图 7-6 对客户有用的信息

员要站在客户的角度来考虑，在代表客户尽心地为其争取更大利益的同时要兼顾公司的利益，让客户完全信赖自己。

例如：若客户投诉产品质量问题，当确定确实是由于本企业的疏忽导致产品出现质量问题时，那么销售人员先要向客户致歉，然后积极替客户解决问题，直到问题被解决为止。这样能使客户加深对销售人员的印象，同时增强了其对企业的良好印象。

（六）记录客户的状况，预先处理客户的问题

销售人员要养成随时随地收集客户资料、随时记录有用信息的习惯，以便提醒客户，防止发生不必要的问题和麻烦。

例如：汽车销售人员李某记录了他的每一位客户的详细资料，到期前，他总是预先提醒客户去办理或者协助客户处理保险事宜。

（七）与客户建立适度的私人友谊

除了业务往来外，若能和客户建立私人友谊也是维护客户关系的一种有效方法。市场上的产品那么多，用谁的都行，为什么总购买自己的呢？这就需要销售人员想办法和客户或客户方的负责人处理好关系，建立私人友谊，以进行长期合作。

需要注意的是：与客户建立友谊关系、成为朋友是件好事，但是交往不应过度亲密。

1. 关系过密可能会使商务关系受损

销售人员与客户个人关系密切，可能会使业务关系受损。因为朋友之间就要互相关照、互相帮助，在销售过程中建立的朋友关系也不例外，这就为双方带来了不言而喻的责任。

客户帮助销售人员，让其产品摆在卖场特别显眼的位置或者在宣传广告上得到特别推

荐，这样虽然有助于销售，但销售人员却可能要付出代价来赢得这种待遇，况且销售过程中建立的友谊大多数是短暂的。如果客户换了工作、被解雇或退休了，那么销售人员还得与新的人员重新建立关系，若交接不好，关系就可能破裂。同时，与销售人员关系密切，客户方就会要求种种特别的优惠待遇，比如更大的折扣、优先购买权、宽松的退货条件、预付款期限等。

另外，一旦建立了友谊，有些销售人员就会视客户如朋友，不再像以前那样全心全意地提供服务。反过来，客户方面感觉到这种懈怠，但是为了维持友谊，他们很少把自己的失望迅速反馈给销售人员，而往往是任由情况继续恶化下去。

2. 关系过密会给自己和企业带来昂贵的交际成本

销售人员为了建立和维护与客户的合作关系，通常会给客户送礼、提供昂贵的娱乐节目等，那么这笔费用由谁来出呢？企业不可能没有额度限制，超出交际费用限制的部分，只能是销售人员自己掏腰包了。

3. 关系过密会造成各种关系难以平衡

如果销售人员与某个客户建立了牢固的友谊，行业内的其他客户对这种友谊会怎么看呢？帮助朋友以最优惠的价格得到最好的产品与服务是顺理成章的事情。你在公司的竞争对手会不会知道呢？当然会。只要你在生意上为朋友提供了优惠的服务，其他销售人员就知道。即便你没有给朋友优惠，他们仍然会认为你的朋友占了便宜，你会两边不讨好。

四、客户管理

7－3
如何做好客户管理

客户管理主要是指销售人员对与自己有业务往来的客户进行系统的辅导与激励，从而创造新的业绩。同时，销售人员要想提升客户的满意度和忠诚度，也必须对产品使用者（包括中间商和最终消费者）加以有效管理，这样才能服务好客户并增加继续销售的机会，提高销售业绩。

（一）客户管理的内容

对客户的管理，通常包括以下 13 个方面的内容：

（1）客户资料档案。随时掌握客户的销售资料，并将客户资料加以建档、分别管理。

（2）销售额成长率。控制营销业务的成长状况、市场占有率。

（3）销售额的统计。分析月、年度销售额并评估销售的内容。

（4）销售额比率。本公司产品的销售额占该客户的销售总额的比率。

（5）经费比率。分析销售经费增加额度占销售额增加额度的比率。

（6）货款回收状况。留意货款回收的快慢与延迟现象。

（7）了解公司的方针。让客户了解公司的行政方针，通过正规操作来增加销售额。

（8）销售项目。弄清楚客户的销售项目是否全为本公司商品，是否在为重点产品促销。

（9）商品的陈列状况。本品牌商品在经销店内的陈列状况（地点、空间、高度等）对促进销售非常重要。

（10）商品的库存情况造成商品缺货或久置库存时，应分析原因，确定是因为客户对本公司的商品不关心还是因为销售人员调度不足造成的。

（11）促销活动的参与。了解客户是否积极参与公司所举办的促销活动，频率是多少。

（12）支持程度。销售人员应检视与客户的人际关系、意见沟通及对本公司的支持程度，并尽可能经常与客户交换意见，强化彼此的关系。

（13）信息的传达。销售人员应检视是否及时、正确地传达了促销活动或其他活动的信息，并追踪客户是否遵循或积极销售。

（二）采集客户信息

进行客户管理，最好的方法就是建立客户档案资料，即建档管理。建档管理是一种将客户的各项资料加以科学化记录、保存，并分析、整理、应用，借以巩固双方的关系，从而提升销售业绩的管理方法。

对客户进行建档管理，首先要采集客户的信息，填写客户资料卡，客户资料卡的内容见表7-1：

表7-1　企业客户资料的基本内容

客户资料	主要内容
基础资料	主要包括客户的名称、地址、电话、所有者、经营管理者、法人代表以及他个人的性格、爱好、家庭、学历、年龄、创业时间、与本公司的起始交易时间、企业组织形式、资产等。
客户特征	主要包括服务区域、销售能力、发展潜力、经营观念、经营方向、经营政策、企业规模、经营特点等。
业务状况	主要包括销售实绩、经营管理者的素质、与其他竞争对手之间的关系、与本公司的业务关系及合作态度等。
交易现状	主要包括客户的销售活动现状、存在的问题、保持的优势、未来的对策、企业形象、企业声誉、信用状况、交易条件以及出现的信用问题等方面。

（三）建立与管理客户数据资料

1. 建立与管理客户数据资料的原则

（1）动态管理。客户数据资料建立后，要进入常态化管理，对客户的变化进行跟踪，根据客户数据资料的变化，及时调整，补充新的资料，剔除过时的或者已经改变的资料，使客户数据资料管理保持动态性。如果置之不理，不及时更新，就会失去意义。

（2）分类管理。客户数据资料管理着不同类型的客户资料，不同类型的客户对企业业绩的贡献不同，要透过这些资料区分不同类型的客户，采用不同的管理措施，主要是找出重点客户，以便更合理有效地利用企业资源。重点客户不局限于现有客户，还应包括未来客户或潜在客户，以便为企业选择新客户，开拓新市场提供资料。

（3）重在运用。客户数据资料收集管理的目的是在销售过程中加以运用。所以，在建立客户资料卡、客户管理卡、客户数据库后，应及时全面地提供给推销人员及其他有关人员，使他们能进行更详细的分析，把静态资料变成活资料，提高客户管理的效果。

（4）专人负责。客户数据是企业的宝贵财富，一般只能提供内部使用，不宜流出企业。所以，客户数据资料管理应确定具体的规定和办法，由专人负责管理，严格管理客户情报资料的利用和借阅。

2. 掌握管理客户数据资料的常用工具

推销人员在进行客户资料管理时一般常用笔记本、Excel 表格和 CRM 软件，但是在具体使用的时候应该注意以下几点。

（1）随时携带笔记本。销售人员应随时携带笔记本。在拜访客户时或拜访客户后，应及时记录或补充客户的有关资料。收集客情资料是销售人员长期要做的工作，销售人员必须及时对客户的资料进行补充与更新，动态地了解客户是与客户保持良好而持久关系的前提。

（2）熟练使用 Excel 工具。销售人员运用 Excel 表格可以将客户的资料进行统计，汇总分类。客户资料的信息是需要整理、汇总计算的，使用 Excel 可以大量减少工作量，而且利用其图表转换工具，可以随时将数据转换成图像，既直观又漂亮。销售人员必须掌握这个有效的工具协助进行客户资料整理与分析。

（3）熟练运用 CRM 软件。CRM 即客户关系管理，是指企业为提高核心竞争力，利用相应的信息技术以及互联网技术协调企业与客户间在销售、营销和服务上的交互，从而提升其管理方式，向客户提供创新式的、个性化的客户交互和服务的过程。其最终目标是吸引新客户、保留老客户以及将已有客户转为忠实客户，增加市场。

3. 客户的分类管理

对客户进行分类管理，依据客户价值来策划配套的客户关怀项目，针对不同客户群的需求特征、消费行为、期望值、信誉度等制定不同的营销策略，配置不同的市场销售、服务和管理资源，对关键客户定期拜访与问候，确保关键客户的满意程度，借以刺激有潜力的客户升级至上一层，使企业在维持成本不变的情况下，创造出更多的价值和效益。表 7-2 列出了 4 种客户分类方法，可供销售人员参考。

表 7－2　　客户分类方法

分类方法	具体分法
按是否已成交	从客户是否已成交可以分为已成交客户、正在谈判客户以及潜在客户。
按成交金额分类	从客户的重要性（一般用可成交额度或者业务潜在量来衡量）划分为重要客户、次重要客户和非重要客户。
按客户的需求状况	从客户的需求状况上把客户分为目标客户（现在就有需求）、潜在客户（未来有需求）和死亡客户（不会有任何需求）。
按处理客户信息的紧急程度	从需要处理客户信息的时间段上可以把客户分为： ①紧急客户（一般需要在1周内做出处理）； ②缓急客户（一般指1周到1个月内需要对该客户做出处理）； ③不紧急客户（1个月以上3个月以内必须处理的客户）； ④慢反应客户（3个月以后才可能发生关系的客户）。

五、大客户专项管理

大客户是企业的伙伴型客户，是企业忠实的客户，是为企业创造80%利润的客户，是为企业带来高收益而企业只需支付低服务成本的客户，因为他们与企业建立的是长期的共赢关系，这部分客户为企业节省了开发新客户的成本，为企业带来了长期利润并且帮助企业诱发潜在客户。

（一）大客户的内涵

7－4
大客户识别流程

大客户（Key Account，KA），也称为关键客户或核心客户，是指那些能够为企业带来巨额收入或利润的重要客户。企业经营收入的80%是由20%的客户带来的，这20%的客户就是企业的核心客户。虽然对于不同企业而言，这并不是绝对的数字，但却反映了一个事实，那就是核心客户对企业的价值。对核心客户的识别、开发与持续经营，已经成为行业竞争的焦点，尽管不同企业对核心客户的定义不同，但是作为核心客户，至少包含以下元素之一。

（1）与本企业事实上存在大订单并至少有1～2年或更长期连续合约的客户，能带来相当大的销售额或具有较大的销售潜力。

（2）有大订单且具有战略性意义的项目客户。

（3）对于企业的生意或公司形象，在目前或将来有着重要影响的客户。

（4）有较强的技术吸收和创新能力。

（5）有较强的市场发展实力。

大客户是市场上卖方认为具有战略意义的客户，经常被挑选出来并给予特别关注，越来越多的企业开始谈论大客户管理，并且开始尝试大客户管理。大客户管理是卖方采用的一种方法，目的是通过持续地为客户量身定做产品或服务，满足客户的特点需要，从而培养出忠实的大客户。

大客户在服务行业也叫 VIP 客户。大客户是企业收益的主要来源。针对这群金字塔顶端的客户，企业不仅要花心思经营，而且要制定专门的方针与策略。

中国移动公司按照 ABC 分类法，在客户管理中把公司全部客户按购买金额的多少，划分为 A、B、C 三类。A 类为大客户，购买金额大，客户数量少；C 类为小客户，购买金额少，客户数量多；而一般客户，介于 A、C 类之间。管理的重点是抓好 A 类客户，照顾 B 类客户。对个人客户中占总数 10%、其通信费合计占运营商通话费总收入 38%的高端客户群，实施优先、优质服务。中国联通公司则分别给连续六个月通信费大于 300 元、500 元、800 元的 CDMA 或 GsM 客户颁发三星、四星、五星级服务通行卡，星级会员享受所有与其会籍相匹配的通信优惠，同时还可以享受到其他如全国范围内的预订房等许多通信外的优惠服务。

（二）大客户管理措施

企业有必要针对大客户制定一套管理制度。总体来看，大客户管理具有高成本、高投入、高回报等特点。

1. 在企业内建立大客户管理部门

组建专业管理部门，并实现组织管理职能，这在通信、邮政、银行等很多行业都已实施。为更好地管理大客户，企业有必要建立如图 7-7 所示的工作组织职能链条。

图 7-7　企业工作组织职能链条

企业的大客户由专门的大客户管理部来处理，而其他客户的管理工作，则由一般的销售队伍来做，这样有利于保证大客户的稳定性。

2. 采取最适合的销售模式

大客户与企业的合作具有一定的特殊性，而其特殊性表现在模式创新性、价格特殊、服务紧密性等诸多方面。这些特殊性要求企业最大化地接近大客户，掌握客户需求。

为此，很多销售模式应运而生，诸如以直销为基本特征的俱乐部营销、顾问式销售、定制营销等，这对于把握大客户的时间与精力投入、信息收集、个性化策略制定以及个性化服务大有裨益。

3. 建立销售激励体系

企业必须建立大客户的销售激励机制，通过激励使其更加感觉到合作的好处。其实，很多企业把客户划分为关键客户、重点客户、一般客户等几个级别加以管理，并根据不同级别制定不同的管理政策，目的就是对那些对企业贡献度高的客户予以激励。激励方式包括物质激励（如资金、实物等）和精神激励（如荣誉证书等）。

4. 建立信息管理系统

企业有必要引入大客户管理系统，以大客户的信息资料为基础，围绕大客户进行有目的的分析，使决策层对大客户的发展趋势、价值趋向、行为倾向有一个及时准确的把握，并能对重点大客户进行一对一分析与营销，具体内容见图 7－8。

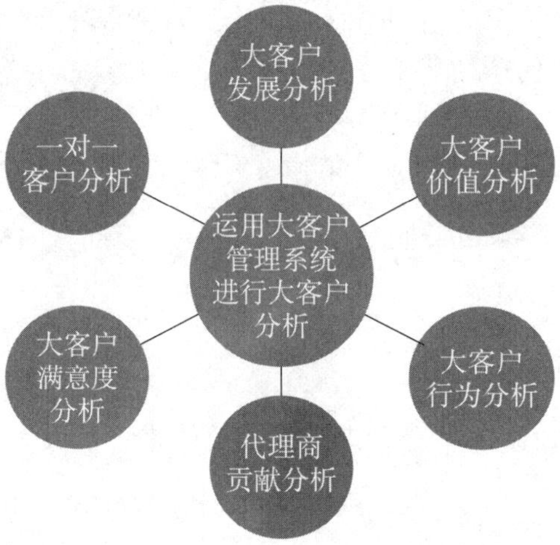

图 7－8　运用大客户管理系统进行大客户分析

5. 建立全方位沟通体系

大客户管理部门中的大客户营销人员、客户经理及其主管要定期或不定期地主动征求意见。客户经理能随时与大客户碰面，发现大客户的潜在需求并尽量给予满足。

要加强与大客户之间的感情交流，根据企业实际情况，定期组织企业高层领导与大客户高层之间的座谈会，努力与大客户建立相互信任的朋友关系及互利共赢的战略伙伴关系，这样有利于化解渠道冲突。

6. 不断分析和研究大客户

管理大客户要坚持“动态分析、动态管理”的原则，在把握大客户动态的同时，也要不断创新大客户管理。大客户分析工作主要包括 6 个方面，它是进行大客户管理决策的基础，也是“防患于未然”的重要措施，具体内容见图 7－9。

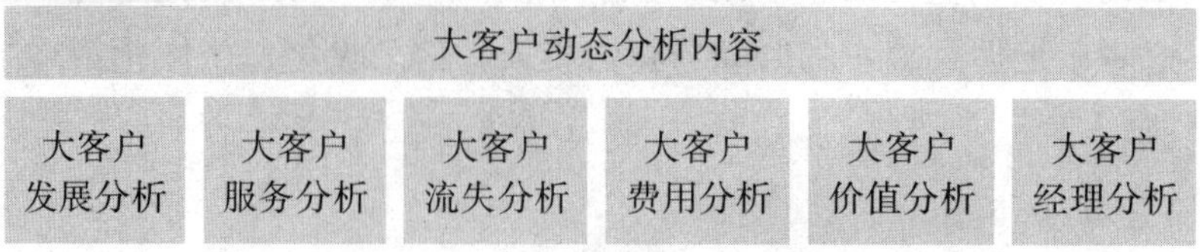

图 7－9　大客户动态分析内容

7. 导向

导向主要包括以下 7 个方面的内容：

（1）量身打造服务模式（如顾问服务、驻扎服务）。

（2）建立服务沟通平台（如网络、电话等）。

（3）开通大客户“绿色通道”（为大客户提供便利措施）。

（4）强化基本服务（基本服务项目保障）。

（5）提供增值服务（不断为客户创造除产品之外的新价值）。

（6）建设企业服务文化（企业内部文化传播和对客户传播）。

（7）提供完善的服务解决方案等。

7－5
客户管理

8. 优先保证大客户的货源充足

大客户的销售量较大，优先满足大客户对产品的数量及系列化的要求是大客户管理的重要任务。企业的大客户管理部门要随时了解大客户的销售与库存情况，及时与大客户就市场发展趋势、合理的库存量及客户在销售旺季的需货量进行商讨。在旺季到来之前，企业要协调好生产与运输等部门，保证大客户的货源充足，避免因货物断档而导致大客户不满情况的发生。

大客户管理的核心理念是“不是管理而是服务”，这是最大化留住大客户的武器。但是，企业也应该注意一个问题，服务也是有成本的，如果服务成本超过企业可以承受的底线，那么这个大客户可能就对企业失去了意义，必要的时候只能忍痛割爱。

模块 3 操作指导

一、提升客户让渡价值

在客户关系管理中增加客户价值获取，就是把工作重心从产品销量转移至对客户的价值贡献和成本削减；立足全过程、多方位的咨询，提供解决方案而不只是交易；关注业务改进与创新，提高客户的投资回报，致力于双赢。

销售人员此刻应该完成重要的角色转型，从“销售经理”变身为“客户经理”。前者致力于卖出更多产品，多以个人业绩为导向；后者站在客户角度提供专业建议、方案及增值服务，帮助客户经营成功。

真正意义的“客户经理”定位四项工作：客户服务、关系维护、业务咨询以及产品营销，致力于成为客户可咨询和可信赖的顾问，提高买方投资效益。

创造客户价值的理念可以从现代营销学之父菲利普·科特勒（Philip kotler）的“客户让渡价值理论”中找到答案。客户让渡价值是客户总价值与客户总成本之间的差额，见图 7－10。

客户让渡价值 ＝ 客户总价值 － 客户总成本

图 7－10　客户让渡价值公式

客户总价值指客户购买某一产品与服务所期望获得的一组利益，包括产品价值、服务价值、人员价值和形象价值等。客户总成本则是为购买某一产品所耗费的时间、精神、体力以及所支付的货币资金等。因此，客户总成本包括货币成本、时间成本、精神成本和体力成本等。

企业为在竞争中战胜对手，吸引更多的潜在客户，就必须向客户提供比竞争对手更高的“客户让渡价值”的产品，做好“加减法”。

1. 提高客户总价值

（1）提升产品价值，不断创新，为客户提供差异化的产品或服务。任何产品或服务都有生命周期，企业理应关注客户需求，持续推陈出新。

（2）提升服务价值。售前及时向客户提供充分的关于产品性能、质量、价格、使用方法、效果等信息；售中提供准确的发货、安装、调试、培训等服务；售后重视信息反馈和技术支持，及时处理客户的意见，主动退换有问题的产品，迅速维修解决故障。

（3）提升人员价值。提升人员价值在于老板及全体员工的客户意识、工作效率、业务水平、应变能力和团队精神等。显然，企业人员是否愿意帮助客户、理解客户以及是否有好的职业素养、响应时间和沟通能力等因素都会影响客户感知价值。任何时候，人总是第一生产力。

（4）提升形象价值。形象价值在很大程度上是产品价值、服务价值、人员价值的综合反映。企业还可以通过形象广告、公益活动、媒体报道、赞助项目、行业展会等方式优化品牌形象，提高客户对企业的满意度和荣誉感。

2. 降低客户总成本

（1）降低货币成本。坚决摒弃追求暴利的短期行为，在条件允许的情况下提供灵活的付款方式或资金融通等便利，还可以通过开发替代产品或低纯度产品，以及使用价格低的包装材料或改用大包装等措施，降低产品价格，降低客户的货币成本，从而提高客户的感知价值和满意度。

（2）降低时间成本。如麦当劳、肯德基等都运用了智能点餐设备，提高了点餐速度，缓解了客户的烦躁情绪。

（3）降低精神成本。一是推出承诺与保证。安全性、可靠性越重要的购买，承诺就越重要。二是提供主动、周到、温暖的服务和帮助。三是积极、认真、妥善地处理客户投诉。IBM 公司的调查显示，企业对售后发生的问题如能迅速圆满地解决，客户的满意度将比没发生过问题更高。

（4）降低体力成本。对于搬运不便、安装复杂的产品，企业如果能为客户提供诸如送货上门、安装调试、定期维修、供应零配件等服务，就可以大大增加客户重复购买或转介绍的意愿。

二、全力打造客户忠诚度

什么是“客户忠诚”？它是客户对企业产生依赖的一种行为倾向，客户对所购的特定产品或服务产生了好感或依赖，并形成行为上的偏好，进而可能重复这一行为。衡量客户忠诚度有两类指标，企业可以根据图 7－11 的指标给自己的客户关系管理打分。

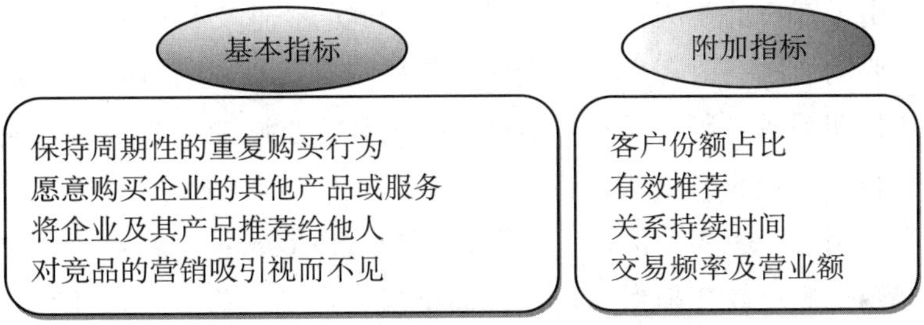

图 7－11　衡量客户忠诚度的两类指标

客户忠诚的意义之大无人怀疑。一个公司如果将其客户流失率降低 5%，那么利润收入就能相应增加 25%～85%，老客户会不断重复甚至增加购买，并向别人推荐。成功打造客户忠诚，除了前期解决方案的完美执行以及后期在客户关系维护阶段有效地建立客户联络机制，持续发展客户关系，增加客户价值获取，还可以从以下几个方面入手，夯实客户忠诚的基础。

1. 奖励忠诚，增加客户收益

追求利益是客户的基本价值取向。客户乐于与企业建立长久关系，主要原因是希望从中得到优惠和特殊关照。例如：为了提高分销商的忠诚度，企业可以采取以下几方面的措施：

（1）授予分销商独家经营权。如果能够作为大企业或品牌产品的独家经销商或代理商，那么可以树立分销商在市场上的声望和地位，有利于调动分销商的经营积极性。

（2）让利或提供奖励。如降低卖给分销商的价格，使其有足够的利润空间，或组织分销商进行销售竞赛，对绩效显著的优胜者给予适当奖励。

（3）为分销商培训销售人员和服务人员，特别是当产品技术性强，推销和服务需要一定的专业技术时更是如此。如美国福特汽车公司在向拉美国家出售拖拉机的过程中，为其经销商培训了大批雇员，培训内容主要是拖拉机和设备的修理、保养和使用方法等。此举提高了经销商在拖拉机维修服务方面的能力，迅速扩大了福特公司拖拉机的经销量。

（4）为分销商承担经营风险。只要分销商全心全意地经营本企业的产品，就保证不让其亏本；在产品涨价时，对已开过票还没有提走的产品不提价；在产品降价时，对已提走但还没有售出的产品按新价格冲红字。这样分销商就等于吃了定心丸，敢于在淡季充当蓄水池，提前购买和囤积，使企业的销售出现淡季不淡、旺季更旺的局面。

（5）由企业出资做广告，也可以请分销商在当地投放广告，再由企业提供部分甚至全部资助。

（6）向分销商提供信贷援助。如允许延期付款、赊购，尤其当分销商的规模较小或出现暂时财务困难时，这种信贷援助就显得更为宝贵。如有条件还可互购，既向分销商推销产品，又向分销商购买产品。

2. 培育客户对企业的信任与感情

关于信任，由于客户的购买存在一定风险，因此与企业交易的安全感是客户与企业建立忠诚关系的主要动力之一。客户为了避免和降低购买过程中的风险，总是倾向于与自己信任的企业保持长期关系。研究显示，信任是构成客户忠诚的核心因素，使购买行为变得简单易行，也使客户对企业产生依赖感。

一系列的客户满意产生客户信任，长期的客户信任形成客户忠诚。企业要建立高水平的客户忠诚还必须把焦点放在赢得客户信任而不仅是客户满意上，并且要持续不断地增强客户信任，这样才能获得客户对企业的永久忠诚。

关于感情，建立客户忠诚说到底就是赢得客户的心。联邦快递的创始人弗雷德·史密斯（Fred Smith）有一句名言："想称霸市场，首先要让客户的心跟着你走，然后才能让客户的腰包跟着你走。"因此企业在与客户建立关系之后，还要努力寻找交易之外的互动，加强与客户的感情交流与投资，从而提高客户转换供应商的精神成本，使客户不忍离去。比如，遇到客户企业庆典、纪念、获奖要祝贺，个人升迁、生日、婚事要道喜，这是锦上添花；遇到客户单位故障、求助、紧急情况要第一时间响应，个人丧事、病患、升学要慰问及施以援手，这是雪中送炭。

3. 提高转换成本

转换成本是客户从一个企业转向另一个企业需克服多大的障碍或增加多大的成本，是客户为更换企业需付出的各种代价的总和。

转换成本可以归为以下三类。

（1）学习成本，包括为掌握、适应某种产品或服务投入的时间成本、精力成本等。

（2）经济成本，包括技术转换成本、财务损失成本、采购风险成本等。

（3）情感成本，包括个人关系成本、企业资源成本等。

例如：软件企业一开始为客户提供有效的服务支持，包括平台搭建操作培训、设备保养及事故处理等，使之成为客户日常运营的管理中枢。

一段时间后，客户对软件操作开始驾轻就熟，而整个企业的管理也高度依赖这一系统。这时如果客户导入一套新的软件系统，就意味着从头开始（学习成本），网络架构得重新设计（经济成本），还要与新的供应商一起慢慢磨合（情感成本）……所以，客户多半会很谨慎，趋于选择原来的供应商。

另外，如机票的贵宾卡、超市的积分卡以及快餐店的组合玩具等，也可以提高客户的转换成本。因为客户一旦流失就将损失里程奖励、价格折扣、集齐玩具等利益，这样就可轻易将客户套牢。

4. 建立与客户的结构性联系

结构性联系是指企业已经渗透到客户的业务中间，双方已经形成战略联盟与紧密合作的关系。

经验表明，客户购买一家企业的产品越多，对这家企业的依赖就越大，客户流失的可能性就越小，就越可能保持忠诚。原因之一是企业在为客户提供物质利益的同时，还可通过向客户提供更多、更宽、更深的服务建立与客户结构性的联系或纽带。如为客户提供生产、销售、研发、管理、资金、技术、培训等方面的帮助，为客户提供更多的购买相关产品或服务的机会，这样就可以促进客户的忠诚。

三、处理客户抱怨与投诉的流程

当发生客户投诉时，销售人员应该从客户的角度考虑问题，不能推诿搪塞，更不能责怪客户，要本着有效化解纠纷和抱怨的原则来处理问题。

（一）认真倾听客户的抱怨

当客户对企业产生抱怨或投诉时，其情绪一般都比较激动，接待人员要冷静、认真地倾听客户的不满，不要做任何解释，要让客户将抱怨完全发泄出来，使客户的心情平静下来，然后再询问一些细节问题，确认问题的所在。

在倾听时，要运用一些肢体语言，表达自己对客户的关注与同情。例如：目光平视客户，表情严肃地点头，使客户充分意识到销售人员在倾听他的问题。

（二）同情客户的遭遇

在倾听了客户的抱怨以后，要站在客户的立场来看待、处理问题，即支持客户的观点，使客户意识到销售人员或企业非常重视自己，自己的问题对企业来说很重要，企业管理层将全力以赴来解决问题。对有关问题的询问，语言要尽量婉转，不要使客户产生被审问、被怀疑的感觉。例如：“非常抱歉，我对事情的整个过程不了解，请您复述一遍好吗?”“对不起，有一个细节我想核实一下，请您……”

（三）真诚地道歉

不论责任是否在企业，接待人员都应该以“客户永远是对的”为原则，真诚地向客户道歉，并感谢他们发现了企业经营中存在的问题，必要时还可以聘请他们做企业的顾问，请他们参与企业的经营活动。对企业而言，如果没有客户的抱怨与投诉，常常认识不到自身的不足与问题，也难以有效完善其经营管理活动。因此，正确地处理客户的抱怨与投诉，也是企业的一种公关途径。以客户为鉴，可以了解目标市场的需求趋势，洞察企业自身的不足与缺点，调整经营策略，为企业在激烈的市场竞争中赢得优势。

（四）提出解决方案

对客户的抱怨与投诉，企业管理层应该提出解决方案。在制定解决方案时，要考虑以下问题：

1. 了解并掌握问题的关键所在，分析发生问题的严重性

通过倾听客户对抱怨的阐述，来判断问题的严重性，了解客户对企业的期望。例如：客户对购买了企业中不新鲜或变质的食品进行投诉，就必须了解客户是否已经食用，食用的数量有多少，给客户造成的危害程度有多大，客户希望企业给予怎样的赔偿，赔偿金额是多少等。

2. 确定责任归属

有时客户投诉的问题的责任不一定在销售部门，可能是生产厂家造成的，也可能是客户自己的缘故。例如：客户没有看包装上的说明而将产品生吃，造成肠胃不适，误以为是产品质量有问题；罐装饮料中有异物等。如果责任在生产厂家，销售部门要协助解决；如果责任在客户，企业要有使客户信服的解释；如果责任确实在销售部门，在合理的范围内，应该给客户一个满意的答复。

3. 按照企业既定的办法与规定处理

在产品销售过程中，发生客户投诉与抱怨的情况是难免的，企业对此事先一般都制定了处理办法与规定。事件发生时，对于常规性的抱怨，可以遵照既定的办法处理，如退换产品等；例外事件发生时，要遵照既定的原则进行处理，同时要有一定的弹性，使双方都能够满意，因为例外事件影响较大，一经媒体曝光会造成难以估量的损失。

4. 明确划分处理权限

企业要视客户抱怨或投诉的影响程度（或危害程度）来划分处理的权限，如产品退换，销售人员就可以办理，而对客户的赔偿问题则必须由销售管理人员或其他管理人员来

处理。客户抱怨和投诉一旦发生，根据其影响程度的大小来确定处理人员，可以使客户的问题迅速得到解决，为企业赢得主动权。

5. 与客户协商处理方案，使他们同意处理方法

在通常情况下，客户的要求与企业的应允会有一定的差距，这就需要对客户做耐心的说服工作，使客户从实际出发，抛弃不切实际的想法，冷静地坐下来共同协商、处理问题。

（五）执行处理结果

处理方案一经协商同意，就要尽快执行。先要拟订有关协议，协议一式 3 份，企业与客户各 1 份，中间人 1 份。客户方面的签字者必须是经事人，或者是经事人委托的代表；企业方面的签字人必须是法人代表，或者是法人代表委托的有关人员。协议一旦签订，就具有法律效力，受法律保护。

如果客户的投诉已被新闻媒体报道过，要将处理结果及时通报给有关媒体，这不仅能够澄清视听，而且可以从正面树立企业的形象，扩大企业的知名度。

（六）反省检讨

对客户的每一次投诉，企业都应该指派专人登记备案，并定期分析、检查产生问题的原因。如果责任在产品销售人员，应追究其责任，并制定有关规定，杜绝此类事件的再度发生；如果是例外事件，应制定处理的原则，以便以后有章可循。

四、与客户建立私人友谊的方法和途径

在业务上尽心尽力，处处替客户着想，解决客户的实际问题，给客户提供方便，是销售人员与客户建立私人友谊的根本出发点。

1. 了解客户的喜好

用心去发现客户的优点并衷心地称赞他；运用智慧去发现彼此之间的共同爱好，然后创造机会与其一起进行。

生活中每个人都有自己的爱好，如果不幸没有爱好的话，不妨花点时间去学习，这是人与人之间交流的有力武器。例如，销售人员如果知道客户喜欢钓鱼但自己却不会，那么不妨跟客户说："我最近对钓鱼比较感兴趣，如果我现在开始学，您能告诉我该准备哪些器材吗?"轻松的话题就此打开，下班后，销售人员再去书店买一本有关钓鱼的书，周末找时间约上客户帮自己选购器材，一起去钓鱼。因为销售人员自己也需要放松，换种方式有什么不好呢?

2. 收集并利用客户的私人信息

与客户熟悉后，可以用心去收集客户的一些私人信息，如客户生日、客户结婚纪念

日、客户公司搞活动等。销售人员应该去参加，这是增进友谊的好机会。

3. 以销售人员的人格魅力征服客户

林肯做律师时，有人找林肯为诉讼中明显理亏的一方做辩护，林肯回答说：“我不能这样做。如果我这样做了，那么出庭陈词时，我就会不知不觉地高声说：‘林肯，你是个说谎者，你是个说谎者。’”林肯为什么会成为美国历史上最伟大的人物之一并长久地受到人们的尊重呢？除去他事业的成功外，更源于他那伟大的品格。

道德品格是公众衡量一个人的永久标准。一个立身严谨、道德高尚的人即使不能成就非凡事业，也不至于完全失败，因为大家会信任他、帮助他。反之，一个人格堕落、道德水平低下的人，即便有很好的能力、很多小聪明，能取得一时的胜利，也不会成就大事业，不会赢得人们长久的敬意。

道德品格也许不是个人的直接生产力，但却是无形的资产和财富，也许不是成功的充分条件，但却是必要条件。在人的一生中，道德品格随时都会起作用，它要么是我们的宝库，要么是我们前行的绊脚石。因此，用我们的人格魅力去征服客户，获得的将是无尽的财富和帮助。

五、客户资料卡的制作和管理技巧

（一）制作客户资料卡

销售人员在第一次知道客户，或者第一次拜访客户后就应开始制作、建立该客户的客户资料卡。制作客户资料卡虽然表面上看起来花费时间，但它能带来很大的功效。它可以帮助销售人员在制定时间计划、决定访问路线、寄送广告信函的时候节约很多时间。更重要的是，销售人员能从客户资料卡上把客户的热心程度分等级，这样，在制定销售战略与政策时可以对客户情况一目了然，不仅节省了时间，而且节约了大量的人力与财力。因此，销售人员不要以工作忙作为不肯制作客户资料卡的理由。

通过计算机制作客户资料卡时，销售人员最好将不同类别的客户用不同的颜色标出，可以以地区、企业规模、所属行业、营业规模、信用额度等不同分类方式进行。通过各式各样的分类，按不同的用途来排列，可以使销售政策的制定工作做得更好。

（二）填写客户资料卡

销售人员应遵循客户资料卡随时建立、随时填写的原则，将整理好的客户资料填写完整。随着时间的推移和接触客户次数的增多，销售人员还应随时对客户资料卡进行不断的完善和修订。建立企业客户资料卡可以参见表 7－3。

表 7-3 某企业客户资料卡

姓名		地址						
电话		邮编			传真			
企业性质	A. 个体 B. 集体 C. 合伙 D. 国有 E. 股份公司 F. 其他							
类别	A. 代理商 B. 批发商 C. 零售商 D. 其他							
等级	A级 B级 C级							
人员	姓名	性别	出生年月	民族	职务	婚否	电话	住址	文化程度
负责人									
影响人									
采购人									
收货人									
工商登记号				税号					
往来银行账号				流动资金					
开业日期									
营业面积									
雇佣人员									

（三）客户管理分析

1. 整理资料

销售人员进行客户管理分析时，应先将收集的客户档案、销售业绩和对客户的访问资料进行整理，然后制成客户资料表，如表 7-4 所示：

表 7-4 客户资料表

序号	客户代号	销售额	累计	访问次数	累计
1					
2					
3					

2. 销售业绩分析

销售人员根据客户的销售业绩画出比例图。假定销售人员有 20 家客户，总的销售额是 250 万元，但其中前 4 家销售额就占总销售额的 80%，第 5 家至第 10 家的销售额占 15%，后 10 家仅占 5%。通过这样的统计和分析，销售人员就可以找出重点客户或大客户，加以区别对待。

3. 划分客户等级

依据客户的销售额，可以将客户分为 A、B、C 三级，具体可以参照以下步骤：

（1）计算客户的月平均交易额（见表7-5）。

表7-5　客户月平均交易额

月份	交易额	累计	月平均交易额

（2）将客户排序。根据客户月平均销售额，将客户按照销售数额的高低进行排序。

（3）划分客户等级。以客户某月平均销售额作为等级标准，再将全部客户划分为若干等级。例如：以排第四的客户的月平均销售额作为A级客户等级标准，在此标准以上的客户均为A级客户，以此类推。

4. 客户名册登记

（1）按照客户来电或开拓的先后顺序列出客户名册，并制成客户名册表，如表7-6所示：

表7-6　客户名册表

项目次序	客户名称	职业	兴趣	地址	电话	拜访日期

（2）按客户名称、职业、收入进行整理，并制成客户等级分类表，如表7-7所示：

表7-7　客户等级分类表

等级		主要内容
A	客户名称	
	职业	
	收入	
B	客户名称	
	职业	
	收入	
C	客户名称	
	职业	
	收入	

5. 对客户进行路序分类

路序分类是指销售人员为便于巡回访问、送货、催欠款等，将客户按地区和最佳路线进行划分。在对客户进行路序分类后，应填写客户拜访路序表，见表7-8：

表 7-8　　**客户拜访路序表**

<table>
<tr><td colspan="4">________区</td><td colspan="4">________区</td><td colspan="4">________区</td></tr>
<tr><td>客户</td><td></td><td></td><td></td><td>客户</td><td></td><td></td><td></td><td>客户</td><td></td><td></td><td></td></tr>
<tr><td>级别</td><td></td><td></td><td></td><td>级别</td><td></td><td></td><td></td><td>级别</td><td></td><td></td><td></td></tr>
<tr><td>职业</td><td></td><td></td><td></td><td>职业</td><td></td><td></td><td></td><td>职业</td><td></td><td></td><td></td></tr>
<tr><td>收入</td><td></td><td></td><td></td><td>收入</td><td></td><td></td><td></td><td>收入</td><td></td><td></td><td></td></tr>
</table>

6. 确定客户访问计划

企业各级销售主管及销售人员对所负责区域内的客户的访问工作，应有周密的计划。访问的次数依据客户的级别不同而有所差异。

7. 客户资料管理

不管是新客户还是老客户，销售人员都应该给他们建立管理卡和客户资料卡（见表 7-9），对他们的资料进行管理。

表 7-9　　**客户资料卡**

<table>
<tr><td colspan="2">客户名称</td><td colspan="2"></td><td rowspan="3">金额状况</td><td>往来银行</td><td></td><td colspan="2">账号</td><td></td><td>编号</td></tr>
<tr><td colspan="2">公司所在地</td><td colspan="2"></td><td>现金情况</td><td colspan="4"></td><td rowspan="3"></td></tr>
<tr><td colspan="2">工厂所在地</td><td colspan="2"></td><td>资金周转</td><td colspan="4"></td></tr>
<tr><td colspan="2">子公司所在地</td><td colspan="2"></td><td rowspan="5">付款情况</td><td>承办人付款</td><td colspan="4"></td></tr>
<tr><td rowspan="4">负责人</td><td>法人</td><td colspan="2"></td><td>付款态度</td><td colspan="4"></td><td rowspan="2">经营者嗜好</td></tr>
<tr><td>厂长</td><td colspan="2"></td><td>付款日期</td><td colspan="4"></td></tr>
<tr><td>经办人</td><td colspan="2"></td><td>付款支票</td><td colspan="4"></td><td rowspan="2"></td></tr>
<tr><td>实权者</td><td colspan="2"></td><td>使用支票</td><td colspan="4"></td></tr>
<tr><td colspan="2">公用电话</td><td colspan="2"></td><td rowspan="14">变更及其他登记</td><td>日期</td><td colspan="2">搜集变更资料</td><td colspan="2">登记事项</td><td rowspan="3">经办人、付款人性格、嗜好</td></tr>
<tr><td>业别</td><td></td><td>组别</td><td></td><td></td><td colspan="2"></td><td colspan="2"></td></tr>
<tr><td colspan="2">等级</td><td colspan="2"></td><td></td><td colspan="2"></td><td colspan="2"></td></tr>
<tr><td colspan="2">开始交易日</td><td colspan="2"></td><td></td><td colspan="2"></td><td colspan="2"></td><td rowspan="6"></td></tr>
<tr><td colspan="2">使用主产品</td><td colspan="2"></td><td></td><td colspan="2"></td><td colspan="2"></td></tr>
<tr><td rowspan="9">营业情况</td><td>营业项目</td><td colspan="2"></td><td></td><td colspan="2"></td><td colspan="2"></td></tr>
<tr><td>营业范围</td><td colspan="2"></td><td></td><td colspan="2"></td><td colspan="2"></td></tr>
<tr><td>营业性质</td><td colspan="2"></td><td></td><td colspan="2"></td><td colspan="2"></td></tr>
<tr><td>营业状况</td><td colspan="2"></td><td></td><td colspan="2"></td><td colspan="2"></td></tr>
<tr><td>销售能力</td><td colspan="2"></td><td></td><td colspan="2"></td><td colspan="2"></td><td>备注</td></tr>
<tr><td>员工人数</td><td colspan="2"></td><td></td><td colspan="2"></td><td colspan="2"></td><td rowspan="4"></td></tr>
<tr><td>营业旺季</td><td colspan="2"></td><td></td><td colspan="2"></td><td colspan="2"></td></tr>
<tr><td>最高购买</td><td colspan="2"></td><td></td><td colspan="2"></td><td colspan="2"></td></tr>
<tr><td>月均购买</td><td colspan="2"></td><td></td><td colspan="2"></td><td colspan="2"></td></tr>
</table>

模块 4 案例学习

游泳产品销售人员年销售计划泡汤

某销售人员负责销售游泳产品。有一个葡萄牙的客户，在 2011 年下了 45 万元的订单。走了这单之后，客户没有不良反应，客户关系维护得也很好。

2012 年过完春节，该名销售人员回来工作后，曾发邮件给该客户，向她问好。邮件只有回执，没有回复。当时他以为客户忙，没有时间回复。况且根据客户往年的销售记录，2 月份到 3 月份不是出货季节，因此他就没有太在意。

4 月初，到了该客户应该下单的时候了，之前每年这个时候都有一张 30 万元的订单，在 5 月份出货。销售人员再次发送邮件，有回执，没回复；发传真，也没反应。又过了两周，销售人员急了，就打了电话，前台接的，说与本公司联系的客户请假回家，生小孩去了。销售人员当时就懵了，赶快问是谁接替她的工作。前台回复说客户五月份就回来上班了。

销售人员着急 5 月份的订单，就再追问这几个月谁代为处理她的工作。前台说是经理。销售人员就请她帮忙转接到经理处。经理接听后，销售人员询问了客户今年上半年的销售情况，然后就直截了当地谈到 5 月份的订单。经理说货已经到仓库了，等待铺货。还反问："难道不是从贵公司采购的吗？"销售人员几近崩溃，说："没有啊，一直联系不上她。"经理突然明白过来，说是让另一个人负责了这件事情……

该销售人员今年的销售计划，就这样泡汤了……

（资料来源：http://bbs.fobshanghai.com/thread-2140241-1-1.html）

请思考：

1. 此销售人员销售计划泡汤的原因是什么？
2. 作为一个优秀的销售人员应该如何维护客户关系？

模块5 知识拓展

一、客户服务品牌化

什么是品牌？究其根本，一个品牌就是一种独特的“身份”。对于大众来说，他们可以通过品牌迅速了解企业的基本状况，如产品、服务与销售等。

那么，什么是品牌化的客户服务？它是进一步提高品牌独特性的重要方法。品牌化的客户服务与普通的客户服务不同，甚至还不仅仅是指优秀的客户服务。它是指用战略性的、规范化的方式来提供品牌式的客户体验，从而增强品牌对公众的承诺。它能充分发挥品牌的精髓，为目标市场增值。由此可见，品牌式的客户服务充分借助并发挥了品牌的力量，从而体现出超凡的价值。

当客户的服务体验和企业的品牌承诺完全吻合时，会产生爆炸式的放大作用，远比一个老幼皆知的品牌更能吸引客户。而当客户的服务体验和企业的品牌承诺相背离的时候——这种说一套、做一套的情况时常发生，往往导致客户丧失对企业的信任，品牌也面临着沉沦的危险。

曾有一家澳大利亚银行许诺，如果该行的出纳人员让客户等待的时间超过5分钟，客户就将获得5美元赔偿，这项承诺吸引了很多客户。然而不幸的是，银行最终未能兑现诺言。一方面，员工认为这项决策太不切实际；另一方面，实行的效果也确实不好。最后，银行不得不收回了承诺。后来，这桩“丑事”被大肆宣扬，银行的牌子一下子就垮了。

相反，另一家银行却成功地将品牌广告与服务文化结合起来。调查显示，对其品牌的认同度最高的，就是那些看到广告并接受服务的客户。

（一）品牌化服务的特征

用客户服务来提高品牌形象，具体做法至少应包括：

（1）告知包括管理层及全体员工在内的所有人：我们的营销、广告与使命宣言，我们是如何界定我们的品牌的，这种界定是如何对增强品牌所需的服务产生影响的。

（2）让所有人理解并由衷地支持我们的品牌式客户服务决策。

（3）从CEO到行政人员、销售团队乃至店铺职员，所有人都要统一思想。鼓励他们向大众传递一致的品牌价值观，并身体力行。

要进行品牌化运作，客户服务必须具备以下4个方面的特征：

1. 独特性

我们所提供的服务至少在某些方面应与众不同。不管怎样，如果品牌具备独特性，那么承载这一品牌的服务也必须具备独特性。这种独特性可以通过对品牌特色的组合或强调而获得。例如：友好而可靠的服务与友好而令人兴奋的服务是不同的，强调乐趣同时又很友好的品牌与强调友好同时略带一些乐趣的品牌也是不同的，从逻辑和情感上来说，企业与客户接触的方式非常多。因此，界定自己独特的品牌化服务也不会太难。

2. 放大或传递核心的品牌承诺

品牌式服务必须通过体现核心的品牌承诺的行为来表现。例如：在迪士尼酒店，客房服务人员会把孩子们胡乱扔在房间里的玩具摆成欢迎的造型，当孩子们在迪士尼乐园玩了一天后回到房间，会得到一个意外的惊喜。与此同时，整洁的房间、家庭式的服务以及迪士尼品牌其他核心的特点也都会体现得淋漓尽致。

3. 有意识地提供客户服务

对于一般的服务类型来说，提供优质服务是件很自然的事。通常，服务人员对自己的工作了如指掌，而且很多人天性就很友善，做事情也干净利落。因此，他们在工作时根本不用费什么脑子。可是，品牌式服务（尤其是优秀的品牌式服务）就有所不同，它通常需要员工自己决定该做什么，不该做什么。因此，在企业内部建立一个支持品牌的环境，将有利于员工品牌意识的养成。

同时，这也说明了为什么简单地向员工下命令、要求他们提供某种特定类型的品牌式服务是无法实现的。员工不仅应充分了解品牌，还必须知道如何通过自己的服务来体现品牌。另外，他们必须掌握相应的技巧、系统、资源与工具，从而帮助自己更好地推广品牌。

4. 在限定的范围内，始终如一地提供服务

如果某项服务无法始终保持一致，那么客户就会认为，该活动只是针对一部分特定的对象而已，他们就不会把它看成品牌的代表。

（二）品牌化服务的类型

在某些情况下，企业完全可以将客户服务当成“行动中的品牌”来操作。这些情况包括：向客户提供服务来支持自己的产品，或者客户从企业手中购买的主要是服务。如果这就是企业的商业模式，那么服务会对品牌产生很好的推动力，服务可以成为企业的品牌，或者两方面兼得。

1. 服务可以通过加强产品品牌的方式来提供

向客户销售产品，并且提供相应服务的制造企业是靠产品生存的。这样的情况下，通过服务来加强产品品牌是非常必要的，就像IBM和奔驰公司所做的那样。

海逸国际酒店集团管理的 Our Lucaya 酒店也是一个很好的例子。它的产品相当棒，但它向客户提供的却不仅是产品。在他们看来，服务与高档的旅游设施一样重要。因此，Our Lucaya 酒店聘请专业的品牌推广公司为自己设计了一系列的品牌特色，并在每一个客户接触点（广告、景点设计、房间装饰、餐厅主题及娱乐项目）中加以体现。经过周密的策划之后，它还对员工进行了严格的训练，教会他们如何在与客人交流时展现公司的品牌特色。

2. 将服务本身品牌化，使服务成为品牌最重要的特征

通过员工的能力与行为，来为客户服务的企业，如咨询、会计、医疗、食品以及娱乐企业，可以将服务作为自己的品牌来运作。实施时，服务品牌应通过与产品品牌相同的方法来定义，即品牌承诺、品牌价值、品牌特色等。产品为大众化产品或者在服务的某些方面有不足的企业同样可以采用这一方法。

美国西南航空公司是推行此类品牌化客户服务的典型例子。它的风格就是妙趣横生的、体贴入微的个性化服务。由于能够做到低票价、飞行安全、机舱整洁及航班准时，西南航空成功地弥补了它的服务在其他领域内的不足。正是在这些领域的精简，使它能向乘客提供较低的票价，并在航班准点方面赢得较好的声誉。例如：该公司从不提供座位预订的服务，如果我们不早点来排队买票，也许就只能买到飞机后排靠中间的位子了。它也不提供行李中转服务，乘客若要转机，就得自己去中转行李。而且，飞机上不设头等舱，没有餐点供应。甚至一些座位的摆放也让人觉得不舒服，因为我们得和其他乘客面对面坐。不过这样一来，每架飞机就可以多搭载 6 位乘客了。

通过长时期的精心推广，西南航空已经将一种大众化的产品（大众交通）变成了令人羡慕的成功品牌。西南航空的领导清楚，只有鼓励员工多与客户展开积极的情感沟通，才能体现出自己的品牌价值。他们要求员工更诚实与可信，展现自己的个性，做出正确的判断并在出现意外情况时以常识来应对。

西南航空非常清楚自己该向客户提供什么样的服务，那就是：安全、低价与乐趣。因此，客户总是会感到很贴心和舒适。其实在最初的时候，美国西南航空公司的想法只是为那些不太坐得起飞机的人提供较低的票价。这个策略为它带来了巨大的成功。不久之后，该公司便将品牌服务延伸到了其他领域。时至今日，它的乘客数在全美航空公司中已雄踞榜首。作为世界上盈利最多的航空公司，它还推出了一个员工利润分享计划，慷慨地与员工分享财富。正因为这样，该公司常被认为是最吸引人才的企业之一。

二、销售收款的六大战略

收款是销售过程中必不可少的环节，也是最让销售人员感到头疼的难题，为了有助于更多的销售人员做好收款工作，以下介绍 6 个收款技巧：

1. 新客户或没有把握的老客户，无论是代销或赊销，交易的金额都不宜过大

宁可自己多跑几趟路，多结几次账，多磨几次嘴皮，也不能图方便省事，把大批货物交给对方代销或赊销。须知欠款越多越难收回，这一点非常重要。

很多销售人员都有这样的经验：有些新客户，一开口就要大量进货，并且不问质量，不问价格，不提任何附加条件，对卖方提出的所有要求都满口应承，这样的客户风险最大。

2. 降低货、款无归的风险

有些销售人员唯恐产品（特别是在市场上处于弱势的产品）卖不出去，因此在对客户的信用状况没有把握的情况下，就采用代销或赊销方式，结果给企业造成重大损失。

为了避免发生这种情况，可以在企业与销售人员之间实行“买卖制”，即企业按照100％的回款标准向销售人员收取货款，客户的货款由销售人员负责收取。这种办法把货、款无归的风险责任落实到销售人员身上，销售人员在向有一定风险的客户供货时就会三思而后行，一旦发生货、款不能回收的情况，也要千方百计、竭尽全力去追讨，否则将直接损害其自身经济利益。这是最能调动销售人员责任心和工作积极性的办法，比上级主管人员的催促和督导要有效、简单得多。

3. 销售人员在催款中要有坚定的信念

在催收货款时，若能信心满怀，遇事有主见，往往能出奇制胜，把本来已经没有希望的欠款追回。反之，则会被对方牵着鼻子走，本来能够收回的货款也有可能收不回来。因此，销售人员的精神状态是非常重要的。

还有的销售人员认为催收太紧会使对方不愉快，影响以后的交易。如果这样认为，销售人员不但永远收不到货款，而且保不住以后的交易。客户所欠货款越多，支付越困难，越容易转向他方（第三方）购买，销售人员就越不能稳住这一客户，所以加紧催收才是上策。

4. 为预防客户拖欠货款，在交易当时就要规定清楚交易条件，尤其对收款日期要做没有任何弹性的规定

例如：有的代销合同或收据上写着“售完后付款”，只要客户还有一件货物没有卖完，他就可以名正言顺地不付货款，还有的合同或收据上写着“10月以后付款”，这样的规定容易导致今后发生扯皮现象。

另外，交易条件不能由双方口头约定，必须使用书面形式（合同、契约、收据等），并加盖客户单位的合同专用章。有些客户在合同或收据上仅盖上经手人的私章，几个月或半年之后再去结账时，对方有可能说，这个人早就走了，他签的合同不能代表我们单位，有的甚至说我们单位根本没有这个人。如果加盖的是单位的合同专用章，无论经手人在与不在，对方都无法推脱或抵赖。

5. 交易达成之后，要经常观察客户的经营状况，及时察觉其异动

如果客户出现异常的变化，一般事先会有一些征兆出现。例如：进货额突然减少，处理并不滞销的库存商品，拖延付款，客户公司的员工辞职者突然增多，老板插手毫不相干的事业或整天沉溺于声色之中。

对有些外部环境的变化销售人员也要及时察觉。例如：客户附近的房子上用红漆写下了“拆迁”字样，说明客户商店近期内就要关门拆迁。如果发现这种情况，要立刻结账，防止客户不知去向。

6. 对于支付货款不干脆的客户，必须在事前就催收

对于支付货款不干脆的客户，如果只是在合同规定的收款日期前往，一般情况下很难收到货款，必须在事前就催收。

三、大客户管理对策

大客户管理是一个“苛刻”的命题，它不是一项销售活动，而是一个严肃的、跨部门的管理流程，需要来自公司上层的严格管理。大客户管理需要有计划，有明确的目标和结果，需要寻求企业资源与市场机会之间的适当平衡。

大客户管理要掌握的技能与能力惊人地广泛，除了要具备销售人员的基本能力，如了解产品与市场、了解客户、处理人际关系、陈述与谈判、自我组织与时间管理、独立进行自我激励等之外，还必须能够进行战略策划、管理变革与创新、做好项目管理、精确分析和监控、帮助客户开发自身市场等。

公司应运用客户关系管理系统，为相关的部门和人员提供客户信息的实时分享，以保障部门间的工作衔接，搭建良好的交流平台，还应为客户反馈提供多种渠道，促进公司与客户持续的双向沟通。

公司必须把有限的资源向大客户倾斜，提供客户需要的各种附加利益，以使客户的购买得到预期回报，实现利益最大化。在产品特征相近的情况下，提供附加利益还可以使公司形成区别于竞争者的优势，使客户感到公司时刻为他们的利益着想，逐步赢得客户的好感并加深其信任感。对公司而言，它所做的不仅是接受订单。客户希望企业能在自己身上花费很多时间，能和他们一起准备促销活动、调整产品种类、分析销售数据，甚至实施产品种类管理。

从以下十个方面进行大客户管理，做好对大客户的工作，是抓住大客户的有效手段。

1. 优先保证大客户的货源充足

大客户的销售量较大，优先满足大客户对产品的数量及系列化的要求，是大客户管理部的首要任务。尤其是对销售上存在淡旺季的产品，大客户管理部要随时了解大客户的销售与库存情况，及时就市场的发展趋势、合理的库存量及客户在销售旺季的需货量进行商

讨，在销售旺季到来之前，协调好生产及运输等部门，保证大客户在旺季的货源需求，避免出现因货物断档而导致客户不满的情况。

2. 充分调动大客户中的一切与销售相关的因素，包括最基层的营业员与销售人员，提高大客户的销售能力

许多销售人员往往陷于一个误区，那就是：只要处理好与客户的中上层主管的关系，就意味着处理好了与客户的关系，产品销售就畅通无阻了。这样的观念使他们忽略了对客户的基层营业员、业务员的工作。因此，充分调动起客户中的一切与销售相关的因素，是提高大客户销售量的一个重要因素。

3. 新产品的试销应先在大客户中进行

大客户在对一个产品有了良好的销售业绩之后，在它所在的地区对该产品的销售也就有了较强的商业影响力，新产品在大客户之间的试销，对于收集客户及消费者对新产品的意见和建议，具有较强的代表性和良好的时效性，便于生产企业及时做出决策。在新产品试销之前，大客户管理部应提前做好与大客户的前期协调与准备工作，以保证新产品的试销能够在大客户之间顺利进行。

4. 充分关注大客户的一切公关及促销活动、商业动态，并及时给予支援或协助

大客户作为生产企业市场营销的重要一环，销售人员对其一举一动，都应当密切关注，利用一切机会加强与大客户之间的感情交流。对诸如客户的开业周年庆典、客户获得的特别荣誉、客户的重大商业举措等，大客户管理部都应该随时掌握信息并报请上级主管，及时给予支援或协助。

5. 安排企业高层主管对大客户的拜访工作

一个有着良好营销业绩的公司的营销主管每年大约要有 1/3 的时间在拜访客户中度过，而大客户正是他们拜访的主要对象，大客户管理部的一个重要任务就是为营销主管提供准确的信息、协助安排合理的日程，以使营销主管有目的、有计划地拜访大客户。

6. 根据大客户的不同情况，和每个大客户一起设计促销方案

每个客户都有不同的情况，包括区域的不同、经营策略的差别、销售专业化程度的差异等。为了使每一个大客户的销售业绩都能够得到稳步提高，大客户管理部应该协调营销人员、市场营销策划部门根据客户的不同情况与客户共同设计促销方案，使客户感受到他是被高度重视的，他是企业营销渠道的重要因子。

7. 经常性地征求大客户对营销人员的意见，及时调整营销人员，保证渠道畅通

营销人员是企业的代表，营销人员工作的好坏是决定企业与客户之间关系的一个至关重要的因素。营销人员的文化水平、生活阅历、性格特征、自我管理能力等方面的差别，也决定了市场营销人员素质的不同。大客户管理部对负责处理与大客户之间业务的营销人员的工作，不仅要协助，而且要监督与考核，对于工作不力的人员要据实向上级主管反

映，以便人事部门及时安排合适的人选。

8. 为大客户制定适当的奖励政策

生产企业对客户采取适当的激励措施，如各种折扣、合作促销让利、销售竞赛、返利等，可以有效地刺激客户的销售积极性和主动性，对大客户的作用尤其明显。

9. 保证及时而准确地与大客户进行信息传递，把握市场脉搏

大客户的销售状况事实上就是市场营销的“晴雨表”，大客户管理部很重要的一项工作就是对大客户的有关销售数据进行及时而准确的统计、汇总、分析，上报上级主管，通报生产、产品开发与研究、运输、市场营销策划等部门，以便针对市场变化及时进行调整。这是企业以市场营销为导向的一个重要前提。

10. 组织每年一度的大客户与企业之间的座谈会

每年组织一次企业高层主管与大客户之间的座谈会，听取客户对企业产品、服务、营销、产品开发等方面的意见和建议，对未来市场的预测，以及对企业下一步的发展计划的研讨等。这样的座谈会不但对企业的有关决策非常有利，而且可以加深与客户之间的感情，增强客户对企业的忠诚度。

凡是追求可持续发展的公司永远都不会在重要的大客户身上打折扣，因为对大客户打折扣就是对企业的未来打折扣。

模块 6　团队项目实战训练

实训一　客户抱怨与投诉的处理

【实训目的】

(1) 培养销售人员的服务意识。

(2) 掌握主动服务与被动服务的区别。

(3) 掌握销售服务请求、客户投诉的处理程序与方法。

【实训内容】

(1) 各团队利用业余时间，根据前期选定的销售产品，根据市场的需求自行进货，然后在校园里销售，可以摆摊设点、上门销售或电话销售。

(2) 在销售实战的过程中，理清客户有哪些抱怨与投诉，是如何化解客户的抱怨与投诉的，各团队记录、搜集、整理客户抱怨与投诉的内容及原因，以及处理的思路与办法，

处理结果，并进行总结和检讨。

（3）编制客户抱怨与投诉的案例并在各团队之间分享。

【实训成果及检测】

（1）各团队编制客户抱怨与投诉的案例。

（2）指导老师根据各团队编制的客户抱怨与投诉的案例，以及交流情况来评分。

实训二　客户档案管理

【实训目的】

通过实训掌握建立客户档案的要领。

【实训内容】

（1）各团队利用业余时间，根据前期选定的销售产品，根据市场的需求自行进货，然后在校园里销售，可以摆摊设点、上门销售或电话销售。

（2）在销售实战的过程中，对本团队的客户进行建档管理。

（3）制作客户资料卡，资料信息包括：客户的基本资料、客户与本团队的交易现状资料、客户信用资料、对客户售后服务的资料等。可以制作现有客户名单、潜在客户名单、客户个人资料卡、个人联系卡、公司联系卡等。

【实训成果及检测】

（1）各团队展示所制作的客户资料卡。

（2）指导老师根据客户资料卡的制作是否完善，重点是否明确，有没有完整的目录与编号，是否具有动态性等来打分。

项目八 互联网销售

学习目标

了解什么是互联网销售，互联网销售与传统销售的不同；掌握互联网销售获取客户线索的方法及技巧；掌握互联网销售客户引导方法及技巧；掌握网上销售的沟通方法及技巧；掌握网上销售的促成方法及技巧；掌握网上销售客户维护方法及技巧。

学习要求

1. 了解什么是互联网销售，互联网销售与传统销售的不同
2. 了解互联网背景下销售的模式
3. 掌握互联网销售获取客户线索的方法
4. 掌握互联网销售客户引导与沟通的方法
5. 掌握互联网销售的促成和客户维护方法

技能目标

1. 学会利用免费策略、社交工具、圈子、视频、自媒体等策略进行获客
2. 学会利用卖点、网页、体验、弹窗、活动引导客户咨询
3. 学会线上沟通技巧
4. 学会利用氛围策略、视频、直播等促成线上销售
5. 学会利用互动、礼品、朋友圈、微信、QQ群、社群、公众号、微博等进行客户维护

重点难点

重点：获客策略、线上沟通策略

难点：线上促成交易策略、线上客户维护策略

模块1 大家来讨论

几年前的某月某日，互联网上出现了一个帖子，而且这个帖子同时出现在好几个地方，帖子内容是这样的：一位美女说她两个月后将出国，且很长时间不回来。本来出国是件开心的事，但是现在她却遇到了烦恼，她有一只心爱的且比较名贵的狗，由于不能将狗带出国，而家里又没人可以照顾它，所以准备找个靠谱的、有缘的好心人收留它。

帖子写得很有特点，而且帖子里又附上了狗的照片和她的照片，狗美人更美。而且她还在帖子里不断与大家互动。

帖子发出后，不断有人加她，据说两个月内有近几十万人加了她的微信。两个月后，美女出国了，据说狗也送出去了。接下来的日子里，美女不断地在朋友圈“晒”她在国外的生活，也经常“晒”国外一些好的产品，尤其是重点“晒”了那些比国内便宜的产品，比如一些名牌鞋之类的，还加了很多感慨和评论。

这么“晒”的结果可想而知，一些微信里的好友希望她能代购。接下来顺理成章的，这个美女开始做起了代购。据说高的时候，月收入近百万元。

（资料来源：江礼坤．互联网销售宝典［M］．北京：中国工业出版社，2017）

【讨论】

案例中的互联网销售和传统销售相比的创新之处有哪些？

模块2 基本知识

一、互联网时代的销售学

互联网时代的销售学，是指由从事互联网市场经营活动的经验和方法总结而形成的一门学科，它是指研究通过互联网进行市场销售的学问，是研究如何将互联网与市场的商品流通规律和企业的市场经营活动相结合，以此适应和刺激消费的需求，把满足这种需求的商品、服务送到消费者手中，从而实现企业的预期目标的科学。

通俗一点说，互联网时代的销售学就是研究如何通过互联网将产品更好地销售出去的学科。

近些年，传统行业的生意越来越难做，其中一个重要原因是因为互联网的普及和冲击。为什么互联网来了，传统的生意就难做了呢？

通俗地说，大部分传统生意赚的都是信息不对称的钱，正所谓“买的没有卖的精”。刚改革开放时，生意很好做。比如一位东北朋友，那时候胆子就比较大，很早便下海，然后在谁也不认识的情况下，一个人就跑到了广州找货源，将这些产品“倒腾”回东北就是十几倍的利润。

而互联网却将我们带到了一个品牌和产品泛滥的年代，互联网打破了地域的限制、信息的不对称，将你和你的竞争对手拉到同一平台竞争。比如以前你在村口开个小卖店，你的竞争对手就是旁边张三的店和李四的店，你只要做人不是特别差，就会赚到钱。而现在你跑到淘宝去开个小卖店，竞争对手却是全国几万甚至几十万家同行，这个时候并不是你会做人就能赚到钱。

而对于客户来说，以前在线下，在村口买东西，也就你和张三、李四三家店可供他选择，只要你们三家店不恶意降价竞争，就都有利润。也可能其他村、其他县或其他省市有更便宜的产品，但是客户却并不知道，即使知道，也不可能大老远跑过去购买。但是在淘宝上，客户只要随便一搜索，你和全国几万甚至几十万家同行的店铺信息尽收眼底，你们产品的详细信息、价钱等一目了然，信息高度透明，客户可以拿全国的店铺来比价。

这种情况下，传统的生意势必变得越来越难做。实际上，现在很多实体店已经成为互联网的免费体验店，越来越多的人都是到实体店选定商品之后，跑到网上去购买。

所以对于传统商家来说，转型互联网是大势所趋，同样，对于销售行业及销售人员也是如此，互联网让传统的销售变得越来越难做，对传统的销售人员也提出了新的挑战。可以说，在当下，不懂互联网的销售人员不是好的销售人员，当传统的销售人员插上互联网的翅膀后，会飞得更高，业绩会变得更好。

二、互联网销售与传统销售的不同

互联网销售和传统销售的本质还是一样的，但是在一些具体表现形式上，却差异很大，具体如表 8-1 所示。

表 8-1　　互联网销售与传统销售的不同

	传统销售	互联网销售
客户获取	坐等客户上门，主动销售，获取客户名单后电话销售。	在传统销售的基础上，互联网提供了更多获取客户信息和线索的新方法、新工具，这些方法比传统方法效率更高，成本更低。

续前表

	传统销售	互联网销售
销售场景	销售场景单一，主要在商铺或公司内洽谈销售。	销售场景丰富多样，网店、网页、QQ、空间、朋友圈、邮箱等任何渠道都可以销售。
销售过程	从商品买卖过程来看，消费者一般要经过看样、选择、确定、付款、包装、取货（送货）等一系列过程。这个过程周期长、耗时久，使消费者在时间和精力上付出很多。	互联网简化了购物环节，无论售前、售中、售后，一切只需要敲敲键盘或者点点屏幕就能完成，节省了消费者的时间和精力，并去除了多道中间环节，为企业节省了巨额的促销和流通费用，使降低产品成本和价格成为可能。
沟通方式	以面对面的沟通和电话沟通为主，辅以短信、邮件、传真等。	在传统销售的基础上，增加了各类即时通信工具和社交工具，包括QQ、微信、在线客服工具、微博、SNS、电子邮件等，销售方式更加多样化。
沟通效率	无论面对面还是电话沟通，基本上是一对一沟通。	可以实现一对多随时随地的沟通。
成交方式	主要通过销售人员进行成交。	可以在销售人员不参加的情况下进行成交，且成交方式多样。
关系维护	主要方式是一对一的拜访、电话拜访、客户答谢会、群发短信等，这些方式要么效率低，要么效果不佳。	方法和手段多样，微博、微信、朋友圈、公众号、QQ、社群、QQ群等，这些方式无论效率还是效果都胜于传统方式。
人员要求	对人员要求相对较高，如相貌、谈吐、口才、性格等。	通过网络进行销售，对相貌、谈吐等几乎没要求。
能力培养	新销售人员培养相对较困难，因为新销售人员需要学习和积累一定的知识和说辞，然后在工作中经过足够时间的锻炼才能游刃有余。	由于通过互联网销售即使记不住说辞也没关系，只要会灵活地复制粘贴和适当的变通即可，因此新人培养相对较容易些。

三、互联网对销售人员的新要求

1. 学会利用互联网，培养互联网思维

互联网思维即在（移动）互联网、大数据、云计算等科技不断发展的背景下，对市场、用户、产品、企业价值链乃至整个商业生态进行重新审视的思考方式。互联网思维是一种用户至上的思维。以前我们也会讲“用户至上、产品为王”，但这种口号要么是自我标榜，要么是出于企业主的道德自律。但是在数字化时代，“用户至上”是必须遵守的准则，必须真心服务用户，因为用户口碑和好评变成了有价值的资产。

移动互联网进一步颠覆了现有的商业价值体系和参照物。过去，零售商和销售人员习惯了自吹自擂，而粉丝经济的核心是参与感，我们必须主动邀请用户参与到从创意、设计、生产到销售的整个价值链中来。我们必须回归商业的本质，找到用户真正的痛点、痒点，为客户创造价值。互联网思维体系如下。

（1）用户思维。用户思维是指在价值链各个环节中都要“以用户为中心”去考虑问题。说得通俗一些就是用户需要什么，就给他什么，用户什么时候需要，就什么时候给他，用户要得少，你可以多给点，用户没想到的，你替他考虑到了。这里面有几个法则：可以卖态度，卖参与感，卖感动，卖尊重，卖情怀等。

（2）简约思维。互联网时代，信息爆炸，对于用户来说，选择太多，时间太短，耐心越来越少，转移成本太低，只需点点鼠标或动动手指划一下手机屏幕就可以转移，所以，销售人员必须在短时间内抓住客户！苹果就是典型的例子。1997 年苹果接近破产，乔布斯回归，砍掉了 70%的产品线，重点开发 4 款产品，使得苹果扭亏为盈，起死回生。即使到了 5S，iPhone 也只有 5 款。

销售人员也要专注，给消费者一个选择你的理由。比如，很火的一个网络鲜花品牌——RoseOnly，它的品牌定位是高端人群，买花者需要与收花者身份证号绑定，且每人只能绑定一次，意味着“一生只爱一人”。上线不到 6 个月，月销售额近 1 000 万元。大道至简，越简单的东西越容易传播，越难做。专注才有力量，才能做到极致。

（3）极致思维。把产品、服务和用户体验做到极致，超越用户预期。客户有求必应，有问必答，互联网时代的竞争，只有第一没有第二，只有做到极致，才能真正赢得客户，赢得人心。服务即销售，阿芙精油是知名的淘宝品牌，有两个小细节可以看出其对服务体验的极致追求：1）客服 24 小时轮流上班，使用 Thinkpad 小红帽笔记本工作，因为使用这种电脑切换窗口更加便捷，可以让消费者少等几秒钟；2）设有 CSO，即首席惊喜官，每天在用户留言中寻找潜在的销售人员或专家，找到之后会给对方寄出包裹，为这个可能的“意见领袖”制造惊喜。

（4）大数据思维。是指对大数据的认识，对企业资产、关键竞争要素的理解。用户在网络上一般会产生信息、行为、关系三个层面的数据，这些数据的沉淀，有助于销售人员进行预测和决策。有助于销售人员针对个性化用户做精准营销。

银泰网上线后，打通了线下实体店和线上的会员账号，在百货和购物中心铺设免费 WiFi。当一位已注册账号的客户进入实体店，他的手机连接上 WiFi，他与银泰的所有互动记录会一一在后台呈现，银泰就能据此判别消费者的购物喜好。这样做的最终目的是实现商品和库存的可视化，并达到与用户之间的沟通。在互联网和大数据时代，一切皆可被数据化。

（5）碎片化思维。等车时用手机刷微博、刷微信，乘地铁时用 iPad 看短视频，购物时用移动终端查找店家信息，入睡前伴着微博或微信入眠……移动互联网时代，便捷的移动终端已经让我们实现了随时随地浏览各种信息。同时，信息内容进一步碎片化发展，沿着不同的时间线散落在浩瀚的信息海洋，但每一条碎片化信息都暗藏着消费者的个性化需求。因此，销售人员就需强化自身的碎片化思维，思考如何能让消费者在碎片化时间来选择你推送的内容，并且快速喜欢上你的碎片化内容，乃至你的品牌。同时要借助更多价值内容和个性化服务来进一步覆盖甚至霸占消费者更多的碎片化时间。

（6）粉丝思维。从苹果到小米，移动互联网时代，消费者已经不再是简单的“客户”，得粉丝者，得天下。如今，销售人员需要与消费者建立更多的情感联系，逐步将消费者发展成自己产品的忠实客户，再从忠实客户进一步发展成品牌粉丝。粉丝不仅能提升品牌产品销量，还能为品牌带来正向口碑传播，并在品牌出现负面评价甚至是危机公关之时，在第一时间捍卫品牌。

2. 引导客户体验，实现快乐购买

有越来越多的人开始跑到星巴克喝咖啡了，虽然一杯咖啡三十几元的价格并不便宜，但星巴克仍然不缺少客户。在星巴克，我们享受了一种不同的生活体验，浓郁的咖啡香味，墨绿色的座椅，热情的店员，甚至连灯光都是柔和舒服的，捧上一本书或者约上一两个知己，在星巴克坐上一个下午，显然是很多人的生活方式。

将门店变成一个不一样的体验空间，而不再是简单的货架陈列场所，让客户进店以后就享受到不一样的感觉，他自然会产生消费而且还会向自己的亲朋好友转介绍。宜家家居是体验销售的最佳实践者之一。它们没有把家具按照衣柜、床、电视柜、沙发这样的品类进行分区陈列，而是把卖场分割成了众多的不同面积的家庭房间，然后通过家具的陈列告诉客户怎么摆放家具才能让空间得到最大的利用，什么样的家具才是最人性化的家具。在看了宜家家居的样板房以后，很多客户会想自己家里就应该这样摆放家具，然后他会来到一楼的仓库去货架上寻找自己想要的商品。

随着物质文明进步，消费者生活水平提高，行业内提供的商品和服务越来越趋同，再加上科学技术的飞速发展，人们的消费需求从实用层次转向体验层次，并且越来越追求个性化。销售人员的价值，不再体现在售后阶段；在客户购买的过程中，销售人员就必须要为客户创造价值和愉悦体验。

3. 渗透生活，与用户进行情感沟通

在进行销售的过程中，沟通是一件很重要的事情，现今，用户不缺少沟通的欲望，他们往往需要更高效的沟通方式。作为销售人员，在沟通的过程中应该从以产品销售为中心，转向以用户情感沟通为中心，注重用户情感诉求的强交互、强沟通、强表现力，做到实时一站式服务。通过对用户的兴趣和情感的了解，做到心灵的沟通。许多人都认为互联网的出现对传统营销方式形成了冲击，但从另一方面看，这恰恰是一场机遇的把握赛，是信息和信任的有效结合。人工智能技术还未发展到以假乱真的地步，机器人客服给人的感觉是冷漠和高傲的，互联网取代不了信任，而销售人员天生具有面对面交流的优势，最能打动用户，所以说互联网更能助力销售人员更好展业。在互联网时代，每个岗位都要创造价值。企业永远不会抛弃一个既能深刻理解传统商业的本质，又具有互联网思维的销售人员。所以说，无论商业生态如何转变，具备学习能力、行动能力、人格魅力，以及对未知充满探索欲的销售人员永远不会被时代遗弃。

4. 善用平台，进行多平台推广

当今经济环境的影响，销售人员面临的压力越来越大，叫卖式产品销售思维已经过时，需要的是能够帮助用户理解和看到如何使用产品来解决问题和满足需求的销售人员。这就需要销售人员具备对用户和市场的知识、顾问式销售技巧、产品的应用知识等。而一个人的力量是有限的，所以需要企业和销售人员自觉进行资源整合，合理利用每一个人的知识和技能，组建专业的销售服务团队协同合作，进而快速解决问题，实现销售目标。想要成为一名优秀的销售人员，实现销售目标的最大化，要学会并善于利用各种平台，在多个平台进行宣传推广，从而获得更多优质流量和潜在商机。

四、互联网获取客户的方法

获取客户线索，与客户建立联系，这是销售的第一步。而现在，通过传统方式寻找客户的成本越来越高、难度也越来越大。其实，通过一些互联网工具，可以用很低的成本快速获取大量客户。当然，通过互联网获取客户（简称获客）的营销推广方法有许多，而这里重点分享那些低成本甚至零成本，且简单易学好执行甚至销售人员自己就能操作的方法。

（一）免费策略

1. 什么是免费策略

免费策略是市场营销中常用的策略，就是将企业的产品或服务以零或近乎零的价格提供给客户使用，满足客户需求，以此来获取客户。在传统营销中，免费价格策略一般是短期和临时性的；而在网络营销中，免费价格策略是一种长期并行之有效的企业定价策略。免费策略应用的范围很广，在销售中，我们就可以用免费送东西的方式，获得客户线索。这个方法虽然有点老套，但却很有效，因为喜欢占小便宜是人的一种心理，而免费策略的核心思路，就是利用此心理进行“利诱”。如果你送的东西是客户想要的，且客户感觉非常超值，自然会留下联系方式。

2. 免费物料的选择

（1）电子书。这是需求最广，且最容易获取，自行制作成本也极低的物料，从成本的角度来考虑，基本上是首选。

（2）视频。视频要比电子书的吸引力大一些，但是相对来说，视频物料也要难组织一些。如果是获取现成的视频还好，成本要低一些。而如果是自行制作或录制，成本则要稍高。视频内容的方向，主要是根据目标客户的需求来选择，比如常见的培训视频、技巧类视频、操作类视频，甚至影视作品等。

（3）软件。大部分公司，尤其是个人，是没有自行开发软件的能力的，所以如果我们免费赠送的物品是软件，那基本上都是以搜集现有的软件为主。

（4）方案。对于一些行业的从业人员来说，本行业的方案也是他们特别想要的，比如销售人员可能就非常想得到本行业的销售方案。

（5）课件。对于一些专业人员，比如讲师、市场人员等，课件 PPT 也是他们需要的物料，不过这个不算是大众的需求，要看具体是针对哪一类的客户。

（6）数据。对于一些企业经营者、高管、策划人员、研究人员等，数据也是他们非常想得到的资料。如果你的目标客户是这类人，那这个资料是非常有杀伤力的。不过有一点，就是数据的获取可能需要一些成本。

（7）报告。这里所说的报告主要是指行业分析报告、相关数据分析报告等，其获取难度和上面说的数据差不多。

（8）其他。除了以上这些之外，还有一些比较大众化的内容，比如小说、图片、音乐、歌曲、电影、电视剧等。

3. 免费物料的标准

准备的这些物料应该符合以下 3 个原则。

（1）准备的物料符合客户的需求，是客户需要的或能为客户解决问题的。

（2）准备的物料具有一定的稀缺性或不易免费获取。

（3）物料具有价值。

假如你的目标客户是年轻的妈妈，那就可以搜集大量育婴、早教方面的电子书、视频、工具软件等免费赠送给客户。

假如你的目标客户是企业主，那就可以围绕企业的经营、管理、营销等搜集相关的资料、视频、案例等。

假如你的目标客户是做市场营销的人，那营销方案、课件 PPT 对他们最有吸引力。

假如你的目标客户是一些研究人员，行业数据对于他们来说是最想得到的。

（二）钓鱼策略

在传统行业中，我们做销售大部分情况下都是在主动找客户，比如电话销售、陌拜等。这种主动出击的方式效果好不好，性价比高不高呢？答案并不尽如人意，尤其是这些年，电话销售、上门推销等方式的效果逐年下滑。

那有没有可能将此逻辑关系颠倒一下，想办法让客户主动找我们呢？答案是肯定的。可以采取钓鱼策略。

1. 什么是钓鱼策略

钓鱼策略，顾名思义，如钓鱼一般，先将“鱼饵”挂在“鱼钩”上，然后抛到目标客户集中的“水域”，再然后坐在“河边”，哼着小曲，看着美景，静等“鱼儿”主动上钩。

这个策略是取以静制动的战略思想，变被动为主动，就好像姜太公一般，稳坐钓鱼台，坐等武王主动上门。

这个策略如果实施得好，会有效降低获取客户的成本，同时效率也会提高。因为让客户主动找我们，要比我们主动找客户简单得多。

2. 准备诱人的内容

钓鱼策略能否成功，首先取决于“鱼饵”的制作，这个鱼饵，就是指能够吸引客户主动找我们的内容。所以钓鱼策略经常和免费策略组合使用，因为免费的最容易吸引人。准备“鱼饵”时，要符合五大基本原则：

（1）内容符合客户需求，是客户需要的或能为客户解决问题。

（2）内容具有一定的稀缺性或不易获取。

（3）塑造内容价值，加强对客户的吸引力。

（4）尽可能是免费的、不需要客户付费的内容。

（5）如果是付费的内容，一定是在客户认知里物超所值的。所以这就需要我们去塑造内容的价值。内容的具体表现形式可以是文章、电子书、视频、软件等虚拟物品，也可以是各种实物。

3. 设置引导的方式

内容准备好后，接下来要考虑用何种方式引导客户来主动联系我们，推荐以下几种方式。

（1）在内容里直接留联系方式。可以直接将联系方式（比如微信号、QQ号、QQ群、公众号、邮箱、电话等，具体请根据自己的实际情况和需求设置）直接放在准备好的内容里。比如放在文章末尾、植入电子书的内容中和介绍里、在视频中加上水印等，然后将这些内容进行传播。

（2）将内容压缩，设置解压密码。可以将准备好的内容用压缩软件进行压缩，在压缩时设置一个解压密码。接着在压缩文件里附上文字说明，想要解压密码的，请联系我们。然后，将此压缩包和文件进行传播。

（3）在传播时只写内容介绍。只传播内容介绍，然后留下索取方式。假如做的是母婴用品，针对的是年轻的妈妈，搜集的是经典早教教程视频，在这种情况下，可以在母婴类的论坛、贴吧留下类似这样的信息：

> 大家好，我是新来的，发现自己的等级有点低，所以想冲冲等级。我电脑里有5套经典早教视频，包括×××、×××、×××、×××、×××，我按照这些教程实践过，效果非常不错。这些教程当初都是购买的正版碟片，一共花了×××元。为了提升我的等级，现在我愿意免费分享给大家，获取的方式很简单，大家只要回帖支持我一下（因为回帖多了我的积分就会增加），然后加我的微信××××，加的时候告诉我你在论坛里的ID，我验证后，就将这套视频免费发给你！谢谢大家的支持。

（三）社交工具策略

1. 用QQ群寻找客户

QQ是中国客户数量最多的社交软件。QQ群是个精准营销的好工具，因为每一个QQ群都有一个主题，群里的人都是和主题相关的。比如宝马车主交流群里的人，基本上都是宝马车主；厨师交流群里的，基本上都是厨师。所以我们只要找到目标客户集中的群，就可以找到目标客户。

2. 用微信寻找客户

在当下，微信是人们联系交流的主要工具之一。所以对于做销售来说，微信是必须要用的工具，而且微信也确实能够帮助我们有效提升销售业绩。

在销售这个层面，微信能够帮助我们解决很多问题，比如它是非常好的沟通工具，它可以帮助我们提升成交率，还可以帮助我们提升客户的复购率、增加客户黏性等。

3. 用微博寻找客户

在微信没有出现之前，是微博称霸天下，对于销售来说，微博的一大重要用途就是可以帮助我们找到精准的目标人群，而且操作方法还非常简单。具体的操作方法就是搜索，我们可以直接通过微博搜索寻找我们想要的内容，比如“我家狗狗”。通过搜索出来的内容，我们就可以判断谁是养狗的，而且能知道他家具体养的是什么狗，见图8-1。

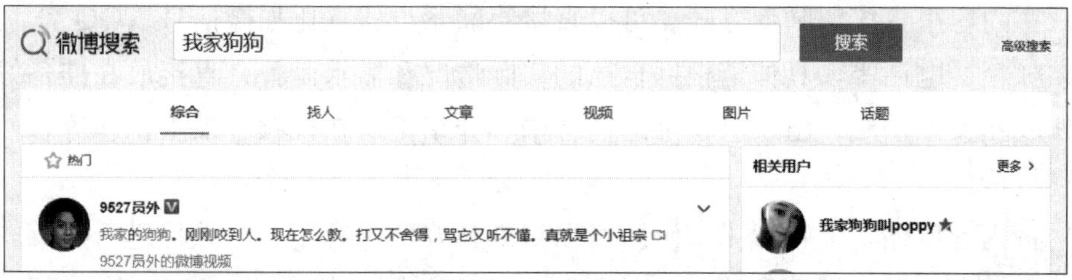

图8-1　微博搜索

当然，如果感觉这种方式搜索出来的内容不够精准的话，那还可以通过微博的高级搜索进行更加精准的搜索，见图8-2。

除了以上这些比较主流的社交工具外，各种细分的、小众的还有很多，这些工具都可以加以利用。

比如由探迹开发的探迹线索平台洞客（钉钉版），融合探迹人工智能技术和超一亿家企业知识图谱的数据优势打造出企业的新一代“To B销售线索平台”，为企业客户带来全面的赋能。借助探迹线索平台洞客（钉钉版），企业用户能找到更多更准确的销售线索，快速触达更多的商机，减少团队工作量，提升线索转化率。

还有以唱歌为主题的唱吧、以女性为定位的美柚、以搞笑为主题的糗事百科等。当然，具体选择哪个平台来帮助我们寻找客户，关键还是要看这些平台的客户群属性和我们的客户属性匹不匹配。

图 8-2　微博高级搜索

(四) 圈子策略

1. 什么是圈子策略

圈子是指具有相同爱好、兴趣或者为了某个特定目的而联系在一起的人组成的群体。而通过进入各种圈子或者建立圈子的方式进行营销和销售的策略，叫作圈子策略。

圈子策略的特点是目标客户精准、针对性强。因为一个圈子里的人，都具备某种相同的特质和共同特点，比如宝妈圈中的人，基本上都是宝宝的妈妈，所以只要我们找到的圈子与我们的需求相匹配，那么客户就非常精准和集中，此时做起销售来就比较精准。

2. 选择怎样的圈子

各种大大小小的圈子有很多，我们应该选择什么样的圈子进入呢?

(1) 存在需求。销售人员最终的目的是销售产品，所以加入的圈子一定是要存在潜在需求的，或是能挖掘出需求的。

(2) 有共同点。从销售的角度来说，你销售的是什么其实并不重要，而重要的是要学会销售自己，说白了就是要和客户交朋友。成为朋友了，才容易建立信任；成为朋友了，才容易成交；成为朋友了，才会有黏性；成为朋友了，才容易复购；成为朋友了，才容易产生转介绍。

那怎么才能成为朋友呢? 很重要的一条是双方能找到足够强和持久的链接点。所以基于此，我们选择圈子时，最好选择那些成员和我们自身有共同点的圈子，比如老乡、同行、同学、兴趣爱好、擅长的话题等。进入这样的圈子，我们才容易和圈子里的人产生共同语言，才容易产生深入的交流互动，继而才容易成为朋友和产生成交。

(3) 容易影响。其实销售工作就是影响人和改变人的工作。那如何才能更好地影响和改变别人呢? 答案是我们能够在圈子里建立权威性。如果我们能够在这个圈子里建立起权威性，那就很容易影响圈子里面的人。

3. 建立自己的圈子

8-1
她通过圈子卖起了家乡的大米

如果有条件，建立自己的圈子效果更佳，因为在自己的圈子里，你是老大，在自己的主场具有天然的权威性，所以营销起来会事半功倍。

那么如何建立自己的圈子呢？最简单的是从建立群开始，可以是QQ群，也可以是微信群。这二者有什么差异呢？QQ群的特点是开放，别人可以通过你的群名找到你的群。比如你的群名叫“北京宝马车友交流群”，那很可能就会有一些北京的宝马车主通过QQ群搜索的方式找到这个群并加入。微信群的特点是私密，在没人邀请的情况下，别人是找不到这个群的。但微信群的特点是普及度高，尤其是一些年长的人，QQ用得很少，但却普遍很喜欢玩微信。此外，通过微信可以随时随地交流，使用起来更方便。

（五）自媒体策略

自媒体策略，是指根据目标客户的需求，策划制作有针对性的自媒体，然后通过自媒体吸引目标客户的一种策略。

在没有互联网之前，通过传统媒体如电视、广播、报纸、杂志等做营销和销售是效果最好的方式之一。而有了互联网后，创办媒体的门槛越来越低，时至今日，任何一个普通人都可以用零成本去创办一家媒体。而通俗地说，个人创办的媒体就叫自媒体。

自媒体分广义的自媒体和狭义的自媒体，广义的自媒体可以追溯到20世纪末，当时的个人主页，BBS个人专辑都可以叫自媒体。狭义的自媒体则是以微信公众号为标志，以今日头条、百度百家、腾讯企鹅为主的新媒体开放平台，当然还有现在的短视频平台，如抖音、快手、微视等。

想创建自己的自媒体，也要选择平台。自媒体的平台很多，形式也非常多样，常见的自媒体渠道有泛流量平台、知识营销平台、视频自媒体，见图8-3。

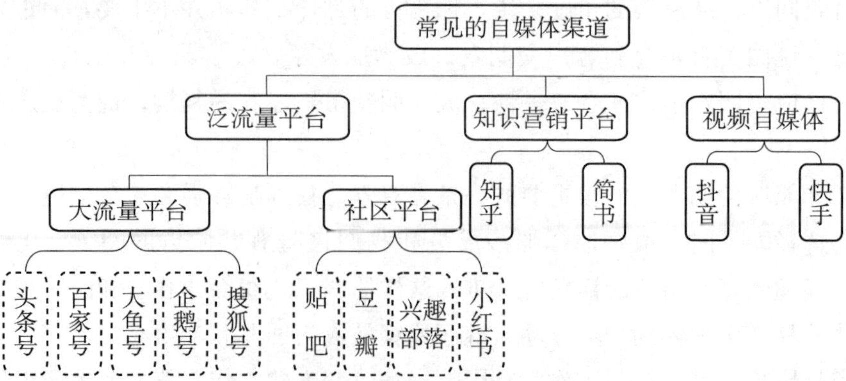

图8-3 常见的自媒体渠道

（六）活动策略

8－2
一分钱不花三天搞来 6 万名精准客户

活动策略，是指通过策划各种线上活动，来吸引和聚集目标客户的方式。活动策略的优点有以下几点。

（1）策划灵活：在具体策划时，活动的规模可大可小，形式可复杂可简单。

（2）操作简单：从策划到实施，一个人就完成了。

（3）容易实施：最简单的活动，直接通过一个朋友圈就完成了，不需要占用太多的时间和精力。

（4）性价比高：如果策划和实施得当，效果会非常好，性价比会非常高。

活动策略的形式也很多，比如：

（1）送礼类。贪小便宜是人的天性之一，送东西的策略正是利用了人的这个天性。

（2）服务类。可以通过免费提供一些目标客户需要的服务来获取客户。

（3）调查类。通过调查不仅能获取潜在客户，而且能知道客户的详细信息和需求。

（4）评比类。人的内心都有荣誉感和攀比的心理，因此，评比类的活动往往能激发大家的参与热情，甚至大家会疯狂宣传拉票。

（5）选秀类。人的骨子里都有一种表现欲，这是人的基本欲望，是个性突出、有生命力的表现。而选秀类活动，就是让人们充分发挥表现欲，特别是配合投票等环节，其传播的效果威力无穷，参与活动的人就会主动想尽办法去帮我们推广。

（6）砍价类。很多人买东西时习惯砍价，有人砍价是为了图便宜，有人砍价其实是享受这个过程。在互联网（通常是微信公众号）上发布一条活动的链接，然后谁想用低价购买此产品，即可以通过微信群、朋友圈等传播此活动链接，然后让朋友们来砍价。而帮朋友砍价的这些人，是需要进行注册并填写个人信息的。也就是说，商家不但将产品卖了出去，还变相让客户帮助商家进行了推广，并搜集到了大量潜在客户信息。

（七）视频策略

视频策略，是指根据目标客户的需求，制作有吸引力的视频，然后通过传播视频吸引目标客户的一种策略。

随着技术的进步和互联网的发展，我们在进行营销和销售时，可以使用的辅助工具越来越多，比如当宽带普及后，网络视频的流行就给我们提供了视频营销的机会。随着技术的进步，制作视频变得越来越简单了，特别是随着移动互联网的发展、短视频的流行以及各种短视频工具的涌出，使视频营销的门槛和难度越来越低，因此，基于视频的各种营销策略就变得越来越简单了。

（八）异业合作

1. 什么是异业合作

异业合作是指两个或两个以上不同行业的企业通过分享市场营销中的资源，降低成本、提高效率、增强市场竞争力的一种营销策略。“异业”是与“同业”相对应的概念，代表不同行业。因此，异业合作的核心包括两方面，其一是营销主体为不同行业的企业，其二是以合作的方式进行营销。

异业合作是比较常用的一种策略，不管是线上还是线下均适用。这种方式最大的特点和优势是能够在投入资金的情况下，利用自己手中已有的资源实现营销推广、扩大收益的目的，可以让手中的资源发挥最大的效用，且适合于任何规模的公司、单位，甚至个人。

2. 异业合作的形式

（1）优惠券置换。这是线上和线下最常见的异业合作手段：比如在线下很多目标客户重叠的商家就会相互发优惠券，如一些电影院就会和周边的饭店合作，买电影票时送饭店的优惠券，在饭店就餐时送电影院的优惠券；而在线上就更常见了，比如微信就会经常送各种优惠券。

（2）礼品置换。现在很多企业和商家都会定制一些礼品，如笔记本、笔、杯子、环保袋、扇子、面巾纸等。这些礼品一是为了回馈客户或是在做活动时使用，二是礼品本身往往也是一个宣传的载体，因为这些礼品上面往往都会印上商家的信息、联系方式等。

（3）推广资源置换。企业都会有一些推广资源，比如说广告位、客户的邮件地址库、短信数据库、公众号、官方网站等，甚至每个人也都会多多少少有一些推广资源，比如每一个人的微信朋友圈、QQ 空间、QQ 群等。而这些都可以相互置换，互不收费，只要目标受众不重复，大家就都赚。

（4）联合推广。甲乙双方可以联合制造传播物料（包括实物和虚拟的），然后一起进行推广。比如一起购买广告位、一起定制宣传礼品等。这样做的好处就是大家可以用更少的资金办更多的事。

（5）活动合作。活动推广的效果固然好，但是实施起来也较为麻烦，从活动的策划、活动的组织，到活动的实施、活动的推广，都是比较耗费人力、物力和财力的事情。但是如果别人在做活动时，我们能够搭个顺风车，那就会起到事半功倍的作用。活动的合作模式大概有 4 种：

一是联合主办。就是双方共同联合策划组织这场活动。这种情况下，就需要合作双方共同出钱出力来完成活动。

二是活动协办。我们以协办方的身份出现，与主办方一同来完成这个活动。通常需要我们出一些资源，比如人力、物力等。

三是活动支持。比如说我们在人力上进行支持，或是帮助宣传活动，等等。

四是活动赞助。这个比较直接，直接为活动赞助资金或是礼品即可。

(6) 数据置换。在实际工作中，我们经常需要获取各种各样的数据，比如说客户名录、销售线索、邮件地址库等，但是想大量获取这些有效数据，是一件比较费时费力的事情，而且往往要付出一定的代价。有没有折中的解决方案呢？其实我们在头疼这个问题时，其他公司也在为此苦恼。如果我们能找到这些公司，直接同他们交换数据，那大家的问题就都迎刃而解了。理论上说，如果你有 100 万名客户的数据库，那通过一对一交换的方式，马上就能变成 200 万名，却不需要付出任何代价。

(7) 其他资源置换或合作。除了以上这些之外，任何我们能够想到的资源，都可以进行置换或合作，可以说一切皆有可能，只要对双方都有好处。

五、引导客户咨询

通过各种策略方法获得客户线索，只是完成了销售的第一步，接下来的重点，是研究如何让客户向我们的销售人员进行咨询。

(一) 卖点引导

想让客户主动进行咨询，一个基本前提是你的产品对客户有足够的吸引力，能够打动客户，也就是产品要有足够的卖点，而且要将卖点呈现给客户。否则无论你是将客户吸引到网站上，还是发传单、做广告，客户看到后都不会咨询你。

8-3
策划卖点的五大原则

所以策划产品卖点或提炼产品卖点是成功将产品销售出去的基础，而且销售人员在销售过程中，也一定要将产品的优势、卖点等充分展现给客户，这是打动客户、促成成交的关键要素。

尤其是在互联网上，可以说如果产品没有卖点，就不要在网络上开展业务了，因为咨询量和转化率会受影响。

(二) 页面引导

卖点是打动客户的基础，客户只有被打动了，才有可能进行咨询。但是要想有好的咨询率，仅仅有卖点还不够，因为你的产品有卖点，竞争对手的产品也有卖点。所以除了要有好的卖点外，还需要有好的页面。

8-4
页面引导必须说清楚的五个问题

应该说，在网络销售中，页面是提升转化率的根基，是非常重要的一个环节，它就好像是一个大楼的地基，地基打得不好，楼就不可能盖得高。

商家上网开展业务时，基本流程是这样：首先做一个网站或页面，然后通过各种推广引流的方式将潜在客户吸引到网站或页面中，一部分客户看完页面后，会考虑咨询或购买，见图 8-4。

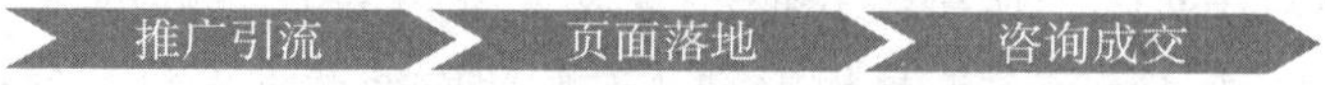

图 8-4　网络销售基本流程

注意，是“一部分客户”看完页面后，会考虑咨询或购买，不是全部。而这“一部分客户”的数量有多少，很大程度上取决于页面能不能打动客户。如果页面打动不了客户，甚至让客户看完之后感觉不靠谱，那客户就会关掉页面右上角的那个“叉”而走掉，这个时候你的销售人员能力再强也无济于事。

（三）多种联系方式引流

1. 联系方式是引导客户咨询的基础

联系方式是引导客户咨询的基础，所以页面中要在醒目的地方设置联系方式，方便客户随时随地联系客服人员或销售人员。

有的企业网站页面中，根本找不到联系方式，或是联系方式不醒目、很难找。甚至一些大公司也会犯这样的低级错误。

例如：外国的知名网站在中国鲜有成功的，究其原因，就是不接地气，网站的体验不符合中国客户的需求。比如以国际知名电子商务网站亚马逊为例，很早就进入中国，但是在中国却一直不温不火，甚至还在走下坡路。而当年不如它的京东，却已把它甩得越来越远。原因是在亚马逊中国站上面，如果你有问题想咨询一下商家，居然都找不到联系方式或咨询的入口。要知道，在中国，购物前向商家进行咨询，进行充分沟通，是非常重要的行为和习惯之一。哪怕商家在页面中已经将一些问题解释得非常清楚了，但是客户可能还会咨询。

2. 多样的方式可以有效提升咨询率

除了在醒目的位置设置联系方式之外，网站的咨询方式还应该尽可能多样一些。比如座机号、手机号、400 电话、在线 QQ、在线客服等，见图 8-5。

丰富多样的咨询方式，还会提升页面的公信力，增加客户的信任度。比如在一些消费者的认知中，有了 400 电话的企业，都是正规企业。

（四）友好体验引导

设置了这么多的咨询方式，如何在网站中体现呢？不少网站的做法是直接将联系方式放在网站最醒目的位置，甚至满屏都是咨询方式。更有甚者，直接弹出对话框，用半强迫的方式让客户咨询，关都关不掉，客户会感觉很讨厌，然后果断关闭页面走人。

从销售心理学的角度来说，让客户掏银子的前提是先要让客户“爽”。那在互联网销售的过程中，如何才能让客户“爽”呢？首先是页面要让客户“爽”，至少看起来舒服、

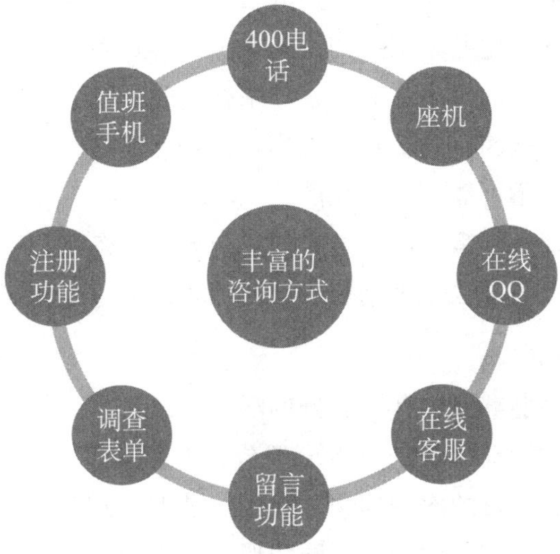

图 8-5 丰富的咨询方式

用起来顺手。

关键是在设计页面中的咨询方式时，要兼顾客户的体验，注意一下美观度，要让咨询方式与网站整体的风格相符。

此外，如果页面中的在线客服等咨询窗口会在客户没有点击的情况下主动弹出，那尽量不要在客户刚一打开页面的时候就出现。这样一来会影响客户体验，甚至让客户反感；二来，即使不影响客户体验，但是换位思考一下，客户刚打开页面，什么都不了解呢，有什么可咨询的呢？

（五）弹窗引导

在线客服软件几乎是营销型网站的标配，通过网页的在线客服软件，客户可以直接匿名与网站的客服人员对话，非常方便，同时还保护了客户的隐私，继而增加了客户的咨询率。网站安装了在线客服软件后，页面中会出现一个对话邀请框，对话框中可以自行设置文字或素材。

（六）活动引导

活动是营销过程中经常用到的手段。不过虽然都叫活动，但不同目的的活动形式却不同。

1. 活动的策划思路

在策划活动的思路上强调三点：

（1）尽可能与销售挂钩。我们通过活动引导客户咨询的最终目的是促进成交，所以在策划这类活动时，活动的内容或形式最好与销售挂钩，能够促进成交和转化。

（2）活动不要有欺骗性。引导客户咨询的目的是成交，所以千万不要只考虑如何让客户咨询而不顾及其他，甚至用欺骗客户的方式来引导客户咨询。有的商家为了引导客户咨询，会推出一些折扣特别低的产品，而当客户来咨询时，却告诉客户产品已经卖完了。这种方式只会让客户不爽，就算有的客户会上当，但是能骗得了一时，却骗不了一世。在互联网上，不诚信的商家是不可能生存长久的。

（3）页面只讲活动好处。策划活动的目的是引导客户咨询，所以在页面中只公布参与活动的好处，而具体的参与办法、细则等，则要让客户通过咨询客服的方式进行了解。

2. 活动的表现形式

下面给大家介绍几种能够引导客户咨询的活动形式：

（1）抽奖活动。此类活动的规则可以设置成只有预交了定金或是成交后才可以参与。此外，订单金额还可以和投资的次数挂钩，比如每满100元即多一次抽奖机会。在活动形式上，尽可能不要太单一，多采用一些不同的形式，比如幸运大转盘、刮刮乐等。

（2）换购活动。比如1元换购、10元换购，通常换购的前提都是和订单金额挂钩，必须购买满一定金额的产品后才可以换购。

（3）返利活动。返利活动最直接，可以是直接返钱，比如购物满×××元减××元；也可以是返礼品，比如购物满×××元送××礼品。

（4）限量活动。这类活动通常都是推出一款折扣力度特别大的产品，但是却有数量限制，先到先得，看谁速度快。

（5）限时活动。这类活动的规则是在指定时间段内才能享受折扣，比如常见的商家周年庆、节日庆、“双11”等。

（6）团购活动。第三方团购平台的团购，是直接推出一个最低价，而如果是商家自己推出的团购活动，规则可以设置成满多少人才可以享受团购价，而且参与的客户数量不同，团购价格不同。比如说每多100人参与，价格就降100元。

以上活动形式只是一些常见的活动形式，实际上活动形式有很多，不限于此。此外，在具体策划时，这些活动可以相互结合使用，请大家灵活运用。

3. 策划活动的要点

（1）活动的门槛要低。门槛不要设得太高，如果门槛过高，就会影响最终的活动效果。这个门槛有两方面的含义：

第一是指活动的目标人群。活动面向的人群越初级越好，因为越是高级，客户越少，而且高级客户对于活动的热衷度远不如初级客户。

第二是指活动规则。规则应该越简单越好，规则越复杂，客户的参与度就会越低。尤其是在设计调查问卷时，注意问题尽量不要太多，不要太烧脑，同时尽量以选择题为主，避免让客户输入文字。过于烦琐和耗费时间，客户是不愿意参与的，哪怕提供很诱人的奖品。

（2）活动回报率要高。活动一定要让客户受益，要让客户得到足够的好处，只有活动的回报率高、奖品丰厚，客户的积极性才能被调动起来。活动奖励可以是物质上的，比如手机、电脑、相机等；也可以是精神上的，比如荣誉、奖杯、名人的签名等。

同时还要注意提升奖品的回报率，大奖固然重要，但是如果一次活动只有几个人有机会得奖，也会打消客户的积极性。所以在大奖有保障的基础上，尽量多设一些小奖，尽可能让更多的人拿到礼品。

（3）奖品要有吸引力。当然，也不是说有了奖品客户就一定会愿意参与，关键还要看对客户有没有吸引力。选奖品时，可以从两方面来考虑：

一是客户看了想要，但又轻易不会去买的东西。比如某论坛历年举办的活动中，最受欢迎、效果最好的奖品是 2 米高的玩具熊。这类玩具不是人人都会买的，却很招人喜欢，让人看了就想拥有，尤其是女孩子，对于这类玩具根本没有抵抗力。

二是客户平时想要，但又感觉比较奢侈的东西。这里说的奢侈，是指对客户来说比较奢侈，但又想拥有且愿意向别人炫耀的东西。比如对于女孩子来说，用一个成本 1 万元的 LV 包做奖品可能会比用 1 万元现金做奖品更有吸引力。

（4）活动趣味性要强。活动的趣味性越强越好，只有活动有趣，参与的人才会多，活动的气氛才能烘托起来。如果活动足够有趣的话，就算在没有奖品的情况下，大家也会积极参与，毕竟上网娱乐才是大家最终的目的。

（5）多与别人合作。如果有可能，尽可能找更多的人或是单位一起来合作。比如一起作为联合发起方、承办方，然后一起推广等。通过合作可以将大家的优势资源融合，发挥更大的效力，最终实现 1＋1＞2 的效果。

（七）赠品引导

活动是有门槛的，并不是对所有的客户都有足够的吸引力，所以可以直接送东西。具体赠送的礼品，我们可以从三方面去考虑。

1. 免费礼品

这个礼品可以是实物，也可以是虚拟的。如果是实物礼品，可以通过合作的方式赠送一些免费的礼品；如果是虚拟礼品，可以提供电子书、免费教程、视频、方案等。

2. 免费服务

比如免费的培训机会、免费的旅游机会等。可能有的公司会说，自己不是培训公司或旅游公司，没有条件提供这类免费服务。其实现在想获取这类免费服务是非常容易的，很多培训公司都有免费的公开课，而一些旅游公司的特价团也非常便宜，甚至是零团费。甚至如果帮助这些培训公司或旅游公司带来学员或游客，还会得到介绍费或提成，哪怕带来的人是参加免费的公开课或是零团费的旅游团。

3. 试用机会

比如像免费试吃、免费试驾、免费试住等。这类赠品也比较容易通过异业合作的方式获得，甚至要比前面的更容易一些。因为只是一个试用的机会，比前面真金白银地送东西成本更低一些。

六、客户沟通

沟通是一门学问，也是一门艺术。当客户开始进行咨询，就是销售人员的主场了。如何才能让客户心甘情愿地从他口袋里掏钱呢？首先就是要改变客户的思想。而如何才能改变客户的思想呢？沟通是个很重要的手段。可以说会不会成交很大程度上取决于销售人员怎么和客户沟通。

（一）第一印象很重要

在人际交往过程中，个人形象真的非常重要，特别是进行商业活动时，给客户的第一印象尤为关键，甚至会直接影响项目的成败。如果我们给客户的第一印象是成熟稳重、举止大方、谈吐生风，浑身透着亲和力，那合作就会顺风顺水；但若我们蓬头垢面、穿着短裤、趿拉着拖鞋去见客户，那可能保安连门都不让进。

这个道理在互联网上同样适用。但是问题来了，在线下，人与人之间面对面接触，可以直观地产生第一印象；但是在网上，看不到对方庐山真面目的情况下，如何给别人留下好的第一印象呢？答案就是各种社交工具的资料设置，比如微信、QQ、微博等。

在互联网上，人们的直接接触，往往都是先从这些社交工具开始，所以我们在社交工具上对外展示的形象，就相当于我们现实中的个人形象。好的形象，会让我们事半功倍。因为它不仅是我们在网络上的形象展示，更会对别人造成心理暗示。

互联网上打造第一印象可以从以下着手。

1. 头像要正规

首先，社交工具中的头像一定要有特色，最好能够让人一眼记住。因为只有让客户记住你，他才有可能选择你的产品。

其次，头像要正规、稳重，给人以信任感，突出亲和力。建议用真人照片做头像，因为用本人头像，足够有特色，容易识别和记忆，同时会给人一种极强的信任感。

用别人照片做头像就要慎重。比如说用一些比较有争议的人物做头像，很可能会因此受牵连，降低别人对你的评价，甚至让人产生厌恶感。

切忌使用那些幼稚、低俗的头像，那样会大大降低别人对我们的正面印象及好感度。

2. 昵称要真实

互联网上的昵称，是给别人留下好印象的第二要素。同头像的原理一样，好的昵称，要正规稳重有特色，要朗朗上口，便于记忆，且要突出信任感和亲和力。实名的好处主要有以下几点：

（1）实名本身即象征着诚信。网络上有句流传许久的话："人在现实中用真名说假话，在网络中用假名说真话。"在这种大环境下，我们用真名将极大增加别人对我们的信任感。

（2）实名更容易记忆。在这个人人用网名的时代，我们用真名会显得非常突出，让人印象深刻。

（3）与个人品牌统一。网络昵称和真名不统一，容易造成认知的不便。

（4）实名可以积累个人品牌与知名度。个人品牌，就意味着背景、资源、人脉。当今社会，人脉就相当于钱脉。

3. 资料要丰富

在微信、QQ、微博等社交工具中，除了能展示头像和名字外，还有许多其他的资料项目，比如性别、地区、职业、学历、签名等。这些资料设置越丰富、越详细越好，给人的感觉就越真实、越靠谱。但是切记，信息要真实，不能乱写，否则一旦让人发现是假的，将直接对你产生负面印象。

4. 朋友圈常更新

除设置基本的资料外，微信朋友圈、微博、QQ空间等社交平台中的内容最好也经常更新，具体更新什么可以参看后面章节的内容。因为这些信息会增加真实感、增强亲和力，提升别人对我们的正面认知。

（二）沟通的核心

销售人员怎么和客户沟通会对销售结果产生决定性的影响，好的销售人员，能让客户在不想买的时候买，想买的时候多买。销售的最高境界是销售自己，与客户交朋友。

所以我们沟通时的核心也在于此：要把客户当成朋友去沟通，当成亲戚去沟通，最理想的状态是和客户像谈恋爱一样去沟通。因为我们在谈恋爱的时候，是最走心的时候。

（三）沟通的两个基本点

销售的过程，就是影响客户、说服客户的过程，目的是改变客户的想法和决策，最终使客户选择我们的产品。而想更好地影响和改变客户，就需要先了解客户的心理和需求，然后有针对性地进行沟通和说服。

心理学中的方法和工具特别多，而在沟通时，有两个心理学武器可以帮助我们更好地影响客户和交朋友。

1. 互惠原则

互惠原则也叫"互惠性"，即我们应该尽量以相同的方式回报他人为我们所做的一切，也就是受人恩惠就要回报。这在所有的社会组织中都是不可缺少的元素，否则人类将无法发展。

这个特性在生活中无处不在，比如当一个人不求回报，在你困难的时候给予你帮助时，你一定会想着回报对方。古人讲的“滴水之恩，当涌泉相报”，现代人讲的“感恩”，都是互惠性的集中体现。

在与人交往的过程中，包括谈判、推广、销售等，如果适当利用互惠原理，可以让别人更容易接受我们的想法和请求，可以更容易地影响别人。

8-5
如何在沟通中树立权威

2. 权威原则

权威原则也叫“权威性”，即具有使人信服的力量和威望的性状，让人对结果不产生怀疑。通俗点说，每个人都会在潜意识中相信权威。当一个人有权威时，会更加容易影响别人，甚至在别人眼中，他的形象都会高大起来，在别人眼中会充满光环。

在销售乃至整个营销的过程中，如果我们能够在目标客户心中建立起足够的权威性，将更容易影响客户，促进成交。

（四）沟通话术设计的要点

1. 不要偷懒抄话术

一些企业为了省事，直接去复制同行的话术。这么做是非常不可取的，绝对是弊大于利，从某种程度上来说，还不如没有话术。因为消费者选购产品时，基本上都会货比三家，假如客户咨询了五家同类企业，结果这五家客服回答的内容都差不多，甚至一模一样，那消费者选谁的?

2. 感情丰富说人话

即使是自己原创的话术，也不一定效果就好，还要注意话术当中的文字风格。有的企业话术文字过于死板，例如：“先生，您好，请问有什么可以帮您的?”“感谢您的惠顾，再见，祝您好运!”这样的话术，看起来很专业、很有礼貌，实际效果并不理想。

销售的核心是销售自己、销售信任，要学会和客户交朋友。而交朋友的前提，是先要拉近彼此的距离，而上面这种话术，距离感太强，不仅不能起到拉近距离的效果，反而会让客户感觉你在和他刻意保持距离。

所以在设计话术时，一定要学会说“人话”，而不要去追求所谓文字的专业性。这里说的“人话”，是指有人情味的话。如淘宝中“亲”这样的词很流行，就是因为它绝对的有人情味、有亲和力，虽然看起来很不严肃，但是却很容易拉近与客户的距离。

3. 多角度设计话术

其实做销售久了大家会发现，客户之间问的问题都差不多，比如“为什么这么贵呀?”

"效果怎么样呀?"之类的。对于这类常见问题，很多企业或是销售人员都有自己的标准答案。比如买服装时，如果问为什么这么贵，最常见的答案是："我们的产品质量好。""我们是品牌产品。""这是最低价了，要不你再走走看看!"。

那对于常见问题设置标准答案好不好呢？表面上看，好像没什么大问题，看起来很科学，但是实际上这么做问题很大。这个世界上，没有任何两个人的思想、性格、背景、行为是完全一样的，所以对于同样的问题，不同的人提问时其动机是不一样的，动机不一样，想得到的答案自然也不一样。

场景一：客户真的预算不足。此时去和客户强调产品质量好、是品牌产品是没有意义的。因为他真的没钱，他也不会买，可能他的内心其实已经很认同这个价格，甚至还感觉物超所值呢。这种情况下，正确的做法是推荐其他更廉价、性价比更高的产品，比如：

"亲，你再看看这套沙发，你感觉与刚刚那套有区别没有？是不是看着差不多？你再摸摸，试一下手感是不是也差不多？但是我告诉你，这套沙发的价钱，只是刚刚那套沙发的三分之一。因为这套沙发是仿皮、合成木的；而那套沙发是真皮、原木的。但是它们的外观、手感，区别并不大。而且相对刚刚那套，这套还更好打理一些，养护成本非常低。"

场景二：客户预算很足，很有钱。这种情况下，应强调产品的价值，因为客户在不差钱的情况下不会嫌贵，那最大的可能就是他不明白为什么产品值这个价。客户只有在认可了产品价值的前提下才会对价格不敏感。

在强调产品为什么值这个价时要注意，不要只是一味地说质量好、功能好，重点要强调该产品的格调品位、尊贵感、身份感等，因为有钱人在意的是这个。

场景三：想占点小便宜。占小便宜是人类的天性，所以对于这类客户，适当地给点好处就可以了。

场景四：习惯性讲价。比如有些客户买东西，经常习惯性讲价，哪怕买一块钱的大葱也问问能不能便宜，这种情况下，只要销售人员说一句这是最低价或是全国统一价，他可能也就不说话了。

综上所述，我们在设计话术时，即使是同样的问题，也要针对不同客户的需求和动机，从不同的角度设计应答策略。

七、促成交易

（一）氛围策略

通过互联网营造火爆的销售氛围，以此促成交易的策略称之为氛围策略。氛围策略是对心理学中的“羊群效应”和“从众心理”的典型应用。

其实，凑热闹和随波逐流是人性的特点，而这种特点可以帮助我们在销售中很好地促成交易。这些客户并不一定真的需要这些东西，主要就是由于人们有从众的心理，看到别人购买，就会盲目地认为这么多人的选择一定不会错，所以也对产品产生了信赖感。

而在互联网销售中，同样可以利用这种从众心理来促成交易。我们可以通过各种互联网手段营造出火热的营销氛围，继而让客户对产品产生依赖感，产生购买的冲动。但你的产品一定要实在，品质要优。

1. 故意怠慢

销售人员在和客户沟通时，可以适当地怠慢一下客户，在怠慢客户的过程中，营造出氛围。当然，这种怠慢并不是真的怠慢客户，而是讲究时机和策略的。

（1）不急于通过客户的好友申请。如果是客户主动在QQ、微信等工具上加我们好友，我们先不要急于通过好友验证，可以适当地晚个几分钟再通过。在和客户成为好友后，先等客户和我们打招呼，当客户打完招呼后，和客户说一句抱歉：“不好意思，刚刚没有及时通过您的好友验证，因为加我的人和咨询的人有点多。”由于前提是你的产品好，所以这不是忽悠，是一种资源技巧。

（2）不急于主动和客户打招呼。在通过了客户验证后，如果客户没有主动打招呼，那么我们也不要急于主动和客户打招呼，同样可以等几分钟后再和客户打招呼：“你好。不好意思，刚刚一直有客户在咨询，所以有些怠慢，请问有什么可以帮您的吗？”

（3）偶尔慢一点回复客户消息。平常我们在和客户沟通时，也不要每次都是及时回复。时不时地也可以拖一拖，晚一些回复。当然，回复时一定要先道歉：“不好意思，刚刚咨询的客户有点多，所以没有及时回复。”

2. 发错消息

除了怠慢客户外，偶尔我们还可以给客户错发一个消息。当然，这个错发消息不是真的发错，而是通过这种形式来营造氛围。比如：

“张哥，您别生气，您要的这款真的没货了，真的真的是没货了，前天就卖完了，新货三天后才能到。我不可能骗您的，您是老客户，如果有货，肯定是优先给您发的。”

“刘姐，您的产品已经收到一周了，用的效果怎么样呀？有没有什么问题，要是有问题，请及时和我说。”

在发完消息后，静等客户反应，如果客户没反应，那过个十几、二十分钟可以给客户发个消息：“哎呀，实在抱歉，发错消息了。今天真的是忙晕了，对不起啊。”

3. 页面营造

在产品的相关销售页面和介绍页面中（包括网站、移动网站、公众号等），要多多地展示产品火爆的销售情况。

（1）在页面中滚动展示客户的下单信息。

（2）展示仓库或产品发货情况。

4. 朋友圈营造

除了在页面中营造之外，微信朋友圈（包括微博、QQ 空间等）也是重要的氛围营造工具。

（1）收款截图。展示客户的成交收款信息。

（2）发货截图。同在页面中一样，发货情况也要在朋友圈展示，若在朋友圈展示的话，最好是用小视频的形式，视频的真实感更强。

（3）客户反馈。客户使用产品后的反馈信息，也要第一时间展示，这不仅能营造氛围，还能增加客户对产品的信任度。

5. 网络营造

随着互联网的普及，越来越多的人会通过网络来了解产品的相关信息。所以我们可以在客户集中的各大互联网平台发信息，通过这种方式来营造产品火爆的销售氛围，比如百度知道、论坛、贴吧、分类信息网（如 58 同城、赶集网）等平台。

6. 评论营造

如果产品页面中有评论功能（比如淘宝店、天猫店等），那么非常有必要引导客户多多在页面中撰写评论。产品历史的销售数量和客户评论，对客户决策时的影响特别大。这也是淘宝刷单现象屡禁不止，甚至愈演愈烈的原因。

（二）紧迫感策略

俗话说“冲动是魔鬼”，在销售中同样如此，有专家研究发现，70％的购物决定都是冲动的结果。也就是说客户最终做出购买决定时，往往是出于感情上的冲动，并不是出于理性的分析。所以在销售的过程中，销售人员如果能够引发客户的情感冲动，将比单纯的理性说教效果好得多。

那么客户在什么情况下会比较容易冲动呢？给客户营造紧迫的氛围无疑是一个非常好的策略，人往往在时间紧迫、情况紧急的情况下，容易冲动地做出决定。

1. 越买不到越有人买

心理学上发现，由于人们害怕失去或得不到，会对稀有的东西怀着本能的占有欲。通俗一点说，就是越买不到的就越想买。

所以在销售时，适当进行限量销售，可以很大程度上刺激消费者的购买欲望。比如 iPhone7 手机刚上市时，推出了全新的亮黑色，而苹果公司很聪明地对这个新色系的手机进行了限量。由于数量少，所以这个颜色的手机被炒到了正常售价的两倍。

2. 越是涨价越有人买

买涨不买跌，是人们普遍的心理。这种心理在房地产市场表现得最为突出：房子越涨，销售越火爆，而一旦价格松动开始降价，反而买的人少。因为从心理学的角度说，人都有占小便宜的心理，都希望自己买的产品比别人的便宜，而且能够升值。

所以在销售产品时，我们可以利用这一心理，适当采取限时涨价的策略：比如仅在某一时间段内购买享受优惠价，时间一过即涨价；也可以阶梯性地不断涨价，比如每个月固定涨十块钱。

3. 时间越紧越有人买

人们购买产品时，时间越是紧迫，越容易下单。比如每年淘宝的“双11”之所以销售火爆，连年创新高，就是因为一年当中只有这么一天的机会。当然了，企业不可能天天搞“双11”，但是却可以经常搞“限时秒杀”。

限时秒杀的规则是仅在某一时间段内，推出固定数量的优惠产品。比如只推出500套5折的特惠产品，而且仅在1小时内购买有效。这种手段是将限量、限时、优惠等几种因素集于一身，若使用得当，效果非常显著，甚至可能在几分钟内产品就会被抢购一空。

（三）货到付款策略

货到付款，要比直接在线支付效果更好。因为货到付款时没有任何门槛，不会出现支付错误，而如果是在线支付，有的人可能会因为网络、操作不当的原因，或是其他原因支付不成功。另外，货到付款让客户心理上负担最小，而在线支付需要眼睁睁看着账户里的钱先付出去，心理负担要更大一些。

（四）零风险策略

在销售过程中，消费者拒绝成交时一定有理由，这些理由有很多，而且五花八门：买贵了怎么办？质量不好怎么办？没有效果怎么办？这些理由背后代表的是客户不愿意承担风险。

而所谓的零风险策略，就是指通过一系列举措，让客户在购买产品的过程中没有任何风险。当客户感觉购买产品没有任何风险，只有好处时，转化率自然会大幅度提升。比如典型的“假一赔十”“先使用后付款”“七天无理由退换货”“买贵了免费送”等。

（五）信息预埋策略

消费者在选购产品的过程中，会对商家的各种信息进行求证，而商家针对客户的需求、问题等，提前组织相关的内容发布在互联网上等待客户搜索的策略，即称为信息预埋策略。

从消费者行为学的角度来说，消费者选购产品的过程分为四步：第一步是针对需求获取相关的信息，第二步是了解信息，第三步是针对这些信息进行求证，第四步是进行决策。

如图 8－6 所示：

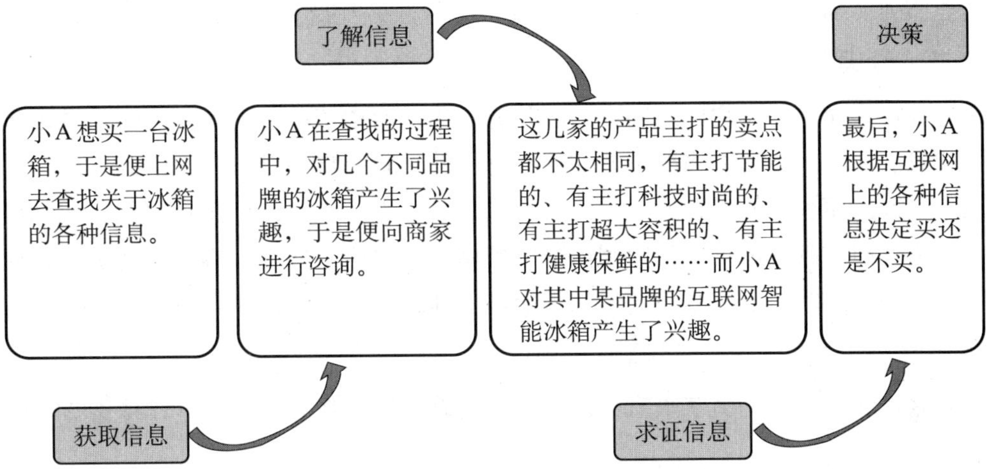

图 8－6 消费者选购产品的过程

在以上过程中，第三步客户求证的结果会对第四步的决策造成重大的影响。比如小 A 在查询求证的过程中有三种情况：第一种，商家说的这个卖点，在网络上找不到任何相关信息；第二种，商家说的这个卖点，网络上全是负面评价，都说是忽悠人的；第三种，商家说的这个卖点，网络上都是正面评价，都说这个产品非常好。

显而易见，如果是第二种情况，那么小 A 肯定不会购买；如果是第三种情况，小 A 在很大程度上会购买；如果是第一种情况，小 A 不购买的概率可能会更高一些。

而信息预埋策略，就是针对客户的需求和问题，提前在互联网上发布相关信息，使客户在互联网上进行求证时，查找到的信息都是正面的信息，以此提升成交率。

（六）销售视频策略

虽然互联网销售和传统销售相比有诸多的先进性，但是其也有不足之处。互联网销售主要是以文字沟通，从沟通效果上来说，这种方式其实不如线下面对面沟通有优势。这是因为：

第一，线上沟通看不到真人，缺乏信任感；

第二，文字表达不如面对面对话直观和有感染力；

第三，虽然微信等工具也可以通过语音沟通，但是面对面沟通还会辅以丰富的表情、肢体动作。

鉴于此，我们可以针对销售环节策划和制作一系列的视频来辅助销售、提升成交率，这样的策略，称为销售视频策略。

很多在互联网上开展业务的企业都没有意识到视频的威力，其实视频的优势和特点很突出，可以有效帮助商家提升成交转化率。

1. 直观

无论是通过文字还是语音与客户沟通，很多信息都不能很直观地传达给客户。比如说在对企业实力的描述上，说得再多，都不如一段企业实力展示的视频来得直观和震撼。

2. 信息量大

在与客户沟通时，客户的时间和耐心是有限的，通常情况下，客户不可能拿出太长的时间来和我们沟通。在这种情况下，如何在有限的时间内将关键信息都准确无误地传递给客户至为关键。而视频的表达方式，比文字或是语音表达传递的信息量更大。比如我们要向客户介绍我们产品先进的技术原理，若纯粹靠文字描述，那么内容量可能极大，而且若其中涉及一些专业的术语，客户还不见得能马上理解。而通过视频表现，就很简单直观。

3. 表现形式丰富

视频的表现形式要比文字丰富得多，多样的表现形式张力十足，更容易感染客户。

（七）直播策略

通过直播的形式辅助销售、促进成交的策略即为直播策略。

网络直播也解决了传统线上销售平台最大的弊端——产品展示的单一性。通过直播，从各个方面展示商品的特性，有助于辅助客户了解产品，达成交易。直播的丰富性、真实性、互动性、实时性，为客户带来了全新的购物感受。

八、客户维护

这里说的维护，有两层意思。

一是针对未成交客户的跟进维护，目的是提升新客户的成交率。在销售行业有一句俗语，叫："销售不跟进，最终一场空！"意思是说如果在做销售的过程中不跟进客户，那么业绩会很差。这句话不是无中生有，美国专业营销人员协会报告显示：80%的销售是在第4～11次跟进后完成的。

二是针对已成交客户的跟进维护，目的是提升老客户的复购率，甚至让老客户带来新客户。维护客户的策略有如下几种。

（一）互动策略

互动策略就是指销售人员要经常利用各种机会或是创造机会与客户进行联系与互动，只有经常互动，与客户的感情才能越来越深，关系才能越来越近。

沟通时间长不如沟通次数多。有一种心理学效应叫"多看效应"，这是一种对自己越熟悉的东西就越喜欢的心理现象。

那么“多看效应”在互联网销售中如何应用呢？答案就是多互动。所谓“一回生、二回熟，三回四回是朋友”。沟通时间长，不如沟通次数多，沟通次数多，可提高彼此间的熟悉度，互相产生更强的吸引力。相反，沟通次数少，哪怕时间长，也不易消除彼此间的生疏感，甚至可能因为沟通的时间太长而产生摩擦。如果有机会能够经常和客户见面（包括线下见面或是视频聊天），那效果更好。

（二）礼品策略

不是所有的礼品都是好的。送礼，是人际交往中维护关系、促进感情的必用手段之一，也是企业和商家维护客户关系的必用手段。像很多企业，每年都有固定的预算采购礼品，甚至大批量定制礼品（但前提是在不违规的情况下）。

但是送礼也是一门学问，不是所有的礼品送出去都能发挥作用。比如，很多企业在选购礼品时根本不用心，这种情况下，即使送给客户礼物，客户也没太大感觉。比如有些客户，家里有很多杯子，那如果再送杯子，就没有什么意义了。

（三）朋友圈策略

移动互联网对销售最有帮助的工具，是微信朋友圈。因为微信朋友圈的出现，帮助我们解决了销售上的一大难题，就是人多了怎么沟通和维护的问题。比如当你有 5 000 个重要的客户时，如何有效维护关系？其实不仅是销售，生活中也一样，当你有 500 个好朋友时，如何维护关系？

因为微信朋友圈是私密的，只有互为好友方可见；朋友圈的信息是被动可见，而不是主动群发；而朋友圈的到达率却非常高，发在朋友圈的信息，对方经常能看到。

如果我们将沟通完了不成交的客户、成交过的老客户、平常不经常联系的朋友，统统加为微信好友，然后经常在朋友圈发信息，那我们的身影就会经常在这些客户、朋友面前出现。他们也会第一时间了解我们最新的生活及工作动态。如果再时不时相互赞一下、评一下，保持互动联系，关系自然不会断。

当然，这个道理很简单，但是实施起来也是有一定技巧的。如果朋友圈信息发得得当，可能在不聊天的情况下都能直接成交。如果发得不得当，甚至还会得罪人。

（四）社群策略

社群简单地说就是一个有一定组织性的群体。而社群策略，就是指针对客户的情况和需求，建立有针对性的社群来维护客户关系的手段。

社群是一个组织，它不同于微信群、QQ 群，它有明确的组织定位、社员定位，有组织架构、章程制度、准入机制等。

社群策略的核心是靠组织的形式管理运营客户，而不是靠企业单方面、一对一地维护客户，因此可以大范围影响和照顾到更多的人。

对于互联网销售来说，社群能够发挥四大方面的作用。

1. 带来新客户

如果社群运营得好，那么社群可以成为引流的工具，帮助我们带来新客户。因为一些老客户会介绍朋友加入社群，另外一些目标客户也会主动寻找优质的社群加入，比如很多人买完车之后，就会寻求加入本地的车友会。

2. 转化新客户

如果社群运营得好，那么还可以将社群内还未成为我们客户的那些成员变成客户。因为他们会随着对社群的认同而开始认同我们的产品，再加上社群中已经是客户的成员的影响，很容易被转化。

3. 维护老客户

通过社群可以有效维护老客户的关系，增加老客户的黏性，继而提升复购率，甚至带来转介绍。

4. 打造知名度

如果社群运营得好，会在目标客户中逐渐产生知名度，而且随着社群的发展其知名度也会越来越高，而随着社群知名度的提升，自然也会带动企业或产品的品牌知名度。

（五）公众号策略

通过公众号来维护客户关系、提升客户满意度、增加客户黏性和复购率的方法，称为公众号策略。公众号具有以下优势：

1. 维护的人群更广

公众号可以维护更广的人群，哪怕几千万人也没问题。但是通过微信群、QQ 群维护几千万人显然是不现实的；而通过社群维护几千万人，理论上可以，但是要建立和管理一个几千万人的社群，实在是难上加难。

2. 操作难度相对低

管理微信群、QQ 群，如果只是一个群还行，如果群太多，对管理人员是个极大的挑战；而对于社群，要求则更高，因为人是最难管理的动物，更何况是一大群人。而公众号的管理运营就相对简单得多，只要按要求更新内容、及时回复粉丝的留言、适当策划一些活动即可。

3. 拓展性非常强大

由于公众号提供了二次开发的接口和标准，因此拓展性非常强，可以实现更多的功能和服务：可以将公众号和会员系统打通，可以将公众号和 CRM 系统打通，可以将公众号和订单系统打通，可以将公众号和企业的办公系统打通等。

(六)微博策略

通过微博来维护客户关系、提升客户满意度、增加客户黏性和复购率的方法,称为微博策略。

微博策略与公众号策略有点像,都是基于第三方社交平台,都可以维护海量的客户,但是实际上它们的区别很大。微博互动的优势有以下几点:

1. 微博更加开放

微博是公开的,任何人都能看到其中的内容,甚至用百度也能搜索到微博的内容,但是公众号却是半封闭的,只有关注了公众号,或是关注的人转发了公众号的内容,才可以看到公众号的内容。

2. 微博互动性更好

微博的互动性,要比公众号更好一些,粉丝可以自由评论和转发微博中的内容,我们也可以随时和客户进行各种互动。

3. 微博操作更简单

相对于公众号的管理后台,微博的操作非常简单、便捷,上手很快。

4. 内容更加简练

微博的内容要比公众号的内容更加简练,甚至 100 多个字即可。不过这有利有弊,看起来文字少,省了不少工夫,但是想通过有限的文字创造出不一样的精彩,难度很大。

5. 拓展性弱于公众号

前面说的都算是微博的优点,但是微博的缺点也很明显,就是拓展性不如公众号强大,比如公众号可以和企业的 CRM、会员系统打通,但是微博却不行。

模块 3 操作指导

一、互联网获客方法

(一)免费电子书获客方法

1. 免费电子书的制作

电子书需求广且容易获取,自行制作成本也极低,制作免费资料时基本是首选。

具体操作时，可以在网络上搜集现成的电子书，也可以围绕某一个领域上网搜集相关的文献、资料，来制作一本电子书。策划和制作电子书并不难，一共四步。

第一步：确定主题。这主要根据我们的目标客户需求或产品来进行。比如我们的目标客户是女性，那制作美容、瘦身类的书会比较受欢迎。又如我们销售减肥类的产品，那电子书的主题则应该是围绕减肥的经验、技巧来进行。

第二步：确定内容。电子书的内容以知识型、经验分享型文章集合最佳，这种类型的内容是客户最喜欢的内容之一。名字要起得醒目、诱人一些，比如《××宝典》《××秘籍》《××攻略》《××手册》等。假如是减肥类产品，那就可以起名为《30天立瘦10斤的秘籍》；家装类产品，可以起名为《×万元以下家装宝典》；美容类的，可以起名为《当红明星的保养手册》等。总之名称要起得既专业又有针对性，让人一看就知道是做什么的，并且具备很强的吸引力，让有这方面需求的客户看到后就忍不住主动去下载。

第三步：搜集内容。电子书的内容可以是原创，也可以到网络上搜集。具体操作时应该本着20字方针，即：

人无我有：若网络上相关的内容很少，甚至没有，那只要我们能够找到一定数量的内容并制作成书，就会大受欢迎。

人有我全：若网络上相关的内容已经有很多，那我们则应该做到全。将这些内容尽可能全部搜集起来，将之整理成系统而完整的教程。

人全我精：若网络上的内容已经很系统和完整，那我们可以将这些内容去粗取精，只保留精华。

人精我专：若网络上的内容已经足够精粹，那我们可以往专业化发展。只围绕一个点或领域，做一本具有特点的专业性书。

人专我独：若网络上的内容已经非常专业，那我们可以以特色取胜，制作具有独特风格和特色的内容。

在整理内容的过程中，我们根据产品的特点和内容定位，适当地将产品及广告信息有机融入。注意，植入一定要自然，要让人不易察觉。

第四步：制作成书。内容全部整理完后，就是最后的成书阶段了。网络上制作电子书的软件有很多，其中免费的也有不少。用法都非常简单，通常是要求我们先将内容在本地整理好，然后直接用软件生成即可。

2. 免费策略的实施

物料准备好后，具体开始实施。

（1）在企业自有网站实施免费策略。比如某网络营销招生网页上，就使用了这个策略，见图8-7。

对于那些看完了页面，却不想主动联系和咨询客服的访客来说，看了上面这个内容后，很可能就会留下联系方式。而有了访客的联系方式，就可以对其进行电子邮件营销，

图 8-7　书旗小说广告

或是直接让销售人员跟进等。

当然，也不是在页面里实施了免费策略就一定会有非常好的效果，在这里提示两点：第一，一定要在页面中塑造和突出赠品的价值，并不是说免费送客户就想要。一定要将这些赠品的价值塑造起来，只有客户认为它有价值且很值钱时，才会有想拥有的冲动和欲望。第二，不宜让客户填写太多的资料，因为现在的客户越来越懒，让客户填写的资料越多，愿意留下线索的客户就会越少。

（2）在其他网站或平台实施免费策略。包括论坛、贴吧、微博、微信、QQ 群等。例如：

小 E 在一家餐饮服务类的公司工作，主要的客户对象就是餐饮类企业的老板。以前他们拓展业务的方式为扫街拜访和电话沟通，但是众所周知，这样传统的方式成本越来越高，效果越来越差。后来小 E 改变了思路，将主战场渐渐转到了互联网上，运用的主要策略就是免费策略，取得了非常好的效果。具体操作步骤如下。

第一步：针对餐饮老板建立餐饮方面的交流 QQ 群。

第二步：针对餐饮老板的喜好，策划和制作相关的文章、电子书和视频在网络上免费传播，通过这些内容，吸引目标客户加入 QQ 群。

第三步：对群进行维护，潜移默化地影响客户。

第四步：对于精准的客户，进行一对一的沟通交流。

经过对比，小 E 发现互联网传播的效果至少是传统线下扫街效果的 5 倍。

QQ 是中国客户数量最多的社交软件。做销售有个基本的规律，就是客户在哪儿，销售人员就去哪儿。而在互联网上，QQ 的客户数量是最多、最集中的，所以可以利用 QQ

获客，此方法名为 QQ 群精准营销。QQ 群精准寻找客户的步骤为：

①明确目标客户群。首先，要先明确我们要找什么样的人。比如我们卖的是宝马汽车，要找的是能消费得起宝马车的人，那就分析一下，什么样的人具有这样的消费能力。比如有没有什么年龄特征、职业特征、行业特征、地域特征等。

②寻找目标 QQ 群。明确了目标客户是谁后，结合目标客户群的定位，分析哪类 QQ 群中存在目标人群，然后找到这些群。比如我们是卖宝马车的，那潜在客户集中的群可能是企业家交流群、总裁班的同学群、各种车友会的群等。

寻找目标客户 QQ 群的方法主要有以下 6 种。

方法一：通过 QQ 自带的搜索功能查找。

方法二：通过手机 QQ 查找。手机 QQ 有个查找附近群的功能，可以基于地理位置添加附近的 QQ 群，如果你要找的是本地群，这个方法就非常实用。

方法三：通过搜索引擎搜索。打开搜索引擎，通过相关的关键词搜索查找群。

方法四：登录相关的网站、论坛查找。很多行业性的网站、论坛，都会建立大量的官方 QQ 群。比如大家想加营销推广有关的 QQ 群，就可以直接到“推一把网站”或是“推一把论坛”查找。

方法五：通过 QQ 群导航网站查找。网上有很多专门的 QQ 群导航网站，也可以通过这些网站来查找目标 QQ 群。

方法六：顺着群里的线索挖。如果以上 3 种方法都不喜欢用，那可以用最传统的方法，即找人推荐。比如先找到目标群，在里面混熟后，再让群内的朋友推荐其他群，如此反复循环。通过这个方法，可以挖出无数个群。

③申请加入 QQ 群。大家在加群时，务必要思考好进群验证写什么，这是加群成功与否的关键。

④提取群成员号码。如果销售人员的执行力够强，经过一段时间的操作后，QQ 里已经有了一批精准的 QQ 群。接下来，就是最关键的一步了，此步的操作要点是将这些 QQ 群中的 QQ 好友提取出来。这步工作可以通过相关工具完成，互联网上这类工具非常多。

⑤生成邮箱或加好友。现在，手头有了大量精准客户的 QQ 号码，接下来，我们可以考虑进行如下操作：

第一，生成 QQ 邮箱列表。如果获取到的 QQ 号码特别多，那可以考虑将它们生成 QQ 邮箱，然后做邮件营销。之所以这么做，是因为 QQ 邮箱是目前中国互联网上客户数量最多的邮箱，而且 QQ 邮箱的到达率还非常好，它和 QQ 绑定，来了邮件后，QQ 上会有提示。

第二，用个人 QQ 加好友。如果目标客户群不是很多，那可以考虑一对一加好友。

（二）微信获客方法

微信获客的方法有以下几种。

1. 通过摇一摇找客户

这是最基本的一种加好友的方法，可以在空闲时间穿插使用。这个方法胜在简单，但是缺点就是效率低、不精准，对于产品大众化、对客户精准度没要求的企业来说，可以尝试。

2. 通过附近的人找客户

这也是微信基本功能之一，操作时注意两方面，一是我们主动加别人，不过这个比较费时；还有一种是想办法让附近的人主动加我们，这就需要我们的头像、名字、简介非常吸引人才可以。这个方法对于那些想找指定区域的企业来说是比较适用的。

3. 通过微信换群找客户

这是一种目前比较常用的方式，具体操作步骤是，先建立若干微信群，然后与其他有微信群的人相互换群，继而添加群里的人为好友。

4. 通过账号互推找客户

与其他人在朋友圈里相互推荐，如果你身边没有足够的人去进行互推，那可以考虑进入一些微信联盟的QQ群，互联网上有不少这样的合作群。如果与你互推的人的微信好友和你的目标客户相符的话，那效果还是不错的。

注意，别人在他的朋友圈推荐完你的账号之后加你的人多不多，很重要的一个因素是推荐的文字内容，所以这个内容一定要好好策划。

那什么样的内容效果好呢？简单地说如果对方感觉你对他有价值，就会愿意加你。比如如果作者与别人互推，那作者的推荐语就会这么写：

“给大家介绍一位好友：××，15年互联网老兵、知名实战派互联网营销专家、北大/清华总裁班特约讲师、中国商业联合会媒购委常务副会长。他曾帮助多家企业实现业绩翻倍，如果你在网络营销方面有问题，找他帮忙解答准没错，加时请注明是我推荐的朋友，否则人家不一定通过哟！”

5. 通过微信红包找客户

这个方法用好了，效果非常好。一个典型的操作思路是这样的：在朋友圈发个消息，凡是在自己的朋友圈推荐你指定信息的，你就送他红包。他们需要发的信息由你来提供，大致的内容如下：某某土豪发红包啦，想抢红包的，加他微信：×××××。如此循环。当然，具体的规则、流程也可以根据自己的实际情况修改。不过这种方法带来的客户精准度可能不高，如果对精准度没要求，还可以。

（三）利用圈子获客方法

圈子策略的特点是目标客户精准、针对性强。

1. 如何能进入圈子

在没有互联网之前，我们能够进入和选择的圈子有限，尤其是一些比较高端和私密的圈子，很不容易找到和进入。而有了互联网后，找到和进入圈子就变得越来越容易了。下面就和大家分享一些具体的方法。

（1）论坛。其实论坛本身就是一个大圈子，比如混汽车论坛的人，很多都是有车一族或是潜在的汽车客户。而论坛中，还存在很多小圈子，比如在汽车论坛中，我们就可以找到各种车友会的圈子、QQ群等。再比如我们想找到各个地区的小区业主，就可以到搜房网论坛中去找。

（2）贴吧。贴吧其实和论坛一样，都属于网络社区，只不过贴吧是建立在百度这个大平台之上的。贴吧的好处就是入口集中，直接登录 www. tieba. baidu. com，或是在手机上安装百度贴吧的 App，就能找到各种各样的贴吧。

另外除了百度贴吧外，腾讯QQ、陌陌等平台也有类似功能，只不过名字不同而已。腾讯的叫兴趣部落，陌陌的叫话题。另外还有豆瓣网的豆瓣小组，和百度贴吧的性质也很像。

（3）QQ群。通过QQ群寻找和进入各种圈子，是最有效和最便捷的手段。

（4）其他。除了以上几个主要的方法外，还有一些其他的小工具，比如微信群、钉钉群等，也是找圈子的好渠道。

2. 进入圈子后做什么

进入这些圈子后，应该做什么呢？有一些新手，上来就发赤裸裸的广告，这肯定是不可取的。进入圈子后，应该遵循以下原则：

（1）混脸熟。进入圈子后，多和圈子里的人互动，多参加圈子里的活动，如果有时间和条件，多帮圈子里的人解决一些问题或是帮圈子做一些小贡献。先和圈子里的人混熟，给大家留个好印象。这是第一步，也是为了给未来打个好基础。

（2）交朋友。在混脸熟的基础上，再慢慢和大家交朋友，前面也提过，销售自己和客户交朋友，才是销售的关键。

（3）树权威。在圈子里树立权威性是影响别人的非常好的策略之一。

（4）做领袖。其实最好的效果、最终极的目标，是成为圈子里的意见领袖。什么是意见领袖？通俗点说就是大家信你的、听你的，甚至你振臂一呼，响应无数。

而想达到这种程度，一是需要有一定的人格魅力。比如说你为人非常大气，非常热心，愿意无私地帮助大家；二是要有一定的内涵和思想，仅仅是愿意帮大家忙还不行，这不足以成为意见领袖，领袖往往是思想能够折服人；三是你在某方面的能力特别强，在专业方面得到了大家的认同，使大家折服。

这三条其实具备一条就行，当然，三条都具备是最理想的。

（四）自媒体获客方法

选择自媒体平台需要了解各个平台的行业规则、定位，选择一个适合自己风格，或者说自己能够接受和适应的平台进行操作也很重要。

做自媒体主要还是内容战略，最终目的是实现盈利。每次推送内容的时候，内容要和自己的产品有一定的关系，而且还要有一定的价值。但不能发太硬的广告，当用户看到这条内容时，有进一步了解的意愿，才能逐步向客户推销自己的品牌，不能一开始就强行推销自己的产品。

1. 自媒体定位

要根据目标客户的特点和喜好来定位。具体思路如下：

（1）按人群：直接以某类人群为定位的核心，围绕人群的需求来策划主题定位。针对的是宝妈，那母婴相关的最合适；针对女性可以是化妆、减肥、塑身、服饰搭配相关的；针对大众人群可以是幽默搞笑类的为主；针对商务人士的可以是管理、营销相关的等。

（2）按行业：直接以行业为定位的核心，围绕整个行业的特点来展开策划，大部分情况下，行业人群普遍需求的内容有行业最新资讯、经验技巧、数据报告、行业资源等。

（3）按职业：直接围绕某个职业的需求来展开，比如通常都会有学习的需求、交流的需求、求职的需求、合作的需求等。

（4）按地区：直接以地区为核心来进行策划，比如策划带有地方特色的新闻、资讯、段子等。

2. 自媒体平台的选择

每个自媒体平台特性不同，所以要根据自己的目的来选择适合的自媒体平台，也就是在选择自媒体平台之前要先确定做自媒体的目的是什么。如果运营自媒体的目的是进行品牌传播，那么头条号是最佳的选择，如果目的是进行粉丝沉淀，那么微信公众号是最佳的选择，如果目的是品牌优化，那么选择百家号是最合适的，如果目的是导流转化，那么做短视频更适合。

3. 自媒体内容策划

对于自媒体来说，内容是核心，对于很多普通销售人员，并不具备太强的文字撰写能力。下面给大家分享几个小方法。

（1）伪原创。这是网络营销行业中比较常见的一个方法，操作起来也非常简单：首先，根据我们自媒体的定位在网络上寻找符合我们需求的文章；接下来直接在这篇文章的基础上进行修改，先重新起一个更加“高大上”的标题，然后将文章的第一段、最后一段，以及中间挑选若干段进行修改，换成自己的语言。注意，在具体伪原创的时候对原文章的改动越大，与原文的相似度就越小，被推荐的概率也就越大。

（2）文章整合。从内容质量上来说，再怎么伪原创，也还是跳不出原文章的束缚。所以当我们对伪原创已经驾轻就熟时，可以考虑对多篇文章进行整合。

（3）再次创作。如果你的文章整合能力也已经炉火纯青，那么接下来可以考虑再稍微复杂一点的方法——再次创作。再次创作，是指在现有的一些内容素材基础上，进行创作。而这些内容素材，可以通过各种网络社区来寻找，比如论坛、贴吧等。

（4）视频转换。如果上面3个方法你还感觉难的话，那最后再分享一个更简单的，我们可以直接针对自媒体的定位找一些相关的视频内容，然后将这些视频转换成图文。

4. 挖掘潜在客户

我们创建自媒体的目的是寻找潜在客户，但是仅仅是有人浏览，并不能达到此目的，所以我们还需要从浏览的人群中将潜在客户挖掘出来。具体的挖掘方法如下：

（1）直接留联系方式。最直接的方式，就是在每篇文章的结尾直接留下联系方式，比如QQ号、微信号、公众号、群号等。

（2）在内容中进行引导。我们也可以在正文中植入一些引导信息，来引导潜在客户添加我们。

（3）配合圈子QQ群。其实想让潜在客户主动添加你，最重要的是要有一个让客户添加你的理由。这个理由并不是特别好找，而有一个方法是比较管用且适用性很强的，就是围绕目标客户的特点来建立一个相关的圈子或是QQ群。

比如一篇介绍VR的文章，作者文末留下了VR交流QQ群：

> “好了，今天就到这里。鲲鹏论坛专门建立了一个VR方面的微信交流群，欢迎有兴趣的和正在从事VR行业的朋友加入，进群办法是添加微信7342537，拉你进群。”

（五）视频获客方法

1. 主题定位

视频策略的第一步，是先策划主题定位。首先我们要思考清楚，要围绕哪个方向或领域来策划和制作视频，要专注一个点。这就好比开饭店，首先饭店要有一个明确的定位，是以什么菜系为主，比如川菜、粤菜、鲁菜、湘菜、东北菜、港式茶餐厅、西餐、日本料理、韩国料理、家常菜等。

而具体定位是什么，要根据目标客户的特点或需求，再结合自身的实际情况、特点来定。比较常见且容易吸引客户的定位有：才艺类（包括唱歌、跳舞、魔术等）、美容化妆类、运动类、烹饪类、段子类、恶搞类、教学类、揭秘类、探秘类、瘦身类、竞技类等。

2. 视频平台的选择

（1）平台调性和内容定位是否匹配。每个平台都有各自的属性及特点，包括其用户也是。比如今日头条的男性用户会多一些，比较适合一些科技类、汽车类栏目。而美拍用户会更偏年轻女性一些，比较适合美妆类、时尚类栏目进行投放。如果你的短视频是游戏电竞方面的，就更适合B站这类游戏用户聚集比较多的平台。

选择渠道前认真思考短视频的定位及营销的目的，全面了解各平台调性与用户特点，看与自己的目标用户是否吻合，是选择一个渠道运营前最基本的考虑。

（2）了解并适应平台规则。调性一致的内容，平台会更加欢迎，但有些时候渠道可能有这样那样的规则，所以有时候我们需要自我调整，使自己更加符合平台的要求。视频多渠道分发时，可以视不同平台规则来分别剪辑视频。

（3）获取渠道资源。很多平台一个好的推荐位至关重要，如果可以联系渠道给自己的栏目推荐到一个好的推荐位，比如绿色通道等，都可以成为自己内容分发重点渠道的依据。

而当我们快速度过平台的新手期、试运营获得分成后，随着越来越多的创作者入驻各个平台，平台的要求也是越来越严格了，平时运营中要着重去获取这些资源。

3. 内容的制作要点

定位有了，平台选好了，接下来就是策划和制作内容了。很多人都感觉制作内容很难，其实凡事都有方法和技巧，只要策略得当，普通人也能制作出受欢迎的视频。

下面介绍几个非常适合零基础的“小白”使用的内容制作技巧和方法。

（1）直接模仿：模仿别人，是入门最快的一种方法。网络上的很多搞笑视频，其实都是相互模仿借鉴。模仿不丢人，很多大牌演员、歌手在初学时，也是从模仿开始。但是注意，模仿的时候最好是在原有作品基础上有些变化，甚至是创新。

（2）转换风格：在模仿的过程中，比较容易变化和创新的策略就是转换风格，比如原作品是普通话，那我们可以换成方言；原作品比较严肃，那我们给改成“恶搞”版；原作品是青年版，我们变成儿童版；等等。

简单地说，在原作品的语言内容、语言风格、背景音乐、台词对白、场景、旁白、人物等方面，都可以尝试用不一样的风格去演绎。

（3）变换形式：我们还可以考虑将不同形式的作品转换成视频。比如网上有许多搞笑的段子、笑话，我们可以将这些段子、笑话用视频的形式演绎出来。

（4）现学现卖：对于一些教学类的内容，比如化妆、编发、美容、健身、瑜伽等还可以直接现学现卖。比如主题定位是瘦身健美，主要是分享各种健身操或是瑜伽动作，就可以在网络上找到各种教学视频，然后从中挑选适合自己的学会后再加以录制。

4. 增加粉丝数量的方法

仅仅增加点击量还不能完全达到吸引目标客户继而产生销售的目的，因为客户看完你的视频后再和你就没有什么交集了，所以我们要尽可能地在浏览我们视频的人群中去吸引他们关注我们（现在的视频平台，几乎都有关注作者的功能）。具体增加粉丝的方法有以下几点：

（1）点击量。点击量是增加粉丝数的基础，如果视频都没人看，那根本就谈不上什么粉丝。看的人越多，那关注我们的人自然就越多。

（2）名称。平台账号的名称是吸引客户关注的第二个关键，所以名称最好是让客户一目了然地知道关注我们能得到什么好处。比如雅妮在快手的账号平台就叫“雅妮瘦身健美”。

（3）头像。图片要比文字更加直观和引起客户的关注欲望，所以一定要选择一张具有吸引力的图片作为头像。

（4）视频中的提示。除此之外，视频中还可以加一些引导客户关注我们的文字提示，甚至在视频的开始和最后专门做一个邀请关注的画面。除了引导客户关注我们在该平台上的账号外，也可以引导客户加我们的微信、QQ等。

（5）互动引导。除了加文字提示外，还可以在视频中进行一些互动引导。比如像教瘦身健美的，就可以在旁白中加入诸如"大家还想瘦哪里，或是重点学习哪方面的瘦身技巧，可以关注我并在评论中留言，之后我会根据大家的需求来录制视频"一类的语音提示。

（六）异业合作获客方法

8－6
如何挖掘资源

异业合作的基本流程和步骤非常简单，只需以下三步：

第一步：确定自身的资源与需求。我们在寻求各种合作之前，先要弄清我们自身有哪些资源与优势可以利用，也就是说，先要最大程度上挖掘我们自身的资源。同时要明确我们想通过对外的合作得到什么，我们想要的资源有哪些。

第二步：确定对方的资源与需求。明确自身的资源与需求后，开始踏上征程，通过各种方式寻求适合的合作伙伴。比如加入各种相关的QQ群、微信群，参加相关的行业活动等。

在这个过程中，遇到有合作可能的公司后先不要急于谈合作，应该先大概了解一下对方有哪些资源和优势，其中有没有我们想要的。然后初步思考一下我们的资源中有没有对方感兴趣的，我们能给对方什么。最好能直接找到靠谱的合作模式。

第三步：找出双方的结合点。当我们确定和对方有合作的可能后，双方再正式接触和洽谈。这一步很简单，只要能够找出双方的结合点，合作基本上成了一大半。注意，洽谈时要本着求同存异、合作共赢的原则。我们提出的方案和建议，一定要对双方都有好处，特别是一定要让对方受益。千万不能只是单方面对我们有好处，却忽略了对方的利益。

在这里重点提示一下，如果与对方是初次建立联系，那在前期一定要和对方明确4件事：第一，你是谁；第二，你是做什么的；第三，你能给对方什么；第四，你想要什么。只有让对方明明白白知道了这些问题，对方才会有兴趣坐下来和你谈，而且这样也节省时间和提升效率。否则要么是对方直接拒绝你，要么是谈到最后发现根本没有合作点，是在浪费时间。

二、线上沟通话术设计的八大核心步骤

（一）友好开场

与客户沟通的第一个步骤，发生在和客户初次接触的阶段，此阶段的要点是要开好

场，尽可能留下好的第一印象。具体注意事项如下：

1. 简明扼要不废话

初次和客户接触的时候，尤其是在销售人员主动添加客户的情况下，开场一定要简明扼要，先介绍清楚自己是谁，然后说明来意，切记不要废话和啰唆，让客户摸不着头脑。

其实我们在与人通过微信、QQ 等即时通信工具进行交流时，说完“你好”后，可以马上说明来意或做自我介绍，没必要等对方有回应后再继续。毕竟谁都不可能一天 24 小时守着微信或是 QQ，随时随地地回复。

另外还有的人喜欢先问“在吗”，这更是废话一句。如果对方在，那没必要多此一问，如果对方不在，那肯定没法回复你。

2. 称呼称谓莫乱用

中国人非常讲究称谓，所以使用称谓要谨慎，不能乱称呼别人，或是称呼中带有贬低的意思。如在称呼别人时，不要用“小”字，如小王、小张、小李、小丽之类的，因为“小”字，通常是长辈称呼晚辈，或是上级称呼下级时才使用的。除非对方的名字自带小字，或是主动让你管他叫小×。一般对于不熟识的人，称呼×兄、×大哥、×总等是比较恰当，且不容易出问题的。还有就是千万不要把对方的姓氏搞错，或是打成错别字。

3. 注意礼貌要客气

在网络上，我们通常都是用文字交流，所以不管你在交流时的内心感受如何，对方都看不到，只能通过文字去感受。所以聊天时要注意语言规范，不能说一些不友好的话，或是让别人误会我们在轻视、污辱对方，这样才能保持沟通的顺畅。沟通时多用“你好”“您”“请”“谢谢”这样的词汇，它们会产生非常神奇的效果。

（二）了解客户

顺利开场之后，接下来进入正题，通常这个时候买卖双方会围绕产品、价钱、功效等展开沟通。在这个阶段，很多人会陷入两个误区：一是在销售人员主动推销的情况下，很多人会陷入不顾客户感受、一味推销产品的误区；二是在客户主动咨询的情况下，很多销售人员会陷入只是被动回答客户问题的误区。

为什么说这是两个误区呢？从某种程度上来说，销售的过程就是改变客户的过程，想顺利成单，就需要说服客户、改变客户。那如何才能改变客户呢？这就需要了解客户，只有了解客户，才能有针对性地去进行说服。

而如何了解客户呢？除了通过朋友圈、客户的资料等方式外，最重要的一个手段就是在和客户沟通的过程中去了解。可是如果我们在和客户沟通的过程中只是一味推销或是被动解答问题，那么永远不会了解客户的情况和想法。

其实了解这些信息并不难，最简单有效的方法就是直接向客户提问。可能有朋友又说了，我和客户沟通时尝试问过，可是客户不回答呀！那是因为问的方式不对，没有掌握其中的技巧。有的销售人员，刚和客户没聊几句，就开始问对方的职业、收入等，客户自然不愿意回答，甚至反感。

（三）挖掘痛苦

接下来应该做什么呢？可能有人会说，了解完客户之后，应该是马上针对客户的需求来推荐产品了吧！正常情况下应该是这样，但是如果想增加成交机会的话，那在推荐产品前需要再加一个步骤——挖掘痛苦。

在推荐产品前，先挖掘痛苦，可以让客户更容易接受产品。

（四）塑造产品

在挖掘完痛苦之后，接下来就是隆重地推出产品了。在这个环节要注意，不能只是简单地介绍产品的功能等，要从以下几方面进行塑造：

1. 产品卖点优势

客户最终买的是产品，所以首先要将产品的优势卖点介绍清楚，比如从产品的技术原理、成本分析与竞品的分析比较，以及客户的口碑反馈等角度去阐述。

2. 强调产品价值

在介绍产品卖点优势的基础上，还要重点强调产品的价值。注意，要强调产品价值而不是价格。如果只强调产品本身的功能、价格等，客户很可能就会陷入比价的误区。

这里说的价值，重点是指产品可以帮助客户解决哪些问题，告诉客户如何更好地解决问题等。

3. 整体解决方案

客户买的不是产品，是解决方案。所以除了强调产品价值外，还要告诉客户，除了产品，我们还能为客户创造什么样的价值。比如针对所有的老客户，我们都会提供完善的服务体系，而且是 7×24 小时响应；我们有技术人员进行一对一的指导；我们有免费的在线培训帮助客户提升技能水平；等等。

（五）放大快乐

在塑造完产品之后，紧接着要帮助客户放大快乐。这里说的快乐，是指购买了我们的产品之后所产生的快乐，比如有了更美好的生活、更快乐的心情。放大快乐最好的方式就是多说一些案例，举的这些案例，最好是和客户的情况相当，甚至情况比他还糟。而这些案例中最后的结果一定要反差够大。

（六）建立信任

信任是在销售中要解决的第一个问题，没有信任就不会有成交。虽然把信任放在了第六步，但是实际上在刚开始和客户接触时，我们就要尝试去建立信任。而且想让客户相信我们，也不是一句话两句话就能完成的。

具体的做法就是在沟通的整个过程中，不断将能够增加依赖度的各种信息传递给客户，比如公司背景、实力、荣誉奖项、资质、成功案例等，除了建立客户对公司的信任外，还要建立客户对销售人员的信任。

（七）解除抗拒

在销售过程中，经常遇到这样的情况：客户已经基本认可我们了，但是就是迟迟不下单。这种情况的原因，就是客户心中还有顾虑，所以接下来的工作，就是将客户心中的顾虑一一打消，这个过程，我们称之为解除抗拒。

要解除客户的抗拒，首先要了解客户的抗拒点在哪儿。如何了解呢？一是直接向客户提问（但客户往往不会说出他的真实想法）；二是在沟通过程中分析总结；三是针对以往的情况，将常见的抗拒点提前总结出来，因为同一类型的客户，其行为和思想有很多共性。

（八）要求成交

俗话说："编筐窝篓，全在收口。"前面做的这些工作，其实都是为了最终的成交，所以在前面的工作做足后，一定要来个漂亮的收尾，给客户来个临门一脚，促成成交。

在这个环节，要敢于主动要求客户成交，不要不好意思。当然，也要看时机，如果张嘴就催促客户下单，效果肯定不好，关键要看火候到没到。什么时候火候才算好呢？就是在客户已经对我们有了一定信任、对产品也有了相当的了解甚至是认可，同时我们针对客户的抗拒点该说的也都说了的情况下。这个时候如果客户不主动成交，那么一定要直接要求。

要求客户成交时注意，证据要坚定，不要扭扭捏捏、犹犹豫豫。另外，不要征求客户的意见，比如问客户"你考虑好了吗，看看要不要来一套产品"这样的话。而是直接让客户做选择题，比如："你今天下单还是明天下单？""你要一套产品还是两套产品？"

三、线上客户关系维护技巧

8-7
线上客户跟进

（一）朋友圈策略

1. 朋友圈发什么内容

在朋友圈究竟应该发什么呢？答案是什么能够塑造形象就发什么。朋友圈的作用，是通过一系列内容来塑造我们的形象，凸显我们的人格魅力，通过人格魅力来长期影响别人。这才是朋友圈内容的核心和根本。

具体要塑造什么样的形象、凸显什么样的魅力，要根据自己的特点来。比如可以是成熟稳重的，或是积极向上的，或是时尚前卫的，或是年轻而有活力的，也可以是工作狂或是某方面的达人等。

（1）爱学习。如果你爱学习，或是平常生活中与学习有关的内容较多，那可以经常在朋友圈“晒”一些参加培训、活动的现场图片及心得感言，也可以“晒”一些正在阅读的书及感悟等。这里重点强调一下，不要只是“晒”几张照片就完事，一定要写心得感悟，否则意义不大。

（2）爱生活。如果你是一个更加偏重生活的人，那可以经常发一些做家务、做饭的成果照，发一些对热门电影电视的感言，“晒晒”自己的兴趣爱好、生活趣事等。

（3）爱工作。如果你是一个事业心较重，经常沉醉于工作的人，那可以多发一些工作时的状态、工作上的成绩和感悟，比如被评为公司的优秀员工、被客户表扬等，这些都可以塑造你的形象。此外，还可以多“晒晒”公司的文化、工作环境等。

（4）懂感恩。作为一个纯粹的“人”、合格的“人”，必须具备感恩之心。所以如果你是一个非常懂得感恩的人，那就应该在朋友圈表达出来，比如对各种帮助过你的人的感谢等。

（5）人缘好。如果你是一个朋友较多、人缘很好的人，那可以在朋友圈经常“晒晒”与朋友们相聚的合影等，尤其是要多“晒”和客户的合影，可以极大地提升在其他客户心中的形象。如果有机会能与一些知名人士合影，那效果更佳。

（6）正能量。这里说的正能量，并不是指转发一些所谓正能量的内容，而是指将自己身上的正能量传播出去。比如你做的一些好人好事、原创的一些正能量的内容言论等。

（7）展特长。如果你有一些特长，也可以在朋友圈展示，有一些特长，就很容易拉近人与人之间的距离。

（8）引互动。前面说的这些，还都是以单纯展示为主，想加深感情，光让客户看你“晒”的图片和文字还不行，还需要互动。简单地说就是发一些能够引发大家主动与你交流、沟通、互动的内容，比如说提问、有奖问答、发有趣的事等。

（9）多原创。朋友圈的内容，一定要以原创为主。这里说的原创，并不是指长篇大论，比如在朋友圈提个小问题、发个生活中的趣事，都叫原创。只有原创的内容才够真实，才能凸显和塑造自己的形象。

2. 朋友圈发广告的技巧

朋友圈不能一味发广告，其实广告不是不可以发，而是要讲究技巧。发广告的核心原则是不能让客户反感，其次是能让客户接受，只要符合此原则，就可以发。具体的要点如下：

（1）控制广告的比例。广告可以发，但是千万不能喧宾夺主，不要整个朋友圈全是广告。一般而言，朋友圈的广告内容不要超过整体内容的30％。

（2）广告以植入为主。现在影视剧中的广告越来越多，但是很多观众并没有因此而反感，甚至有的观众都没意识到那是广告，就是因为剧中的广告都是植入到正常的剧情当中。比如剧中的男主角要开车，这本身就是剧情需要，无非就是换成广告赞助商的车，然后给车标一个特写，这并没有破坏剧情的完整性，所以观众不会反感。

而我们在朋友圈发广告时，最好也学会在正常的内容中植入广告，而且要真实自然，不要发赤裸裸的硬广告。比如你想在朋友圈展示公司的实力，那么就可以在公司组织年会、团队拓展活动时，拍一些能够凸显公司规模的照片，然后配上生活化的口吻在朋友圈分享展示，或是用感谢公司及公司领导的方式来展示公司的理念和文化等。

（3）广告也要有亮点。不要为了广告而广告，发广告一定要有一个合理的理由，甚至要有亮点。如新书刚上市时发一条、进入新书热卖榜时发一条、新书缺货时发一条等。虽然同样是广告，但是这样的广告却更加容易让人理解和接受，因为新书上市了，肯定很高兴，“晒一晒”是正常的；进入排行榜了，更是高兴的事，“晒一晒”也不为过。如果实在找不到理由了，那直接告诉大家是广告也不失为一种理由，当然，说得可以幽默一些、有趣一些。

（4）多说故事和案例。多“晒”成功案例、多在朋友圈讲讲企业的故事和客户的故事等，是非常好的策略。如果文笔有限，可以在朋友圈简单地以流水账的方式进行记录，如果文笔还可以，那么可以写一篇正式点的文章，发布在公众号或是今日头条等，然后在朋友圈转载。这类内容本身就具有一定的可读性，如果组织得好，客户不但不会反感，甚至还会帮忙传播。

（二）微信群/QQ群维护客户关系操作技巧

建群很容易，但是想让群发挥作用，就需要群中的成员认同群、能够经常发言、融入群中才行。而想达到这种效果，就需要用心地维护群，具体有以下要点：

1. 群名、群规、群宗旨

在建立群时，要先设立群名、群规、群宗旨。起群名需要想象力和创意，但是无论叫什么，首先不能看起来太商业化，比如叫“×××公司客户群”或“×××产品群”一类的名字，大家就可能没有什么交流的欲望。

群规的作用是维护群的秩序，所以不需要太复杂，只要约定好哪些事不能干即可，比如骂人等。

群宗旨是为了让大家明确了解这个群建立的背景和存在的意义。群宗旨的内容应该是从群员的利益出发，让群员感觉这个群能够为他们创造价值。

2. 不要硬拉人入群

凡是这种硬拉人入群的群，99%以上都不活跃，有的群一成立就变成了死群，而有的群则沦为广告群，也有的群刚成立时很活跃，不过都是一群人在问问题，比如“群主是谁”“这群是干什么的”“谁拉他进的群”“为什么拉他”一类的问题。甚至一些脾气火暴者，直接上来就开骂，问为什么乱拉他进群。

所以我们在建好群之后，千万不要盲目地乱拉人。如果你想让谁进群，一定先去邀请，先和他说明建群的目的和宗旨，以及为什么要邀请他进群。尤其是邀请他进群的理由，一定要让他感觉进群对他有价值。在对方同意了之后，再请他进群。

3. 让大家相互认识

想让大家融入群，让大家相互认识是第一步。所以在所有新人进群时，作为群主的你一定要向其他成员介绍新人，包括新人的姓名、职业等，只要不涉及其隐私和禁忌，都可以介绍，越详细越好。介绍的重点是要包装新人，将新人的特长、优势、资源、背景等介绍清楚。

除了进群时介绍外，平常也要经常引导大家相互交流，比如成员A喜欢钓鱼，而你知道成员B也喜欢钓鱼，那么就可以引荐他们认识。同时，像同学、同乡等，凡是能引起双方共鸣的，都可以介绍。另外，那些业务上可能有交集、有合作的，也可以介绍，比如成员C要选择某项产品，而你知道成员D有，也可以引荐。

大家在群里互动、交集多，自然就活跃。而且大家通过你的群、通过你相互认识，甚至成为朋友、产生合作，自然也会感谢你，更加认同你。

4. 保持群的活跃度

这样成员才会喜欢群、产生群的归属感，千万不要做那种只建群、不管群的事。保持群活跃度最基础的方法就是经常在群里发起话题，引导大家聊天。话题不限，只要不是那种令人反感的即可，什么时政新闻、夫妻关系、婆媳矛盾、儿女教育、创业经验、职业经验等均可。

5. 关怀群里的成员

除了保持群的活跃度外，群主要经常关怀群里的每一个人，比如知道群里的朋友有困难了、需要帮助了，一定要出手。而且不仅自己关怀，还要号召和引导群里的人一起关怀，这样大家的感情才能越来越深，真正产生归属感。

6. 适当地发放福利

作为群主，要多给群友发放一些福利，让大家从群中得到一些看得见的好处。说到福利，可能很多人感觉需要投入资金，其实不是这样，一些虚拟的物品也可以的，只要是对大家有价值的。比如找一些优质的资源等。

7. 选择管理员要慎重

当群成员多了之后，一个人是忙不过来的，这个时候就需要在群内选拔管理员。建议选管理员时，不要有人申请就通过，要严格审核，因为提拔容易，要降职却难，容易伤感情。而且如果让那些性格上有缺陷的人做管理员，很容易帮你把群里的人得罪光。

选管理员时，要注意这么几点：首先看对方之前在群内活跃不活跃，时间是不是够多；其次看对方在群内的人缘，看他是否擅长人际交往；再次看对方是否认同群、认同群主；最后看对方是否愿意为群里的人付出。

8. 常组织线下活动

如果群内的成员在同一个城市的多，那么经常组织各种线下活动会快速提升群的凝聚力，增强群成员之间的感情。因为互联网毕竟是虚拟的，在线上聊得再好，也不如面对面的效果好。活动的形式根据群员的喜好来，比如聚餐、爬山、唱歌、沙龙、足球、羽毛球赛等均可。

（三）打造社群的操作要点

如何才能打造成功的社群呢？主要有以下几个要点：

1. 明确社群的定位

所谓“道不同不相为谋”，社群要有凝聚力，社群成员拥有共同的目标或兴趣是基础。而想将一群目标及兴趣一致的人聚起来，首先社群的定位要明确，什么样的定位吸引什么样的人。

另外，我们建立社群的目的是帮助企业更好地销售，所以其定位还要结合企业自身的客户定位和实际需求。比如卖零食的企业可以定位成“吃货”社群、卖母婴用品的可以定位成宝妈社群、卖汽车用品或是开汽车修理厂的可以定位成车友会等。

2. 打造社群的文化

明确的定位只是将目标人员吸引过来的基础，而想真正让社群产生凝聚力，社群文化才是核心。正常来说，一个组织的文化包含三个要素——使命、愿景、价值观，再延伸一下，还包括信念、符号、英雄人物、文化仪式、处事方式等。但是真正想打造出这样的社群，是需要一定的投入和时间的，而对于我们这种以辅助销售为主的社群来说，可以适当简化一下：先把目标愿景明确，然后将社群的氛围搞好即可，比如打造互帮互助的文化等。

3. 不断制造荣誉感

荣誉感是指让社群中的成员以加入社群为荣，想达到此效果，就需要不断地制造荣誉感，比如如果条件允许，请一些知名人士担任社群的名誉会长、顾问等职，适当在媒体上增加社群的曝光度，为社群争取一些奖项荣誉等。

4. 完善的组织体系

社群要发展好，运营是关键。所以一个健康的社群，必须有一个高效的管理运营团队。实际上运营得好的社群，都是让社员参与其中，因为社群中的这些成员是真的喜欢社群。不过在招募运营管理团队成员之前，先要设计一个完善的组织架构，比如会长、副会长、执行会长、秘书长、副秘书长等。

同时对于团队成员要严格把关，重点选择那些人品好、人缘好、擅长社交、变通灵活、认同社群、精力和时间充足的人。

5. 日常运营要跟上

社群要发展好，日常的运营维护很重要，而对于社群来说，除了日常通过 QQ 群、微信群互动交流外，最重要的运营手段就是活动，包括线上活动和线下活动。

线上的活动形式有：

（1）分享：分享要比培训的形式随意，对主讲人要求不高，对内容要求也不是那么严谨。

（2）微课：通过微信群短时间的主题培训，比如就 10 分钟。

（3）头脑风暴：针对某一问题进行讨论交流。

（4）拍卖：拍卖各种产品等。

线下的活动形式有：

（1）培训：对某一要点或主题进行系统的讲解。

（2）沙龙：培训是只听一个人讲，沙龙是大家可以轮流分享，或是自主交流讨论，形式比较灵活。

（3）户外活动：比如爬山、漂流等。

（4）娱乐活动：比如聚餐、K 歌等。

（5）大型活动：各种大型交流会、大型年会、大型酒会等。

6. 使会员收获价值

其实聚人并不难，难的是如何让人留下。从人性的角度来说，人最大的特点是自私，所以说想让一个社群组织持续发展且长久保持黏性，就需要给组织成员持续带来价值。这些价值可以是：为社群成员带来各种人脉、整合各种资源，让社群成员学习到知识经验、帮助社群成员解决一些实际问题（比如求职、招聘，甚至征婚交友）等。

7. 如何迈出第一步

建立社群可以从建立一个微信群开始。因为大部分社群最终落地都是通过群来作为社群成员聚集和交流的平台，或者说，只要在微信群/QQ 群策略的基础上升级一下，就拥有社群了。

（四）微博客户关系维护的操作要点

1. 微博形象拟人化

企业的公众形象决定了客户的黏性与好感度，也会影响企业的品牌与口碑。如果能将公司形象拟人化，将极大地提升亲和力，拉近与客户之间的关系。而通过微博这种产品，很容易实现这一效果。所以在策划微博时，可以赋予微博一个拟人化的定位，比如雕牌塑造了“雕兄”。

2. 文字语气亲民化

除了定位外，工作人员在发布微博内容、通过微博与客户互动时，内容风格一定要接地气，少用官方的、书面的语言，多用幽默风趣的语言，多说亲民的大白话，这样才容易拉近与客户之间的距离。

3. 微博的内容定位

在具体的内容定位方面，要延续前面拟人化的风格，针对这个拟人化的“人物”特点来思考，这样的“人”，会用什么样的口气和风格，发布什么样的内容，评论别人的内容或时事新闻时，又会发表什么样的观点。微博的内容定位不是一成不变的，要根据账号粉丝的特征和需求不断优化内容。

4. 制定运营的计划

有了内容后，接下来就是日常运营了。微博的运营，不是简单地把内容组织好发出去即可，如果想运营好，要将它当成一个网站或是媒体来做：围绕客户喜欢的，策划相关的微栏目，组织客户喜欢的内容，每天有规律地进行更新。

比如以某企业的官方微博为例，从上午 8:30 到晚上 23:00，设定每日固定更新 12 档栏目，早、中、晚三个高峰时间段，更新更加频繁，内容新颖，符合关注者的心理。具体内容发布计划如下：

08:30——#早安#乐观积极向上的语录，内容温馨

10:00——#带我去旅行#

11:00——#美食指南#

12:00——#招亲榜#加强与微博网友间的互动

14:00——#幸福指南#给未婚、已婚人士一些情感方面的建议

15:00——#成功故事#转发产品部成功案例微博，用感性文字带动

15:30——#笑一下嘛#搞笑内容、图文、经典简易测试

16:30——#幸福家居#时尚家居

20:30——#健康指南#饮食、养身、健康类的博文

21:00——#光影时刻#

22:30——#静夜思#

23:00——#晚安#

模块 4 案例学习

三只松鼠

互联网坚果第一品牌——三只松鼠公司成立于 2012 年，是中国第一家定位于纯互联

网食品品牌的企业，也是当前中国销售规模最大的食品电商企业。2012 年 11 月 11 日，上线仅 4 个多月的三只松鼠旗舰店当日成交额 766 万元，一举夺得零食坚果特产类目第一名，并且成功在约定时间内发完近 10 万笔订单，成为行业一支快速发展的标杆，也再次创造了中国食品电商的奇迹，从此奠定了三只松鼠在互联网食品品牌的领头羊地位。三只松鼠在 2013 年天猫“双 11”活动中创造了单日销售额达 3 562 万元的行业神话，连续两年蝉联食品电商行业冠军。在 2014 年“双 11”网购狂欢节上，其以 1.02 亿元的单日销售刷新了新中国电商食品销售纪录。2015 年 11 月 11 日 24 时，三只松鼠“双 11”单日全网交易额达到 2.66 亿元。

三只松鼠的成功有很多原因，如精准的定位、超期望的体验，还有创新的萌式推销。三只松鼠的创始人章燎原规定三只松鼠的所有员工要以“鼠”为开头，章燎原自称为“鼠老爹”。章燎原认为，如果从语言沟通上以一个松鼠宠物口吻来和客户交流，就可以称客户为主人，甚至可以撒娇。当章燎原很兴奋地把自己的想法告诉团队时，团队员工大多表示觉得怪异、肉麻，章燎原说：“那我来第一个叫吧。”于是，一个 37 岁的大叔坐在电脑旁对客户说，主人主人，我是小鼠儿。一开始也有客户感觉稀奇，也有客户不喜欢，但是叫着叫着就顺口了，客户也很快接受了。当你在淘宝购物时被喊一声“亲”，你不会记得是哪家店，但是叫“主人”一定只有三只松鼠一家。

（资料来源：庞爱玲，徐秋杰．现代推销实务［M］．北京：中国轻工业出版社，2017）

请思考：

1. 三只松鼠的网络推销最成功的地方是什么？
2. 此案例对我们进行网络销售有何借鉴意义？

模块 5 知识拓展

一、互联网为销售行业带来的新机遇

互联网的出现，给销售带来了许多新的机遇，主要体现在以下几方面：

1. 更容易地获取线索

传统销售中，获取客户线索的方式、效率有限，想大量获取线索比较难，周期也比较长。而互联网的便捷性和先进性，为我们带来了许多新的客户线索获取方式，且这些方式的效率极高。

2. 更低廉的获取成本

传统销售中，也有一些相对来说效率比较高的客户线索获取方式，但成本也同样较高。而通过互联网中先进的工具和方法，可以用很低廉的成本，甚至几乎为0的成本来获取大量客户线索。

3. 更灵活的销售方式

传统的销售方式，相对死板一些，要么面对面、一对一地销售，要么打电话，现在随时随地都可以销售。

4. 更高的成交转化率

传统的成交方式，主要还是靠业务或销售人员跟单和攻单为主。而互联网的成交方式非常多样化，甚至有多种不需要销售人员介入便能成交的方式。此外，还有许多辅助成交的工具、方法等，使成交转化率大大提升。

5. 更高的客户复购率

其实看一个销售人员牛不牛，不是看他能让多少新客户成交，而是看他能让多少老客户反复购买，因为从成本上来说，开发一个新客户是开发一个老客户的7倍以上，有的行业甚至能达到几十倍。而想让老客户反复购买，则需要维护好客户关系，但是传统的方法和工具，并不足以支撑我们维护大量的客户关系。而通过互联网工具，我们却可以解决这个问题，即使再多的客户，也能维护好。

6. 更加容易培养团队

传统的销售人员比较难培养。首先，销售对人的基本条件要求高，比如相貌、谈吐、口才；其次，对沟通能力要求高，尤其是面对面沟通的能力、应变能力等。最后，传统销售还要记忆大量的话术等。

而在互联网上进行销售，大部分情况下并不需要见面，所以对相貌等几乎没要求；而互联网上主要的沟通方式是文字，所以对谈吐、口才等也无太多要求；即使是微信等工具可以语音交流，但是由于其非面对面即时交流，所以有足够的思考和准备时间；另外，互联网销售也不一定非得记忆大量的话术，完全可以提前把话术准备好，然后学会复制、粘贴即可，最多是复制时灵活一些、具体的文字适当变通一下即可。

二、互联网时代的销售竞争力

在互联网时代，传统上靠信息不透明吃饭的中介行业和职业，正在快速地没落。而传统销售职业正是重灾区。没有核心竞争力的销售人员，恐怕会遭遇越来越大的问题。

分享一个销售竞争力公式：

销售竞争力＝服务竞争力×问题竞争力×杠杆竞争力

1. 服务竞争力

现代广告业的奠基人之一克劳德·霍普金斯（Claude C. Hopkins）曾经说：“任何吸引人的销售术，都是建立在吸引人的产品或服务上的。”

顶级的销售，往往建立在顶级服务的基础上。

乔布斯，我们这个时代影响力最大的销售人员，除了苹果产品，其实他还提供了顶级的服务，如激励服务。他让我们看到，创新可以构建出我们这个时代最强大的竞争力，可以创造出世界上市值最高的公司。他激励了很多人走向创新的道路。苹果成为一种信仰的象征。

一位 IT 业的销售，可以帮助对技术一无所知的客户老总，在 30 分钟内理解自己面临的时代变革，以及技术如何可以助他们企业实现升级。他提供的是一流的教育服务。

一位银行的客户经理，客户家的孩子要出国留学，他能够协调到专业的咨询资源，帮助其进入一流的学校。这并不是他的业务范围，但他对客户提供了出色的资源获取服务。

作为销售人员，最基本的服务大概是“购买决策咨询”，能够帮助客户做出高质量的购买决策。这里就是关键的问题了，绝大多数销售人员，思维还停留在“卖产品”的销售理念时代，甚至连服务意识都缺乏，更谈不上能够吸引客户的服务了。

2. 问题竞争力

问题竞争力是指从客户群体的角度来看这个问题对他们有多重要、他们愿意付出什么代价（金钱、时间和其他资源）来解决。

作为销售，最终数字要体现在客户愿意花的钱上。如果问题重要性低，那么无论你的工作质量多好，得到的回报往往难以与质量同步增长。

例如：如果做高考数学的提分辅导，有人能够把一个 60 分的小孩的成绩提高到 90 分（这里用 100 分满分衡量），收 5 万元每个人，可能还有家长排着队哭着喊着求着来报名。但反过来，如果是一些兴趣爱好类的培训，做得再好，绝大多数家长认为几千块钱也就差不多了。

作为销售，你要解决的客户问题是什么？你在解决一个困扰他们人生的大问题吗？还是一个无足轻重的小烦恼？选择错了问题意味着选择错了市场，你可能会艰难很多。在市场上，努力和回报的关系常常不成正比。

3. 杠杆竞争力

杠杆能够放大我们的力量。杠杆竞争力也就是你放大自己创造的价值的能力。例如：很多销售必须“面对面”才能跟客户讲清楚，如果你有出色的写作能力，一篇文章就能搞定，那么前者可能一个月最多接触几百人，你可以接触十万、百万的潜在客户。

所以，在这个时代，要确保职业的竞争力，你需要掌握杠杆的力量。

（1）技术是一种杠杆。马化腾写了 QQ，最终把它变成几亿人使用的产品，可以说是中国当代最有影响力的人之一，他也获得了巨大的财富。

（2）组织是一种杠杆。如果你善于领导团队，你能够发挥比自己更强大的力量。

（3）教育培训是一种杠杆。你可以让更多的人拥有能力去做同样的事情，甚至做得更好。

（4）写作和演讲是一种杠杆。你可以以更低的成本让更多的人更快理解你的想法，采取行动。尤其在互联网时代，拥有出色的写作能力意味着你往往能够影响数以万计的人，甚至更多。

（5）公众媒体是一种杠杆。当然，运用这种杠杆往往对于你的写作和演讲能力有要求。

模块 6　团队项目实战训练

实训　互联网销售实践

【实训目的】

通过实战项目掌握互联网获客的方法与技巧、线上沟通的方法与技巧、线上交易促成成交的方法与技巧以及客户关系维护的方法与技巧。

【实训内容】

（1）各团队利用业余时间，根据前期选定的销售产品，分析产品的特点，确定目标用户。

（2）根据目标客户的特点选择互联网获客工具，比如 QQ 群、微信群、朋友圈、贴吧、抖音等。

（3）利用所选定的工具进行产品宣传和内容投放。

（4）通过所学的线上沟通技巧对客户进行说服，为客户提供价值。

（5）成功销售之后利用 QQ 群、微信群、朋友圈等工具进行客户维护，增加重复购买。

【实训成果及检测】

（1）线上销售业绩。

（2）线上销售周记。

（3）线上销售报告、分享。

参考文献

［1］贺学友．销售冠军是如何炼成的［M］．成都：四川人民出版社，2019.

［2］李立恒．阿里铁军销售课［M］．成都：四川人民出版社，2019.

［3］倪建伟．爆发式赢单：金牌销售实战手记［M］．长沙：湖南文艺出版社，2019.

［4］胡善林．先做朋友，后做销售［M］．北京：中华工商联合出版社，2018.

［5］崔建中．价值型销售［M］．北京：北京时代华文书局，2017.

［6］庞爱玲，徐秋杰．现代推销实务［M］．北京：中国轻工业出版社，2017.

［7］宋犀堃．销售就是要会聊天［M］．北京：北京联合出版社，2017.

［8］王鉴．深度营销［M］．北京：机械工业出版社，2017.

［9］江礼坤，黄琳．互联网销售宝典［M］．北京：电子工业出版社，2017.

［10］程淑丽．销售员岗位培训手册［M］．北京：人民邮电出版社，2011.

［11］王云．销售冠军这样做业务［M］．北京：机械工业出版社，2010.

［12］简彩云，李贞．推销与谈判：原理·技巧·实务［M］.2版．上海：上海财经大学出版社，2013.

［13］冯华亚．推销技巧与实战［M］.2版．北京：清华大学出版社，2012.

［14］徐鹤宁，徐云龙．销售女神徐鹤宁教你创造销售奇迹［M］．北京：企业管理出版社，2011.

［15］赵欣然，王霖琳．销售原理与技巧［M］．北京：北京大学出版社，2011.

［16］田玉来．现代推销技术［M］．北京：人民邮电出版社，2011.

［17］尤凤翔，屠立峰．现代推销技术［M］．北京：北京大学出版社，2012.

［18］中村胜宏，师瑞德．第一次做业务就上手［M］．北京：机械工业出版社，2010.

［19］陈邴全．推销实战技巧手册［M］．北京：现代出版社，2009.

［20］张红妮．推销实务［M］．上海：立信会计出版社，2010.

［21］尹正年．推销实务课程实训与指导［M］．成都：西南财经大学出版社，2010.

［22］李文国．推销实训［M］．大连：东北财经大学出版社，2010.

［23］高红梅．推销实训教程［M］．北京：清华大学出版社，2010.

［24］唐朝．引爆销售［M］．北京：机械工业出版社，2011.

［25］邓红．推销业务（教师用书）［M］．北京：中国财政经济出版社，2010.

［26］李红梅．现代推销实务［M］.3版．北京：电子工业出版社，2010.

［27］李颖娟．金牌销售员口才情景训练［M］．北京：中国纺织出版社，2011.

［28］沧海明月．每天学点销售学大全集［M］．北京：中国华侨出版社，2011.

图书在版编目（CIP）数据

销售技巧/胡娜主编．--2版．--北京：中国人民大学出版社，2020.7
21世纪高职高专规划教材．市场营销系列
ISBN 978-7-300-28399-9

Ⅰ．①销… Ⅱ．①胡… Ⅲ．①销售—方法—高等职业教育—教材 Ⅳ．①F713.3

中国版本图书馆CIP数据核字（2020）第128769号

21世纪高职高专规划教材·市场营销系列
中国特色高水平高职学校建设项目成果
教育部“高等职业教育创新行动发展计划”项目建设成果
浙江省普通高校“十三五”新形态教材
总主编　章金萍
销售技巧（第2版）
主　编　胡　娜
副主编　薛　燕
Xiaoshou Jiqiao

出版发行	中国人民大学出版社		
社　　址	北京中关村大街31号	**邮政编码**	100080
电　　话	010－62511242（总编室）		010－62511770（质管部）
	010－82501766（邮购部）		010－62514148（门市部）
	010－62515195（发行公司）		010－62515275（盗版举报）
网　　址	http://www.crup.com.cn		
经　　销	新华书店		
印　　刷	北京溢漾印刷有限公司	**版　　次**	2013年9月第1版
开　　本	787 mm×1092 mm　1/16		2020年7月第2版
印　　张	19.5 插页1	**印　　次**	2023年12月第3次印刷
字　　数	404 000	**定　　价**	39.00元